法学文库 主编 何勤华

社会变迁的法律解释

尹伊君 著

商务印书馆

2010年·北京

图书在版编目(CIP)数据

社会变迁的法律解释/尹伊君著.—北京:商务印书
馆,2003
（法学文库）
ISBN 978-7-100-03783-9

Ⅰ.社…　Ⅱ.尹…　Ⅲ.①法制史－中国－研究
②法理学－研究　Ⅳ.D929

中国版本图书馆 CIP 数据核字(2003)第 031301 号

SHÈ HUÌ BIÀN QIĀN DE FǍ LǛ JǏE SHÌ
社 会 变 迁 的 法 律 解 释
尹伊君　著

商 务 印 书 馆 出 版
(北京王府井大街36号　邮政编码100710)
商 务 印 书 馆 发 行
北京市白帆印务有限公司印刷
ISBN 978-7-100-03783-9

2003 年 9 月第 1 版　　开本 880×1230　1/32
2010 年 11 月北京第 3 次印刷 印张 15½
定价:33.00 元

总　序

商务印书馆与法律著作的出版有着非常深的渊源，学界对此尽人皆知。民国时期的法律著作和教材，除少量为上海法学编译社、上海大东书局等出版之外，绝大多数是由商务印书馆出版的。尤其是一些经典法律作品，如《法律进化论》、《英宪精义》、《公法与私法》、《法律发达史》、《宪法学原理》、《欧陆法律发达史》、《民法与社会主义》等，几乎无一例外地皆由商务印书馆出版。

目下，商务印书馆领导高瞻远瞩，加强法律图书出版的力度和规模，期望以更好、更多的法律学术著作，为法学的繁荣和法治的推进做出更大的贡献。其举措之一，就是策划出版一套"法学文库"。

在当前国内已出版多种法学"文库"的情况下，如何体现商务版"法学文库"的特色？我不禁想起程树德在《九朝律考》中所引明末清初大儒顾炎武（1613—1682）的一句名言。顾氏曾将著书之价值界定在："古人所未及就，后世所不可无者。"并以此为宗旨，终于创作了一代名著《日知录》。

顾氏此言，实际上包含了两层意思：一是研究成果必须具有填补学术空白之价值；二是研究对象必须是后人所无法绕开的社会或学术上之重大问题，即使我们现在不去触碰，后人也必须要去研究。这两层意思总的表达了学术研究的根本追求——原创性，这也是我们编辑这套"法学文库"的立意和目标。

具体落实到选题上，我的理解是：一、本"文库"的各个选题，应是国内学术界还没有涉及的课题,具有填补法学研究空白的特点;二、各个选题,是国内外法学界都很感兴趣,但还没有比较系统、集中的成果;三、各选题中的子课题,或阶段性成果已在国内外高质量的刊物上发表,在学术界产生了重要的影响;四、具有比较高的文献史料价值,能为学术界的进一步研究提供基础性材料。

　　法律是人类之心灵的透视,意志的体现,智慧的结晶,行为的准则。在西方,因法治传统的长期浸染,法律,作为调整人们生活的首要规范,其位亦尊,其学亦盛。而在中国,由于两千年法律虚无主义的肆虐,法律之位亦卑,其学亦微。至目前,法律的春天才可以算是刚刚来临。但正因为是春天,所以也是一个播种的季节,希望的季节。

　　春天的嫩芽,总会结出累累的果实;涓涓之细流,必将汇成浩瀚之大海。希望"法学文库"能够以"原创性"之特色为中国法学领域的学术积累做贡献;也真切地期盼"法学文库"的编辑和出版能够得到各位法学界同仁的参与和关爱,使之成为展示理论法学研究前沿成果的一个窗口。

　　我们虽然还不够成熟,

　　但我们一直在努力探索……

何　勤　华

于上海·华东政法大学

法律史研究中心

2004 年 5 月 1 日

General Preface

It's well known in the academic community that the Commercial Press has a long tradition of publishing books on legal science. During the period of Republic of China (1912—1949), most of the works and text books on legal science were published by the Commercial Press, only a few of them were published by Shanghai Edition and Translation Agency of Legal Science or Shanghai Dadong Publishing House. Especially the publishing of some classical works, such as *on Evolution of Laws*, *Introduction to the Study of the Law of the Constitution*, *Public Laws and Private Laws*, *the History of Laws*, *Theory of Constitution*, *History of the Laws in European Continents*, *Civil Law and Socialism* were all undertaken by the Commercial Press.

Now, the executors of Commercial Press, with great foresight, are seeking to strengthen the publishing of the works on the study of laws, and trying to devote more to the prosperity of legal science and the progress of the career of ruling of law by more and better academic works. One of their measures is to publish a set of books named "Jurisprudential Library".

Actually, several sets of "library" on legal science have been published in our country, what should be unique to this set of "Jurisprudential Library"? It reminded me of Gu Yanwu's(1613—1682) famous saying which has been quoted by Cheng Shude(1876—1944) in *Jiu Chao Lv Cao* (*Collection and Complication of the Laws in the Nine Dynasties*). Gu Yanwu was the great scholar of Confucianism in late Ming and early Qing Dynasties. He defined the value of a book like this: "the subject covered by the book has not been studied by our predecessors, and it is necessary to our descendents". According to this principal, he created the famous work *Ri Zhi Lu* (*Notes on Knowledge Accumulated Day by Day*).

Mr. Gu's words includes the following two points: the fruit of study must have the value of fulfilling the academic blanks; the object of research must be the significant question that our descendants cannot detour or omit, that means even if we didn't touch them, the descendants have to face them sooner or later. The two levels of the meaning expressed the fundamental pursuit of academy: originality, and this is the conception and purpose of our compiling this set of "Jurisprudential Library".

As for the requirement of choosing subjects, my opinion can be articulated like this: I . All the subjects in this library have not been touched in our country, so they have the value of fulfilling the academic blanks; II . The scholars, no matter at home or abroad are interested in these subjects, but they have not published systematic and concentrated results; III. All the sub-subjects included in the subjects chosen or the initial results have been published in the publication which is of high quality at home or abroad; IV. The subjects chosen should have comparatively high value of historical data, they can provide basic materials for the further research.

The law is the perspective of human hearts, reflection of their will, crystallization of their wisdom and the norms of their action. In western countries, because of the long tradition of ruling of law, law, the primary standard regulating people's conducts, is in a high position, and the study of law is also prosperous. But, in China, the rampancy of legal nihilism had been lasting for 2000 years, consequently, law is in a low position, and the study of law is also weak. Until now, the spring of legal science has just arrived. However, spring is a sowing season, and a season full of hopes and wishes.

The fresh bud in spring will surely be thickly hung with fruits; the little creeks will coverage into endless sea. I hope "Jurisprudential Library" can make great contribution to the academic accumulation of the area of Chinese legal science by it's originality; I also heartily hope the colleagues in the area of legal study can award their participation and love to the complication and publication of "Jurisprudential Library" and make it a wonderful window showing the theoretical frontier results in the area of legal research.

We are not mature enough

We are keeping on exploring and seeking

He Qinhua

In the Research Center of Legal History

East China University of Politics and Law, Shanghai, P. R. C.

May 1st, 2004

目　　录

我为什么研究社会变迁（代序）

在人类历史的长河中，属于个体的生命异常短暂而琐屑。几乎每个人的一生都要为衣食住行这些基本的生计及诸多琐事操劳奔忙，除非保有高度的历史自觉和对生活状态的足够敏锐与领悟，否则，一个人很难在剥茧抽丝般的生命流逝中感受缓慢且持久的社会变迁。社会变迁是一个整体的、连续的变化过程。但是，在社会变迁的过程中，确有那么一些特殊时期，在这些特殊时期中，社会变化是如此巨大和强烈，以致这些变化不仅影响到每一个人，而且还使其中的某些人产生了强烈的感受和反应，更为重要的是，在经历了这些变化之后，属于这个社会的文明亦发生了重大的转变。

我们或许可以将这些社会大变革的特殊时期称之为社会转型。

一

中国社会经历过三次重大转型。

第一次社会转型发生在殷周之际。王国维先生在《殷周制度论》中说："中国政治与文化之变革，莫剧于殷周之际"。由于历史久远，这次大变革的许多具体细节已经漫不可考了，那些颠沛流离、遭受奴役的"殷民六族"、"殷民七族"、"怀姓九宗"以及"殷顽民"有着什么样的感受和遭遇,也已经无从知晓了。我们只知道,"被发佯狂"的箕子朝周时过故殷虚,看见宫室毁坏,禾黍遍野,欲哭则不可,作《麦秀》之诗以歌咏之:

> 麦秀渐渐兮,禾黍油油。彼狡僮兮,不与我好兮![①]

我们还可以从伯夷、叔齐宁愿饿死首阳山中也不食周粟的故事,得知来自殷商遗民的反抗有多么强烈。然而,没有人能够阻挡社会变革的潮流。大变革过后,一种新的社会制度——封建制度和建立在"德"的基础之上的政治制度产生出来了。关于这种制度,王国维告诉我们:

> 一曰立子立嫡之制,由是而生宗法及丧服之制,并由是而有封建子弟之制,君天子臣诸侯之制。二曰庙数之制。三曰同姓不婚之制。此数者,皆周之所以纲纪天下,其旨皆在纳上下于道德,而合天子诸侯卿大夫士庶民以成一道德之团体。[②]

第二次社会转型是春秋战国时期。在这次社会变革中,那个当初顺天承命的周王朝已经是风雨飘摇、日渐衰微了,可谓礼崩乐坏,王纲解狃。此时,不仅封建宗法制度遭受了毁灭性打击,就连三代之礼也不能有效地发挥作用了。早在平王东迁之际,这种败迹即已显露无遗。当时,一位不知姓名的贵族以哀怨之调道出了

① 《史记·宋微子世家》。
② 王国维:《观堂集林》,卷十,《殷周制度论》。

他在世道衰变中的遭际和感受：

> 有兔爰爰，雉离于罗。我生之初，尚无为。我生之后，逢
> 此百罹。尚寐无吪。
>
> 有兔爰爰，雉离于罦。我生之初，尚无造。我生之后，逢
> 此百忧。尚寐无觉。
>
> 有兔爰爰，雉离于罿。我生之初，尚无庸。我生之后，逢
> 此百凶。尚寐无聪。①

当然，对这段社会大变革感受尤深的是"信而好古"的孔子。孔子所处的时代是春秋末期，正是社会转型期各种矛盾充分暴露、新旧文化发生激烈碰撞的时代。他所要全力维护的，是他倍觉珍视而又被肆意违反和遭到破坏的三代之礼。他无法容忍僭越礼制的行为。季氏享用天子之礼，孔子愤怒至极：

> 八佾舞于庭，是可忍也，孰不可忍也？②

他甚至不能容忍行礼时态度不敬：

> 居上不宽，为礼不敬，临丧不哀，吾何以观之哉？③

孔子绝非食古不化之人，他懂得三代之礼亦各有损益的道理。

---

① 《诗经·王风·兔爰》。
② 《论语·八佾》。
③ 同上书。

也许,我们应该把他看作是一个尊重传统而行事认真慎重的人,他反对的是在破坏传统基础之上的变革。这位当时已经"吾少也贱,故多能鄙事"的殷商苗裔自然不可能预料到他身后变化的结果正是他不愿意看到的,更不可能预料到会有一个几乎将中国文化毁灭殆尽并影响了中国两千余年政治制度的秦王朝的出现。这次大变革的最终结果,可以用十二个字来概括:"废封建,立郡县;废井田,开阡陌。"正是从这次社会转型开始,法律作为调整和维护社会秩序的主要力量,显示出越来越重要的作用。礼并未消失,而是与法律更紧密地结合起来,形成了独特的礼法文化。

中国社会的第三次转型始于清末,而迁延至今,未成定谳。与以往历次社会转型不同的是,这次,我们不得不面对一个强大的异质文明——西方文明,而且,此次转型在很大程度上就是这个异质文明外力逼迫的结果。因此,这次社会转型比历次转型都要深刻、复杂得多,它对整个社会组织及其成员的影响和震动也要全面、彻底得多。历次社会转型感受和反应最强烈的主要是前朝贵族和遗民,这次则来自各个阶层。西学来华,固然宿儒瞠目,而那些当朝权贵,不论"清流"、"洋务",举朝纷纷,或倡"西学中源",或主"中体西用",或祭起"师夷以制夷"的大旗。当然,反应最激烈的或许是欲"通世界之知识,采万国之美法"的康梁新学。梁启超曾以动情的文笔描述了他所面对的"千年未有之变局":

> 今有巨厦,更历千岁,瓦墁毁坏,榱栋崩折,非不枵然大也,风雨猝集,则倾圮必矣。而室中之人,犹然酣嬉鼾卧,漠然无所闻见;或则睹其危险,惟知痛哭,束手待毙,不思拯救;又其上者,补苴罅漏,弥缝蚁穴,苟安时日,以觊有功。此三人

者,用心不同,漂摇一至,同归死亡。①

因此,他大声疾呼:

　　……法者天下之公器也,变者天下之公理也。大地既通,
万国蒸蒸,日趋于上,大势相迫,非可阏制,变亦变,不变亦变。
变而变者,变之权操诸己,可以保国,可以保种,可以保教;不
变而变者,变之权让诸人,束缚之,驰骤之。②

　　但是,二十四岁的梁启超可能把问题想简单了。六年后,他曾
坦陈当初的幼稚:

　　吾畴昔以为中国之旧道德,恐不足以范围今后之人心也,
而渴望发明一新道德以补助之,由今以思,此直理想之言,而
决非今日可以见诸实际者也。③

　　今人每以戊戌变法时康梁之言论为康梁思想,实际上,1902
年后,三十岁的梁启超已思想大变,并对过去所持"破坏亦破坏,不
破坏亦破坏"的破坏学说进行了深刻的反思。康有为更一变而为
保皇和复古。而有"西学第一人"之称的严复,也很快倒向了中学
传统。
　　我们难道可以将这些站在中学与西学的交汇点上,并经历了

---

① 梁启超:《论不变法之害》。
② 同上书。
③ 梁启超:《论私德》。

复杂社会变革的思想启蒙者的转变,仅仅简单地看作为一次"思想的蜕变"?

二

大约150年前,有一个法国人,一边穿越索伦托群山,一边苦苦思索和寻觅一个主题。他立志要像孟德斯鸠写《罗马盛衰原因论》那样,写一本能够深刻揭示法国大革命原因的书。这个法国人叫托克维尔。后来,他与孟德斯鸠一起成为一门学科的开山者。这门学科叫做"历史社会学"(Historical Sociology)。可以归属于这门学科的队伍有一长串名单:马克思、涂尔干、韦伯、汤因比、埃利亚斯、安德森、沃勒斯坦、布罗代尔、吉登斯……

什么是历史社会学? 英人丹尼斯·史密斯(Dennis Smith)说:

> 就其精髓而言,历史社会学是理性的、批判的和富于想象的。它寻求社会自身变化或再生的机制,探索使一些民族愿望受阻,另一些民族愿望实现的深层结构,……在特定情形中,你是在推开一扇门,还是在用头撞一堵砖墙,心中有数毕竟是有益的。历史社会学的目的就是区分开着的门和砖墙,并探究移动砖墙的可能性、方式及其后果。[①]

---

① Dennis Smith, *The Rise of Historical Sociology*, Polity Press in association with Basil Blackwell, 1991, p. 1.

　　这段话有助于对历史社会学的了解,但尚未道尽历史社会学的精髓和真谛。近代以来,西方几乎所有优秀学者和思想家思考与研究的一个中心问题,就是通过对西方社会、历史变化及其变化背后原因与机制的分析,在与其他社会比较的基础上,解释现代社会的形成及其机制。对东西方不同制度与人性比较的学术传统最早可以溯源于亚里士多德,但是,现代社会的形成与建立无疑为近代学者提供了一个现实的社会例证和无限丰富的实证材料,它使人们更加关心并追问与现代社会有关的一些问题。因此,历史社会学的研究以社会变迁为经线,以不同社会的比较为纬线,上探古奥,旁及东西,需要多学科的知识背景和极为广阔的视域。事实上,历史社会学本身是一个极富包容性和开放性的学科,研究者可以从不同的角度进入它,在不同学科的基础上理解它。在我看来,社会、历史、文化乃是构成历史社会学最为重要的三个要素。如果可以将历史社会学比做人体的话,那么,我们似乎可以说,社会是其躯壳,历史是其经络,文化是其灵魂。

　　历史社会学有可能把对人类社会的解释从历史学的纯粹事件、意义以及历史哲学的玄妙思辩中解放出来,建立起一个多学科、多角度、有着广阔视野的解释机制。这一解释机制使人们认识到,社会变迁的动因不是单一的,而是综合的,现代社会的形成和建立不应仅仅归因于生产力的发展和社会分工。事实上,更多的研究者开始关注法律在现代社会形成和建立中的作用。历史社会学的兴起反映了人类对自身发展变化过程的持久性终极关怀,人类所关怀的那些终极性问题不仅未因社会变迁得到有效的解释,反而变得更加令人困惑了。

　　历史社会学的解释应该是多元的、开放的。它是比较的,但它的比较应该建立在对不同民族及其文化理解和尊重的基础之上。它也承认变化，但它认为一切变化都是在理解和尊重传统基础上的变化。

然而，在历史社会学中，却存在着一种或明或暗的论调，这一论调是如此持之一贯和统摄人心，以至于在我看来，它已成为历史社会学的一个基调。

这种论调就是西方优越论，或曰西方进步论。它以西方中心主义为基本立场和观点，用西方文化观念看待和检验其他文化，并且用近代社会形成的某些粗浅的观念与生活方式理解历史。这种观念将社会变迁图解为一个单一的进化模式。它是一个人类社会由低向高的发展模式，也是一个西方文化优越并领先于其他文化的模式。在这一模式中，经济因素成为最重要的也许是惟一的动因和评价标准。它当然也有其他动因和评价标准的解释，但是，只要不彻底摆脱经济决定论的影响，所有的其他解释最终都会自觉或不自觉地化约为经济的解释和评价标准。

对于中国社会与中国人，这一切又意味着什么呢？

中国近代以来的社会变迁，基本未脱此模式及其评价标准，只不过，不同时期的口号有所不同而已，或曰"师夷"、"制夷"，或曰"西化"、"富强"，或曰"发展"、"现代化"，不一而足。现代社会所生发出的文明潮流，汹涌澎湃，浩浩荡荡，涤荡全球，势不可挡，顺之者昌，逆之者亡。这似乎是一个简单的道理，也是一个必须选择的选择。但我们有没有考虑过，我们是否必须以彻底摧毁、打碎和脱离传统来顺应西方文明的这股潮流？我们有没有考虑过，中国社会、中国人一旦脱离了由自己的心智所涵育出来的文化传统，我们会不会在这股潮流中变得迷茫困顿，反而更难以适应这股潮流？

如果我们失去文化自主和自觉,亦步亦趋地成为另一个文明的附庸,还凭什么创造出新的文明?

三十岁以前的梁启超没有想过这些问题,三十岁以后的梁启超开始考虑这些问题,并且逐渐明白了一个简单道理背后的无数个复杂因素。所谓变法之难,"则一行变甲、当先变乙,及思变乙、又宜变丙,由是以往,胶葛纷纶。"①也许,他还看到了一种危机,一种失去传统的危机。其实,比他早一百年的龚自珍早已洞知了这种危机:

> 灭人之国,必先去其史;隳人之枋,败人之纲纪,必先去其史;绝人之人材,湮塞人之教,必先去其史;夷人之祖宗,必先去其史。②

这是一种亡国、亡种、亡德、亡教的危机啊! 然而,回顾一百余年中国社会的变迁,必欲打碎传统、抛弃国故的"去其史"者,难道不是中国人自己吗?

"极目中原暮色深,蹉跎负尽百年心。"又是一个一百年。如今,轮到我们面对历史了。一切似乎平静下来了。那种新旧文化激烈对垒的惨烈已经离我们远去,那种能够使人们站在中西文化交汇点上的中学传统也已经离我们远去。我们已经太久地陷入麻木和平庸之中,似乎只是站在一个巨大的苍穹顶下,谛听着遥远之处传来的空谷回音。我们本应该接过前辈的沉重思索,比他们看

---

① 严复:《上今上皇帝万言书》。
② 龚自珍:《定盦续集》,卷二,《古史钩沉论》二。

得更远,想得更深,至少,也应该总结一下百年变迁的经验教训吧?

百年巨变,风物尽非。时至今日,我愈来愈强烈地感觉到,中国社会要顺利地完成这一艰难的转型,要实现伟大的民族复兴,必欲破除"两论"。一曰"进化论",一曰"破坏论"。社会进化论将社会变迁看做一个由低向高的梯级发展过程,将中西社会视为同一道路上或快或慢的两列车,主张"适者生存"的恶性竞争,必将导致人类生存状态的恶化乃至人类的最终毁灭。破坏论无视甚至蔑视前人创造出的文化成果和智慧,必欲打倒之、破坏之、推翻之而后快。破坏论在中国历史上表现最突出,危害最烈,至今仍深深地植根于人们的头脑中,曰"旧的不去,新的不来",曰"打碎一个旧世界,才能建立一个新世界"。"进化论"与"破坏论"实为同一棵树上的两颗毒果。破此"两论",中国社会才能摆脱对西方文化的庸俗模仿,才能找回久已失去的文化自主,才能在社会变化与尊重传统之间找到一条戒除浮躁的变迁之路。

三

因一次偶然的际遇,我介入了对中国古代瓷器的收藏与研究。这一爱好极大地改变了我理解历史的形态和方式。历史之于我,不再仅仅表现为事件和意义,它也是一件器物,就在你面前,你可以触摸它、把玩它。如果你读懂了它所承载的文化符号,你就可以同它对话。

我常常想,这些器物经历了多少代、多少不同的主人啊!那些曾经创造它、使用它的生命已经消失了,而它却保留了下来。这些保留下来的坛坛罐罐已不再是一件件实用的器物,而是带有特定年代和地域标记的文化。然而，每个时代传承下来的注定只能是其中的一部分东西，其他部分则随着那些生命永远消失了。

我们是否意识到，在一代代生命的自然更替中，消失的不仅仅是自然的生命，还有那些生命所承载的、所创造出来的属于那个时代的独特文化呢？

当我们依照年代将这些器物排列起来的时候，它们一下子变得神色粲然，活了起来，仿佛四周伸出了无数只手臂，互相联结，架起了一座沟通过去与未来的桥梁。看啊！它们正以自己特有的方式，默默诉说着曾经的辉煌与壮丽，解释着属于你和我共有的那种文化。

法律无疑就是这样一种文化。当你不能读懂它，不能理解它所承载的那个意义丰富的文化世界时，它仅仅是一件不那么简单的实用工具。一旦你读懂了那些扑朔迷离的文化符号，它便向你开放出一个新的空间，并呈现出一种新的可能性。

我们可以用法律解释历史，解释社会，解释那些创造了它并赋予它不同特征的人类心智。人类用不同的方式创造历史和社会，也可以用不同的方式解释它；有多少种创造历史和社会的方式，就有多少种解释它的方式。法律无疑是最为重要的创造力量和解释方式之一。我们可以经由法律之门，经过历史的狭长通道，进入社会的广阔空间和文化的迷人世界。

这是一扇沉重的大门，尘封已久，绝少开启。我能打开它，进入那个令我神往的广阔空间和迷人世界，一窥堂奥吗？

明末清初大儒顾炎武在初刻《日知录》自序中说："君子之为学，以明道也，以救世也。"一百年后，龚自珍有"欲知大道，必先为史"的感慨。著者不学,三十余岁才读到宋儒张载的"为天地立心,为生民立命,为往圣继绝学,为万世开太平"之言,方知世上有如此学问。此等学问,纵身不能至,而心向往之! 值此贞元之际,风云际会,时聚时散,社会变革,幕起幕落,我辈自当砥节砺行,击水中流,方不愧对先贤和这个时代。

马年将尽,庆贺羊年的鞭炮声已在暮色苍茫的北京四城响起。回首著书的八载寒暑,袭上心头的却是千年之交、百年巨变的世事沧桑。或许,本书的研究与写作,既是一种使命,也是一种宿命。

2003 年 1 月 31 日,时值岁末,写于北京城南觚不觚斋

导　　论

他们有谁知道,在微积分和路易十四时期的政治的朝代原则之间,在古典的城邦和欧几里得几何学之间,在西方油画的空间透视和以铁路、电话、远距离武器制胜空间之间,在对位音乐和信用经济之间,原有深刻的一致关系呢?

斯宾格勒(Oswald Spengler)

一、问题的提出

在人类历史上,曾经存在过许多辉煌显赫的文明。它们有的业已消亡,只能从考古发掘的遗迹中去辨认和遥想当年的光彩;有的存在并沿续下来,正在渡过兴盛、衰落或转型的时期。文明所经历的神秘的生死盛衰之门永远吸引着人们的思考,指引着后来者的足迹。令人遗憾的是,大多数社会学家和法学家对这样一个具有丰富意义的世界相当陌生。社会学家断然拒绝历史学的方法,法学家则日复一日地在实在法构筑的园地里耕耘着。希腊灭亡了,一个哲学和艺术的时代不复存在;罗马坍塌了,它的法律得到了继承,一个法律的时代在其后展开;拿破仑的辉煌早已成为历史,但他的法律却仍然活着。这本书要奉献的,正是将法律与社会、历史、文化、文明联系起来加以解释的方法。

海德格尔曾经宣称:"首要地具有历史性的是此在。"①按照我的理解,任何历史都是个人及其存在的延伸,历史性思维的起点和终点都只能是人们生活于其中的那个社会。对当代中国人来说,最重要、也是最值得关注的历史应该是近一百多年来中国社会的变迁。中国社会在这一百多年中的变迁是如此全面、彻底、深刻和复杂,以至于我们可以说它正在经历一次巨大的文明转型。的确,当法官宣布"现在开庭"时,法庭上的人们已不会再意识到他们经历的一切——从使用的语言到穿戴的服饰,从法庭设置到他们所扮演的角色——在一百年前是全然不同的。中国人曾每日生活于期间的那个传统社会似乎已经变得异常陌生、无从辨认了。我们所处的时代决定了我们不像自己的前辈那样,曾因生活于传统社会而对中国的固有文化有一种亲身体验,从而对中国传统文化的衰落和文明的衰亡有着感同身受的切肤之痛,因而也对一种新文化的建立充满期许之情。一百多年来,那种曾因西方文明的输入或摇旗鼓噪或扼首痛心的文化对垒,那种对中国传统文化爱之、恨之、意欲发扬之、废除之的文化论争似乎已经属于历史,这一切很快被传统文化在社会结构层面的迅速消退以及因采用西方文明带来的利益所遮蔽。社会变迁非由人之设计和控制而独立于人之意志,即使在我们所闻所见的短短一百多年的中国社会,亦得以鲜明的体现。

然而,在我看来,社会变迁在结构层面的转换并未使我们能够超越一百年前的论争,它只是使这些问题沉积下来。这些问题在

---

① ［德］海德格尔:《存在与时间》,陈嘉映、王庆节译,三联书店 1999 年第二版,第431 页。

新的社会背景中有可能再次突显出来和继续延伸下去，并在不同的社会空间中获得新的解释。

我们必须回到当初那些最基本的问题中去。首先是现代化的选择。虽然现代化与反现代化的思潮乃是自现代化产生以来就伴随始终的问题，但是对中国而言，还有超出此问题的另一番特殊意义。因为现代化是西方文明的内生产物，它是与西方其他文化相调适而自发演进的结果，是无法选择的。而在中国，它是一种有意识的选择，尽管这一选择是在各种情势逼迫下不得不做出的选择。对于一个大厦将倾、棋局已残、百疴缠身必欲变法图强的民族，当初已到了"变亦变，不变亦变"①的无可选择之境。从今天看，这一选择是不可避免的。这是一个基本的判断，也是一个基本的事实。但这一判断本身并不意味着我反对一种更为基本的讨论方式，一种对现代化持批评甚或批判的态度，反对走现代化之路，主张退回到传统社会而重温"蜥蜴的残梦"②。我只是强调我所讨论的问题是在这一基本判断的基础上展开的。

既然现代化的选择是不可避免的，也就是说，我们必须走现代化这条道路，事实上我们也已经走上了现代化这条不归之路，那么，接下来最值得我们反思的问题是现代化的模式选择，即我们应该走一条什么样的现代化之路？这个问题的核心是如何对待本国的传统，也就是一个民族在现代化过程中对待自己传统的态度和信心。清末以来，中国社会实已开始经历一次亘古未有的社会转型，搭起了西方现代社会的构架。各种西方制度遂纷至沓来，势所

---

① 梁启超：《论不变法之害》。
② 语见郭沫若：《十批判书》，东方出版社1996年版，第515页。

必然。此一进程在各种内外思潮的裹挟之下如此迅猛而至势不可挡，足以令绝大多数中国人，包括最优秀的知识分子丧失掉起码的文化自觉和反省意识，而不问这些外来制度是否适合中国社会和人心。我们已不复具有主体文化的意识，使我们能够拥有一种清晰的辨识能力和对外来文化的驾驭能力。它所带来的后果是灾难性的，是传统文化的全面崩溃和社会的剧烈震荡。对于当时内外交困的中国，这或许是不可避免的。但它仍然留给我们一个挥之不去的思考：我们能否走一条尊重传统的、平和的、较少社会震荡的变迁之路？走这样一条道路，是否有利于增进国民的福祉，从而也有利于新的文明的生成？

因此，对外来制度的移植和引进是一个特别值得慎重对待的问题。中国历史上其他时期的社会变迁基本上是在缺乏外生性资源的条件下进行的。与以往根本不同的是，这一百多年来的社会变迁可资利用的外生性资源异常丰富，有时干脆就是外面的潮流逼着我们变。但我们必须意识到，即使是某些优秀的制度和原则，如果它的生成和存在必须依赖原有的文化系统，我们便未必能尽识其原本意义，也未必应该而且能够移植和模仿。

更为重要的是，一个伟大民族及其拥有的不凡心智绝不应该仅仅只满足于口腹之欲。在经历一百多年的风雨沧桑后，我们应该开始具备一种强烈的反省意识，看看我们究竟得到了什么，失去了什么，失去的是不是我们最独特、最宝贵的东西。一个再也不能回避的问题是，当我们时时沉湎于往昔中华文明的辉煌而引为自豪时，我们是否意识到，创造这些辉煌文明的文化已经奄奄一息了呢？我们还凭什么为世界创造新的文明？我们的确得到了很多新东西，但这种取得是否一定要以抛弃整个传统文化为代价？如果抛掉自己所有的东西,那就注定我们只能亦步亦趋地跟在西方文明的后头,至多成为一个经济发达的但没有文化根基的西方文明的附庸。

当我们从法律的观念来看待这些问题的时候,我们便会将法律与社会联系起来,追寻它的历史,探寻它的文化意义。我们会问:那种与西方刚性社会相适配的法律能否与中国社会、礼俗和人心相适应?我们究竟需要什么样的法治?在当代中国,大概不会有多少人反对建立一个法治社会,大多数人可能也会赞成法治优于人治的观念,但是有多少人能够认识到法治是与自由紧密相联的旨在限制政府权力的、建立在西方城市自治基础上的法律自治,又有多少人能够认识到法治乃是源于西方各种社会文化条件、发乎西方人心的自发演进之物呢?大多数中国人理解的法治,倒可能是那种高度集权的、一断于法的中国传统意义上的法治。

在中国近一百多年的社会变迁中,法律转型或许是最值得关注的。这不仅是由法律在现代社会中的重要性决定的,更为重要的是,如果我们摒弃那种在法律职业意识和社会常识中广泛存在的视法律为可以随社会情势的变化而随意更易之物的浅见,转而将法律视为一种持久的、普遍的、可以深入到社会每个空间的并且可以与其他社会现象互为解释的文化,一种与人之心智相适配的自然之物,那么,我们便可获致对"法律制度"之外的法律的认识,从而对法律制度获得更为深厚和广泛的理解。一百年来的中国社会及其法律转型恰向我们提供了这样一个观察的窗口和思考的起点。

"原田每每,舍其旧而新是谋。"① 正是中国的现实问题和对中国未来命运的强烈关注,迫使我从纯粹的法律研究中走出来,走向对一

---

① 《左传·僖公二十八年》。

般社会理论和历史的研究,寻求一种理解社会和法律的新的方法。

二、西方社会理论的两大局限

19 世纪末 20 世纪初是西方社会理论大师辈出的时代。社会理论之所以在这一时期结出硕果,一个基本的因素是现代社会至此已完全建立起来,客观上为社会理论的研究提供了完整的制度框架,使社会学具备了与历史哲学划清界限的资格。但仅此一点还不够,因为要提出一套具有解释力的社会理论,并建立起相应的理论体系,殊非易事,它需要多种相关知识的融会贯通以及超越常人的视域,不是只拥有某一学科知识的学者能够胜任的。在众多社会理论大师中,我特别看重和推崇马克斯·韦伯(Max Weber)和哈耶克(F. A. Hayek)。他们理论体系之庞大、知识之丰富、论述之完美精当、视域之高远,具有一种撼人心魄的强大力量。但我之特别看重并且关注韦伯和哈耶克的理论,还有另一个重要原因,那就是他们在自己庞大理论体系中对法律问题所给予的充分讨论和足够重视。

韦伯和哈耶克理论之博大精深,即使只对其法律理论作出系统评述,亦需专著始克完成。我之首先提及他们的理论,实因本书的许多重要观点直接受惠于他们的社会理论和法律理论,是在阅读和理解他们理论的基础上形成的。在一些重要的章节中,我还专门讨论和评述了他们的社会理论与法律理论。因为在我看来,对于当下的中国社会及其现实问题,他们的理论仍具有极强的包容性和涵括能力。我所关注的许多基本问题和他们是相同的。但即使是对于这些相同的问题,作为一个具有不同文化、学科以及知识传承背景的中国人,我在感受到他们强大的理论与思想魅力的同时,亦感受到西方社会理论方法及其立场的某种局限。

西方社会理论方法的局限,在于大多数西方社会理论都缺少一种历史的眼光,更准确地说,是缺少一种历史学的时间概念。这多少是西方学科严格分类所产生的弊端。作为晚近学科,自社会功能学派昌行以来,社会学把目光严格锁定在社会结构上,而把事件及其意义留给了历史学。因此,社会学和历史学采用了完全不同的时间概念。在历史学家眼里,时间是一个连绵不断的概念,一切以时间为起点,又以时间为终结。而社会学的时间概念是片断的,它只是社会学家观察某一社会的特殊标尺,在这一特殊时间段内,社会呈现出一种没有运动的、凝滞的静态结构。

社会学的这种研究方法招致了某些历史学家的严厉抨击,他们认为,社会学家不应该随意拦截时间、放过它或促使它运动。不错,社会学应该解释社会结构的破坏和重建,但社会结构的这种破坏和重建应该通过时间来准确定位,历史学家关心的正是这些运动的交叉、相互作用和断裂点,而要记录这些只能使用历史学家的时间。①

但社会学家似乎能坦然面对历史学家的挑战和诘难。在吉登斯(Anthony Giddens)看来,那种绵延不断的时间性历史倒很可能是某种文化局限下的产物,如果将历史撰写为社会变迁,将时间的流逝和社会变迁当成一回事,这是一种进化论意义上的时间歪曲。他认为,所有的社会生活都是片断性的,因此,他反复强调不能将"历史"(history)与"历史性"(historicity)混为一谈,必须避免将

---

①　参阅[法]费尔南·布罗代尔:《长时段:历史和社会科学》第四部分,载顾良、张慧君译《资本主义论丛》,中央编译出版社1997年版,第198—204页。

"历史"等同于社会变迁。[①]

　　吉登斯的某些观点或许不无道理,但他的致命错误在于将历史学的时间概念混同为他所极力反对的进化论观点。其实,历史学的时间概念与进化论并无必然关系,而他所主张的"情节片断"未必就不是一种进化论。问题还在于,如果社会学家反对将"社会变迁"这样的问题与历史学的时间概念相勾连,反对"寻求某种社会变迁理论"(未必就是吉登斯所等同的进化论的理论),那么,正如今天我们所看到的,"社会变迁"遂成为社会学领域的一块飞地;成为社会学与历史学的一个断裂点。

　　西方社会理论在立场上的局限是一种更为严重的缺陷。现代社会中,由于西方文明所处的强势和优势地位,西方人有一种生活于文明中心的优势感,以至于许多西方人(包括中国人)认西方文化为主流文化,视其他文化为非主流的从属文化。此一认识乃是未能认清文化与文明日渐分离的趋势。[②] 在此认识基础上,几乎所有的西方社会理论均以西方中心主义为立场,以西方文明观念为划分和判定事物的依据。而同样颇为乖谬的是,大多数西方学者对西方以外的文化,特别是对中国文化处于一种全然无知的状态。马克斯·韦伯或许是个例外,他对西方之外的其他宗教做过常人难以企及的系统研究,而对中国儒家和道家的研究表明他对中国文化有着清醒的理性主义认识。但韦伯仍然缺乏对中国文化

---

　　① 参阅[英]安东尼·吉登斯:《社会的构成》,李康、李猛译,三联书店1998年版,第48—51页,第339—383页。

　　② 这一观点建基于我关于文化与文明相分离的二元观认识论基础之上。详细论述见本书第一章第四节。关于文化与文明相分离以及在现代社会文明将取代文化的观点,亦请参阅[德]奥斯瓦尔德·斯宾格勒:《西方的没落》上册,导言,齐世荣等译,商务印书馆1993年版。

的任何体验(包括语言),而且他的比较旨在通过对其他文化中宗教的研究论证新教伦理在资本主义兴起过程中的重大作用,从而证明在其他文化中不存在产生资本主义的因素,因而也同样彰显出西方中心主义的立场。

一如我们所知,西方中心主义的恶果便是导致按照西方文明的观念和标准划分和判断事物,以及发展出一种建立在西方文明观念基础上的普适主义,更有一些学者试图提出适用于全人类的社会进化理论及其模式。这些观念在非西方国家依然有着广泛的基础。

三、中国问题与中国意识

与西方学者不同,我思考的问题全因中国问题而起,关注的基本问题和立场恰恰在于中国社会和中国法律,西方只不过是一个最具比较意义,不得不进行比较的文化系统。我这样说的意思,实因中国文化在近代以前与西方文化处于完全不同的两条路向,中国是被"逼"上现代化这条不归之路,而完全偏离了原先的路向。那么,中国为什么选择了现代化这条道路,这段现代化之路走得如何,尤其是法律现代化之路走得如何,是我近来常常思索的一个大问题。而欲明了此问题,又必回溯至中国固有社会与法律,并参酌西方社会与法律,方能有一深透之理解。① 此一基本立场与认识进路以及近四十年的生活体验使我愈益坚信这样一些素朴而坚实

---

① 参阅梁漱溟:《中国文化要义》自序,学林出版社 1987 年版,第 2 页:"中国问题盖从近百年世界大交通,西洋人的势力和西洋文化蔓延到东方来,乃发生的。要认识中国问题,即必得明白中国社会在近百年所引起之变化及其内外形势。而明白当初未曾变的老中国社会,又为明白其变化之前提。"

的信念：中国法律之不同于西方法律，并非只是法律本身的不同，更重要的是法律所蕴含的以及法律背后所支撑的社会文化条件不同。任何法律形式上的移植和模仿都不难，但法律的社会文化移植是不可能的。

我们可以通过历史上三个典型时期考察中西社会、文化及其法律的不同。

第一个时期是约公元前7—4世纪，它大体相当于希腊城邦的黄金时代和中国的春秋战国时期。这是西方和中国历史上最具特殊意义的时期。说其最具特殊意义，首先在于它们已演化出截然不同的社会及其特征。在希腊，最具特色的当然是城邦，而城邦的要义就在于它们互相之间是各自独立和自给自足的。① 也就是说，这些蕞尔小邦既是独立的国家，同时也是自给自足的城市。亚里士多德讨论的许多问题，是典型的城市问题②，这些问题在中国是不存在的。他将城邦看作是人类"优良生活"的需要。③ 古希腊时尚有王制，王以功德或才能受拥戴而登王位，颇类似于中国远古时期的尧、舜、禹，但引人注目的是，至少在亚里士多德时代，这种王制便早已湮灭且已不得人心了。④ 在斯巴达，人人都有被选为监察官的机会，监察院权力之大，连国王也不得不仰承其辞色。⑤ 而

————————

① 亚里士多德：《政治学》，吴寿彭译，商务印书馆1996年版，第186页。

② 如对城邦人口出生数的限制，关于公民的本质、居住权、诉权等。参阅上引亚氏《政治学》，卷二，章六；卷三，章一。

③ 亚里士多德：《政治学》，吴寿彭译，商务印书馆1996年版，第7页。

④ 同上书，卷五，章十。关于希腊王制的消灭时间，顾准说在公元前8世纪前后已基本完成。王制消灭的原因，顾准引汤因比说，认为是受当时小亚细亚诸殖民城邦风尚的影响。参阅《顾准文集》，贵州人民出版社1994年版，第117—129页。

⑤ 同上书，第87—88页。

中国社会,虽然中央集权的郡县制在秦以后才形成,但集权的体制和"溥天之下,莫非王土;率土之滨,莫非王臣"[①]的君天下观念,则是自古就有的。即使在礼崩乐坏、王纲解狃的春秋战国时期,也有一个名义上的周天子高高在上。中国城市的形成在功能上首先是政治的而非生活的:"筑郹,非都也。凡邑有宗庙先君之主曰都,无曰邑。邑曰筑,都曰城。"[②]这一时期在法律制度上的一个显著变化,是成文法的出现,西方和中国都不约而同地先后进入了相对公开、稳定、规范的成文法阶段。其次,这一时期对世界各主要文明体系都是至关重要的,因为正是在这一时期,有了对人类基本问题的系统思考,因而这一时期也被西方一些学者称为"哲学突破"(philosophic breakthrough)的时期。[③] 哲学突破的代表人物,在西方有柏拉图、亚里士多德等,在中国则是以儒家孔子、孟子为代表的诸子百家。西方与中国的先圣们从一开始关心的社会问题和解决社会问题的主张就是不同的。希腊人关心的是正义,由正义的观念而自然生发出律法的制度。在柏拉图看来,人只有"在法律的强迫之下,才走到正义这条路上来的。"[④]亚里士多德更是提出

---

① 《诗经·北山》。

② 《左传·庄公二十八年》。

③ 帕森斯认为,在公元前一千年之内,希腊、以色列、印度和中国四大古代文明,都曾先后不谋而合地经历了"哲学突破"阶段。参阅 T. Parsons, The Intellectual: A Social Role Category. 与帕氏观点相类似的,是雅斯贝斯提出的"枢轴时代"(Axial Age)。雅氏认为,在公元前 800—前 200 年间,几个古代文明都有人对人类的是非善恶及何去何从等基本问题提出系统思考。参阅 Karl Jaspers, *The Origin and Goal of History*, New Haven, Yale University Press, 1953。

④ 柏拉图:《理想国》,郭斌和、张竹明译,商务印书馆 1997 年版,第 47 页。

了"法治应当优于一人之治"①的著名论断。与此不同，儒家关心和主张建立的是一个与自然秩序相和谐的等级社会秩序，要使"老者安之，朋友信之，少者怀之"，②自然须重视道德教化的力量。在儒家看来，德是一种最根本、最强大的力量，法律只能居于次位。孔子把德誉为为政之北斗，③孟子劝梁惠王施仁政、省刑罚，④实因他们所处的社会、所关心的问题以及所抱持的理想与柏拉图、亚里士多德不同。

第二个时期是约公元 11—13 世纪，大体相当于西方的"中世纪盛世"⑤和中国的宋代。长期以来，人们有一种习以为常的观念，即将 17、18 世纪视为迈入现代社会的门槛，而将中世纪看作停滞甚至倒退的时代。实际上，中世纪"并非一片僵死的树林"，特别是在中世纪盛世，各种内生性力量相当活跃，已经在为资本主义的产生和现代社会的建立悄悄地聚集力量。商业复兴了，航海业有了进一步的发展，大片的土地被开垦，人口开始增长，这一切推动了经济的增长、经济组织的建立和经济观念的变化，又进一步促进了风俗的转变和文明观念的产生。总之，各种力量的聚集和萌发

---

① 亚里士多德：《政治学》，吴寿彭译，商务印书馆 1996 年版，第 87—88 页。值得注意的是，中国古代法家亦有不知亲疏、不避贵贱，一断于律的"法治"主张，但中国古代的"法治"只是为君主提供的一种治世手段。亚氏的法治主张则首先是针对"高高凌驾于全邦人民之上"的君主，是一种建立在"同等的人交互做统治者也做被统治者"的正义基础上的政制。二者之异不可不辨。

② 《论语·公冶长》。

③ 《论语·为政》。

④ 《孟子·梁惠王上》。

⑤ 道格拉斯·诺斯、罗伯斯·托马斯：《西方世界的兴起》，厉以平、蔡磊译，华夏出版社 1999 年版，第 36 页。诺斯将 11—14 世纪称为"中世纪盛世"，我认为 11—13 世纪更为准确，因为至 14 世纪，那种 13 世纪特有的经济增长已经停滞，人口再次大幅度下降。

使得这一时期的西欧社会处于一种新旧平衡微妙的增长点上，以至于一项新技术的运用就足以毁灭掉旧的社会秩序。因此，当由亚洲传入西欧的马镫得以在军事技术上运用时，它确实起到了这一作用。[①] 当然，最值得一提的还是城市，那种"不仅在经济上是商业和手工行业的所在地，政治上（一般情况下）是要塞和可能是卫戍地，行政上是法院区域，而且是一种誓约共同体的结义"[②] 的中世纪特有的城市。所有这些变化最重要的成果是导致了一系列重大的法律结果，立法机构、专职法院、法律专门职业、法律科学以及城市诉讼程序纷纷建立起来，并且发展出了金融、保险、信贷等一系列商法概念、原则和体系，以至于梅特兰将这一时期称作"法律的世纪"。因此，如果一定要把 17、18 世纪视为迈入现代社会的门槛，那么我们可以肯定地说，这一时期已经为迈入现代社会的门槛奠定了一切必要的基石。中国的宋代则是一个官僚制的文人社会发展至成熟阶段的典范。从宋太祖始，加强中央集权，不惜一切维护自身统治及其利益成为贯穿这一朝代的钦定"意识形态"，体现在一切对内对外活动中。"杯酒释兵权"也好，以文官知州事之制，令节度使所属支郡直属朝廷，命诸州赋税收入送京师，置转运使，掌财权，削方镇之权，集中央之权也好，不惜向辽、金割地求和、给予岁币也好，包括宋承唐律，只在每条基础上加重处罚，其目的

---

① 马镫在公元 8 世纪才由亚洲的伊斯兰国家传入西欧。马镫使用前，骑手在马上，特别在马上作战，很难掌握平衡和运用他的力量。马镫改善了骑手和骑乘之间的关系，使得新的、随心所欲的、更有力量的打击方式成为可能。11 世纪后期英国的诺曼征服即提供了引入新的技术毁灭一个社会秩序的经典例证。参阅《顾准文集》，贵州人民出版社 1994 年版，第 296—302 页。

② ［德］马克斯·韦伯：《经济与社会》下卷，林荣远译，商务印书馆 1997 年版，第 604 页。

只有一个,就是旨在维护一个高度集权的官僚体制,确保小朝廷的平安。所以,宋代对司法权的统一也不能孤立地看待。应该承认,这一时期的社会并不缺乏活跃性的因素。世界上最早的纸币交子始于这一时期。火药箭、指南车、记里鼓车、针灸铜人、天文钟以及毕升的活字印刷均于此时发明。11世纪末汝窑(今河南省宝丰县清凉寺村)甚至为朝廷烧出了至今仍冠绝于世的精美瓷器。当时指南针已用于航海,中国海船之大,"舟如巨室,帆若垂天之云,柂长数丈,一舟数百人,中积一年粮,豢豕酿酒其中"①。由宋慈所撰的世界上第一部法医学专著《洗冤录》约成书于13世纪中期。但是,这些异常活跃的单一性因素都不足以在一个完全成熟的、一体化的官僚社会中成为推动制度创新的力量。制度创新需要综合因素形成的合力,而这一合力在宋代是无由产生的,亦不可能为任何个人或集团所人为改变。王安石的变法努力及其结果正说明了这一点。如果说11—13世纪的西方已经为资本主义的发展和现代社会的建立准备好了一切社会条件和基础,那么,此时的中国则是依惯性在原有的制度轨道上踽行。

第三个时期约始于19世纪末,此一时期西方文明已走向强盛,开始大规模的海外侵略,并凭借船坚炮利打开中国国门,中国不得不向西方文明正式作出回应。在西方强势文明的逼迫下,在强国梦的驱迫下,中国开始全面借鉴和移植西方包括法律制度在内的各种现代社会制度,传统社会和传统文化正经历一次亘古未有的巨大转型。这一转型迄今也仅仅是个开始。

这些对中国和西方历史所作的回溯和比较并不是为了证明西

---

① [宋]周去非:《岭外代答》,卷六。

方社会的"进步"和中国社会的"僵化",而是为了解释中国社会与西方社会、中国法律与西方法律乃是一个依各自不同的文化传统连续地、不断地变迁的过程,而且,作为一种文化,法律本身必须同自己的社会和其他文化现象相适配。

在晚清开始的这场社会转型的大变局中,存在着两种不同的社会变迁模式的主张。一派是大声呼吁通世界之知识,采万国之美法的康梁新学,另一派则是鼓吹"中学为体,西学为用"的洋务派。

然而,在社会变革的浪潮及其思潮的推动下,在西方强势文明的逼迫下,中国走了一条以西方文明为标准改造中国社会和文化的激进变迁的道路。这一激进式的变迁道路,按照康有为当初充满激情的想法:"泰西变法三百年而强,日本变法三十年而强,我中国之地大民众,若能大变法,三年而立"①。尽管康有为、梁启超激进式的变法主张和实践失败了,但实际上,此后中国社会的变迁却早已超出了康、梁之辈和任何人的预料,这一端倪倒是在沈家本的移植西律过程中看得分明,那就是对西方制度的全面移植。在我看来,中国社会这一百年来实际的、现实的变迁,已根本不是什么中学为体还是西学为体的问题,而是全面移植了西方的各种制度,在中国原有社会之上依据西方模式重新构建了一个新的社会,但这一新的社会并未能够彻底取代中国原有社会,从而形成了一个"双重社会"的模式。此一情势乃是在西方强势文明面前中国问题与中国意识极度简化与极度弱化的表现,只是一心想借西方文明富强,失却了对异域文明吸纳

---

① 康有为:《请饬各省改书院淫祠为学堂折》,《戊戌变法》(二),第220页。

的循序渐进和自主性,硬性将中国社会发展的连续性截断,插入了一个与中国原有社会和文化性质截然不同的异质社会及其文明。但实际上,中国社会和文化发展的连续性并未被中断,它们只是从制度层面上退隐了,而以另一种潜在的方式继续存在着,并在实际上决定着制度层面上那些看得见的东西。中国社会近一百年来的许多重大问题,从根本上说乃是因为存在着这一"双重社会",而这一双重社会又未能融合一致的缘故。以法律而论,虽然法律制度、法律体系乃至法律形式均已是西方的模式,但法律的实际运作及其法律所赖以存在的社会文化环境却无一不体现并受制于中国的传统。法律并不仅仅体现于它自身的力量,它实际上为背后一种更为强大的力量所决定。

此即我所谓中国问题。中国现实社会的种种问题既可归因为这一根本问题,亦为此一根本问题所困,至今未脱樊笼。此一问题解脱之日,也即当下中国社会转型完成之时。它将以中国双重社会模式的消融和一种新文明的诞生为标志,届时亦将产生新的法律文明。回溯一百余年中国社会转型,我们可以看到,中国社会近一百余年处于一种急剧变迁之中,"变"的形式和内容居于主流和主导,大大遮掩了那些相对"不变"的东西,从而使我所谓中国问题处于极度简化和弱化情势,而此一问题并非简化、弱化所能逾越。时至今日,我们必须清醒地认识到,仅仅靠移植西方制度的变迁模式并不能最终解决和超越这些问题,这些问题的最终解决还是要靠中国社会自身的力量。社会变迁不仅要研究"变",更重要的是要研究社会变迁背后那些"不变"的东西,因为正是那些"不变"的东西制约着、甚至决定着"变"的内容和形式。

四、法律研究的方法

按照我的理解,以法律解释社会变迁,既是社会变迁的一种研究方法,也是法律研究的一种方法,它所研究的内容和面对的问题在整体上涉及社会学、历史学和法学,需要三者的结合。因此,本书不属于严格意义上的社会学、历史学或法学中的任一学科,也不同于传统意义上的法社会学或法律史研究的方法。我所做的,与其说是社会变迁理论的建设性工作,毋宁说我在寻求一种用法律解释社会变迁的方法,这一方法致力于将社会学、历史学、法学相勾连,通过用社会、历史解释法律,用法律解释社会、历史的新的研究模式,而达致对社会变迁和法律新的理解。

在我看来,任何一门学科一经建立,在拥有所谓明确的研究对象、方法以及大量固定的、专门性的专业概念的同时,也为自己的研究设定了最终的死局。因此,想要在自己的研究中摆脱羁绊、寻求任何带有终极意义理解的努力的惟一方式便是"出逃"——这也是为什么法律研究最终要在哲学、社会学或经济学等领域寻求新的意义的原因。我采取了一种更为彻底的"出逃"方式——与其说是"出逃",毋宁借用社会学的术语"整合"——以社会学为基本构架、以历史学的重要概念和材料为补充、以法学为主要内容。

虽然我的研究重点仍在于法律,但我所理解的法律和关注的法律问题只在法学领域内是无法进行讨论的。同梅特兰(Frederic William Maitland,1850—1906,英国法律史学家)一样,我向来反对将法律研究当作一门狭隘的专门学科。一个文化系统内的法律、政治、社会、经济等制度及其器物都是互为关联的,事物的发展是一个不断沿续的过程,当你想要较为完整地讨论某一问题时,这一问题会迫使你回溯历史,并触及关联的其他问题,而绝不应该将其余部分剪掉。在我看来,我对法律的研究方法恰与加达默尔(德国哲学解释学家,1900—　)提出的"法学诠释学"有契合之处。加达默尔认为,历史理解的真正对象不是事件,而是事件的"意义"。"谁想对某个法律作正确的意义调整,他就必须首先知道该法律的原本意义内容,所以他必须自身作法学历史性的思考。"①但仅仅对法律作历史性的思考是不够的,法学史家还必须承担起法律学家的任务,即为了现存的情况而理解法律的意义。加达默尔深刻地指出:"法学史家不能满足于用法律的原本应用去规定该法律的原本意义。作为历史学家他将必须公正地对待法律所经历的全部历史变迁,他将必须借助于法律的现代应用去理解法律的原本应用。"②法律之为社会、历史现象,为人们所熟知,但对法律的研究,却往往无视社会、历史对法律的影响,或顶多将社会、历史作为法律研究的"副业"看待。本书的研究,就是要尝试以社会、历史为"基本入手方式",打破以法律专业为主业研究法律的旧有模式。③

我不知道这一研究方法是否也符合布罗代尔"从事件到结构,再从结构和模式回到事件"④的主张。其实,如果考虑到我的研究旨在探寻理解法律背后不同的社会、历史及其文化意义的话,我自

①　[德]加达默尔:《真理与方法》上卷,洪汉鼎译,上海译文出版社 1999 年版,第419 页。

②　同上书,第 418 页。

③　关于学术研究中的"专业"与"通业"的关系,参阅张光直:《中国青铜时代》前言,三联书店 1999 年版。

④　[法]费尔南·布罗代尔:《长时段:历史和社会科学》第四部分,载顾良、张慧君译《资本主义论丛》,中央编译出版社 1997 年版,第 202 页。

己倒是更愿意把这种研究方法视为法律文化的研究方法。①

选择用法律解释社会变迁可能也不太符合一种广为大众接受的观念，即法律不是促进社会变迁最为直接、最为根本的动因。一般而言，人们倾向于认为生产力的提高而带来的经济的增长是推动社会变迁的最为直接、最为根本的动力。诺斯（Douglass C. North）将经济增长的关键归结为"一个有效率的经济组织"，并且认为从卡尔·马克思到亚当·斯密都赞成这一观点。② 帕森斯（T. Parsons）则认为，物质环境只是限定了社会中形成的各种行为方式，或者说对它们施加了各种限制，但以最直接的方式调控这些行为方式的则是文化系统。③ 此外，人口的增长变化、宗教的差异以及技术在造就历史方面的作用等都被视为导致社会变迁的根本动因。但长期以来，法律在促进社会变迁以及塑造社会转型方面的作用却被忽视了。造成这一现象的首要原因可能在于经济基础与上层建筑的二分法并且视经济基础为决定性作用的观念，按照这种观念，作为上层建筑的法律只能是经济基础的消极反应，它自身没有能动作用，更谈不上在推动社会变化中所具有的主导性作用。其次，即使在上层建筑领域内，法律往往也不被视为最主要的变革力量，在一般历史学家和社会学家看来，政治制度、经济制度以及文化制度可能是更值得关注的制度因素。

近代以来，法律在促进现代社会建立中的重大作用开始被一

---

① 将法律文化首先视为一种方法的观点，参阅梁治平：《法律文化：方法还是其他（代序）》，载梁治平编《法律的文化解释》，三联出版社 1994 年版。

② 参阅［美］道格拉斯·诺斯、罗伯斯·托马斯：《西方世界的兴起》，厉以平、蔡磊译，华夏出版社 1999 年版。

③ T. Parsons, *Societies*, *Evolutionary and Comparative Perspectives*, Englewood Cliffs: Prentice-Hall, 1966, p. 9—10.

些学者所强调,其中,最令人瞩目的当属马克斯·韦伯。韦伯倾其一生的学术研究旨在揭示这样一个核心问题:一个充分发展起来的资本主义需要什么样的条件,以及,为什么西方文化以外的其他文化无法产生出资本主义? 韦伯认为,只有建立在理性国家基础之上,现代资本主义才能发展,而"理性的国家是建立在专业官员制度和理性的法律之上的。"①现代西方理性的法从形式上来源于罗马法,根据法律理性化的要求,产生了大量受过大学教育的法学家阶层,并进入到政府机构,"在发展为理性国家的意义上政治运作的革命化,到处都是由训练有素的法学家担负的。……在地球上的任何地区,找不到任何与此相同的现象。"②

　　现代社会的建立是几乎所有社会学理论大师关注的核心问题。从涂尔干的社会分工理论到吉登斯的民族—国家与暴力学说,从马克斯·韦伯的形式合理性到哈贝马斯的共识理论,它们从不同方面为我们树立起了现代社会建立的支撑点,其中,法律在促进现代社会建立中的强大而独特的作用已成为共识。现代社会的建立自然并不只依凭法律的作用,但现代社会建立过程中法律所具有的重要性使我们有理由相信,在现代社会与现代法律之间存在的相互解释力如此之强,以至于想要合理解释现代社会的学者都不能无视法律的作用,而对现代社会与现代法律的解释本身也成为法律研究的一种方法。

---

　　① ［德］马克斯·韦伯:《经济与社会》下卷,林荣远译,商务印书馆1997年版,第720页。

　　② 同上书,第742页。

五、比较与解释

本书的研究,还直接借助或得益于两种基本的研究方法。

其一是比较的方法。比较作为人类固有的思维方式,很早就被应用于学术研究中。亚里士多德的名篇《政治学》,据说就是搜集了153个城邦的实例,作了比较研究后写成的。不过早期学术研究中的比较多是无意识的、零散的。比较作为一种有意识的、系统的方法,大量应用于社会科学的研究,是在欧洲理性主义昌行和近代文明兴起之后。早期比较方法运用于学术研究的基本思维趋势,可以称之为"优位比较法",即以比较的"本体"为中心,通过比较"客体"的参照和衬托,证明比较"本体"的优越性。亚里士多德通过比较和辨析"法治"与"人治"的利弊,得出了"法治应当优于一人之治"的结论。① 孟德斯鸠曾通过区分共和政体、君主政体、专制政体三种不同政体的性质,证明共和政体需要品德,君主政体需要荣誉,专制政体需要恐怖。② 这种通过对位比较辨析优劣的比较方法,曾经广泛应用于学术研究,在当今冠以"比较"名目的研究中仍占据显赫地位。

19世纪初,法典编纂和国家法律统一运动极大地促进了比较方法在法学中的运用,现代意义上的比较法得到了飞速发展。很可能是建立在这种极为实用功利基础之上的缘故,不幸的是,比较法从一开始就走进了两大误区。第一个误区,是幻想并图谋建立

---

① 亚里士多德:《政治学》,吴寿彭译,商务印书馆1981年版,第167—168页。
② 孟德斯鸠:《论法的精神》上册,第一卷,第二章,第三章,张雁深译,商务印书馆1982年版。

所谓超国家的"统一法",消除各国法律秩序之间的差异性。按照朗贝尔(Edouard Lambert)的说法:"比较法应当逐步地消除那些使文明阶级和经济形态相同的各民族彼此乖离的各种立法上的偶然性的差异。比较法应当减少那些不是基于各民族的政治、道德或者社会特性而是由于历史上的偶然性、暂时的存在或者不是必要的原因所产生的法律上的差异。"①第二个误区,是将比较法视为借鉴、移植外国法律,为本国法律改革服务的工具。这一观点在比较法学家中相当流行。比较的目的,就是了解各国法典所包含的同本国法典不同的规定,以及外国所取得的经验,从中得到启示,向本国的立法者提出建议。② 比较法学家这种对比较法偏狭的、实用主义的认识,从根本上影响、制约了比较法学的发展。

在我看来,一切功能主义的态度都是比较方法运用于学术研究中的大敌。用比较的方法消除差异性以及改革法律,乃是只管在法典中制定蓝图的法学家的天真想法。事实上,这些想法均事先假定了一个处于"优位"或"中心"的对象,所谓比较无非是为了证明那些"好的"东西应该代替那些"不好"的东西,或者处于支流、边缘的东西应该向中心靠拢。本尼迪克特(Ruth Benedict)早就说过:"如果人们还在战战兢兢地保卫自己的生活方式,并只相信自己的生活方式是世界上惟一的解决办法时,文化的比较研究就不能发展。"③那么,究竟什么是比较的目的,或者进一步说,人们

---

① 参阅[德]茨威格特、克茨:《比较法总论》,潘汉典等译,贵州人民出版社1992年版,第一章,第二章。

② [法]勒内·达维德:《当代世界法律体系》,漆竹生译,上海译文出版社1984年版,第11—13页。

③ [美]鲁思·本尼迪克特:《菊与刀》,吕万和等译,商务印书馆1996年版,第11页。

需要通过比较追求什么样的意境呢？我以为，比较乃是人们通过对研究对象外部具有同类属性的其他对象的观察而达至对研究对象新的认识的途径。同一个研究对象，因为采用了比较的方法，认识的范围却逐渐扩大，感受愈益强烈，对以前那个似乎已经"山穷水尽疑无路"的研究对象获得了前所未有的新的认识。比较之所以能够扩大认识的范围，增加认识的深度，是因为人们如果单独认识某一对象，会受到视域（horizon）的限制，而比较的方法则可以拓宽视域，增强人们的感受能力。比较永远不应该导致优劣之辨和追求同一。比较承认差异，承认在差异的基础上事物呈现出的主流与非主流、中心与边缘、完美与残缺的多样性，承认万物各有所宗、各本所法、各安其所、各归所途，赞成以宽容、平和的心态来看待和理解这些事物。

其二是哲学解释学的方法。[①] 如果说，比较的方法能够使人们在对比中获得对研究对象的一种"新"的认识，那么，当代哲学解释学无疑在研究过程中为研究者打开了一扇自我理解的窗户，架设了一座沟通解释者与历史的桥梁，赋予了传统新的生命与意义。哲学解释学对法学本体研究与研究方法的影响都应该是革命性的。

文艺复兴和启蒙运动以后，以笛卡尔为代表的理性主义哲学

---

① 哲学解释学流派纷呈，对一些基本问题的看法并不一致。当代哲学解释学的奠基人加达默尔坚决反对将哲学解释学当作一种方法，认为哲学解释学从根本上讲就不是一种关于方法论的哲学，它自身也不是方法论，而是人的世界经验的组成部分。参阅［德］加达默尔：《真理与方法》上卷，洪汉鼎译，上海译文出版社1999年版，第2版序言。而法国哲学解释学大师吕格尔则对方法论颇为关注，认为"每一解释学所展现的存在，自身也作为方法论的基础"。Paul Ricoeur: *The Conflict of Interpretations*, Evanston: Northwestern University Press, 1974, p. 19.

思潮一泻千里,弥漫了整个世界。应该说,理性是人类文明和进步史上的重要里程碑,是值得珍视和继承的宝贵精神财富。但当理性成为衡量一切的价值标尺,甚至成为驾凌人类自身、主宰人类世界的新的权威的时候。人类实际为自己创造了一个非历史、非人性的膜拜对象。特别是随着现代科学技术的发展,理性业已演变为一部功能强大的精神机器,具有压抑人性、剪除个性的功用了。

理性的观念运用于学术研究中,特别是在历史研究和理解本文中,就是执着地认为历史具有客观性,有它的演变规律,所谓理解的最高意境就是阐明历史的客观性,发现历史的演变规律,站在客观公正的立场上解释本文,最大限度地恢复本文的原意。按照历史主义的观点,就是要"还历史的本来面目。"这种理解方式,将理解历史的时间距离与理解者视为理解中的两大障碍,理解者要自觉将自己置于历史和本文的图框之外,最好暂时忘掉自身的存在,以保持理解中不带有任何个人的见解。

当代哲学解释学根本否认所谓绝对理性的存在。按照加达默尔的说法:"理性不是它自己的主人,而总是经常地依赖于它所活动的被给予的环境。"①与理性主义总是寻求理解的客观公正以及追求同一性的种种非人性的理念相反,哲学解释学特别推崇可以代表不同个性、不能重复体验和不能复制的经验,认为历史从根本上讲乃是人的经验生活。理解历史不可能不借用语言和观念,而只要使用语言、具备一定的观念,就已经在理解之前具有传统、经验的成分了,这就是哲学解释学关于"前见"的看法。历史主义在

---

① 〔德〕加达默尔:《真理与方法》上卷,洪汉鼎译,上海译文出版社1999年版,第354页。

理解中意欲消除的时间距离、前见,在当代哲学解释学看来,恰恰是理解中的积极因素。时间距离"可以使存在于事情里的真正意义充分地显露出来","只有当它们与现时代的一切关系都消失后,当代创造物自己的真正本性才显现出来,从而我们有可能对它们所说的东西进行那种可以要求普遍有效性的理解。"①前见也并不意味着一种错误的判断,一切理解都必然包含某种前见。正是由于启蒙运动,前见才被赋予否定的意义,但意欲消除一切前见这一启蒙运动的总要求本身却被证明是一种前见。②

　　哲学解释学认为,每一个人对历史的理解都是不同的,有一千种理解,就有一千种历史,历史根本就不存在什么"本来面目"。历史不应被视为过去的东西,而是包含历史研究者在内的整个人生。传统不是凝固在历史中的无生命之物,传统通过理解存在并不断发展。理解并不是要去发现本文的"原意",本文有它自己的世界,解释者也有自己的精神世界,当解释者用他自己的世界去理解本文的世界时,会碰撞出一个新的世界——意义(meaning)。

　　如果将当代哲学解释学运用于法学研究中,我们便会发现另一个新的意义世界。在大多数以法律为职业的人看来,理性是构成法律的惟一基础,法律本来就应该是统一的、非人性的冷冰冰的规矩,情与法是完全对立、不可调和的,人性在人们以理性为基础创立的法律面前,只能成为臣属之物,降为附庸地位。如果人性与法律发生矛盾和冲突,首先考虑的是维护法律尊严。人在自己的创造物法律面前,逐渐丧失了自我。而从哲学解释学的立场看,法

---

　　①　[德]加达默尔:《真理与方法》上卷,洪汉鼎译,上海译文出版社1999年版,第382页,第383页。
　　②　同上书,第347页,第354页。

律不应该仅仅被理解为是由理性堆积而成的非人性的规则,理性也不应该成为构筑法律的惟一基础。我们每个人都生活在自己的经验世界里,并由此获得对事物的不同理解和体验。一切企图摆脱个人生活经验而"合理"解释法律的做法终将被历史证明为虚妄。理解法律同时也是理解人生的方式之一。正是在这个意义上,我们可以说:法律即人生。法律在人生中被不断展开,并不断达至新的理解。历史与传统在我们每一代人新的理解中得以沿续和发展。历史是包含研究者在内的整个历史,传统也并非凝固不变之物。历史及其传统绵延不绝,闪烁无定,没有尘埃落定之日,一切只是处于研究者编织的意义之网中。

六、开放的法律

　　一部冠之以"法律解释"的著述,却用很多篇幅去讨论法律之外的社会、历史、文化及其他问题,即使不被看作离题太远,也会被看成是"始终绕着松鼠走却从未看见过松鼠"的人。① 人们已经习惯于追求用科学的方法精确定义某件事物,习惯于在一个固定的、狭窄的圈子内讨论问题,实证主义之风大为流行,对法律问题的讨论也许将来会变成法庭上的法官问话,只须回答"是"或"不是"。

――――――――――

　　① 这是一个哲学问题。假定树干上有一只松鼠,树干的另一面站着一个人,看不见松鼠,这个人以和松鼠同样的速度绕着树干走,那么这个人是否绕着松鼠走? 参阅 William James, *Pragmatism A New Name For Some Old Ways Of Thinking*, Longmans, Green And Co. New York, 1943。这一哲学问题有两种完全不同的答案。它会产生新的哲学问题。如果我们假定这个人是在绕着松鼠走,那么,这个人能看见松鼠吗? 肯定也有两种完全不同的答案。我是在这一意义上使用詹姆士原有的哲学问题的。

不屑说,这是一种十分危险的倾向,是对人类思维多样性和美好精神生活的严重损害。

其实,越是想通过把法律限制在一个狭小范围内弄清什么是法律的人,反倒可能会失去法律的真实性,他们就像中国成语中的那四个盲人一样,摸到的只是其中的一部分。法律是不能够被精确定义的。我们每个人都不可能确切地知道自己所说的法律究为何物。对于法律,我们要么采用朗·富勒(L. Fuller)式的定义,要么干脆不加定义。梅特兰曾经说过,历史是一张没有接缝的网,其实,社会也是一张没有接缝的网,处于这两张交织之网中的法律天然与它的过去、与其他社会关系、社会生活缠绕扭结在一起,并且息息相关、血脉相通,法学家如何能割袍断袖式地厘清法律,并将其限定在一个狭小的范围内?

依我看,法律是一个依实在法为主体的规则群体不断地、无限地向外扩展、延伸的文化场际,它是生长于、生活于社会之中并与其他社会关系发生互动的活法(living law),活法的触角生长于、植根于社会生活的各个角落,我们无时无刻不生活于法律之中,谛听它的判决,感受它的力量。这是一个完全开放式的法律概念,每个人都进出其中,每个人都在创造它、影响它,每个法律问题都包含着丰富的历史、文化内容,而每一个历史、社会、文化问题也无不同法律息息相关。

这种开放式的法律概念必然也要求一种开放式的研究方式。这一研究方式不是将法律从社会、历史中"拎出来"加以研究,恰恰相反,它要求将法律"放回"社会、历史中去,把法律同其他社会现象联系起来进行研究。这自然不是法学家的事业,也非法学家目力所及。这是马克思(Karl Marx)、韦伯(Max Weber)以及哈耶克

(Hayek)的事业。马克思和韦伯毕业于法律系,他们的博士论文是法学论文,哈耶克是众所周知的 1974 年诺贝尔经济学奖得主,他们之所以从单纯的法学研究、经济学研究走向一般社会理论的研究,乃是因为他们认识到对任何法学、经济学核心理论的解释都与社会哲学的一般理论相勾连,他们必须为自己的研究寻找一个更为广阔的解释空间。

这一研究方式对于中国法律尚有理论之外的现实意义。在中国,法律从来不只是法律问题,法律所承载的政治意义、道德意义以及人们赋予它的各种意义远比西方法律丰富得多。在社会变迁和社会转型的巨变之际,它需要更加开放、多元的解释空间,也更需要贯注一份力量、勇气和智慧。或许,同样重要的是,它还需要解释者具备一种深深植根于这块土地之上的理解和热爱,正像泰戈尔所吟唱的:

> 我的一切存在,一切所有,一切希望,和一切的爱,总在深深的秘密中 向你奔流。你的眼睛向我最后一盼,我的生命就永远是你的。①

---

① 泰戈尔:《吉檀迦利》,冰心译,浙江文艺出版社 1990 年版,第 34 页。

第一章 社会变迁要论

宇宙进步的规律是不存在的,只有一种上下波动,最后由于能量的扩散而出现逐渐向下的趋势。这至少是科学现在认为非常可能的事情,而且在我们幻灭了的这一代人中,它是不难接受的。就我们现在的知识来看,从进化中根本不可能正确地推导出乐观主义哲学来。

罗素(Bertrand Russell)

一、社会变迁的历史意义

当我选择使用"社会变迁"这一概念来指称和描述人类进入社会以来所经历的一切变化和变动的状况时,它首先意味着我选择了一个以社会学为基础和起点的研究方式。但更为重要也更有意义的是,我将通过不同于社会学的研究方式和视角,赋予这一概念新的理解和意义。

最近数十年来,几乎每一学科都在大量使用与"社会变迁"一词有近似含义的核心概念,这表明我们的确正处于一种不同寻常的变化之中。经济学家使用"制度变迁"的概念,因为在他们看来,制度乃是经济增长的决定性因素。[①] 被其他学者广泛使用的还有"进化"、"进步"、"发展"、"演进"、"演化"、"演变"等概念。我之所以选择社会学家习用的"社会变迁"概念,不仅因为它没有一望即知的进化论色彩,还在于它具备异常广阔的解释空间,非常适合与我所理解的法律互为解释。

但这一选择并未省却诸多令人烦恼的困惑。与其他概念一样,我们首先会问:究竟什么是"社会变迁"? 大多数人可能认为这一概念意义明确,毋须解释。有些社会学家用大量篇幅讨论社会变迁,但却从不给它下定义。有些伟大的学者,其毕生研究的主要问题实际上就是社会变迁问题,但他们甚至从不或很少使用这一概念。

已知的关于社会变迁的定义几乎都是广义的。Wilbert Moore 将社会变迁定义为"社会结构的显著变化"[②],他所说的社会结构包括规范、价值和文化现象。L. 弗里德曼和 J. 兰廷斯基则认为,"社会变迁是指社会中已建立的行为模式的任何非重复性变更"[③]。显然,这类定义经过精心地、谨慎地限定,它们通过"显著"、"非重复性"这类词汇的修

---

①　See Douglass C. North, An Economic Theory of the Growth of the Western World, with R. P. Thomas, 1970, Econ Hist Rew. 及道格拉斯·诺思、罗伯斯·托马斯:《西方世界的兴起》,厉以平、蔡磊译,华夏出版社 1999 年版。诺斯认为:"制度提供了人类相互影响的框架,它们建立了构成一个社会,或更确切地说一种经济秩序的合作与竞争关系。"因此,"变迁"一词就是指"制度创立、变更及随着时间变化而被打破的方式。"参阅诺斯:《经济史中的结构与变迁》,陈郁、罗华平等译,上海三联书店 1994 年版,第 225 页。

②　Wilbert E. Moore, Order and Change: Essays in Comparative Sociology, New York: Wiley, 1967, p. 3.

③　转引自罗杰·科特威尔:《法律社会学导论》,潘大松等译,华夏出版社 1989 年版,第 54 页。

饰,实际上预设了一个基本的判断,即认为在社会过程的某一阶段或某些社会不存在社会变迁,从而否认社会变迁是一种常态过程。相比之下,另一类定义似乎更为"广义"。在这类定义中,社会变迁被宽泛地理解为"社会过程、模式或形式的所有方面的变化或变动",[①]或者"建立在人们相互联系和行为标准的模式的所有变动之中"。[②] Robert H. Lauer 将社会变迁视为"包括各种概念的、涉及从个体到全球的人类生活的不同阶段的社会现象的变化"。[③] 他说:

> 社会和制度的变迁并不意味着在社区会发生类似的变化,正如看法的改变并不意味着社会制度已经发生类似的变化。社会变迁是经常的和持续的,但是在社会生活的各个阶段有着不同的方向和不同的速率。[④]

Lauer 的观点代表着对社会变迁的一种新的理解,即将社会变迁看成是社会生活中每日都在发生的一种常态的、连续的变化过程。按照这一观点,社会变迁存在于任何社会和社会的每一阶段,不管这一变化是社会制度的显著变化还是人们态度与看法的转变,也不管社会是向前发展还是向后倒退,是处于暴风

---

①　Henry Pratt Fairchild,ed. ,*Dictionary of Sociology* Ames,Iowa:Littlefield,Adams & Co. ,1955,p. 277.

②　George A Lundberg,Clarence C. Schrag,Otto N. Larsen, and William R. Catton, Jr. ,*Sociology*,4thed. New York:Harper & Row,1963,p. 583.

③　Robert H. Lauer, *Perspectives on social change* ,4thed. Boston:Allyn and Bacon, 1991,p. 4.

④　Ibid. ,p. 7.

骤雨式的急剧冲突与裂变之中,还是静如处子般地呈现出停滞与凝固的状态,它们无一例外都是社会现象的变化,是社会变迁的一种形式。

必须承认,Lauer 所代表的对社会变迁的这种新的理解是相当宽泛和开放的,它几乎提出了一个无所不包的社会变迁的观点,这一观点已完全不同于一些历史学家的循环论以及被称为社会学之父孔德(Augyste Comte)的进化论。但我认为,Lauer 的理解仍然预设了一些基本的价值判断,最典型的表现为他对 20 世纪前中国社会变迁的看法:数百年发生一次极小的变迁,数千年才发生一次较大的变迁,而这一缓慢的变迁速度被看作是与中国社会的现实相符合的。① 在西方社会理论中,这种把中国传统社会当作现代西方社会快速变迁和高速发展的一个相反例证的比较方式太过普遍了,对我们来说一点也不陌生。这也反映出像 Lauer 一类的社会学家对社会变迁的理解仍然停留在以社会结构为核心的社会现象变化的观察上。

显然,要打破对社会变迁的这种表面现象的观察,就必须突破社会学对社会变迁的理解方式,在社会学领域之外寻找对社会变迁的新的解释。

迄今为止,对社会变迁理论影响最大的也许是达尔文的进化论。今天,达尔文的进化论在西方自然科学领域已经受到彻底清算,所谓"物竞天择,适者生存"的自然规律受到了普遍地质疑和挑战,自然对物种的选择并不是保留强者,淘汰弱者,而是由随机性

---

① Robert H. Lauer, *Perspectives on social change*, 4thed. Boston: Allyn and Bacon, 1991, pp. 25—26.

决定的。① 达尔文的进化论曾经对许多国家和领域产生过巨大影响(实际上,中国近代社会的变迁方式和方向就受到了达尔文进化论的强烈影响),尤其在发展中国家,这一理论至今仍然有着广泛而深刻的影响。

据说是 Donald T. Campbell 最早将达尔文的进化论运用于人类文化进化的,他在出版于1965年的一本关于社会文化系统的书中专章讨论了"发展中地区的社会变迁",为把达尔文理论用于研究人类行为进化勾勒了一幅雄心勃勃的蓝图。他的基本论点有四:首先,人类文化是经由学习和模仿相沿遗传的,人类社会文化进化应该学习使用达尔文的方法;其二,文化与基因的进化是连结的,在人们生活的环境中,文化是一个重要的因素,它在基因上产生选择的压力;其三,Campbell 主张自然选择在文化进化中保有主要的影响力;其四,Campbell 认为,自然选择也同样作用于文化

---

① 对达尔文进化论质疑的汉语文献,可参阅许靖华先生的两本专著。生物学的历史证明,曾经在地球上生活过的物种大多数都灭绝了,现在仍然活着的物种大约只占地球上曾经有过的生物的百分之一。如何解释包括恐龙在内的大多数物种的灭绝呢?达尔文提出了"天择说":"我想,生物界将无可避免地遵循这一规律:在时间的长河中,新的物种通过天择应运而生;而另一物种则日趋减少,乃至灭绝。起源相近的生命……通常会陷入最激烈的竞争之中。结果造成每一个变种在演化进程中,势必对最接近的宗族施加最大的压力,但求置之于死地。"但是,现代科学已经提出新的证据,证明包括恐龙在内的大多数物种的灭绝是由于陨星撞击地球造成的,决定生物生死的是随机性而不是优越性,这使达尔文的生物演化规律从根本上发生了动摇。许靖华先生说:"达尔文在总结他的进化论时,受19世纪英国社会哲学的影响很大。在那弱肉强食的年代,他目击了工业革命时期的'生存竞争'和'适者生存'。然而,如果恐龙灭绝的天外原因是正确的,那么我们就必须重新考虑演化的速度和方式。"他进一步质疑道:"我们如今愈深究生命历史的记录资料,适者生存并非自然规律的事实就愈明显,它只是英帝国的邪恶政治哲学。愈钻研史料,就愈发现达尔文主义主张的自然选择并非科学,而是宗教信仰。"参阅许靖华:《地学革命风云录》,何起祥译,地质出版社1985年版;《大灭绝:寻找一个消失的年代》,任克译,台湾天下文化出版公司1992年版。

变化。① 这样,通过对人类行为的观察,人类文化也被贴上了自然选择进化的标签。

其实,达尔文的进化论对社会文化领域的影响远比 Campbell 的运用要早得多,而且,对达尔文的进化论笼统加以批评并指责它在社会文化领域内的运用也许是不公正的,达尔文理论受指责最多的只是"天择说"。早在达尔文研究他的进化论的同时,社会学家就已经提出社会进化理论了。同达尔文一样,这些社会学家生活于进入工业社会的 19 世纪,他们的社会进化理论是与那一时期的经济快速增长以及发生于个人、集体、国家间的残酷竞争相适应的。最典型的可能是斯宾塞(Herbert Spencer,1820—1903)的社会进化理论。这一理论强调社会变迁是由内发模式决定的从简单的、非专业化和非正式的到复杂的、专业化的和正式的变化过程,用斯宾塞的话说是"一个从非连贯的同质到连贯的异质"的变化。因此,涂尔干(Emile Durkheim)和韦伯(Max Weber)的社会理论有时也被从广义上划入这一模式。②

20 世纪后期,社会进化理论招致了社会学家的强烈批评,法国社会学家吉登斯指责尤烈。他认为进化论有四种危险:单线压缩(unilineal compression)、对应压缩(homological compression)、规范错觉(normative illusion)和时间歪曲(temporal distortion)。

---

① *Evolution：The Darwinian Theory of Social Change*，Peter J. Richerson ＆ Robert Boyd，See http:// www. Social Change . com/ Evolution The Darwinian Theory of Social Change. htm.

② 鉴于社会分工的日益发展,涂尔干强调要用一个更复杂的"有机的一致"、补充性的一致逐步代替简单的"机械的一致";韦伯则倾向于把人类社会看作是一个向更复杂的官僚制组织形式发展的不可逆的过程。参阅[英]彼得·伯克:《历史学与社会理论》,姚朋、周玉鹏等译,上海人民出版社 2001 年版,第 168—169 页。

这四种危险反映了进化论者将人类社会看成是一个由低级到高级的、每一阶段都有与之相对应的个体人格发展的、种族中心主义的、将"历史"与"历史性"混为一谈的关于"人类成长的故事"。①他声称要与进化论彻底决裂,并有力地质问道:

> 猎犬号②的航行标志着将西方人带向与形形色色的异域文化发生接触的征程。西方人将这些文化分门别类,都归入一个无所不包的图式之中,西方在这个图式之中自然是位于发展的顶峰。进化论图式今天尚无摆脱这种种族中心主义的迹象。在西方的社会科学中,你上哪儿能找到一种分析图式,将传统印度或古代中国看作是一个最高的发展阶段?或者就此而言,把现代印度或现代中国视为最先进的社会?③

显然,对进化论的批判业已构成吉登斯社会变迁理论的一个非常重要的组成部分,而且,在我看来,吉登斯对进化论存在的四种危险的概括,前三种是相当准确、真实的。但是,他将进化论的第四种危险概括为"时间歪曲",指责进化论的思想倾向是将历史认定为社会变迁,将时间的流逝和变迁当成一回事,从而将"历史"(history)与"历史性"(historicity)混为一谈,则表现了他对进化论、历史以及社会变迁三者关系的严重误解和歪曲。吉登斯曾多

---

① 安东尼·吉登斯:《社会的构成》,李康、李猛译,三联书店1998年版,第355—359页。

② 达尔文远洋考察时曾乘坐的英国海军的一艘双帆船。

③ 安东尼·吉登斯:《社会的构成》,李康、李猛译,三联书店1998年版,第354页。

次表明他反对将历史等同于社会变迁的观点,①反映了他对某种理论的偏见。当然,这也与他提倡的"所有的社会生活都是片断化的"所谓"片断化特征"理论有关,而在他看来,正是进化论一概假定人类历史具有某种主导的连续性。②

"某种主导的连续性"是一个异常含混的提法,吉登斯不应该不知道,这并不是进化论的主要特征。事实上,提倡"某种主导的连续性",并不一定是进化论的观点,而吉登斯所提倡的"片断化特征"也未必不是进化论。问题还在于,吉登斯过于僵硬的、静态的社会学体系可能根本无法接纳历史方法和历史材料,无法接纳历史学的时间概念,这也正是吉登斯的社会理论在解释社会变迁时总是显得力不从心的缘故。

在这一点上,吉登斯犯了传统的英国社会学家和历史学家的老毛病——他们总是用粗鲁的、不信任的眼光互相看待。正如彼得·伯克所言:

> 至少在英国,许多历史学家仍然将社会学家看成是用粗俗难懂的行话来陈述显而易见的事实,毫无时空感,将活人生硬套进他们的分类,并冠之以"科学的"标签的人;而在社会学家看来,历史学家则是业余的、近视的、缺乏体系和方法的事实收集者,其"数据库"的粗陋不堪恰与他们的分

---

① 安东尼·吉登斯:《社会的构成》,李康、李猛译,三联书店 1998 年版,第 49 页,第 359 页,另见吉登斯:《民族—国家与暴力》,胡宗泽、赵力涛译,三联书店 1998 年版,第 36 页。

② 吉登斯:《民族—国家与暴力》,胡宗泽、赵力涛译,三联书店 1998 年版,第 35 页。

析低能相称。①

　　社会学与历史学的这种英国式的"兄弟阋墙"当然并不反映社会学与历史学之间的真实情况。事实上,一方面,它们之间已形成严格的学科分类,另一方面,它们当然又是可以相互补充借鉴的。它们之间的联系和区别,用马克斯·韦伯的话说,社会学是由类型的概念构成的,它探索事情的普遍规则,而历史学则力争作出因果分析和解释个体的、文化上重要的行为、机构和人物的归纳。但"社会学概念的形成在很基本的方面从历史吸取材料作为范例"。②所以,社会学与历史学如果能打破这种"聋子之间的对话"③,那么,社会学将更多地获得材料的丰富性,而历史学也将更多地获得概念的明确性。

　　至于对"社会变迁"的研究,我把它看作是一个需要运用社会学的基本框架和基本概念,但需要补充以历史学的重要概念和材料才能作出令人满意解释的特殊范畴。也就是说,与社会学的一般范畴不同,对社会变迁的研究需要更多地依赖历史学。社会学的范畴如果不增加这些历史学的重要要素,就无法表达社会变迁在结构层面掩盖下的时间暗流,而正是这些由时间表示的历史性的绵延构成了我对社会变迁的基本理解。在我看来,它们不仅不

---

　　①　[英]彼得·伯克:《历史学与社会理论》,姚朋、周玉鹏等译,上海人民出版社2001年版,第3页。

　　②　[德]马克斯·韦伯:《经济与社会》上卷,林荣远译,商务印书馆1997年版,第52页。韦伯一般并不将自己看成是社会学家,他晚年在接受慕尼黑大学一个讲座教授职务时说:"现在从聘书上看,我倒成了一个社会学家。"实际上,韦伯将自己视为一个政治经济学家或比较历史学家。见上引彼得·伯克书,第12页。

　　③　布罗代尔语,转引自上引彼得·伯克书,第3页。

会存在导致进化论的危险,恰恰相反,它们应当有助于我们在一个更基本、更广阔的层面上挣脱进化论的束缚,特别是有助于打破进化论带给我们的阶段发展论和断裂－飞跃论。这些重要的要素是:

长时段的观念。社会学比较多地关注概念和模式的构造,缺乏历史学的时间感觉,特别是长时段的时间感觉。作为历史学家,布罗代尔认为,"长时段是社会科学在整个时间长河中共同从事观察和思考的最有用的河道。"①而"短时间是最任性和最富欺骗性的时间。"②对长时段的强调贯穿了布罗代尔的整个史学,也是他用以诟病社会学的有效武器。只不过,对于社会变迁的研究来说,布罗代尔所提供的长时段的计量单位太小了。他所谓的"长时段"是相对于具体的历史事件来说的,所以,"十年、二十年乃至五十年"就构成布罗代尔的"长时段"历史。③ 而我所说的长时段,是跨越某一个历史时期的、相当于整个人类历史的漫长时段,也就是说,要把社会变迁放在整个人类历史的长河中加以考量和关照,这样才不会被某一阶段的"进步"或"退步"、"增长"或"衰退"的现象所迷惑。当然,这并不同时意味着我否定用纯粹社会学的方式或人类学的方式对社会变迁所作的功能性分析或微观描述的意义。它们属于不同的研究方式。

连续性的观念。只有从长时段的观念来看,社会变迁才是连续的。在社会变迁的某一个时期,可能会出现诸如许多学者所形容的"裂变"、"畸变"或裂变后的"飞跃"、"上升",但从长时段的眼

①　参阅[法]费尔南·布罗代尔:《长时段:历史和社会科学》,载顾良、张慧君译《资本主义论丛》,中央编译出版社1997年版,第202页。

②　同上书,第177页。

③　同上书,第176页。

光来看,它们只是暂时的现象,因而也是不真实的。所谓"裂变",只是历史的另一种形式的沿续,它们之所以呈现出"裂变"的形式,是因为在表面上增加了可变量,但并没有在实质上改变不变量。所以,不管它们呈现出什么样的变化,均可从它们以前的历史得到合理的解释。表面结构的"断裂"并不意味着历史深处的暗流也发生了同样性质的改变,否则就不是"断裂"的性质,而是意味着死亡。

　　文化、文明的观念。文化、文明既属于社会学的范畴,也属于历史学的范畴。文化是一个带有浓厚地域性的概念,而文明的观念本身既是一个长时段的观念,也是一个连续性的观念。从文明的角度看,社会变迁不存在真正意义上的"断裂",只存在生长、衰落和死亡。作为历史学家,斯宾格勒、汤因比关注的焦点始终是文化与文明,在他们看来,所谓社会变迁无非是文明起源、生长、兴盛、衰落、解体、死亡的循环过程。文化、文明为社会变迁展现了一个更加宏大、复杂和多样的领域。社会变迁不仅仅表现为秩序、制度、结构的变化,更为重要也更为复杂的是,社会变迁本身并不必然意味着在文化上会发生同样的变化。[①]　也就是说,社会变迁不

---

　　① 对这一重要观点的论述,请参阅[美]克利福德·格尔茨:《文化的解释》,韩莉译,译林出版社1999年版,第六章。格尔茨通过对发生在中爪哇东部的一个小镇——莫佐克托上的为一个死去的小男孩贾恩举行的当地葬礼仪式——斯拉麦坦上因政见不同而发生的风波的描述,说明葬礼仪式失败是因为逻辑—意义的整合与因果—功能的整合不一致造成的,也就是说,是因为社会与文化之间形成了冲突。而这一点正是功能主义理论难以解释社会变迁的主要理由,因为功能主义无法同等探讨社会过程与文化过程。在功能主义看来,社会与文化之间不可避免的有一个是另一个的反映。格尔茨写道:"静态的功能主义,无论是社会学的还是社会心理学的,都不能排除这种不一致,因为它不能区别逻辑—意义的整合与因果—功能的整合;因为它不能认清,文化结构与社会结构不仅互相反映,而且是既相互独立又互相依存的变量。"

是社会学自身能够予以完满解释的。

因此,当我们以"长时段"、"连续性"、"文化、文明"这些新的观念来认识社会变迁时,也就同时赋予了社会变迁以历史意义。在将社会学关于社会变迁的定义作为讨论问题的起点并跳出社会学圈子后,我不准备再回到社会学中去给社会变迁下定义,我也不再沿用社会学的方式接着讨论社会变迁的特征、社会变迁的阶段、社会变迁的方向以及社会变迁的速率等缺乏生气的社会学的老套问题。我将沿着那些我所开辟出的新的观念和视角认识社会变迁,以丰富对社会变迁的理解。

二、社会转型:文明的再生

在新的意义上认识社会变迁及其过程,必需引入社会转型的概念。

如上所述,社会变迁是每个社会和每一阶段都发生着的常态变化过程,但这一过程并非始终均衡地变化着,有时也要经历或长或短的转型。就像一条河流,平时在冬日残阳下静静地、慵懒地流淌着,但往往也要经历长江三峡的激流险滩,怒吼着冲过阻滞才能一泻千里、归于大海。只不过,相对于自然河流的九曲回肠,人类社会的转型往往要漫长、复杂得多,身在其中未必能全窥其程、尽识其变。

在中外历史上,均存在着这种变迁速率加快、乃至发生剧烈社会动荡的特殊时期。梁启超将其称之为狭义的"过渡时代":

> 过渡有广狭二义。就广义言之,则人间世无时无地而非

过渡时代。……就狭义言之,则一群之中,常有停顿与过渡之二时代。……于过渡时代,而发生力之现象显焉。欧洲各国自二百年以来,皆过渡时代也,而今则其停顿时代也。中国自数千年以来,皆停顿时代也,而今则过渡时代也。[①]

梁启超抓住了社会转型的一个重要特征——过渡。我们可以把社会转型看成是过渡时代,但过渡时代只是社会转型的特征之一。况且,除过渡时代,人类社会也并非处于停顿状态。事实上,正如我们业已论述的,人类社会每日都发生着变化。但在人类社会漫长的过程中,总有那么一些特殊的时期,这些时期所发生的变化同常规性的变化有着显著不同。它们或长或短,或快或慢,有时翻天覆地、刻骨铭心,有时看似平淡,却流静水深。

人类社会中这样的重大时期和重大事件太多了,我们根据什么确定社会转型的概念呢?我们凭什么说某一时期、某一事件只是一段社会动荡、一次政治革命而不是一次社会转型呢?

文明是一个十分有效的分析工具。然而,在使用这个有效的分析工具之前,必须澄清在文明起源问题上存在的一个习见的错误观点,这一观点将文明的起源视为随着财富的日益积累和国家的起源而出现的现象,也就是说,将文明视为后于社会的而与国家同时出现的现象。汤因比在原始社会和文明社会之间划了一条线,他认为,已知的原始社会要比文明社会的数目大得多,只有他所列举的二十一个社会才是文明社会。接下来,他所下的结论却是:"因此,我们这二十一个社会就一定有一个共同的特点,这个特

---

① 梁启超:《过渡时代论》。

点就是只有它们具有文明。"①张光直则借用 Colin Renfrew 关于文明的定义,将文明的起源理解为以人工的环境和器物把自己与原始的自然环境隔离开来的较高水平——其标志为巨大的建筑物、文字以及伟大的美术作品。② 他认为,财富是文明起源的关键因素:

> 我们先来看看产生文明需要什么因素。……我觉得可以用一个最为简单的词——财富——来代表。文明没有财富是建造不起来的,……很贫乏的文化,很难产生我们在历史学或考古学上所说的那种文明。另一方面,仅有财富的绝对累积还不够,还需要财富的相对集中。在一个财富积累得很富裕的社会里面,它会进一步地使社会之内的财富相对地集中到少数人手里,而这少数人就使用这种集中起来的财富和大部分人的劳力来制造和产生文明的一些现象。③

显然,无论是汤因比还是张光直,他们的文明概念均是循人类社会是由原始社会、野蛮社会而进至文明社会的模式来划分的,而这一模式是由在社会原始状况方面的研究具有达尔文式影响的摩尔根(Lewis H. Morgan)提出的。摩尔根将人类文化的发展依次划分为七个阶段:(一)低级蒙昧社会;(二)中级蒙昧社会;(三)高级蒙昧社会;(四)低级野蛮社会;(五)中级野蛮社会;(六)高级野

---

① ［英］汤因比:《历史研究》上,曹未风等译,上海人民出版社 1997 年版,第 44 页。

② 张光直:《中国青铜时代》,三联书店 1999 年版,第 494—495 页。

③ 同上书,第 472—473 页。

蛮社会;(七)文明社会。这七种社会是由低级向高级逐渐发展的一个梯级进步过程,而决定其发展和进步的主要因素也有七项:(一)生活资料;(二)政治;(三)语言;(四)家庭;(五)宗教;(六)居住方式和建筑;(七)财产。摩尔根认为,文明社会始于标音字母的使用和文献记载的出现。[①] 早在五千年前,就有一部分人类进入了文明社会。[②] 对人类社会的这种顺序发展过程,摩尔根总结道:

> 现在,我们可以根据有力的证据断言,人类一切部落,在野蛮社会以前都曾有过蒙昧社会,正如我们知道在文明社会以前有过野蛮社会一样。人类历史的起源相同,经验相同,进步相同。[③]

且不论我们是否同意摩尔根关于人类社会由低向高梯级发展进步以及人类起源、经验、进步相同的观点,[④] 正如我们所知,摩尔根的划分乃是关于社会型态的划分,是人类由野蛮社会进至文明社会的历史,也就是说,是文明社会起源的历史。文明社会的起源当然需要以政治体的形成和财富的充裕为标志,而文明社会的起源当然也意味着此前的野蛮社会是"不文明"的,但"不文明"并不

---

① ［美］路易斯·亨利·摩尔根:《古代社会》上册,杨东莼等译,商务印书馆1997年版,第一章。

② 同上书,下册,第557页。

③ 同上书,上册,序言。

④ 张光直在对中国、玛雅和苏美尔文明进行比较研究后推断,中国文明的型态是"连续性"的,是全世界向文明转进的主要型态,而西方文明的型态是"破裂性"的,是文明转进型态中的例外,因此,自西方而来的法则不能有普遍的应用性,它们对西方经验可能适用也可能不适用。参阅张光直:《中国青铜时代》,三联书店1999年版,第484—496页。

等于"没有文明",这显然是两个完全不同的概念。然而,摩尔根关于文明社会的起源在历史学家和考古学家那里竟然变成了文明的起源,这确是件令人感到蹊跷的事情。文明的起源意味着此前是不存在文明的。"文明社会的起源"与"文明的起源"这两个完全不同的概念之间有很严格的界分,而且不难弄懂。按此界分,中国"五千年的文明史"自应理解为五千年的文明社会史或五千年的国家文明史,而不是指整个文明史只有五千年。新近出版的苏秉琦的《中国文明起源新探》,被有些论者不加区分地说成是关于"文明起源"的理论,正是这种似是而非观点的反映。其实,苏氏所讨论的是国家的起源,或者说是"国家文明"的起源。苏氏自己所概括的四句话清楚地区分了这些不同概念:"超百万年的文化根系,上万年的文明起步,五千年的古国,两千年的中华一统实体。"①而且,苏氏所沿用的正是摩尔根从氏族社会解体中产生国家的理论,他在书中多次表露出这样的推论。② 因此,张光直的"文明产生"的因素也好,苏秉琦的"中国文明起源"的标志也好,它们无一例外的都是摩尔根关于文明社会起源标准的延伸或者变化——不管是标音字母的使用还是国家、阶级的出现或者是财富的积累——它们的确是文明社会划分标志的延伸和变化,而不是文明起源本身。如果文明的起源只能追溯到五千年,那我们实际上就否定了此前人类所取得的非凡文明成就。

在我看来,人类文明史上有两个划时代的伟大文明成就,如果按照那些文明起源的观点,这两大文明成就都要被切掉。其一是

---

① 苏秉琦:《中国文明起源新探》,三联书店 1999 年版,第 176 页。

② 同上书,第 104 页,第 110 页,第 120 页,第 133 页,第 138 页。

陶器的发明和使用。陶器对于人类的重要性,可以用一个最简单的道理来说明:在陶器发明以前,盛水的工具可能是困扰人类的最大问题之一。从技术上看,陶器的烧制并不像人们想象的那么简单,它需要适当的粘土、成型工艺和火候相配合。所以,罗伯特·路威(Robert H. Lowie)说:"陶器是文明的指数,虽然不是精确的,但却是真实的指数。"[1]1975 年、1977 年,在河北武安县和河南新郑县相继发现了磁山文化和裴李岗文化遗存,在裴李岗文化遗存出土了细泥红陶器,在磁山文化出土了陶钵、陶罐,表明在新石器时代早期就已使用陶器。据碳—14 测定,这些文化遗存约为公元前 6000—前 5000 年。[2] 而从南方一些洞穴居住遗址中出土的陶器残片,据碳—14 测定,年代距今约 9000—10000 年左右。[3] 其二是火的使用。毕竟,只有火的广泛使用才能使陶器、建筑等伟大的发明成为可能,并且使人类成为今天这个样子。火的使用是人类文明史上第一重要的、划时代的事件,文明的起源不妨从文明之火的升起开始。而据我所知,69 万年前的北京猿人就已经知道用火了。

也许考古学家有他们自己的理由,如果是这样的话,那么,我所理解的文明就不是考古学意义上的文明。即使我赞同文明进步的观点,我也认为文明的进步不是以百年能够衡量的,更不是以技术指标来衡量的。你可以说建造一个宫殿比烧造一个陶鬲在技术上更复杂,但你却不能说建造一个宫殿比烧造一个陶鬲"更文明"。在这个问题上,我们也许在犯一万年前人类的老毛病——将前人视为"野蛮"人而将自己视为"文明"人——如果那时候的人类有野

---

① 罗伯特·路威:《文明与野蛮》,吕叔湘译,三联书店 1984 年版,第 102 页。
② 冯先铭:《中国陶瓷》,上海古籍出版社 1994 年版,第 13 页。
③ 同上书,第 1 页。

蛮和文明概念划分的话。而按照罗伯特·路威的说法,其实,我们自己至今也还是野蛮人。[①]

我所理解的文明概念,使我将文明视为与文化、社会和人类历史同源而生,特别是与文化紧密相联但终将分离的现象。以此种意义上的文明作为社会转型的分析工具,实际上就是将文明的转型作为社会转型的标志。也就是说,所谓社会转型实质上就是文明转型。

将文明确定为社会转型的标志,当然首先是基于我以法律解释社会变迁的特殊视角。如果考察整个社会变迁的历史,恐怕基于社会生产力的提高或者基于社会权力资源的分配而产生的冲突是更值得优先考虑的因素。我没有沿用冲突理论分析社会转型,是考虑到法律既不是一种活跃的社会生产要素,也不是一种能够在实质上"能用以有效地决定事件发展过程,甚至是决定他人在何处能争夺这种决策权"的权力。[②] 法律对于社会的管理和控制当然也具有权力的属性,但是,相对于军事控制和行政控制,法律控制增强本身即意味着文明因素的增加。

其次,以文明为社会转型的标志,是因为文明可以超越政治、经济乃至社会本身。按照布罗代尔的话说:"政治、社会、经济乃至意识形态的变革并不决定文明的生死,文明却暗中对这些变革施加有力的影响。"[③]我之所以用大量篇幅讨论文明起源并阐述我对

---

① 罗伯特·路威:《文明与野蛮》,吕叔湘译,三联书店 1984 年版,第 293 页。

② [英]吉登斯:《民族——国家与暴力》,胡宗泽、赵力涛译,三联书店 1998 年版,第 9 页。

③ [法]费尔南·布罗代尔:《文明史:过去解释现时》,载顾良、张慧君译《资本主义论丛》,中央编译出版社 1997 年版,第 163 页。

文明起源和文明的理解,是为了说明文明的生命是多么长久。而我还要强调的是,文明的生命力也是异常顽强的。我所理解的文明,亦不同于汤因比那种"花开花落"、"生生死死"的文明。文明不是那么容易死亡的。我赞同布罗代尔的说法:

> 作为长时段的实在,文明具有无穷的生命力,它不断适应自己的命运,它的寿命远远超过所有其他的集体实在。①

布罗代尔同时还正确地认识到,"对所有的文明说来,都谈不上发生过不可弥补的断裂或社会灾难。"②但布罗代尔并未触及到文明具有无穷生命力的真正原因。是汤因比借用宗教和中国古代思想找到了文明延续的关键词语:再生。③ 文明通过转型再生,从而获得无穷的生命力。即使文明已经埋入地下,即使创造文明的人们也同他们创造的文明一起被埋入地下,文明的种子也有可能通过特殊的或偶然的传播而存续下去。

以文明为标志的社会转型有以下四个特征:

过渡。过渡是社会转型的基本特征,是此文明向彼文明演化,或彼文明取代此文明的过程。从历史上看,有两种类型的过渡。一为演化型。演化型是指在旧文明的基础上逐渐生长出新的文明,其顺序是由此及彼,其发生既可能是自发的,也可能是外力逼

---

① ［法］费尔南·布罗代尔:《文明史:过去解释现时》,载顾良、张慧君译《资本主义论丛》,中央编译出版社1997年版,第162页。

② 同上书,第163页。

③ ［英］汤因比:《历史研究》中,曹未风等译,上海人民出版社1997年版,第365—367页。

迫的,其过程是缓慢的,往往需要数百年的时间。一为取代型。取代型是指新的文明借助外力突然地、迅速地取代了旧的文明,其顺序是由彼及此,其发生全系外力、武力,其过程是短暂的,往往只需数年或数月时间。

转换。不论是演化型还是取代型,社会转型最终都是新的文明取代了旧的文明,因此,它是新旧文明之间的一种转换。若单从社会学关于社会变迁的定义看,它无疑是一种巨变——从社会结构到行为都发生了根本性的变化。这种新旧文明之间的转换往往还带有突破的性质,即新的文明较旧的文明在人类一些基本问题上有了新的根本性认识。当然,也有一些新旧文明之间的转换不具有突破的性质,仅仅是两种异质文明之间的替换。

淆乱。社会转型往往伴随着巨大的社会动荡。原有的社会秩序、规范解体、失调;统治与权威受到颠覆;社会结构破坏,上下淆乱,贵族沦为平民、平民一跃而为新贵的现象屡见不鲜;社会行为、道德准则及其认识发生变化,乃至"文明"与"不文明"的评价标准本身也发生淆乱。原有的、居于主流的行为方式、道德准则不再被提倡并得到大众认同,有些甚至受到嘲讽和奚落,被新生阶层逐渐抛弃,而不被原有的行为方式和道德准则认可的行为方式则成为潮流和时尚,有的还成为新的道德标准。

再生。社会转型是新的文明产生的温床,也是旧的文明再生的卵巢。新的文明并不是凭空产生的,它从旧的文明中吸取养料,脱胎而出。即使是取代型的文明转型,新的文明也不可能完全摆脱旧的文明的影响。因此,新的文明的建立并不意味着旧的文明的死亡,从形态上看,旧的文明好像消失了,但它的许多成分会附着在新文明的躯壳内,存在下去,与新的文明混合而生成更新的文明。

可以通过几个实例佐证我所概括的社会转型的上述特征。首先看看希腊的灭亡和基督教的诞生。希腊的灭亡并不意味着希腊文明的死亡。与希腊人相比,罗马人是蛮族,罗马显著的文明除过法律和雕塑,实在是乏善可陈,它的哲学、科学、宗教、神话全部都是从希腊搬过来的。希腊本土被罗马征服后,有些哲学家被贩卖到罗马成了奴隶,在罗马显贵的宴会上说一些文法、逻辑、道德的箴言作为寻开心的资料。希腊思想对罗马的影响是普遍和巨大的。基督教传布于罗马帝国各地,首先是在希腊语中开始的,《新约》的最初文本是希腊文。西方学者公认基督教是希腊思想的宗教化。顾准说:

> 新宗教在很大程度上是没落的希腊人的宗教,它是犹太教的圣史和希腊思想的混合品。……《新约》中圣保罗的许多哲学化的启示,也决不是一个粗鄙的犹太人所胡诌得出来的,他至少得到了许多希腊人信徒的帮忙,才写出了那些东西的。
>
> 新宗教的教义,因为是希腊思想使之精致化了的,所以它才能在那时候的西方文明世界不胫而走,这是十分明显的事。[1]

与希腊的灭亡一样,罗马灭亡后,它的文明也经历了同样的转型。罗马被蛮族征服以后,当初的罗马显贵投身于教会,教会成为黑暗时期罗马典章、罗马法制、希腊思想的保藏库。蛮族虽然取得了世俗的权威,但是,有教养的文明社会还是奉罗马传统为正统。而蛮族也在教会文明之外发展了世俗的骑士文明。这两种文明互

---

[1]　《顾准文集》,贵州人民出版社1994年版,第240—241页。

相斗争，互相渗透、融合，最终，"文艺复兴，终于扫掉了古老文明的老壳子，古老文明渗透到世俗文明中去，压倒了宗教文化，进一步发展成了近代欧洲的文明——这是一种注定要传布到世界的每一个角落中去的进步文明。"①

再看一个中国的实例。公元前770年，周平王东迁，周的文明实已开始解体。此后，中国经历了五百余年"礼崩乐坏"的社会转型。至孔子时，社会结构、秩序及其道德已然淆乱败坏。孔子是殷商的苗裔，其先祖是宋的宗室，但孔子出生时已为一介平民，所以他自己说："吾少也贱，故多能鄙事。"②他目睹了社会转型初期的所有现象——解体、毁坏、失序、崩乱及其血腥的暴力，所谓"世衰道微，邪说暴行有作，臣弑其君者有之，子弑其父者有之。"③孔子作《春秋》的目的，即在于劝恶扬善，厘定社会准则。孔子心目中的最高规范和准则，自然是业已崩坏的周礼。孔子处于社会转型的初期，没能看见社会转型的结束和新文明的产生。这个新的文明，自然是与他所竭力维护的旧文明相对立的。这一新的文明的主要形式，可以用十二个字做最简略的概括，即"废封建，立郡县；废井田，开阡陌。"其实，新的文明的种种迹象，在孔子时代已经有所显示，只不过身处其中，他未必能够尽识，也未必肯于承认。然而，社会的变迁、新文明的形成以及新文明对旧文明的取代，是不以任何个人和集团的意志为转移的。当然，新的文明并非是对旧文明简单地、全盘地否定，即使经历了五百余年的漫长社会转型和秦王朝毁灭性的文化暴政，由周人所建立的君天子臣诸侯之制，丧服之

---

① 《顾准文集》，贵州人民出版社1994年版，第249页。
② 《论语·子罕》。
③ 《孟子·滕文公下》。

制、庙数之制、同姓不婚之制等，不是也在新的文明中得到了继承、延续、发展并成为新文明的主要形式吗？而竭力维护旧的文明的孔子思想，在经历了秦和汉初的文明初创以后，不也被新的文明逐渐承认、接纳并奉为正统吗？

以我所建立的文明为标志的社会转型的特征检视人类社会，则由氏族解体而至文明社会的建立，乃是人类社会第一个最为显著的社会转型。新的文明的主要形式是：阶级、私有制、国家以及初具规模和功能的早期城市。这一次社会转型是人类社会共通的，在全世界几大主要文明中发生的时间也基本一致。但此后的社会转型在每个文明中并不一致。以上述四个特征为标准，则中国的春秋战国为一次大的社会转型，而同时期的希腊则没有发生社会转型；希腊灭亡、罗马灭亡可以视为取代型的社会转型，而中国的秦汉嬗递直至清代的历次朝代更迭，将都不被视为社会转型。

三、连续抑或断裂

提出社会转型的概念并以文明为标志加以界定，以及将其视为社会变迁最为重要的特殊形态予以讨论，是为了解释即使在这些最不稳定、最为混乱的时期，不论是迅捷的取代型社会转型，还是缓慢的演化型社会转型，均不会导致社会变迁发生任何实质性的断裂。社会变迁是文明绵延不断的连续变化的过程。

显然，这一观点及其观察的视角乃是依据整个人类社会从起源至今的全景式图像而得出的，当然，它必须适用于社会变迁的任一阶段和过程，特别是要能够对那些重大社会转型期间的连续性作出合理解释。

　　在解释欧洲社会由中世纪向现代社会过渡的转型中,这一观点受到了有力的挑战。

　　挑战首先来自于以研究欧洲中世纪法律史而闻名的美国哈佛大学教授伯尔曼(Harold J. Berman)的观点。伯尔曼在他集四十余年心血写就的煌煌巨著《法律与革命》中,主张在 1050—1150 年之前的欧洲与此后的欧洲之间"存在着根本的断裂"。① 正是这一断裂,构成了欧洲"现代"(modern,原书译作"近代")社会的起源和法律传统的起源。虽然法律制度较之其他政治制度的变化缓慢,但是,公元 1000—1050 年和随后 1150—1200 年这两个时期,欧洲的法律制度却有"一种巨大转变"。② 这一巨大转变的事实是:在公元 1000 年前,欧洲所实行的日耳曼民俗法和欧洲其他民俗法与东方的法律有许多共同点,表现为法律首先被想象为一种调解过程,一种交流方式,而不是首先被想象为制定规则和作出判决的过程。立法和审判制度相当初级,没有专职法院,没有一个欧洲民族能够拥有一种法律体系。但是,11 世纪后期和 12 世纪早期,上述状况发生了"不可思议的突发"(梅特兰语)变化,专职法院、立法机构、法律职业、法律著作和"法律科学"在西欧各国纷纷产生。③

　　伯尔曼认为,是教皇革命造成了这一不可思议的变化。在欧洲中世纪,先是发生了旨在清除教会中各种封建影响和地方影响的克吕尼改革,随后,在 11 世纪 70 年代,教会的改革运动演变成

---

　　① 〔美〕伯尔曼:《法律与革命》,贺卫方等译,中国大百科全书出版社 1993 年版,第 4 页。
　　② 同上书,第 18 页。
　　③ 同上书,第一章。

了一场革命,这场革命的矛头对准了皇帝,以支持教皇的权威高于皇帝的权威。1075年,教皇格列高利七世致信皇帝亨利四世,公布了《教皇敕令》,宣布废除先前的政治和法律秩序,教皇应该是"所有人的惟一法官",教皇有权废黜皇帝,皇帝应当拜倒在教皇的脚下。在随后的欧洲各地,均发生了教皇的支持者和皇帝的支持者之间的战争,并形成了"灵界"和"俗界"的二元分立,即掌管人们灵魂的"精神之剑"由教皇掌握,掌管人们俗世生活的"世俗之剑"由皇帝掌握。最终,双方谁都没有取得完全的胜利。但正是这场教皇革命,导致了欧洲历史的断裂,引起了法律的巨大变化,产生了西方的法律传统。伯尔曼描述道:

> 随着教皇革命而来的是产生了一种新的教会法体系和各种新的世俗法体系,附带产生的有:一个职业的法律家和法官阶层,分等级的法院制度,法学院,法律专著,以及把法律作为一种自治的、完整的和发展的原则和程序体系的概念。①

教皇革命不仅改变了法律制度,而且深刻地影响了人们的道德和智识。人们逐渐把法律看作是信仰的精髓。德意志第一部法律著作《萨克森明镜》有一句话:"上帝即法律本身,故他珍爱法律。"在1075年以前,西方没有人这样讲过;而在1122年之后,它被以各种形式表达,已经成为一种老生常谈。②

伯尔曼通过对欧洲11—13世纪社会和法律变化的描述,向

---

① [美]伯尔曼:《法律与革命》,贺卫方等译,中国大百科全书出版社1993年版,第140页。

② 同上书,第628页。

我们展现了一幅广阔场景中细节丰富的西方法律传统起源图像,其核心是导致断裂的教皇革命。这一断裂形成了新旧截然分明的两个世界,西方现代社会的一切重要因素——新的法律秩序、法律权威、人们对法律信仰的增强,数以千计的自治城市的创设,经济范围的巨大扩展以及大学的普遍建立等等,正起始和形成于这一断裂。

另一有力的挑战性观点来自西方社会结构理论大师吉登斯。吉登斯认为,在绝大多数情况下,人类社会漫长的变迁均表现为一种"稳定状态",谈不上什么文明的演进和文明的持续进步。西方在全球上升到显著优势位置导致了这一社会变迁模式的终结,这一现象虽然只经历了短短二三百年,但却给历史打上了与以往迥然不同的烙印。因此:

> 与其将现代世界看作是对阶级分化社会中存在的各种条件的逐步削弱,不如把它看作是与传统世界的一次断裂更有启发,而传统世界似乎在这一过程中无可挽回地土崩瓦解了。现代世界是从和以往的世界所发生的断裂中诞生的,而不是后者的延续。工业资本主义最初发源于西方世界,并在那里站稳了脚跟。伴随着它的出现,一个新的世界就此到来。这个新的世界的独特面目正体现在这种断裂中,而社会学事业所倾力解释的,也正是这种断裂的实质。①

---

① 安东尼·吉登斯:《社会的构成》,李康、李猛译,三联书店 1998 年版,第 355页。

这就是吉登斯的对现代史的"非连贯性解释"。断裂构成了现代史的非连贯性。断裂并非发生于一处,当然,最重要的、也是吉登斯最关注的断裂是民族—国家的形成。"民族—国家以及与之相伴的民族—国家体系的形成乃是现代史断裂的众多表现形式之一"。[①] 在民族—国家形成之前,曾经历了绝对主义国家向民族国家的过渡,而在绝对主义国家形成过程中,就已经出现了与传统国家的断裂。这也意味着,吉登斯所谓产生现代社会的断裂较之伯尔曼意义上的断裂晚了近五百年。

在吉登斯看来,绝对主义国家所产生的用以构成与传统国家形态断裂的新的因素包括:欧洲各国边界的明确化、互相承认领土的合法化以及外交制度的建立;议会制度的创立;能够"反思性地予以监控的国家体系的主要基础"的建立;依靠航海对地球各大陆主要地理形态认知的区别于传统国家"地方性知识"的"普遍性知识"。绝对主义国家形成的标志是以下三个互为关联的方面:(1)行政力量的集中和扩张;(2)新的法律机构的发展;(3)财政管理模式的交替运用。[②]

与绝对主义国家的兴起相伴随,法律也出现了一些新的变化和气象,这些变化使法律不再成为君主的玩物,并且铺平了通向现代法律体系的道路。最主要的是三个方面的变化:其一,以非个人的方式适用于所有社会等级的法规日益增多。这类法规既包括刑法,也包括民法,它们促成了一种认为君主可以创设并发展新法律的观念的形成。其二,是法律内容的变化,最特别的是私有财产方

---

① 吉登斯:《民族—国家与暴力》,胡宗泽、赵力涛译,三联书店1998年版,第38页。

② 同上书,第106—118页。

面的变化。对罗马法的"再发现"和重构,使私有财产从公共领域中分离出来。这一变化被认为有助于保护日益强大的商业资本和产业资本。其三,刑法和国家机器所运用的制裁方式发生了变化。表现为由国家控制的制裁机构取代了地方性社区的制裁,开始出现了教养院、感化院等"现代监禁"方式。但是,直到民族—国家阶段,才出现了监狱。[①]

吉登斯总结道:

> 绝对主义国家,与传统国家的一般特性相比,在几个关键方面都表现为一种截然不同的政治秩序。欧洲国家的发展开始背离先前已经建立起来的帝国兴衰模式。[②]

从 11 世纪开始,欧洲社会出现许多明显不同于以前的变化,这些变化及其影响是广泛和深刻的。我们可以从许多方面来看待这些变化。对其重大变化的描述和对这些变化原因的解释也不只限于伯尔曼和吉登斯的视野。诺斯同样出色地解释了发生于这一时期的变化。诺斯认为,西欧在 10 世纪初基本上还是一片广袤的荒野,罗马帝国时期建立的政治制度早已消失,而代之以封建制度。然而,在 11—13 世纪的"中世纪盛世"中,变革发生了。这些变革包括新工艺和新技术的涌现;取代传统耕作法的三圃制;贸易和商业的复兴;新的城镇、法律的出现以及对土地的充分利用。诺斯认为,引起这些新变化的原因,或者说推动中世纪盛世经济增长

---

① 吉登斯:《民族—国家与暴力》,胡宗泽、赵力涛译,三联书店 1998 年版,第121—125 页。

② 同上书,第 126 页。

和发展的动因,是人口的持续增长。① 而在埃利亚斯(Norbert Eli-as)看来,除了人口的增长之外,另一原因是 11 世纪对土地的开垦使得上层统治者对土地这种财富的占有欲望激增,而新的土地只能靠征服获得。统治阶级对领土的扩张和征服使得许多下层劳动者走投无路,脱离土地,从而为城市市场的形成提供了资源。垦殖速度的加快,社会分化,城市市场的形成,货币的大量使用,以及陆路运输工具、使用畜力工具的决定性的进步,构成了埃利亚斯所描述的这一时期的变化。②

这些变化是大量的、客观存在的,也是引人深思的。问题是如何解释这些变化? 且让我们在诸多发生变化的因素中看看法律的变化是如何形成的。

的确,在伯尔曼所描述的发生巨大变化之前的欧洲法律是相当原始的。那些从森林里走出来的征服了罗马的野蛮人是大字不识的白丁,当时会识字的几乎全是罗马人。这些野蛮的征服者完全没有想到要使自己的法律趋于统一,甚至没有想到要给被征服的民族制定法律。他们的法律本身也是野蛮的。《撒利克法》规定:杀死一个法兰克人、一个野蛮人或一个生活在《撒利克法》之下的人,应付给死者亲属赔偿金二百苏;如果被杀的是当业主的罗马人,只付赔偿金一百苏;如果被杀的是当仆从的罗马人,则只付赔偿金四十五苏。杀国王的一个法兰克家臣,付赔偿金六百苏;杀国

---

① 道格拉斯·诺思、罗伯斯·托马斯:《西方世界的兴起》,厉以平、蔡磊译,华夏出版社 1999 年版,第一章,第二章。

② 诺贝特·埃利亚斯:《文明的进程》,第二卷,袁志英译,三联书店 1999 年版,第43—58 页。

王的一个罗马幕宾,则只付赔偿金三百苏。[1]

那时,罗马的政治制度、法律制度连同罗马的其他文明早已被埋入地下。用日耳曼野蛮的习惯法去构筑一个崭新的法律秩序,无论在当时还是现在都是无法想象的。但是,历史的机缘再一次在关键时刻显示了它的神奇,完全是一次偶然的事件,1050 年左右,查士丁尼的《法理会要》被发现了。在这部法律著作发现之前,罗马法的法律文本已湮没不彰,罗马的裁判官、法律顾问以及辩护师在西方已经没有对应词。[2]因此,这部法律著作发现的意义,可以喻之为开启了一道照亮中世纪广袤原野的古罗马法律文明的曙光。而真正值得称道的是,那些已经成为统治者的"野蛮人"并不认为自己的民俗法高于、优于罗马法,恰恰相反,他们认为罗马法是真理,是"真正的法律、理想的法律、理性的具体化。"[3]罗马法被视为比日耳曼和各地民俗法更高一级的法律,在大学得到讲授和研究。"罗马法给全欧洲(包括英格兰)提供了大量基本的法律词汇。"[4]此后,随着商业的复兴和城市的兴起,伟大的罗马法复兴运动由此开始。新的法律与新的城市、新的商业一道成长起来了。

对罗马法的接受当然不是对罗马法的简单照搬,罗马法的内容已经同新成长起来的城市和商业的要求相去甚远,因此,新的法律必然要大量规定并构想当时的经济行为和概念。新兴的商业阶层除过对罗马法对私有财产的保护感兴趣外,对罗马法那种建立

---

　①　[法]孟德斯鸠:《论法的精神》下册,张雁深译,商务印书馆 1982 年版,第214—216 页。

　②　[美]伯尔曼:《法律与革命》,贺卫方等译,中国大百科全书出版社 1993 年版,第 146 页。

　③　同上书,第 146 页。

　④　同上书,第 147 页。

在旧的制度之上的陈腐的实质内容并不会有丝毫兴趣，这是显而易见的事实。然而，令我们感兴趣的是，罗马法所具有的那种高度抽象化和理性化的方式，即马克斯·韦伯所谓"法的形式的品质"，则几乎原封不动地在西欧各国被继承下来了，而这正是西方法律所特有的。韦伯说：

> 只有罗马法的一般形式的品质，才以不可避免地日益要求提高法律操作的专业性，帮它在不像英国那样存在着一种本国的法律培训并且受到强大的有关利益者保护的地方，处处取得胜利。这些形式的品质也制约着西方世袭王公的司法不像其他地方那样，转入到原始的父权家长制的维护福利和实质正义的轨道上去。法学家们作为官员必须依赖形式主义的培训，这一事实十分重要，它是阻止西方世袭王公的司法走上其他地方之路的拦路石，并使当时西方的法律维护达到具有司法形式的性质的程度，同其他大多数世袭法律行政管理制度相比，达到这种程度是西方法律维护所特有的。①

这正是我们与"断裂论者"显著不同之处。"断裂论者"只看到拔地而起的新景观：城市和商业不同于以往的巨大发展，银行业、保险业、信用制度等新的商业运作方式和法律部门的不断出现。但他们忽视了这些新的现象产生的根基：产生这些新的现象的哲学的、文化的、宗教的以及法律自身的根源。我是说，这些新的现

----

① ［德］马克斯·韦伯：《经济与社会》下卷，林荣远译，商务印书馆1997年版，第180页。

象均能从希腊、罗马的哲学、文化、宗教、法律中得到合理的解释。更为重要的是,他们也忽视了对从前文化的直接继承,比如我们刚刚提到的罗马法的形式的品质,而"法的形式的品质"乃是构成法治以及西方法律至今仍区别于非西方法律的最为重要的因素之一。在当今任何一个现代都市中,都拥有非常发达和完善的银行业、保险业、信用制度等现代商业体系和法律体系,要建立一套现代的商业体系和法律体系并不困难,但要拥有"法的形式品质"却需要与之相应的文化体系。"法的形式品质"至今仍是西方法律的独有品质。

包含希腊思想的、被罗马帝国奉为国教的基督教,以及罗马法的形式的品质,正是被韦伯视为促进资本主义产生的最为重要的动因。

因此,与其将这一时期的历史看作是一种断裂,不如将伯尔曼强调的 11 世纪晚期教皇革命到吉登斯强调的 16、17 世纪民族国家形成这五百年左右的历史看作是发生于欧洲的又一场社会转型。这是一次建立在希腊、罗马文明以及日耳曼蛮族文明基础之上的转型,旧的文明通过转型获得了生命,形成了新的文明,新文明取得的最重要的成果是:民族国家、资本主义、科学技术以及法治。

四、文明与文化的分离

在讨论社会转型并解释社会变迁的连续性问题时,文明是一个至关重要的要素,它代表并反映社会变迁的一定方向和潮流,对社会变迁的流向具有较强的解释力。但它还不足以解释社会变迁的复杂性。社会变迁绝不仅仅是一个由低级向高级、由简单向复杂的单向进化过程。在此,我们要转入对文化问题的讨论,通过对文化与文明相互联系,特别是相互分离的事实的描述,进一步扩大和丰富对社会变迁的理解,提出并初步讨论社会变迁、文化变迁及文明演进三者之间错综复杂的关系。

虽然我很早就非常关注文化问题,但却始终对毫无针对性地在一般理论层面讨论文化问题特别是文化概念怀有很深的恐惧和戒心。毫无疑问,不管是谁,当面对数百种各不相同、有时甚至是千奇百怪的关于文化的概念时,人们通常都会陷入如同文化本身的迷茫之中。而且,正如格尔茨所言,我不知道这样做意义何在。我不会盲目地讨论萨丕尔(Edward Sapir)的文化是"一个社会所做的和所想的是什么"[①]这样看起来很怪的文化定义。我也不会盲从地去讨论大名鼎鼎的泰勒(Edward Tylor)的文化定义,虽然它是讨论一切文化定义的最有益的基础定义,但它却不适合我此处的讨论,因为它将文化与文明混为一谈。我的目的很明确,我只选择能够代表并反映文化的复杂性、特定性、沿续性,或者能与文明作对照讨论的文化概念作为讨论的起点。

先从格尔茨的文化概念和他对文化的理解讨论起。

按照格尔茨自己的说法,他所主张的文化概念实质上是一个符号学的概念。马克斯·韦伯曾提出,人是悬在由他自己所编织的意义之网中的动物。格尔茨借用这一比喻,认为"所谓文化就是这样一些由人自己编织的意义之网"。[②] 从个人的角度

---

① [美]爱德华·萨丕尔:《语言论》,陆卓元译,商务印书馆1997年版,第195页。

② [美]克利福德·格尔茨:《文化的解释》,韩莉译,译林出版社1999年版,第5页。

看,这类符号大部分是后天赋予的:在他出生时,这些符号已经在他所在的社区流行;他死后仍将流行;他活着的时候,使用它们或它们中的一部分。[①] 从人类学的角度看,最好不要像通常的文化概念那样,把文化看成是一个具体的行为模式——习俗、惯例、传统、习惯——的复合体,而应把文化看成是一个总管行为的控制机制——计划、处方、规则、指令。而人是这样一种动物,他极度地依赖于超出遗传的、在其皮肤之外的控制机制和文化程序来控制自己的行为。[②]

这样一种对文化的理解,并不是将文化看作是无足轻重的意义之网,更不是将文化看作是可有可无的一堆抽象符号。恰恰相反,人是这样极度地依赖这些"意义之网"或"符号",以至于可以说,无论是对单个的人还是整个人类,文化都是决定性的。"人对符号与符号体系的依赖性是如此巨大,以至于这对他的生存能力是决定性的。"[③]"没有文化的人类不会发展成具有内在禀赋但未至完善的猿类,而是成为完全没有头脑因而最终是不中用的怪物。"[④]

对于他所理解的文化概念,格尔茨总结道:

> 总之,我所坚持的文化概念既不是多重所指的,也不是含糊不清的:它表示的是从历史上留下来的存在于符号中的意义模式,是以符号形式表达的前后相袭的概念系统,借此人们

---

① [美]克利福德·格尔茨:《文化的解释》,韩莉译,译林出版社 1999 年版,第 57 页。

② 同上书,第 56—57 页。

③ 同上书,第 121 页。

④ 同上书,第 84 页

交流、保存和发展对生命的知识和态度。①

　　格尔茨的文化概念是人类学意义上的。他所理解的文化既有一般文化概念中的那些核心成分，如他认为文化大部分是后天习得的，具有历史的沿续性，文化对于人有决定性作用，同时，他所理解的文化又是特定的。这种特定性，在很重要的方面表现为他将文化概念用于对人的概念的研究，从而对启蒙时代所提出的全人类一致性的人的本质概念，即所谓"大写的人"的观念的批判。启蒙时代的这种"全人类一致性"（consensusgentium）的观点，也从威斯勒的"普遍文化模式"，经马林诺夫斯基的"普遍制度类型"，到莫多克的"文化的共同标准"这些对文化的观点中得到了反映。而格尔茨认为，从人类学的观点看，独立于时间、地点、环境、学业、职业，甚至独立于时髦和暂时观点的永恒不变的人性可能是一种幻想，不被特殊地区的习俗改变的人事实上是不存在的，没有独立于文化的人性这样一种东西。② "因为很明显，在激动的阿兹特克人中，他们从祭天的祭品盒子中将还在跳动的活人的心脏高高举起，与在表现迟钝的祖尼人（Zuni）中，他们跳着大规模的群舞向雨神乞求慈悲，二者对现实的最基本倾向的内容是不会相同的。"③ 在格尔茨看来，"全人类一致性"的观点几近失败，"它不是在向人类境况的基本事实进展而是在远离它们。"④

---

　　① ［美］克利福德·格尔茨：《文化的解释》，韩莉译，译林出版社1999年版，第109页。

　　② 同上书，第46页，第61页。

　　③ 同上书，第51页。

　　④ 同上书，第50页。

　　我不否认我对格尔茨观点的偏爱和被他极具挑战性的思维深深吸引这一事实，而且我认为，他将文化运用于人的研究所作出的那些打动我思想的独特理解也将启发并深化我从文化方面对社会的理解。虽然我并不同意英国人类学家弗思(J. R. Firth)的"文化就是社会"，"社会是什么，文化就是什么"的简单推论，但我也不同意那种仅仅将社会和文化视为有着紧密联系的两种现象，文化发生了变迁，社会也会跟着发生相应变迁的观点。社会与文化并非一物，也并非两物。人们不可能将它们之间的关系解释得一清二楚，谁也不可能逐一地区分所有的社会现象和文化现象，而且，大多数社会现象本身就是文化现象，或者说，可以将它看作文化现象。社会与文化虽非一物，但它们的大部分和主要部分是相同的，这一点不仅适用于个别的社会现象和文化现象，同时也适用于对社会和文化的总体看法。格尔茨将其极为精炼地表述为："社会的形态即是文化的实体。"①因此，对某些长期被奉为权威的文化观点的质疑，实际上也是对社会理论的质疑。格尔茨将文化理论用于对人的概念的研究，对所谓文化的普遍特征和"全人类一致性"观点的质疑即是一例。在不同文化中，人们的基本诉求和根本观点不可能相同，同样，在不同社会中，人们对正义期盼的方式、对利益分配的要求、对法律作用的看法等这些基本问题的理解肯定是极不相同的。考虑到不同社会、不同文化之间的差别极其复杂性，我认为，所谓"全社会"这样的概念是不真实的，"全社会一致"的说法是极为荒谬的，"全社会一致"的事情根本就没有过。不同的社

---

　　①　［美］克利福德·格尔茨：《文化的解释》，韩莉译，译林出版社1999年版，第36页。

会及其生活方式对人的思维方式和行为方式的影响是相当深刻的。

文化所具有的复杂性和呈现出的自然魅力最终使我放弃了文化进化的观点,我认为这也正是文化区别于文明的根本点之一。我不知道格尔茨为什么会持文化进化和进步的观点,正如我不懂他在讨论文化问题时为什么从不涉及文明。而在我看来,虽然不能对文化与文明做出精确、严密的区分,但具备文化与文明相区别的观念,并且认识到文化与文明日渐分离的趋势和具有相互对立性质的事实,是研究社会变迁问题,乃至认清当前困绕我们的许多根本问题的一个特别重大和关键的问题。

在欧洲,文化一词由来已久,罗马时代,西塞罗已经在谈论"精神文化"了。而文明的概念,则是在启蒙时代随着物质进步、思想解放和资产阶级革命逐渐形成并广泛流行起来的。最初,在激进的法国知识分子中,特别是中等知识分子中,它是用以进行社会内部斗争的工具。人们用它表达了这样一个共同的观念:要从现存野蛮的、非理性的状态中摆脱出来,把社会变成一个文明社会,使国家、法律、教育和广大民众文明化。① 在那个如火如荼的革命时代,与"理性"一词相同,文明表示一种与非理性的、野蛮的状态相对立的美好理想和追求,成为激励人们战斗的号角和旗帜。有法国革命"擎旗手"之称的孔多塞在1787年预言:"人们将看到,随着文明在地球上的传播和推广,战争、征服、奴役和贫困将逐渐消灭。"1789年,拿破仑进军埃及时,向部下喊道:"士兵们,你们要去

---

① [德]诺贝特·埃利亚斯:《文明的进程》第一卷,王佩莉译,三联书店1998年版,第114页。

从事的事业是征服,这一征服将对文明产生无法估量的意义。"在当时的欧洲,人们用文明这一概念表示了一种特殊的期待;在此后的欧洲,人们又用这一概念表示了一种特殊的优越。文明的特殊意义即在于此。它首先是一个时代概念,与"理性时代"和"现代社会"相同,文明时代代表了西方社会在过去数百年间所取得的不同凡响的物质成就和精神成就。其次,文明也是一种意识形态,它是西方人至今引以为自豪,并将自己同那些"不文明的社会"和"不文明的人"相区别的标志。

据说,文明一词最早出现在 18 世纪 60 年代一个年迈的法国乡村贵族密拉波(Mirabem)的文学作品中。他对那种风尚温和、生活城市化、彬彬有礼、高雅举止蔚然成风、遵从礼仪犹如法律的所谓文明风气提出批评,认为这只不过是道德的表面现象,而不是道德的本来面目。[①] 这种观念在当时的德国学者中有着更广泛的认同。康德表达了同样的见解,并有可能第一次明确表达了文化与文明的对立。他说:

> 道德观念属于文化范畴,……而这一思想的流行,只不过造就了那些追求名誉、追求表面的礼仪规范等所谓的德行,只不过推进了文明而已。[②]

在密拉波和康德的观念中,文明是道德的虚假面具,是与他们的理想观念格格不入的金玉其外的宫廷礼仪。将文明视为"外在

---

① [德]诺贝特·埃利亚斯:《文明的进程》第一卷,王佩莉译,三联书店 1998 年版,第 102—103 页。

② 同上书,第 66—67 页。

的"制度规范,是古典时期德国学者对文化与文明所做的基本区分。德国语言学家洪堡特也认为,文明是"各个民族在其外在的社会建制、风俗习惯方面,以及在与此有关的内在心态方面的人化过程。"[1]

但是,不管对文明的虚伪矫饰如何嗤之以鼻,那些热爱自然和道德生活的贤良之士却无法改变此后二三百年间文明彻底改变了整个世界的面貌这一事实。文明不仅使财富的积累达到了前所未有的程度,也使战争的规模和残酷、对自然的破坏和掠夺以及人们对生存和这个世界的忧虑达到了顶点。文明不再像古典时期仅仅表现为一种虚伪的礼仪,它开始使人们感到失望甚至恐慌,代表着一种无可奈何但又不可避免的终结和归宿。德国历史哲学家斯宾格勒(Oswald Spengler)精辟地表达了对文化与文明关系的新的认识:

> 每种文化都有它自己的文明。文化和文明这两个词一直是用来表达一种不确定的、多少带有一点伦理意义的区别的,在这本书里是第一次当作一种周期性的意义来用,用以表达一种严格的和必然的有机连续关系。文明是文化的不可避免的归宿,……文明是一种发展了的人类所能做到的最表面和最人为的状态。它们是一种结束,已成的跟随着方成的,死跟随着生,僵硬跟随着扩展,……它们是一种终结,不可挽回,但因内在的需要,一再被达到。[2]

---

① ［德］威廉·冯·洪堡特:《论人类语言结构的差异及其对人类精神发展的影响》,姚小平译,商务印书馆1997年版,第35页。

② ［德］奥斯瓦尔德·斯宾格勒:《西方的没落》上册,齐世荣等译,商务印书馆1993年版,第54页。

在斯宾格勒看来,文化是自然的、有活力和个性的"纯化了的生活精髓,它们和田野间的花儿一样无终极目的地生长着。"①文明是"文化的僵尸",是僵死地、刻意地然而汹涌澎湃地朝着一个方向前进的文化的后继过程。希腊的心灵是文化的,罗马的才智是文明的;"歌德活生生的自然"是文化的,"牛顿的死板板的自然"是文明的。从文化到文明的过渡,在古典世界是公元前四世纪完成的,在西方世界是十九世纪完成的。② 因此,他断言:"我们生在饱满的文明的初冬,而不生在成熟的文化的金顶"③,"现代是一个文明的时代,断然不是一个文化的时代"④。

在德国,文化与文明的区别和对立既是词源上的,或许也是思想观念上的。文化是价值、理想和原则的规范,文明是实用知识或精神认识的总和;文化是真正的心灵感应,而文明则是机械的传动。这种认识一直沿续下来。1951 年,一位德国历史学家威廉·蒙森告诫人们:"今天,人们有义务保证文明不至破坏文化,使技术不至消灭人类存在。"⑤文明一词在德国一直是在比文化次一级的意义上使用的,德国人为自己的文化而自豪,正像英国人、法国人为自己的文明而自豪一样。这种民族的感觉有时是无法沟通和交流的。

汉语中的"文化"与"文明"兼具德国和英、法两国的用法。在

---

① [德]奥斯瓦尔德·斯宾格勒:《西方的没落》上册,齐世荣等译,商务印书馆 1993 年版,第 39 页。

② 同上书,第 55 页。

③ 同上书,第 73 页。

④ 同上书,第 66 页。

⑤ 转引自[法]费尔南·布罗代尔:《文明史:过去解释现时》,载顾良、张慧君译《资本主义论丛》,中央编译出版社 1997 年版,第 127—128 页。

中国,文化与文明都包括物质和精神的两重含义,但总的来说,文化更偏重于精神的方面,而文明则更偏重于物质的方面。尤其在古代中国,人们不大用文明来评价一个人,但文化却是一个重要的评价标准。至今,"文化程度"仍代表着人们对一个人的学识、能力甚至是综合方面所做出的最重要的评价标准,是各种履历表乃至人们潜意识中最值得信赖的客观标准,能在未曾谋面时就决定一个人的命运。一个人的文化可以用"程度"标识出来,但却从未听说一个人的文明也可以用"程度"标识出来,并能像"文化程度"那样决定一个人的命运。在汉语中,文化是特别重要的、优越的。"化,教行也。"①它不仅代表着一个人的教育程度,更重要的是,它也代表着一个民族、一个人所得到的教化,把它或他同"化外之地"的野蛮民族和人民区别开来,而位居其上。在这方面,中国人可以像德国人一样,为他们是一个文化的国度而自豪,为自己是一个"文化人"而自豪。但是,与德国人不同的是,中国人在谈到他们灿烂辉煌的"五千年文明"时,同样感到骄傲和自豪。

上述讨论虽不足以概括对文化与文明的种种认识,但根据中西的习惯用法,我认为可以对文化与文明作一般意义上的区分。它们的根本不同之处是:

(一)文化主要是指思想、道德、宗教、艺术、法律的价值体系,它是一种象征体系和意义模式。文明主要是指人们已经取得的物质和精神成就,它是行为模式及其结果的代表。"技术"是"文化",但技术生产出来的"产品"一般是"文明"。文化与文明时常为一物之两面,无法断然分开,但在不同的语境中,往往能够重点凸现其

---

① [汉]许慎:《说文解字》。

一面。比如当一般地谈到《永徽律》时，它当然既是文化的象征，也是文明的体现。但当《明史》说"唐撰律令，一准乎礼，以为出入"①时，我们可以判定它在谈论文化问题。而沈家本说"历代之典章，其存于今者鲜矣。《唐律》得中，为世所重。自唐以上，法令之书，无一存者。"②我们可以说，沈家本主要强调的是《永徽律》的文明属性。同样，当我们说法律反映了一个民族特有的语言、风俗、习惯和思想感情时，我们是在谈论文化问题，当我们说某一法律的实施使监狱的羁押状况得到了改善，罪犯的人权有了保障，这是一个重大的历史进步时，我们是在谈论文明问题。

（二）当它们用以对人的指称时，文化表示所获得的知识状况，文明则体现了行为举止的教养程度。"有教养的"是西方文明概念的基本含义，文明一词起源时的基本含义就是指温良的风尚、高雅的举止、城市化的生活和开明的观念，这与中国人对文明的理解完全一致。文化程度很高的人不一定是文明的人，有教养的文明人也不一定就是有文化的人。

（三）文化是一个复杂的象征性符号体系，它不断地变化着，既生成新的文化，也灭亡旧的文化，还复活旧的文化，它所发生的变化不是进化式的变化。文明是有着一定方向的汹涌澎湃地向前发展变化的过程，它的总趋势是进化的、进步的、前进的，虽然它也倒退，它的进步往往要用数百年甚至上千年来衡量。

（四）文化是一个民族群体特征也即民族特性的体现，是民族情感和自我意识的反映，是此民族区别于彼民族的标志。文明是

---

① 《明史》卷九十三，《刑法志》一。
② ［清］沈家本：《寄簃文存》卷八，《书四库全书提要政书类后》。

各民族共性的反映,是世界潮流的体现,是此民族借以与彼民族沟通交流的渠道。

(五)文化人类的精力是向内的,文明人类的精力是向外的。[①]文化人类偏重于艺术、道德、哲学、文学等精神的生活和气质,文明人类则比较注重物质的基础、集团的生活和法律的规制。故文化"必由其群体内部精神累积而产生"[②],是一个复杂的整体,是不可移植的,移植则改变其原有的意义和功能。文明则是可以移植的,移植后也不失其原有功能和特性,物质的文明甚至可以原样搬来使用。

布罗代尔曾经说过,想用德国方式将文化与文明区分开来是虚妄的。[③] 这五种区分或许也不例外。但它无疑是特别重要的。因为我之所以区分文化与文明,并不是要将文化与文明完全分离开来,事实上这是不可能的。我对文化与文明问题的阐述及其对它们的分离,实际上是要在一个更广阔的层面上阐述社会变迁并表明我对社会变迁的原则立场。我愿在此将最重要的两点进一步阐述如下:其一,我不同意文化进化的观点。当然,文化是否进化同文化的定义有关。在我看来,文化进化如同心智进化一样,至少是一个不能证实的问题。而依据我对文化与文明的初步区分,我认为文明已足以担当得起进化的重任了。其二,我不同意文明是文化的高级阶段的观点。我将文化与文明看作是共生共存的现象,一物之两面。在文化与文明的初始阶段,它们之间的结合是特

---

① [德]奥斯瓦尔德·斯宾格勒:《西方的没落》上册,齐世荣等译,商务印书馆1993年版,第61页。

② 钱穆:《中国文化史导论》(修订本),商务印书馆1994年版,第1页。

③ Fernand Braudel, *On History*, Chicage: University of Chicago Press, 1980.

别紧密的,但趋势是渐将分离。特别是在欧洲,随着现代社会的建立,文明发展为不可遏制的潮流,有压倒文化之势。这股潮流影响到现代化的后发国家和民族,造成文化与文明的分离,当代发展中国家社会变迁中的许多重大问题,皆源于这一分离的事实。格尔茨所描述的那个中爪哇东部小镇莫佐克托上的葬礼仪式所反映的社会结构和文化结构之间的冲突,即为显著一例。[①]

总之,我将社会变迁看作一个整体概念,依据不同的意义和语境,它既可以解释为"文化变迁",也具有"文明演进"的含义。没有必要使用"社会文化变迁"这个概念。我不像单纯的社会学家或人类学家,将社会变迁与文化变迁看作两个既有联系又截然分离的概念,并进而将其中一个看作是另一个的反映,认为文化变迁带来社会变迁,[②]或社会变迁导致文化变迁。在一般的意义上,它们是一物之不同层面;在具体的语境中,社会变迁可以作文化变迁或文明演进的区分。

五、进步的观念

进步(progress)曾经是西方人最坚信不疑、牢不可破的观念

---

① [美]克利福德·格尔茨:《文化的解释》,韩莉译,译林出版社 1999 年版,第六章。我与格尔茨对社会与文化关系的理解不同。格尔茨从区别的方面理解社会与文化,将其理解为"可以独立变化但又互相依存的因素"。我则从融合的方面理解社会与文化,从区别的方面理解文化与文明。正如格尔茨所言:"卡姆彭人在社会上已经是城市的,但是在文化上仍然是乡村的。"这一在格尔茨看来反映了社会与文化冲突的实例,在我看来反映的是文化与文明的冲突,是古老的乡村文化与正在兴起的城市文明的冲突。

② Steven Vago, *Social Change 2nd ed*. Prentice Hall, Englewood Cliffs, NJ, 1989,p. 24.

之一。19 世纪，它先是在一部分先知先觉的知识分子头脑中幻灭，在随后的 20 世纪，对进步的怀疑和进步规律质疑的论调逐渐高于先前对进步的笃信不疑，以至于进步的观念被认为是一种极其浅薄的观念，那种深信依靠进步规律能将人们导向更加幸福美好生活的认识则被认为是极为天真幼稚的想法。

　　人们易于将进步与进化（evolution）混为一谈。在社会理论中，这两个概念既有重叠，又有重大区别。进化是一个从低级向高级、由简单到复杂的长期发展过程，着重功能的变化。进步则指对某种状况的改善，涉及价值判断。① 进化不是自发的，进化的发生必是某些特定原因的巧合，这些特定原因的巧合非常困难，而变化发生以后，"那个生物也许更适宜生存，也许因此毁灭。"②进步是人类对于已知的理想目标的追求，通过对进步目标的追求，人们希望能够达到一个较之从前更佳的状况。

　　进步是人类进入现代文明社会以后才拥有的观念。希腊人没有进步的观念，罗马人也没有进步的观念，古代中国人同样没有。进步乃是对西方近几百年来日益富裕、强盛、文明的物质生活和精神生活——商品极大丰富、收入持续上升、社会高度秩序化——的客观描述，是西方人更富有、更健康、更舒适、更悠闲生活方式的写照，是资本主义生产方式和所造就的一切文明成果的概括。当人们面对愈来愈明亮的城市灯光、丰富多彩的商品市场和迅速崛起的四通八达的铁路系统时，没有人能否认进步的事实和美好。茨威格（Stefan Zweig）用诱人的文笔描写了 19 世纪后半叶维也纳所

---

① 　Trevor Noble, *Social Theory and Social Change*, Macmillan Press LTD, 2000, p. 40.

② 　[美]罗伯特·路威:《文明与野蛮》,吕叔湘译,三联书店 1984 年版,第 291 页。

经历的进步景象：

> ……普遍的繁荣变得愈来愈明显，愈来愈迅速，愈来愈丰富多彩。照亮夜晚街道的，已经不是昏暗的灯光，而是耀眼的电灯。从主要街道到市郊的沿街店铺都散射出迷人的新的光彩……水已经不再需要从水井或从水渠里去提取，炉灶升火也不再那么费劲，到处讲究卫生，已不再满目肮脏……人们都变得愈来愈漂亮，愈来愈强壮，愈来愈健康。畸形残废、甲状腺肿大、断肢缺腿的人在街上已日益少见。

> ……社会方面也在不断前进；每年都赋予个人以新的权力，司法愈来愈温和与人道……愈来愈广泛的社会阶层获得了选举权，从而有可能通过合法手段来维护自己的利益。社会学家和教授们竞相为使无产者享有比较健康幸福的生活而出谋划策，因此，这个世纪为自己所取得的成就而自豪。①

如果与同一时期中国的衰败作对照，西方的进步更具有某种特殊的意义。一位美国女传教士这样描述 1895 年中国山西的景象和她的感受：

> 街头到处都是皮肤溃烂的人，大脖子的、肢体残缺变形的、瞎了眼的，还有多得无可想象的乞丐……肮脏，令人作呕……一个男人就在我们跟前把裤子脱下来大便，然后蹲在那儿抓身上的虱子……一路上看到的溃烂皮肤和残疾令我们难

---

① 转引自朱维铮、龙应台：《维新旧梦录》，三联书店 2000 年版，第 1 页。

过极了。①

进步的观念造就了西方人的优越感和使命感。进步的事实曾使绝大多数西方人相信:进步是整个人类世界发展的普遍规律,只要人类社会继续存在下去,进步就会永远持续下去;进步使人类社会获得了空前的发展,使人类的物质生活和精神生活得到了极大的提高,只要进步不断持续下去,它就必然将人类导向更加美好幸福的未来;西方的进步模式代表了世界上最先进的模式,它是非西方国家和民族效法的榜样,西方人有责任将他们先进的文明形式传播到其他国家和民族。

然而,正如它的迅速崛起一样,进步的观念和理想很快破灭了。当进步的事实和观念刚刚形成之时,它便遭遇到了它的反对者,不过,当时只是极少数,他们是工业化后没落了的封建权贵以及部分境况恶化了的手工业者和农民,他们通过家道的衰落体验了变迁带来的恶果。19世纪是进步极为显著的时代,但却开始有少数人自觉地抵制和反对进步的观念,这一人数迅速扩大,很快达到了与那些进步观念的信奉者旗鼓相当的程度。20世纪,西方世界继续快速向前发展,科学技术的进步尤为令人瞩目,然而,对进步的怀疑和悲观的情绪却与进步的速度一样呈上升趋势,甚至压倒了昔日对进步的理想和乐观。人们看到,进步不仅带来了财富和繁荣,同时也带来了核战争的阴影和生态破坏的恶果,这使得一部分人对未来不再抱有理想,而文明时代的平庸无奇和现代社会对人性的压抑则又使一部分人开始怀恋古典文化的英雄时代和悠

---

① 转引自朱维铮、龙应台:《维新旧梦录》,三联书店2000年版,第2页。

闲情趣。

两种认识的分歧和对立是如此严重,以至于在是否存在进步的事实这样的基本问题上认识都不一致。在有些人看来,城市的生活并不值得赞美,现代城市所取得的成绩不容高估,它搅乱了旧时所养成的良好平衡,农民社会的平衡被打破的结果,是拥挤、污秽、疾病、盗匪和不安全,就社会的和谐来说,城市社会比乡村社会低落多了。①

而在另一些人看来,正是因为城市才使进步成为可能。古代人的确不会为大街上的汽油味伤脑筋,但是:

> 却有另外一些农舍牛栏之类的味道,大街上满地狼藉的腐烂垃圾的味道,围绕在主教邸宅周围的猪圈的味道,还有那些穿戴着祖辈传下来的衣帽,从未享受过香皂之福,没有洗过澡的人们发出的味道……当你们阅读古代史,看到法国皇帝在皇宫内开窗外眺时,让在巴黎街道上用鼻拱土的群猪的臭气熏得昏倒,还看到古代手稿记载的关于天花或鼠疫流行的片断,你们就会开始懂得进步一词绝不仅仅是现代广告中的时髦话。②

每当社会面临巨变,特别是社会转型期间,就会呈现这两种基本的对立,一派是堂·吉诃德式的对过去的迷恋,一派是桑乔·潘萨式的对现实的重视,双方各不相让。按照斯宾格勒的说法,前一

---

① [美]罗伯特·路威:《文明与野蛮》,吕叔湘译,三联书店1984年版,第291页。
② [美]亨德里克·威廉·房龙:《人类的故事》,刘缘子等译,三联书店1988年版,第185页。

种人主要是艺术家、诗人、语言学家和哲学家，他们把希腊看作"尚无敌手"，用过去的观点贬低现实，在古代的云雾中迷失了方向。后一种人主要是经济学家、政治家、法学家等公家人，他们认为"今天的人类"进步大极了，在他们的书中找不到一丝古典文化的气息，其危险在于"聪明的浅薄"。① 这两种观点互相指责对方的浅薄或不合时宜。很少有人注意，他们衡量进步的标准其实是不同的。有人惋惜的是古典文化的衰落，他们需要的是文学、艺术、戏剧等文化传统和田园牧歌式的生活方式，在他们看来，现代文明造就的东西是浅薄的、虚假的，在许多方面是倒退的；有人则赞美现代文明的进步，在他们看来，发达的交通工具、现代都市的高楼大厦等日新月异的景象，以及给人们带来的舒适和便捷，本身已足以证明一种巨大的进步。他们对古典文化全然无知或不能理解和体验，因此，古典文化的精神对他们不存在丝毫诱惑和吸引力。正如斯宾格勒所言：

> 归根结底，这是文化人类（culture-man）的各种概念和文明人类（civilization-man）的各种概念之间的对立，它的根源太深了，它的实质太合乎人性了，因而两种观点的弱点同样不能被看到或被克服。②

我们已经清楚地看到了这两种观点各自的优点和弱点，在此，要克服这两种观点的弱点，便是要具备我们业已讨论和主张的文

---

① ［德］奥斯瓦尔德·斯宾格勒：《西方的没落》上册，齐世荣等译，商务印书馆1993年版，第48页。

② 同上书，第51页。

化与文明相分离的观点。我们之所以区分文化与文明，很重要的一点是要用它来分清究竟什么是进步。毫无疑问，按照我的观点，只有文明是进步的。"从某种意义上讲，文明便是进步，而进步即是文明。"①文明的历史是一部逐渐积累、盘旋转进，进而脱离文化，加速猛进的历史，文明初期的缓慢进步和文明时代的飞速进步证明了这一点。

但我们必不能抛开复杂的社会和文化单独看待文明的进步，而且，也不宜将进步扩大至一切领域。进步，是人类所造成的自身以外具体行为和物质的改善的事实。事实上，人类并没有跟着他的造物一同进步，社会也未必如此。路威说：

> 从生物学的角度看，现在的人类还是二万年前的人类。他的脑筋并不比全新世的冰鹿人强些。他的科学是适应自然的过程中所得到的副产物。他的社会组织是对于（比现在）简单的环境的反应。从生物学的角度说，我们没有理由指望他行事必定聪明。除非在不聪明就不得活命的场合：他的生殖细胞里既没有新发生的新因子，我们也没有理由指望他合理地组织一种复杂社会。②

因此，我们所主张的进步，实在是一定范围或某一性质的进步。在文化的意义上，不存在进步。社会存在进步吗？当然，社会

---

① ［英］弗里德利希·冯·哈耶克：《自由秩序原理》，邓正来译，三联书店1997年版，第43页。

② ［美］罗伯特·路威：《文明与野蛮》，吕叔湘译，三联书店1984年版，第293页。

进步,其实就是文明的进步。

我们必得认清,只是在文明的限度内,在长期的社会变迁中,进步才有可能朝着一个方向前进。那种声称可以证实社会变迁朝着一定的方向发展,社会变迁有着不断前移的统一趋势,以及个人的结构也是朝着一定的方向发展的观点,[①]只应适用于文明的性质和范畴,而决不应该扩大至其他领域。文明进步和前移的统一趋势,也必得以数百年,乃至愈千年的时间来证实和检验。路威说,在某些方面,公元前五百年的希腊人比公元后五百年的欧洲人进步得多。[②] 同样,已经临近公元二千年的中国晚清帝国,也未必谈得上比它早一千多年的唐代进步。

我们必得明白,进步是有限度的。"无论天文学怎么进步,它不会帮我们把月亮变成饽饽。"[③]人们总是幻想一种无止境的进步,其实,自然早就定下界限,让人类为超越界限的进步付出代价。人们曾经为追求进步而牺牲平衡,总有一天,人们要为维持平衡而放弃进步。

我们亦得放弃对进步规律的追寻和对进步所抱持的浅薄的乐观主义。诚如哈耶克所言,那种宣称进步是有规律的、人们有能力认识进步的规律以及进步能将人类导致更佳境况的观点,是所有进步观念中最没有根据的。[④] 虽然文明的进步使人类的条件得以极大改善,但从人生的意义和目的着眼,今天的人类是否真的就比

① [德]诺贝特·埃利亚斯:《文明的进程》第一卷,王佩莉译,三联书店1998年版,第4—5页,第30页。

② [美]罗伯特·路威:《文明与野蛮》,吕叔湘译,三联书店1984年版,第294页。

③ 同上书,第293页。

④ [英]弗里德利希·冯·哈耶克:《自由秩序原理》,邓正来译,三联书店1997年版,第43页。

几百年乃至上千年前的人类更加幸福,说实话,我是时时处于怀疑之中的。今天,人们已经不再把乘坐波音飞机在万米高空飞行当成幸福和乐趣,当然,人们更不可能再退回到马车时代。进步将人类带到了一个没有退路的危险境地。现实的问题和危险绝不像那些盲目乐观的技术主义者所憧憬的那样,可以随着技术的进步和发展不断克服,逢凶化吉。人类只有正确地认识和评价进步,将进步保持在一定的限度之内,才能避免由进步带来的倒退和毁灭。

六、中国社会与西方社会

文明的进步将人类带入了文明时代。它不是文明社会刚刚建立起来的文明时代,而是现代文明压倒文化的文明时代。

文明时代以前的社会,是文化与文明并驱,以文化统文明的时代。每个民族依据自己的生活样式形成特有的文化,每一文化拥有属于自己的文明。当然,各种文化、文明也在相互交流和吸收,不同的文明也有相似甚至相同的发展过程。然而,在现代文明社会,当然首先始于西方文明社会,却发展出一种主要以趋同的文明为标准衡量社会变迁的观念。这种观念忽视了文化的差异及其丰富性,以简单的文明标准统带了所有的社会因素,将复杂的文化因素塞进一个社会由低向高梯级发展的进化模式,并且认为所有民族的经历和心理是一致的。

摩尔根(Lewis H. Morgan)说:

> 人类的经验所遵循的途径大体上是一致的;在类似的情况下,人类的需要基本上是相同的;由于人类所有各族的大脑

无不相同,因而心理法则的作用也是一致的。①

　　需要指出的是,这种曾经盛行一时,至今仍为众多人所信奉的观点是极为荒谬、错误的。每一民族,无论是在生活经验还是在构成社会的性质方面,每一个人,无论是在人生需求还是在人生意义方面,其差别是非常巨大的。人心之不同,不仅在"思"的不同,而且恰是因为"求"的不同。

　　对此,我不想一般地从人类学或哲学的角度议论,而是结合中国社会与西方社会性质的不同,中国人与西方人精神的不同予以讨论。毫无疑问,这里所说的"社会性质"与"人的精神"完全是文化意义上的。

　　任何一个社会、文化及其民族精神的形成,都与地理条件有密切关系。中国与西方的差别,也首先体现在巨大的地理反差上。中国文化是在一块特殊的地理环境中养成的。从地理上看,中国位于亚洲大陆,地域十分辽阔,几乎跨越了从寒地到热带的所有气候种群。这块辽阔的土地四周有几乎难以跨越的地理障碍:东部和南部是浩瀚无垠的海洋,西部横亘着巨大的喜马拉雅山脉、海拔3000多米的高原,西南是崎岖的山地和丛林,北方则是广阔的、人烟稀少的沙漠地带。与周围的文明相比,中国文明一直处于领先、发达地位,缺少与对等文明交流的机会,这使得中国很早就形成了居于中央,鄙视四夷的观念。在这块辽阔的大陆上,山脉河流纵横交错,气候四季分明,十分有利于农耕种植。但是,由于人口众多,

---

　　①　〔美〕路易斯·亨利·摩尔根:《古代社会》上册,杨东莼等译,商务印书馆1997年版,第8页。

很多地区土地浇薄贫瘠,生存条件非常恶劣。中国文化就是在这样一个辽阔的、孤立的、需要不断的生存努力甚至生存竞争的条件下形成的。

地理因素虽然重要,但它只能成为不同社会形成的一个重要条件。社会之不同,端赖文化个性的不同。因此,中国社会的特殊性,亦为中国文化的个性。在政治上,它首先表现为领袖制、选任制、考察制。因为无领袖无以率群伦,无选任无以明贤良,无考察无以定忠诚。尧之选舜,舜之选禹,皆不脱此制。至于世袭制,我只把它看作专制政体下的一种变体。相比之下,领袖制、选任制、考察制更反映了中国人原始的精神需求。

中国社会最基本的制度,是宗族制度。宗与族不同。宗指宗法,宗法是由周人所建立的一种特殊的亲属组织,其基本特征为兄统弟。秦并六国,封建解体,经历这次大的社会转型之后,宗法制度成为历史遗迹,而为家族制度所取代。此后,中国传统社会便一直由以家庭为最基本的、独立的单位,而由若干家庭综合为一族的基本组织构成。"家族实为政治、法律的单位,政治、法律组织只是这些单位的组合而已。……每一家族能维持其单位内之秩序而对国家负责,整个社会的秩序自可维持。"①一切社会的、政治的、法律的原则,大体也都是以家族为核心演化出来的。

社会制度是以等级制和道德原则支撑的。社会的性质和理想,是以君民、父子、德刑、赏罚等互补关系所构成的上下一致、井然有序、和谐融洽的整体。师旷对晋侯的一段话,正可看作对中国社会性质极为精炼的描述:

---

① 瞿同祖:《中国法律与中国社会》,中华书局 1981 年版,第 26—27 页。

> ……天生民而立之君，使司牧之，勿使失性。有君而为之贰，使师保之，勿使过度。是故天子有公，诸侯有卿，卿置侧室，大夫有贰宗，士有朋友，庶人、工、商、皂、隶、牧、圉皆有亲昵，以相辅佐也。善则赏之，过则匡之，患则救之，失则革之。自王以下，各有父兄子弟，以补察其政。史为书，瞽为诗，工诵箴谏，大夫规诲，士传言，庶人谤，商旅于市，百工献艺。……[①]

此一社会性质与社会制度，应该看作是与中国人的人心相调适的。心智（mind）这个概念，近来特别为译介西方文化者所喜用，而这一称谓很容易成为一个玄学命题——所谓心智，就是需要用心智来感觉的概念。实际上，除了确需无以用言语表达的体会来进行感知外，心智确也体现在具体的行为中，正如格尔茨所言，它"的确发生在学者的书桌上或者是足球场上，在画室中或卡车驾驶员的坐椅上，在讲台上、棋盘上或是法官席上。"[②]格尔茨的这类看法不仅将心智视为社会行为的一个具体过程，同时也将心智强调为文化的结果。按照他的说法，那种认为人的心理气质在遗传上先于文化的观点是错误的。心智几乎是完全意义上的文化的结果，没有文化的心智，对于人来说其功能之残缺不全，以至于无用。[③] 哈耶克虽然承认心智对社会制度和文化制度也发生作用并修正这些制度，但他也强调，心智是人在社会中生活和发展所带来

---

① 《左传·襄公十四年》。

② ［美］克利福德·格尔茨：《文化的解释》，韩莉译，译林出版社1999年版，第103页。

③ 同上书，第102页。

的结果,与其说心智创造了规则,不如说心智是由行动规则构成的。①

我赞同格尔茨和哈耶克关于文化塑造了心智以及心智是文化的结果的观点,但我也认为,在心智和文化、社会关系问题上,他们强调了其中的一半。我想补充的另一半是,心智不仅是文化的结果,也是文化的源流;心智不仅由行动规则构成,它也创造规则。因为,人的大容量的脑和文化是同步出现的而不是顺序出现的。在文化形成以前,人类早已生活于由共同的行为规则凝聚而成的群体之中,而人类正是在这个进程中完成了演化成人的过程并培育出了人的理性和语言。人类不仅一直受着习得的规则(learned rules)的指导,而且至今还受着某些先天性规则(innate rules)的指导。"我们必须牢记这样一个事实,即抽象远非语言的产物,因为它们早在心智发展出语言之前就已经为心智所获致了。"②

在中国传统哲学中,有所谓"心"的概念。按梁漱溟的解释,心非一物,"其义则主宰之义也。"③人心之不同,实为性情的不同,心统性情。朱熹说:"性是未动,情是已动,心包已动未动。"④梁漱溟将人所恒定的性情,分为三类。第一类是人所共有的,从人身开出来的自觉能动性,而表现为人心,开始能为生产和生活制造粗陋工具,其时间约为百万年前后,其性格可称之为人类基本性格。第二类是得之于不同时代或不同地方以及不同时又兼不同地的人群生

---

① 〔英〕弗里德利希·冯·哈耶克:《法律、立法与自由》(第一卷),邓正来等译,中国大百科全书出版社 2000 年版,第 15—16 页。

② 同上书,第 119 页。

③ 梁漱溟:《人心与人生》,学林出版社 1984 年版,第 16 页。

④ 《语类》卷五。

活之所感染陶铸的那种性格,即今日地球上各种各族的人生来其体质、心智和性情(种族遗传)便多少有所不同的那方面,对前者而言,可称之为人类第二性格。第三类是在第一类和第二类基础上由后天形成的,较为肤浅较易改变的一种。① 这即是说,人的性情的大部分都是后天由文化形成的,各不相同。中国人固有中国人的性格,西方人固有西方人的性格。梁漱溟将中国人的性格,总括为十大特征。② 在这十个特征中,与中国社会性质息息相关而又明显不同于西方者,一为圆熟,二为文弱。这两个基本性格,形成了中国式的和谐秩序,亦造就了长期的专制统治。

中国人的性格塑造了中国社会,中国社会亦塑造了中国人的性格。中国人的性格特征与中国社会的特征互相穿凿,共同涵育,乃为中国文化之独特个性。

西方社会变迁与中国社会变迁最大之不同,在于它屡次为外族征服,而为外族文化与文明全盘替代。当然,一如我们已然论述过的,这种替代并非简单的置换,而是对前代的文化、文明有所保留、吸收。但它毕竟是形式和内容上的全面更新,而且为异族文明所灭亡,与中国历史上的改朝换代绝非同义。它们共同构成了西方社会的主要特征和西方人的主要精神,而成为西方文化的主要传统。择其要者有三:希腊思想、罗马法律和日耳曼世俗骑士精神。

希腊思想及其社会制度的形成,亦首先得之于它独特的地理

---

① 梁漱溟:《人心与人生》,学林出版社1984年版,第150页。

② 梁漱溟:《中国文化要义》,学林出版社1987年版,第22—23页。这十大特征是:(一)自私自利;(二)勤俭;(三)爱讲礼貌;(四)和平文弱;(五)知足自得;(六)守旧;(七)马虎;(八)坚忍及残忍;(九)韧性及弹性;(十)圆熟老到。

环境。希腊半岛和爱琴海诸岛屿的基本特征,是它的不完整性和曲折多变的海岸线。黑格尔说:

> 希腊全境满是千形万态的海湾。这地方普遍的特质便是划分为许多小的区域,同时各区域间的关系和联系又靠大海来沟通。我们在这个地方碰见的是山岭、狭窄的平原、小小的山谷和河流;这里并没有大江巨川,没有简单的"平原流域";这里山岭纵横,河流交错,结果没有一个伟大的整块。……相反地,希腊到处是错综分裂的性质,正同希腊各民族多方面的生活和希腊"精神"善变化的特征相吻合。①

这种支离破碎的地形不利于形成统一的王国或帝国,却是希腊得以形成独立的、多中心的城邦国家的重要因素。在西方社会变迁的漫长历程中,我们亦可时时体察出这种"分"而非"合"的理念是多么深刻地影响了西方的国家制度、政治体制、社会制度乃至个人生活方式。希腊人并非始于航海,他们开始也务农,但由于土地过于贫瘠以及海洋无处不在的关系,很快便进入了航海和贸易的行业。黑格尔等许多西方学者都曾讴歌和肯定过西方人因航海和贸易而养成的精神。在中世纪许多有志于远洋的航海者的家中,写有"生命是其次的,航海是必须的"一类格言,它所表现出来的对海洋的热爱和征服欲的确是生活于广袤大陆的人们难于理解的。

这些因素造就了希腊城邦制度,而至今业已成为西方重大文

---

① 黑格尔:《历史哲学》,王造时译,上海书店 1999 年版,第 233 页。

明成果的民主、法治、科学,皆滥觞于城邦制度。柏拉图和亚里士多德经常讨论的"公民"、"公民权"之类的概念,希腊以外的民族固从未听说,那种公民轮流地当统治者和被统治者的直接民主制度,更是希腊以外的民族无法想象的。这些为其他民族所无法想象、无法创造出来的古怪思想和制度,皆来源于被众多史家称之为"希腊精神"的国家、城市、个人之间的严格的独立和自治。这一点已成为中西思想家的定评。①

与希腊人相比,罗马人是蛮族,他们没有古老的种族,缺乏家庭和爱,而他们的哲学,是赤裸裸的征服的哲学。黑格尔是对各民族的精神有良好体悟和深刻洞察力的思想家,我们还是引他的一段话来说明罗马人的精神和特征:

> 希腊人的生活,虽然也同样地不是从大家长制的关系渊源而来的,但是希腊人最初就有家庭的爱和家庭的联系。……罗马的开国者却不是这样,纶缪拉斯和利玛两人,据传说所称,本人就是盗匪,从小就和家庭脱离,不是在家庭的情爱中长大成人的,同样地,最早的罗马人据说也不是自由求婚和恋爱,而是用武力来夺取妇人。罗马人的生活既然这样从野蛮粗犷的状态开始,完全没有天然道德的感觉,所以就形成了他们特有的一个元素,就是对于家庭关系的严酷无情。这一种自私为己的严酷无情,结果便构成了罗马人风俗和法律的严酷无情。②

---

① 参阅上引黑格尔书,第231—248页。顾准亦认为,建立在自治自给基础上的、有完全的主权和完全的独立的城邦的根本精神,"这是希腊文明创造性的特征的根本来源。"参阅《顾准文集》,贵州人民出版社1994年版,第207页。

② 黑格尔:《历史哲学》,王造时译,上海书店1999年版,第294—295页。

　　它与希腊一切高尚的东西是格格不入的,但也正是罗马,成为希腊的终结者,使西方历史走入一片新的天地。正如希腊那些高尚的优点同时也是它的弱点一样,罗马那些粗鄙实用的、有时是令人厌恶的缺点,同时也正是它的强点,这一特性,"就是各个人和国家、法律、命令的统一,森严无比,不能伸缩"。① 黑格尔正确地评价道:

　　　　成文法律的渊源和发展应该归功于罗马世界抑制的、非精神的和非感情的理智。②

　　而这一非感情的、不能伸缩的特征,直接导致了外在形式从本质中脱离出来,特别是在法律上,不再把追求本质作为目的,而于实体之外建立起一套被马克斯·韦伯称之为"法的形式品质"的程序。③ 正如我们业已论述过的,这种"法的形式品质"为欧洲中世纪所继承,成为西方法律迄今仍区别于非西方法律的重大特征。

　　我们曾经讲到过,与罗马人相比,那些从森林里走出来的日耳曼蛮族是真正的野蛮人,但也正是他们,给貌似强大后来实已为奢糜生活所朽透的罗马帝国致命一击。野蛮人灭亡文明人,是中西

---

① 黑格尔:《历史哲学》,王造时译,上海书店1999年版,第296页。
② 同上书,第297页。
③ [德]马克斯·韦伯:《经济与社会》下卷,林荣远译,商务印书馆1997年版,第180页。

社会变迁的一个共通现象。① 这些从森林里走出来的忠诚蛮勇的日耳曼蛮族，为西方社会带来了一股新鲜的、质朴的、执著的风格。黑格尔将他们的精神概括为：第一是自由，在日耳曼民族中，社会公众没有管辖个人的权力；第二是忠诚，个人凭自由选择，无须外在强迫，自愿服从于某个人，自愿使这种关系成为永久不变的关系，这一点在希腊和罗马人中是一概找不到的。② 其实，还应加上第三点，即日耳曼人特有的荣誉观念。孟德斯鸠引塔西佗的话说："日耳曼人认为战斗时遗弃了盾牌，是极大的羞耻，有不少人因为这种不幸的事而自杀。"③如果再加上第四点的话，那就是他们质朴、粗率的性格和强健的体魄，这也恰好与中国人的圆熟、文弱形成鲜明对比。④ 这些因素，构成了欧洲中世

---

① 希腊为罗马所亡，罗马为日耳曼蛮族所亡，固为西方历史之显著现象，在中国历史上，周之亡商，秦并六国，元之亡宋，清之亡明，皆属此例。

② 黑格尔：《历史哲学》，王造时译，上海书店1999年版，第363—364页。

③ ［法］孟德斯鸠：《论法的精神》下册，张雁深译，商务印书馆1982年版，第242页。比较一下，中国人亦有"士可杀而不可辱"之说，这是表明信念，等别人来杀。生活中亦不乏因辱而自杀者。但未闻在战斗中因丢失武器而自杀者。

④ 欧洲中世纪几个有名的国王，如亨杰二世、亨利二世、腓力二世，均体魄强健、脾气暴躁、野心勃勃，爱好运动，喜四处旅游。伯尔曼笔下的腓力二世的形象是："他体力强健，喜好美食、美酒和美女，还是一位不知疲倦的猎手和剑手。他对朋友慷慨，对敌人残忍，集暴躁的性情和冷静的克制于一体。"参阅［美］伯尔曼：《法律与革命》，贺卫方等译，中国大百科全书出版社1993年版，第561页。而中国社会自宋以来，日益依赖以文人为统治核心的官僚集团进行治理。有宋一代，文弱之风已臻极致。在宋与金、契丹的战争中，宋军曾多次未交战便望风溃散。宣和七年，"遣何灌守河桥，军士上马以两手捉鞍，不能施放，见者皆笑。""靖康元年正月二日，次滑州，方平南奔，灌亦望风迎溃。黄河南岸无一人御敌，金师遂直叩京城。"（《宋史·何灌传》）。"癸卯，金人攻南壁，张夜、范琼分兵袭之，遥见金兵，奔还，自相蹂藉，溺隍死者以千数。"（《宋史·钦宗本纪》）"明旦，延庆见火起，以为敌至，烧营而奔，相践踏死者百余里。自熙、丰以来，所储军实尽尽。退保雄州，燕人作赋及歌诮之。……契丹知中国不能用兵，由是轻宋。"（《宋史·刘延庆传》）

纪某一特定时期的所谓骑士精神。骑士们四处游荡,打抱不平,追求和取悦妇女,形成了独特的艳侠之风。① 尽管骑士制度这一奇异的景象早已在欧洲历史上消失,但骑士精神及其所蕴育的文化和心理则传承下来,成为西方文化的一个重要渊源,西方的个人主义、英雄主义以及尊重妇女的传统,率皆根源于此。

于此,我们可以明了,中国社会与西方社会的性质,中国人与西方人的精神,实在是大异其趣。在中国,是一呼群诺的领袖制,以政治为权威、以君王为中心的史官文化,以家族为核心、以道德为基础、以伦理为本位的社会,此一社会又呈现出两类不同性质的特点,一为建立在圆融通达性格基础与和谐有序秩序基础之上的柔性社会,一为被众多西方思想家反复强调的,建立在强迫与服从,以及森严等级基础之上的专制主义。在西方,则是人人参与、轮番为治的选举制,多元主义和个人主义文化,毫无伸缩余地的、讲求程序和形式的、法治主义的刚性社会,以及民主主义和平民主义作风。

中国与西方何以会形成差异如此巨大、性质截然不同的两种社会?历来的西方思想家主要强调的有两个因素。一为地理因素,孟德斯鸠说:

　　　　在亚洲,人们时常看到一些大帝国;这种帝国在欧洲是绝

---

① [法]孟德斯鸠:《论法的精神》下册,张雁深译,商务印书馆1982年版,第244页。孟氏将欧洲中世纪的骑士称为"艳侠",可谓神来之笔。中国历史上亦不乏侠与侠文化,但中国历史上的侠要么政治目的太强,要反朝廷和受招安,要么是善恶因缘的使者,后来竟背上了"侠之大者,为国为民"的包袱,缺乏欧洲艳侠们为追求有品德的、美丽的女子而甘冒一切危险,并在日常生活中取悦于她的世俗精神。

对不能存在的。这是因为我们所知道的亚洲有较大的平原；海洋所划分出来的区域广阔得多；而且它的位置偏南，水泉比较容易涸竭；山狱积雪较少；河流不那么宽，给人的障碍较少。

在亚洲，权力就不能不老是专制的了。因为如果奴役的统治不是极端严酷的话，便要迅速形成一种割据的局面，这和地理的性质是不能相容的。

在欧洲，天然的区域划分形成了许多不大不小的国家。在这些国家里，法治和保国不是格格不相入的；不，法治是很有利于保国的；所以没有法治，国家便将腐化堕落，而和一切邻邦都不能相比。①

一为性格因素，亚里士多德说：

因为野蛮民族比希腊民族为富于奴性；亚洲蛮族又比欧洲蛮族为富于奴性，所以他们常常忍受专制统治而不起来叛乱。②

当然，他们强调较多的是所谓东方专制主义。他们看到了专制主义形成的文化根源和统治需求，比如专制主义对神秘主义的依赖，必然要借助深宫大院，仪仗华丽，戒备森严，以造成一种神秘莫测的气氛和声威。这些固然真切和重要，但他们也忽视了，或者毋宁说我们自己亦忽视了，中国人性格中圆融自通以及中国社会

---

① ［法］孟德斯鸠：《论法的精神》，上册，张雁深译，商务印书馆 1982 年版，第 278 页。

② 亚里士多德：《政治学》，吴寿彭译，商务印书馆 1996 年版，第 159 页。

和谐有序的一面。这些性格品质和社会性质同样传承下来,存在于今日中国人的精神观念和中国社会之中,需要得到足够的尊重和理解。

作为一个中国人,特别是作为一个生活于中国社会的中国人,自当对中国人的性格与中国社会的性质有一全面、透彻之了解,并保持应有的尊重与理解。在当今社会,要做到这一点尤为困难,它需要保持平和的心态、具备超乎常人的睿智以及建立在感情沟通基础上的对中国传统的理解。我相信,这对当代中国社会的变迁亦为有益且必须。当然,我们无须为专制主义辩难,它是我们至今仍要全力反对和反抗的大敌。而我们亦须时时记住并不断提醒自己的是,中国社会与西方社会是两种性质截然不同的社会,它们源于中国人与西方人的不同人心,并依不同的文化传统变迁。明了此一问题,乃是进一步理解中国法律与西方法律的前提和基础。

第二章 法律与理解

> 我们看到,不会下棋的旁观者也无法领会别人走出的棋;
> 不能谈不能说瑞典语的人也不能理解用瑞典语写下的或说出
> 的东西;推理能力很差的人也不善于领会和记住别人的论证。
> 理解是知道怎样做的一部分。
>
> 赖尔(Gilbert Ryle)

一、什么是法律

德国哲学家海德格尔(Martin Heidergger)在重提"存在"问题时,将其必要性概括为三个方面:1."存在"是"最普遍的"概念。但这并不等于说"存在"是最清楚的概念,再也用不着更进一步的讨论。2."存在"这个概念是不可定义的。存在的不可定义性并不取消存在的意义问题,它倒是要我们正视这个问题。3."存在"是自明的概念。就像谁都懂得"天是蓝的"、"我是快活的",但这种通常的可理解只不过表明了一种不可理解,我们向来生活在一种存在的领会中,而存在的意义却隐藏在晦暗中,这证明了重提存在的意义问题是完全必要的。① 我认为,海德格尔对"存在"问题的这些认识也完全适用于法学范畴中的"法律"。"法律"是最普遍的概念,然而,法律也是最不清楚的概念。"法律"是可以定义的吗?许多人在定义法律,但这些定义只是更进一步地证明了法律的不可定义性。"法律"是自明的概念,每个人都在使用它,每个人都在经历它,没有人在使用时觉得有什么不便,也没有人在打一场官司中会问"什么是法律"? 一切都是不言自明的。我们生活在一种法律的领会中。而"什么是法律"是一个哲学问题,它让我们去搜寻和发现"隐藏在晦暗中"的法律的意义。

让我们从法哲学史上一个经典性的论战讨论起。

1945 年,德国法院在纽伦堡对二战中的纳粹德国首要战犯进行了国际审判。纳粹战犯及其辩护人认为他们不应负法律上的责任,因为作为士兵,他们所能做的只是服从命令,他们没有判断善恶之权利,只有绝对服从之义务。而公诉人和法庭则认为,他们有义务也有可能作出道德上的判断,纳粹德国的战争行为和罪恶行径为各国法律所确定为犯罪,他们明知其领袖为罪恶的杀人犯,却仍然追随他们,因此,法庭判决他们有罪。纽伦堡审判引发了人们关于法律的一系列基本问题的思考。首先,纳粹德国统治下制定的法律究竟是不是法律? 如果承认它是法律,那么,就应考虑他们忠实于法律的因素,而且,一个完全不道德的法律怎么能引出最合乎道德的要求服从的请求呢? 如果不承认它是法律,那么,法律与道德的界限就会模糊起来,对纳粹的道德谴责也会被冲淡。其次,

---

① [德]海德格尔:《存在与时间》,陈嘉映、王庆节译,三联书店 1999 年第二版,第4—6 页。

纽伦堡审判本身是否合法？因为审判这些战犯的法律是为这次审判而制定的，这就意味着，当纳粹战犯违反这些法律时，这些法律还不存在。

围绕这些问题，新自然法学的代表人物富勒在20世纪50年代与哈特展开了法哲学史上那场颇负盛名的论战。富勒坚持法律与道德之间的联系。他认为，纽伦堡审判实际上是宣告纳粹政府的法律"不是法律"，如果像哈特所认为的，承认它是法律，但因为它是恶法，我们将拒绝适用，就会引起一场混乱，法院怎么能拒绝适用它所承认的法律呢？纽伦堡审判并非如哈特所言是背弃了法律的原则，只不过审判不应以违反了"更高原则"为理由，而应注意它所违反的法律的内在道德。[①] 哈特虽然承认有一种"最低限度内容的自然法"，并且认为任何法律都会受到道德因素的影响，但他仍然坚决捍卫了法律与道德分离的实证主义立场。针对富勒不道德的法律不能称之为法律的观点，哈特指出，道德不能成为检验规则是否为法律或继续为法律的标准，只要是立法机关依照法定程序制定和颁布的法律，就是有效力的法律。违反道德的法律也是法律，只不过是"恶法"。面对不道德的法律，我们不应否认它之为法律及其效力，而是应该说：这是法律，但他们是如此邪恶以至不应遵守和服从。[②] 哈特将他与富勒之间的分歧归结为广义的法律概念与狭义的法律概念之间的区别。他认为，富勒采用的是狭义的法律概念，即只有良法才是法律，而他采用的是广义的法律概念，将良法恶法均视为法律。广义的法律概念包括狭义的法律概

① L. L. Fuller, *Positivism and Fidelity to Law-A Reply to Professor Hart*, Harvard Law Review, vol. 71, p. 661.

② H. L. A. Hart, *The Concept of Law*, Oxford University Press, 1961, p. 203.

念,如果采用狭义的法律概念,就会导致将一部分法律规则排斥在外,引起混乱。① 在革命和社会发生剧变之后,狭义的法律概念似乎颇具吸引力,因为民众和社会舆论要求对邪恶行为予以惩罚,自然会诉诸自然法学说中的道德词汇,二战后德国法院对纳粹问题的处理,就是在这种形式下复活了自然法。②

长期以来,富勒与哈特的这场论战被视为法哲学史上最具经典性的论战之一,这不仅因为论战的双方是各自阵营的代表人物,还在于论战所涉及的是对纳粹战犯审判以及法律与道德的关系这样重大、敏感的问题,而这一切,最终都被看作是对"什么是法律"这一问题的回答。

三十年后,美国实用主义法学家波斯纳在研究了这场令人瞩目的论战后,震惊于双方争论的问题竟是如此局限。他认为,"法律"这个词被频繁地、而且是无害地用来指自然法和实在法,这种划分本身就是陈旧的、过时的,超出了其有用性。自然法这个术语与时代不符,大多数美国人认为自然就是非道德意义上的达尔文式的争斗。大多数美国人在许多事情上是一致的,比如无限制的杀人可恶、纳粹可恶、乱伦可恶、某些形式的歧视可恶,但对许多事情还不够一致,还不足以规定任何一个全面的法律权利和责任体系之类的东西。一个人是道德实在论者、常规论者或任何论者都没关系,如果这个社会道德上是多质的,道德原则的作用就是作为论点而不是作为标准,因此最好是谈论作为考虑因素的自然法而不是作为绝对普遍的自然法。有争议的道德信仰不能通过上升为

---

① H. L. A. Hart,*The Concept of Law*,Oxford University Press,1961,p. 205.

② Ibid. ,pp. 203—204.

自然法的命题而得到任何分析的力量。富勒与哈特的这场论战之所以没有什么重要性，就是因为这种分析上的重要性很小。这场论战的奇怪之处还在于论战者在实质性观点上没有什么分歧，分歧仅在于表达他们共同价值的词语不同，而这是一个不必要的选择。与富勒不同，许多自然法学家都承认即使是骇人听闻的不正义的法律在确定意义上仍然是"法律"。所谓法律，是一种为习惯、传统、社会情感以及其他因素所限制和影响的职业活动。实在法与自然法都是我们称之为法律这样一种活动的输入。如果法律是一套概念的理论被否决了，那么，纽伦堡审判是否合法这个问题就是没有意义的。我们不应当硬往墙上撞，我们应当考虑的只是这样一个实用主义问题，即以法律的形式来惩罚纳粹头目，走这条路是否有理，显然，让这些恶魔不受惩罚是不可思议的。因此这个问题可以被置换为他们是应当被简单处决还是经过审判。虽然这种审判在正当程序要素上有不足（对刑事责任的充分警告，无偏见的审判庭），但仍比将他们秘密处决更令人信服。①

　　几乎与波斯纳的感觉相同，当我对社会生活中存在的法律有了某种实际的体验，对法律的社会、文化意义有了一定的理解，特别是将法律置于社会变迁和中西比较的大背景下予以审视之后，再来重温这场法哲学史上的经典论战，我亦同样震惊于双方论争的局限和眼界的狭窄。不过，与波斯纳完全不同的是，他纯粹出于实用主义的理念和角度，认为这场争论既未摆脱实用主义的目的，同时又是一场不合时宜的、与实际不符的、没有

---

　　① ［美］波斯纳：《法理学问题》，苏力译，中国政法大学出版社1994年版，第290—304页。

什么意义的争论,一句话,是不怎么实用的。而我的认识则相反。我认为,双方的争论之所以显得如此局限,是因为他们完全胶着于自然法与实在法的二分法,似乎所有的法律要么是全部的实在法,要么是受自然法检验通过的实在法(一种更为狭窄的法律概念),而一点不具备社会和历史的眼光,丝毫没有"社会中的法律"与"历史上的法律"这样的概念。从社会变迁的视角看,讨论历史上的法律"是不是法律",未免显得有些荒唐。这就如同在问:秦始皇是个暴君,任意杀戮无辜,他制定的法律究竟是不是法律?按照富勒的标准,历史上三分之二的法律都不能叫做法律。这场论战的偏狭之处,还在于将一个如何适用法律这样的技术性问题、司法专门性问题以及是否应该用法律的形式惩罚纳粹战犯(波斯纳意义上的)这样一个大众化问题,归结为一个抽象的自然法与实在法两难的法哲学问题。如果说自然法对于美国人是个容易引起歧义的概念,那么对于中国人来说,它就是一个无法理解的概念。甚至因处理这类案件而引发了富勒与哈特这种性质和内容的争论本身,绝大多数中国人都是无法理解的。在我看来,这场争论的偏狭还在于它导致了一个具有讽刺意味的划分,按照哈特的分法,那种只承认授权机关依照法定程序制定的实在法为法律的实证主义观点,倒成了广义的法律概念。

我与哈特的理解完全不同。在涉及法律的概念问题上,只纠缠于自然法与实在法的划分,只承认实在法是法律,并且将其作为广义的法律概念,实在显得太简单幼稚了。法律是在社会中运用的,社会是由每一个普普通通的人(当然也包括法官、律师、法学教授等专门从业人员)组成的,他们对于法律的理解和

运用的合力共同塑造了法律的实际状况和全貌。法律绝不仅指
由国家制定的实在法。法学家关于法律的定义虽然各不相同，
但若从对法律最基本的理解处着眼进行划分，我认为对法律有
两种基本的理解方式。一是以分析实证主义法学为主的只承认
实在法为法律的理解方式，他们拒绝和排斥法律所包含的一切
价值的、社会的和文化的因素，反对一切形而上学的、思辨的方
式，将其斥之为玄学和胡说八道，试图将法律限制在经验材料的
范围内，只注重分析法律规范。在他们看来，法律只能是国家授
权机关所确立的法律规范，虽然授权机关可以是立法机关，也可
以是法官，但他们一致认为，法律本质上只能是国家的权力行
为。第二种理解方式强调和关注法律的社会、文化、价值因素。
在对待实在法的态度上，他们观点并不一致，有些承认实在法为
法律之一部分，有些则强调只有通过社会、价值检验的实在法才
是法律。但他们的共同之处在于，他们并不把实在法视为全部
之法律，强调和关注的重点亦不在法律规范本身，而在于法律的
精神——法律的社会、文化、价值体现。在我看来，对法律的第
一种理解是狭义的，第二种理解是广义的。富勒虽然不承认一
部分实在法是法律，但他将法律视为"使人类行为受规则统治的
事业"[①]，强调的是对理想法律的一种追求状态，实在法仅为它所
强调的法律现象的一个方面，因此，相对于哈特的法律定义，富
勒的法律定义是广义的。

此一对法律理解方式的划分涉及对"什么是法律"这一问题的

---

① Lon L. Fuller, *The Morality of Law*, *Revised Edition*, Yale University Press, 1969, p. 106.

根本性追问。毫无疑问,大多数生活于现代社会的人们相信或已习惯于只有立法机关制定的法律方为法律的分析实证主义观点,这一观点不仅有现实社会的佐证,还被写入教科书中,成为一代代法律精英们信守的基本理念。即使对历史稍有涉猎者,他们大多看到的也只是历代统治者颁发的律令。虽然早期并不存在一个单一性质的立法机关,但立法机关在历史上早已有之,是与国家同步出现的。人们相信,历史上的法律就是这样一部部被统治者制定出来的。然而,诚如哈耶克所言,早在人类想到自己能够制定或改变法律之前,法律已然存在很长一段时间了。他指出:

> 那种在强制性行为规则意义上的法律,无疑是与社会相伴而生的;因为只有服从共同的规则,个人才可能在社会中与其他个人和平共处。早在人类的语言发展到能够被人们用来发布一般性命令之前,个人便只有在遵循某个群体的规则的前提下,才会被接纳为该群体的一员。在某种意义上讲,这样的规则也许还不为人所知道且有待发现,因为从"知道如何"行事或者从能够辨识他人的行为是否符合公认的惯例,到能够用文字陈述这类规则,仍有很长的路要走。①

法律先于立法的观点并非由哈耶克首先提出,然而,这一观点一经提出并由哈耶克在知识上予以阐明,无疑极大地扩大了我们关于"什么是法律"的认识。长期以来,从事法律社会学、法律史以

---

① 〔英〕弗里德利希·冯·哈耶克:《法律、立法与自由》(第一卷),邓正来等译,中国大百科全书出版社 2000 年版,第 113—114 页。

及比较法律研究的学者业已对分析实证主义法学过于狭窄的法律定义表示过强烈的不满,因为按照这种只承认具体法律规范的法律观,根本就不存在什么"西方的法律",甚至也不存在"美国的法律",而只存在美国联邦法律和各州的法律。[①] 这样一来,法律所呈现出的那个丰富的意义世界被清除得一干二净。如同我们在生物课上,认识的是那只被拔掉羽毛、清理干净的鸟标本,而不是那只色彩斑斓、羽翼丰润、飞翔于丛林间的活鸟。而且,如果拘泥于这种"纯粹"的法律概念,除非我们对历史和社会不闻不问,否则,这种法律概念将不敷应用。因为以历史的法律观和社会的法律观来看,那种经由立法者制定的法律规范,特别是以"法"或"律"形式出现的法律规范,只是法律的一部分,它所调整的范围和成效,以及现代立法者和法学家赋予它的那种看似强大的威慑力,其实是十分有限的。

毫无疑问,我们需要一种社会学意义上的法律定义,而不是"法律教条主义的法律定义"(马克斯·韦伯语)。这一意义上的法律定义,不仅不同于分析实证主义的法律定义,而且也不同于其他法学家的法律定义。第一,所有法学家的法律定义都是从法律自身来观察和定义法律的,着眼于内部的观察。法律有如一间间不同形状、功能的房屋组成的建筑,有人看到了一些房间,有人则强调他们看到的另一些房间,而有人则试图综合他们的观察。社会学意义上的法律定义虽不排除内部观察,但它要求外部观察方法。法律只是社会现象之一种,需要把它放回社会,观察它在社会中的

---

① ［美］伯尔曼:《法律与革命》,贺卫方等译,中国大百科全书出版社1993年版,第4—5页。

自动、互动以及被动的所有情况。第二,法学家的法律定义均事先假定了若干毋庸置疑的法律原则和观念,并形成一个在逻辑上自洽一致的整体,以此来检验其他原则和事实。社会学意义上的法律定义则是从一般社会行为和社会规则的层面上来观察法律。按照马克斯·韦伯的说法,"它不是意味着一个逻辑上可以'正确'阐发的准则的整体,而是人的现实行为的实际动机的总和。"①

因此,社会学意义上的法律定义实际上是将法律视为某种具有特殊强制性的规则。这一意义上的法律定义要回答两个关键问题:第一,在社会行为所形成的一系列规则中,何种形式的规则才能称之为"法律"? 第二,这一意义上的"法律"包括何种性质和范围的规则?

社会学观察的是人的行为,各种各样重复出现的、具有相同类型的社会行为构成"规律"、"社会关系"及其"制度"。马克斯·韦伯根据这些可以观察到的社会行为的过程和类型,依强制力的有无,将其依次划分为"习惯"、"习俗"、"惯例"和"法律"。

1、习惯。存在于一定范围内的人群之中带有规律性的机会。

一种调节社会行为规律性的实际存在的机会应该称之为习惯。如果并且只要这种规律性存在的机会仅仅由于事实上的实践而在一定范围内的人当中存在。②

2.习俗。长期约定俗成基础上的习惯。

① [德]马克斯·韦伯:《经济与社会》上卷,林荣远译,商务印书馆1997年版,第346页。

② 同上书,第60页。

要是事实上的实践是建立在长期约定俗成的基础之上，那么习惯就应该称之为习俗。

与"惯例"和"法"相反，对于我们来说，"习俗"是一种外在方面没有保障的规则，行为者自愿地事实上遵守它，不管是干脆出于"毫无思考"也好，或者出于"方便"也好，或者不管出于什么原因，而且他可以期待这个范围内的其他成员由于这些原因也很可能会遵守它。因此，习俗在这个意义上并不是什么"适用的"：谁也没有"要求"他要一起遵守它。当然，从这里过渡到适用的惯例和法，其界限是极为模糊的。①

（纯粹的）习俗的稳定性基本上建立在这样的基础上，谁要是不以它为行为的取向，他的行为就"不相适应"，也就是说，只要他周围多数人的行为预计这个习俗的存在并照此采取自己的态度，他必须忍受或大或小的不快和不利。②

与前两种仅仅受利害关系所制约的社会规律性不同，当社会行为以可以标明的"准则"为取向，这种社会关系意向的内容就可称之为"制度"。当社会行为，特别是一种社会关系，以参加者的一种合法制度存在的观念为取向，具有约束力和榜样，这就是制度的"适用"。依此，一个官员每天在固定的时间出现于办公室中，这不仅是一种由利害关系所决定的习惯或习俗，同时也是由制度或规

---

① ［德］马克斯·韦伯：《经济与社会》上卷，林荣远译，商务印书馆1997年版，第60页。

② 同上书，第61页。

章作为戒律所制约的,一旦违反将带来不利,而且,在正常情况下,这也为他的"责任感"所断然唾弃。① 在这种相对明确、有一定约束力的社会行为(社会关系)所构成的"制度"中,又可以区分为:

3.惯例。能够以愈以明确的、可以感受到的指责影响行为者的习俗。

> 如果在偏离它时,在可以标明的一定范围内的人当中,会遇到某种(比较)普遍的和在实际上可能感觉到的指责,……
>
> 惯例应该称之为在一定范围内的人当中被作为"适用"而赞同的、并且通过对它的偏离进行指责而得到保证的"习俗"。②

4.法律。通过有形或无形强制而予以保障的规则。

> 法律,如果在外在方面,它的适用能通过(有形的和心理的)强制机会保证的话,即通过一个专门为此设立的人的班子采取行动强制遵守,或者在违反时加以惩罚,实现这种强制。③

在区分这四种形式的社会行为和社会关系的同时,马克斯·韦伯明确指出了以下几点:其一,对"法律"这个概念来说,有一个

---

① ［德］马克斯·韦伯:《经济与社会》上卷,林荣远译,商务印书馆 1997 年版,第62 页。

② 同上书,第 64 页。

③ 同上书。

强制班子的存在是决定性的。当然,这个强制班子并不一定就是我们今天所熟悉的那种典型的国家机器。宗族亦是一种强制班子。一种制度,如果仅靠惯例和利害关系来保证,而没有一个强制班子的存在,就不能称之为"法律"。其二,与法学二者必居其一的情况不同,在社会学中,从"习俗"到"惯例",从"惯例"到法律,其过渡界限是十分模糊的。只要涉及到的不是崭新的章程,在很多情况下,制度的服从者甚至不会意识到,究竟哪些是"习俗"、"惯例"或法律。其三,强制并非仅仅表现为暴力强制手段,还存在非暴力的强制手段。而且,也并非暴力强制手段就大于非暴力强制手段。以国家强制机器实施的暴力强制,同其他力量的强制——例如宗教力量的强制手段相比,往往相形见绌。其四,当一种"习俗"上升为"法律"时,法律强制几乎无补于习俗的有效性,而当法律强制和习俗发生对抗时,失败的往往是法律强制。[1]

因此,从社会学的意义上来观察和定义,只要是有一个强制班子作保证,并在必要时迫使人们服从的规则就是法律。这一规则当然不一定必须以文字的形式表现出来,它也可以是长期生活于某一固定社区或行业而为大家所共同承认和遵守的"规矩",只要"规矩"是由专门的强制班子保证实施的。显然,在中外历史上,不仅国家出现以前就存在着这样的法律,在国家立法机关制定的法律之外,也存在着大量这样的法律。而且,就其调整的范围、影响的持久和效力的强大而言,它们亦未必逊色于国家法。从社会学的意义上看,以国家暴力机器为后盾的国家法并非能够自始至终

---

① [德]马克斯·韦伯:《经济与社会》上卷,林荣远译,商务印书馆1997年版,第63页,第65页,第68页,第351页,第357页。

呈现出它所显示的那种强大的面貌,它会受到各种社会势力和社会因素的消解与对抗。但社会学意义上的法律定义并不像极端现实主义法学那样排斥和否定国家法。在我看来,对于社会的维系和变迁,国家法虽非必不可少,而一旦存在,它仍然是所有团体和个人最为关注并对所有成员最具影响力的法律。对于现代社会,国家法不仅是必须的,而且是最为重要的因素之一。马克斯·韦伯有力地指出:

> 因此,"国家"对经济来说,并不是在任何地方,在纯粹"概念上"都是必要的。但是,尤其对一种现代形式的经济制度来说,没有具有特别特征的法的制度,自然无疑是行不通的,而这种法的制度实际上只能作为"国家的"制度才是可能的。……现代流通的速度要求有一种迅速而可靠地发挥其功能的法,也就是说,一种由最强大的强制权力所保障的法,而首先是现代经济,由于其自身的特性,消灭了曾经是法和法的保障的体现者的其他团体。这就是市场发展的杰作。[1]

看来,生活于现代社会中的人们只知有国家法,不知有其他法律,是一点也不奇怪的。在现代社会中,国家功能的强大和国家法的强大自然是同步增长的,它不会给其他法律的生存留下任何空间,除非它授权许可,否则,一种脱离国家法而对某些特定成员施以控制的法律的存在是不可想象的。因此,几乎每一个人,生来就

---

[1] [德]马克斯·韦伯:《经济与社会》上卷,林荣远译,商务印书馆1997年版,第374页。

在国家法的直接控制之下。

但即使是国家法,社会学意义上的国家法与法学意义上的国家法亦有所不同。首先,它不同于西方学科分类意义上的"法律"概念。法学意义上的法律概念实际上是晚近西方学科分类日益细化的结果,这就是为什么我们在研究历史上的法律时,往往会诧异于古代社会法律的"简单"或功能的"单一",实际情况当然并非如此,因为西方学科分类意义上的许多法律,它们并不在古人名之为"法律"的东西之内,它们并不叫做"法律"。当然,一些"机灵的"研究者为了方便起见,有时干脆把它们叫做法律,于是,就出现了所谓"西周的行政法"、"西周的婚姻法"之类的奇怪名称。其次,与上一问题相关联,法学家往往将历史上的国家法与"刑"或"律令"相等同。但从社会学的角度看,历史上的国家法并不仅仅表现为"刑"或"律令"。

我们可以通过中国历史上的法律概念及其适用加以解释。

沈家本云:

> 律为万事根本,刑律其一端耳。今则法律专其名矣。[①]

在中国,"法"与"律"合用,较为晚出且少用。历史上,曾经主要用三个词来表示这一概念:刑、法、律。刑为最早使用之概念,而"法"相传乃苗民所创。《尚书》云:"苗民弗用灵,制以刑,惟作五虐之刑曰法。"[②]荀子早有"刑名从商"之说。事实上,春秋以前,率皆

---

① ［清］沈家本:《历代刑法考》,《律令一》,中华书局1985年版,第810页。
② 《尚书·吕刑》。

称"刑",故《左传》有"夏有乱政而作《禹刑》,商有乱政而作《汤刑》,周有乱政而作《九刑》"的记载①。由子产铸"刑书",邓析制"竹刑",以及晋赵鞅、荀寅铸刑鼎,②可知春秋晚期尚称之为"刑"。战国李悝著《法经》,但旋即商鞅改法为律。汉萧何为九章律,由是至清,皆名之为"律"。

关于"刑"、"法"、"律"之间的关系,历来虽有不同的认识和用法。但基本趋势是将三者视为一物。如:"律,常也,法也。"③"律,法也,莫不取法焉。"④而法往往又被视为刑,《说文解字》云:"法,刑也。平之如水,从水"。⑤ 故"刑"、"法"、"律"亦可通用。

近世以来,有一种颇为奇怪的说法,认为中国历史上只有刑律。而我要在此指出的是,历史上,我们祖先称之为"刑"的,并非今日刑法之"刑"⑥,称之为"律"的,也并非只包括今日之刑律、民律。章太炎说:

> 周世书籍既广,六典举其凡目,礼与刑书次之,而通号以周礼;汉世乃一切著之于律,后世复以官职仪法与律分治,……迄唐有《六典》、《开元礼》,由是律始专为刑书,不统宪典之纲矣。上稽皇汉,则不然也。⑦

---

① 《左传·昭公六年》。
② 《左传·昭公二十九年》。
③ 《尔雅·释诂》。
④ 《汉书·律历志》。
⑤ [汉]许慎:《说文解字》。
⑥ 古者兵刑同源,故《国语·鲁语》臧文仲云:"大刑用甲兵;其次用斧钺;中刑用刀锯;其次用钻笮;……故大者陈之原野,小者散之市朝,五刑三次,是无隐也。"
⑦ 转引自杨鸿烈:《中国法律发达史》上,商务印书馆 1930 年版,第 360 页。

以我们今日之法律知识,即使只接触到《唐六典》的篇目,亦会感慨于它的浩繁,这使我们认识到,古人的法律并非如我们想象的那么"简单"。即使是刑律,也并不仅仅只是刑书中的条文,尚有其他形式:

> 唐之刑书有四,曰:律、令、格、式。令者,尊卑贵贱之等数,国家之制度也;格者,百官有司之所常行之事也;式者,其所常守之法也。凡邦国之政,必从事于此三者。①

宋代又有"敕":

> 凡断狱本于律,律所不该,以敕令格式定之。②

实际上,在法律的适用上,宋人似乎更重视"敕":

> 神宗以律不足以周事情,凡律所不载者一断以敕,乃更其目曰敕、令、格、式,而律恒存乎敕外。……又曰:"禁于已然之谓敕,禁于未然之谓令,设于此以待彼之谓格,使彼效之之谓式。修书者要当识此。"于是凡入笞、杖、徒、流、死,自名例以下至断狱,十有二门,丽刑名轻重者,皆为敕。自品官以下至断狱三十五门,约束禁止者,皆为令。命官之等十有七,吏、庶人之赏等七十有七,又有倍、全、分、厘之级凡五等,有等级高

---

① 《新唐书·刑法志》。
② 《宋史·职官志》。

下者皆为格。表奏、账籍、关牒、符檄之类凡五卷，有体制模楷者皆为式。①

　　这种"律"外有"法"的现象，在中国历史上可能亘古有之，只不过在唐以后有了合法的形式。至清代，"例"的效力往往还要高于"律"。

　　限于篇幅，我们不可能在此详尽地讨论中国历史上的法律状况，但如果从社会学的意义上观察法律，我们必须意识到：其一，在中国历史上，即使是正式的国家法，它的内容是浩繁庞杂的，执法形式也是灵活多样的，所谓"前主所是著为律，后主所是疏为令"。② 那种认为中国历史上只有刑律，或只依据律文执法的观念，不为我们所取。其二，在中国历史上，"礼"具有特殊的地位和作用，它是一切立法、执法的原则和指导思想。周以礼统刑，汉以礼入律，直至清代，礼教始终为统率律例之宪纲。因此，从社会学的观点看，礼不仅是法律，甚至是真正的法律，刑只不过是维护礼的一种手段而已。中国历史上之所以往往法外有法，很重要的因素，是因为礼的支配范围为法所不及。其三，在中国广大的农村地区，传统的国家法的控制和支配力很弱，因此，存在着大量的在乡规民约基础上形成的"习惯法"，这些习惯法既有氏族、宗族的强制力所保证，它们当然也是社会学意义上的法律。

---

　　① 《宋史·刑法志一》。
　　② 《汉书·杜周传》。

二、法律的社会基础

在关于法律问题的讨论中,我开篇就采取了社会学的立场看待法律,这不仅意味着与那种较为狭窄的分析实证主义法律观不同,我最大限度地将法律看作社会的广泛的组成部分,还在于我亦反对那种将法律看作凌驾于社会之上的主权者针对社会制定出来的分析实证主义法律观念,而是认为,法律根植于社会,生长于社会,法律的真实效力不是源于主权者,而是源于社会的承认。

这要求我们不再从理性的、知识的、概念的方面看待法律,转而将法律视为经验之物,一种建立在社会经验和个人生活经验之上的对法律的理解。照此看来,"什么是法律"就既不是对法学家的最高追问,也不是对门外汉设置的拦路虎,因为他们都有可能在实际生活中对法律缺乏足够的理解(understanding)。以法学概念和法学术语为伍的法学家并不一定比普通人更能理解法律,以讼事为业的法律家也不一定能理解法律,他们只是掌握了一定的法学知识和熟悉某一法律操作程序的人。法学知识和法律职业能使人更好地认识法律、分析法律、熟悉法律,但不一定能使人更好地理解法律。在我看来,对法律的理解,更多地取决于一个人对生活的体验,而不是对法律条文的熟悉程度。法律条文不足以代表一个时代、一个社会全部的、真实的法律状况,这些静止不变的、没有生命的"死"的法律条文甚至不能被称作法律,如果一定要称之为法律,那它们也只能是缺乏意义和不能被正确解释的法律。一方面,它们不能概括社会生活中所有的法律。更为重要的是,它们适用于社会的情况一般来说既不确定,也不稳定,而是相当复杂的。相对于立法者的预期,它们也许相差无几,也许差之甚远,也许从颁布之日起就成为一纸具文。而不同群体、不同个体对法律的认识和评价则千差万别。因此,离开具体的社会关系和社会生活,离开社会中不同的人对法律的不同体验,对法律的理解即无从谈起。

按照我的理解和体验,从根本上说,法律实乃经验(experience)之物。所谓经验,按照笛尔塔(Willelm Dilthey,1833—1911)的解释,是指"人的一切生活的表现。"①把法律归结为与人的生活相联系的经验,并非排斥法律的理性和知识性,而是强调,一切理性和知识都建立在经验之上,一切用于认识、评价法律的理性和知识,只不过是个人经验的外化而已。只有在经验世界的领域内,法律能够找到它基本的存在形式,并保持经久的活力与意义。

相对理性而言,经验实为先在之物。欧洲启蒙运动后,理性作为人类活动的基本准则,主导、影响世界三百余年,对法律及其法学泽惠尤深。它使"法律乃公正之术"的观念得以广泛传播并成为人类追求的终极价值目标。但法律理性主义为法律设定的抽象的、普遍的价值准则,同时遮蔽了法律作为不同地域、不同群体以及不同认知主体所具有的鲜活的经验性。法律理性在驾临法律经验之上时,忽视了法律经验是先于法律理性存在之物,它也无法使不同地域、不同群体、不同认知主体所有的法律经验都归于法律理性名下。与此相联系,任何对法律的解释都只能是一种经验性解

---

①　在康德哲学中,直觉通过感觉与外界客体接触,才称之为"经验","经验"区别于观念和思想。而笛尔塔的"经验"则包括感觉、情感、直觉乃至思想,不是与思想和直觉相对立的"经验"。参阅殷鼎:《理解的命运》,三联书店1988年版。

释。它先天性地包含着解释主体对法律的不同情感、不同思想、不同知识和不同认知取向的理解。法律决不应该只成为理性主义解剖刀下冷冰冰的尸体，而是应该成为可以向不同解释主体开放的具有活力和意义的理解之源。人们之所以对法律作出不同的解释，实在是因为人们生活于不同的经验之中。

　　将法律视为经验的观点，与法律作为知识的主张也处于对立之中。不同时期的哲学家对知识做过不同的划分，但与经验相对立的知识，有几个显著的特点：确定性、公共性以及可重复性。与此不同，经验则往往是模糊的、个体的和不可重复的。法律知识可以用它明确的内容不断教导不同的人们以相同的东西，而不同个体则不可能完全重复相同的法律经验，即使是同一个人，也不可能重复自己过去的经验。经验并非只是对"昨日之我"的总结，也是对"今日之我"的创造。"今日之我"已不同于"昨日之我"。经验正是通过这种开放式的发展，来不断达到对法律新的理解。"经验永远与知识、与那种由理论的或技艺的一般知识而来的教导处于绝对的对立之中。"[①]法律知识乃是通往认识法律之路，而非理解法律之桥。

　　当我们以经验的眼光打量法律时，就会发现每一项真正的法律都有着通往社会土壤中的或长或短的根系。像那些关于侵权和犯罪的法律，以及关于契约和继承的法律，都有着数千年的发达的根系。而那些支撑现代社会的法律原则和法律规则，比如法治原则、权利救济原则以及许多经济领域的法律原则和规则，也都有数

---

　　①　加达默尔：《真理与方法》上卷，洪汉鼎译，上海译文出版社1999年版，第456—457页。

百年的历史。社会变迁并未导致它们的死亡,却使它们获得了新的生长力。当然,有些根茎在经历了较长的生长后枯萎或死亡了,比如长子继承制。有些未能在社会中扎根,获致承认,也很快死亡了。还有一些则是无根的,它们被制定出来,静静地躺在那里,好像已经被人们遗忘了似的。因此,我们可以断定,只有那些植根于社会之中,特别是能够深深植根于历史深处和大多数人内心深处的法律,才是社会学意义上的"活着的法律"。

一百年前,天才的奥地利思想家埃利希(Eugen Ehrlich,1862—1922)以他的睿智洞烛了法律与它的社会基础的关系,从而提出了"活法"(living law)的概念。按照他的解释,法律共分两类,一类是国家法,一类是社会秩序本身,或称人类联合的内在秩序。所谓"活法",即人类联合的内在秩序,它是与由国家执行的法律相对的由社会执行的法律。[①] 在真正的社会法学看来,离开"活法"的社会规范,就无法理解实在法。

埃利希关于国家法与社会秩序的二分法或许稍嫌简单,二者也未必全然处于一种紧张状态,通常情况下,国家法的内容又何尝不是社会秩序的一部分呢?《唐律》赋予父母对子孙的种种特权,不也是当时维护家族秩序这种特殊的社会秩序的需要吗?但他关于"活法"即社会秩序,法律发展的重心不在立法、也不在法律科学和司法判决,而在"社会本身"[②]的看法值得重视。这无疑揭示出了法律的社会基础。在我看来,法律及其社会基础是由这样一个金字塔构成的:位于最上端的是以国家机器为强制力的国家法,中

---

① Eugen Ehrlich, *Fundamental principles of the sociology of law*, Combridge, 1936, p. 37.

② Ibid, Preface.

间是具有强制力的社会规则,底部是各种社会习俗和惯例。这样,具有强制力的社会规则构成国家法的社会基础,而在社会中广泛的、大量存在着的社会习俗和惯例则又构成了一般的社会基础。通常情况下,它们发生的顺序是,当一项一般的社会习俗经反复使用并得到了大多数人的认可,而它的重要性又到了非依靠强制力迫使人们遵守不可的程度,它就成为一项惯例或者习惯法。而当某一项惯例或习惯法为全社会的成员普遍遵守和赞成,特别是与每一个人的利益休戚相关时,它就会被上升为国家法。从古至今的那些行之有效的法律都是这样从底部一点点"长"起来的。是习俗的实际规律性创造了法律,法律却不能反过来创造习俗的规律性。[①] 历史法学一再强调法律是发现的,不是制定出来的观点,就在于他们看到了法律这种自然地、顺序生长的过程。

法律产生于习俗。它的活力既来自于大多数人的承认,它的效力亦来自于深厚的社会基础所产生的特定约束力和强制力,即它早已通过社会和文化转化为每一个人的心理强制,这是比有形的国家暴力强制要有效得多的保障。因此,表面上看,似乎一项法律、特别是国家法的执行是由外在的、特别是暴力强制所保障,但实际上,它更多地为长期形成的社会习俗和内化了的社会心理所维系。假定一个人要公然触犯一项法律,对于他来说,最难的莫过

———————

① 马克斯·韦伯认为,习俗是产生惯例和法的源泉,但是反之亦然。他举例说,一个官员每天有规则地出现在他的办公室里,那是某一项实际上被视为"适用的"法律准则的法令的直接结果。参阅[德]马克斯·韦伯:《经济与社会》上卷,林荣远译,商务印书馆1997年版,第368—369页。但实际上,任何立法者都不能凭空杜撰一项法令,那项规定官员必须每天准时上班的法令也只能来自于早已存在的习俗。

于冲破自己的心理防线,其次是社会公众的谴责,最后才是法律的威慑力。马克斯·韦伯说:

> 正常情况是,法的制度并非由于存在着强制的保障才在现实中在经验上"适用",而是它的适用作为"习俗"已经扎了根,"约定俗成",而惯例又往往对公然偏离它的举止表示不赞同。①

因此,只有当法律符合人们习以为常的习俗和惯例时,才是行之有效的,而违背习俗和惯例的结果,必然是效力低下的,直至"提供保障的强制权力往往终于不再强制实行这种法的规则"。② 法律与习俗发生冲突,战败的往往是法律。历史上,有些君主曾希望通过制定"理性的法律"来改变一个民族"落后的习俗",但他发现,"理性的法律"一经实施,最终还是"落后的习俗"改变了"理性的法律"。

三、法律的文化意义

我们刚刚讨论了作为社会经验的"活着的法律",而现在要讨论的是作为历史经验的"意义的法律"。

德国哲学家加达默尔曾提出过"效果历史原则"。按照效果历史原则,人天然生活于传统和经验之中,这些被理性主义视为理解

---

① [德]马克斯·韦伯:《经济与社会》上卷,林荣远译,商务印书馆1997年版,第369—370页。

② 同上书,第369页。

历史的障碍而意欲消除之的"前见",乃是一种积极性因素,它构成了解释者自身的意义世界。解释者意欲解释的不是历史事件,而是事件的意义。① 在加达默尔看来,分析效果历史意识时必须坚持"效果历史意识具有经验的结构",②而"真正的经验就是对我们自身历史性的经验。"③如果将效果历史的原则移入法律研究领域,我们也可以发现这样一个意义的世界。法律所具有的这种历史经验及其意义,如果借用一个适当的概念予以表达的话,我即将其称之为"法律的文化意义"。

原本还有一个更为简捷的概念——"法律文化"的概念——可资利用,以传达这一精神。但几乎从一开始,我就决定彻底放弃这一令我厌恶已久的概念。我之所以"故意"地不再使用这一概念,一方面是由于"法律文化"这一概念已被许多中国法学家"弄成"法律科学的一个分支,这与我所理解的法律文化乃是法律所"附属的"(加达默尔语)那部分意义世界的看法不免大相径庭,还由于在曾经刮起的文化热中,"法律文化"概念业已被滥用到如此程度,以至于在真正懂得文化的人眼里,它所背负的完全是时髦加肤浅的恶名。鉴于此,我使用了"法律的文化意义"这一稍嫌繁琐然而却比较明确的概念,以表示我与功能主义法律文化观的区别,也借以表达我对"法律文化"概念的理解。

我赞同格尔茨将文化理解为"从历史上留下来的存在于符

---

① [德]加达默尔:《真理与方法》上卷,洪汉鼎译,上海译文出版社1999年版,第385—438页。

② 同上书,第445页。

③ 同上书,第459页。

号中的意义模式"①的观点。依此,法律亦应被理解为这样一种意义模式:任何法律,包括实在法,除开它看似坚实的外表与毫无松动、毫无弹性的规则要素外,还包含着一个可以通过想象给予解释的意义世界。这一意义世界既可能蕴藏在法律之中,亦可能存在于法律之外——表现为法律与他物的联系;既可以是法律原本呈现出的意义,更重要的是解释者通过自我理解呈现出的新的意义。总之,是一个向不同解释主体完全开放的、具有无穷丰富意义的世界。这一意义世界所显现出来的,并不只是法律原本的意义世界,那是微不足道的,真正重要的是不同的解释主体,可以说,法律所呈现出的丰富的意义是由不同的解释主体创造出来的,而每一个解释主体之所以不同,并非他们是不同的生物个体,而是因为他们从一开始就是承载了不同传统和文化符号的特定文化的产物,这也决定了他们的解释只能是基于个人经验的文化的解释。

强调法律的文化意义是由不同的解释主体创造出来的观点,当然不是主张它是一个可以经由人们随意想象和发挥予以编造的虚幻之物,更不是主张像文化热中人们通常所做的那样,给法律贴上一张文化的标签即可。法律的文化意义不是天马行空式的幻想,而是受到了很大限制的合理想象,它是由一些具体的事实和知识构成的,具体地说,它的意义之网的经纬是由历史与地域的具体事实和知识编织而成的。

法律的文化意义首先面对的是历史,所谓文化解释实际上就

---

① [美]克利福德·格尔茨:《文化的解释》,韩莉译,译林出版社 1999 年版,第109 页。

是历史解释。解释者所面对的意欲解释的对象总是历史事件的意义。这不是说解释者是一个不关心现实社会及其问题的人,恰恰相反,他的一切问题可能都来源于对现实社会及其问题的思考,但他发现,只要他试图对这些现实问题作出解释,他就会不知不觉地回到历史中去。也惟有回到历史中去,他的解释才是有意义的解释。只要进入意义的世界,他会发现,无论他所要解释的是现实问题还是历史问题,它们不仅是相互联系的一个整体,它们其实就是同一个问题。当他解释现实问题时,往往不知不觉地追溯至历史;而当他解释历史问题时,也会有一种现实关怀时时袭上心头。

也许有人会问,以法律这样现实的学科和职业,大多数人所从事的都是具体而又实际的工作,难道也存在与其同为一体的历史意义吗?

其实,这个意义世界本身就是存在的,关键看是否涉足它,因为意义之网是依赖人有意识地编织的,因此,若非有意为之,这一意义世界的大门就是紧闭着的,即使是法律史的研究者,所从事的未必就是一项对法律文化意义的解释工作。但如果具备了这一意识,即使从事的是现实且实际的工作,也总能够寻找到通往意义世界之路。

加达默尔在他的名著《真理与方法》中讨论了"法学诠释学"与"历史诠释学"之间的关系。表面上看,法学史家没有任何他要从之出发的现存情况,他似乎只研讨法律的原本意义。而法律家只研讨法律本身。但是,法学史家怎样才能认识法律的原本意义呢?如果他不知道那种使他的现时代与当时分离的情况变化,他能够认识这一点吗?他不是必须做法学家所做的完全同样的事情,即他必须区分法律本文的原始意义内容和他在现时代作为前理解自发接受的那种法学内容吗？所以，作为法学史家，他不能满足于用法律的原本应用去规定该法律的原本意义。作为历史学家他将必须公正地对待法律所经历的全部历史变迁，他将必须借助于法律的现代应用去理解法律的原本应用。而法律学家所研讨的法律的规范内容则必须通过它要被应用的现在情况来规定。为了正确地认识这种规范内容，他就必须对原本的意义有历史性的认识。他总结道：

> 在我看来，诠释学境况对于历史学家和法律学家似乎是同样的，因为面对任何本文，我们都生活于一种直接的意义期待之中。我们决不可能直接地接触历史对象而客观地得知其历史价值。历史学家必须承担法律学家所进行的同样的反思任务。

> 所以，不论是以历史学家的方式，还是以法律学家的方式，他们所理解的东西的实际内容乃是同样的。①

因此，在历史纵深的层面上，法律的文化意义乃是一座架通过去与现在的桥梁，是法律整体地、连续地变迁的历史，这就要求建立起对传统的新的关系和见解。在这一新的意义模式中，解释者不再面对传统，而是直接生活于传统之中；不是被动地接受本文的意义，而是主动地创造新的意义。传统之于解释者，既不是简单地、否定式地批判的对象，也不是不加反省即可予以回归甚至复辟

---

① ［德］加达默尔：《真理与方法》上卷，洪汉鼎译，上海译文出版社 1999 年版，第420页。

的圣坛,而是一个与解释者自身相通的、双向开放的、需要以情感乃至生命予以解释的意义之径,因为对传统的任何解释归根结底都是解释者的自我解释。

　　法律的文化意义所涉及的另一个重要方面,是法律与他物的关系。孟德斯鸠将这些与法律相关联的政体、自然状态、宗教、性癖、财富、人口、贸易、风俗、习惯等因素综括为"法的精神"。[①] 而这些与法律相关联的因素,从文化上看,它们与其关联的法律一样,亦奠基于同一民族的生活方式之上,形成一个有机联系的整体。因此,如前所述,法律既存在于一个与传统相通的整体之中,同时,又存在于一个与他物相关联而形成的民族精神的整体之中,它们共同构成了法律的文化意义的经纬。它们并不是两个分立的意义世界,而是同一个意义模式。法律既为传统之延续,亦为民族精神之体现。按照萨维尼的说法,法律并非立法者武断意志的产物,而是"由内部的默默起作用的力量形成的"。[②] 从社会学和文化学的立场看,所谓立法者并不是在制造法律,他们根本不可能凭空制造出法律,他们只是在复述已有的法律,因为立法也不可能摆脱它所赖以存在的整体的社会、文化环境,它也是整个意义之网中的一维,而惟其如此,它的意义才是真实的、合理的。黑格尔说:

　　　　整个立法和它的各种特别规定不应孤立地、抽象地来看,而应把它们看作在一个整体中依赖的环节,这个环节是与构成一个民族和一个时代特性的其他一切特点相联系的。只有

---

　　① ［法］孟德斯鸠:《论法的精神》上册,张雁深译,商务印书馆1982年版,第一章。
　　② Friedrich Carl Von Savigny,*On the vocation of our Age for Legislation and Jurisprudence* Littlewood & Co. Old Bailey,1831,p. 30.

在这一联系中,整个立法和它的各种特别规定才获得它们的真正意义和它们的正当理由。①

作为一种整体的文化观,法律当然不能脱离其他文化现象而孤立地看待,特别是不能仅仅看到法律的某一部分内容或形式,它们就像发音的器官之于语言一样,没有任何意义。法律的过程恰如语言的形成过程,单独的法律如同口腔、咽喉、胸腔这些发音器官,它们只有和人的经验的某个成分或某些成分联系起来,才是有意义的。② 而作为法律的经验,的确在很大程度上表现为一个民族在其生活方式基础上形成的特性。这即是说,法律的文化意义之得以形成,靠的是一个民族生活方式的整体联系,而这一联系起来的整体恰恰强调的是不同民族的特性。格尔茨将其称之为"地方性知识":

> 我始终认为(多少与隐含在上议院那些演讲中的某些主张相对立),法律就是地方性知识;地方在此处不只是指空间、时间、阶级和各种问题,而且也指特色(accent),即把对所发生的事件的本地认识与对可能发生的事件的本地想象联系在一起。③

格尔茨所强调的"特色",乃是人类学对特定事件的描述和解释。一般而言,我们仍可说所谓法律的文化意义,系指法律的历史连续性以及与其他文化现象相关联而表现出的不同民族生活方式

---

① [德]黑格尔:《法哲学原理》,范扬、张企泰译,商务印书馆1982年版,第5页。
② [美]爱德华·萨丕尔:《语言论》,陆卓元译,商务印书馆1987年版,第一章。
③ [美]克利福德·格尔茨:《地方性知识:事实与法律的比较透视》,邓正来译,转引自梁治平编《法律的文化解释》,三联书店1994年版,第126页。

的特征,简而言之,即法律所依赖的传统和呈现出的地方特色。它们正是隐藏在社会变迁背后"不变"的神秘力量。所谓"不变",当然不是说它根本不发生变化,事实上,它每时每刻都在发生着变化,只是相对于那些表面上发生剧烈变化的形式,它并不随之发生相应的改变,而且,它始终以自己"默默的力量"影响并决定着那些表面上已经发生了变化的东西。

对法律的文化意义的探寻,实际上就是要深入到被萨维尼(Friedrich Carl Von Savigny)等先贤们一再提及的那种神秘的、默默地起着作用的"民族精神"之中,于细微处体味它的传承、流变和力量。不错,法律确已变得更加理性、世俗乃至一体化了,但当我们瞩目过去的法律,深入至历史与社会的深处,着眼于社会变迁及其法律变迁的连续性时,我们终能发现那隐藏于理性化、世俗化和一体化的法律深处的文化暗河。

更为重要的是,只要仍然存在不同的民族和语言,就会存在不同的民族精神,也就会存在传承此一不同文化及民族精神的法律。即使我们对法律的现状进行详细的考察,也会引出一长串千百年来与法律相互制约的原因和结果的锁链。在这一长串锁链中,最为重要的乃是文化、语言与民族精神。

所谓语言,按照萨丕尔的说法:

> 语言是纯粹人为的,非本能的,凭借自觉地制造出来的符号系统来传达观念、情绪和欲望的方法。[①]

[①] [美]爱德华·萨丕尔:《语言论》,陆卓元译,商务印书馆1987年版,第7页。

按照这一定义,语言乃是人们后天习得的一套人造的符号系统,那些人与动物本能的、不由自主的喊叫(尽管在很大程度上能得到其同伴的会意)根本不是语言。我们不妨将萨丕尔的语言定义称之为语言的文化定义。

语言与文化、民族(精神)的关系,是语言哲学的核心问题。然而,令人不解的是,尽管在我看来萨丕尔的语言定义可以称之为关于语言的文化定义,尽管萨丕尔自己亦不得不承认"语言也不脱离文化而存在,就是说,不脱离社会流传下来的、决定我们生活面貌的风俗和信仰的总体",①但他却竭力否定语言与文化、种族之间的联系。他先是说,历史学家和人类学家发现,种族、语言和文化的分布并不平行,它们的历史会各自走不同的道路。语言完全不必和一个种族集体或一个文化区相应。英语不是一个统一的种族说的,几百万美国黑人不会说别的语言,英语就是他们的母语;英国和美国有共同语言,但并不能作为文化共同的论据。说到最后,他终于无法否认种族和文化的分界线确有和语言的分界线相应的趋势,而且,这样的一致也有极大的意义。但他紧接着就辩解说,这并不表明种族、语言、文化三者之间有什么内在的心理关系,界线上的一致只不过是浅显的历史上的联系。语言的发展和种族、文化的特殊发展这二者之间没有深刻的因果关系。没法证明语言形式和民族气质有任何一点联系。文化是内容,语言是形式。在没有发现和揭露文化上的纯粹形式格局之前,我们最好还是把语言沿流和文化沿流当作两个不能比较的、没有关系的过程。②

---

① 〔美〕爱德华·萨丕尔:《语言论》,陆卓元译,商务印书馆 1987 年版,第 186 页。
② 参阅上引萨丕尔书,第十章。

萨丕尔的观点过于牵强,以至于让人怀疑他是在和现代语言哲学的创始人洪堡特(Wilhelm von Humboldt, 1767—1835)故意唱反调。我认为,恰恰是洪堡特令人信服地指明了语言、文化、民族精神三者之间的真实关系,特别是语言与民族精神之间相互依赖的互动关系。洪堡特首先指出,倘若忽略了语言与民族精神力量的形成之间的联系,比较语言研究便会丧失所有重大的意义。语言与民族精神关系之密切,以至于我们不管从哪个入手,都可以从中推导出另一个。一方面,语言仿佛是民族精神的外在表现,人类语言的结构之所以会有种种差异,是因为各个民族的精神特性本身有所不同。语言的所有最为纤细的根茎生长在民族精神力量之中,民族精神力量对语言的影响越恰当,语言的发展也就越合乎规律,越丰富多彩。语言就其内在联系方面,只不过是民族语言意识的产物,所以,要是我们不以民族精神力量为出发点,就根本无法彻底解答那些跟最富有内在生命力的语言构造有关的问题,以及最重大的语言差异缘何而生的问题。语言无时无刻不具备民族的形式,民族才是语言真正的和直接的创造者。另一方面,语言产生自人类的某种内在需要,而不仅仅只是维系外部交往的需要,对于人类精神力量的发展和世界观的形成,语言是必不可缺的。语言通过对思维和感知方式等方面的影响,包含着一种因素,正是这种因素构成了语言真正的优点,并且决定着语言对精神发展的影响。而这种因素本身则取决于语言原本固有的全部特质,取决于语言的有机结构和特殊形式。[①] 他深刻地指出:

---

① 参阅[德]威廉·冯·洪堡特:《论人类语言结构的差异及其对人类精神发展的影响》,姚小平译,商务印书馆1997年版,第二章,第三章,第四章,第五章,第六章。

　　　　语言对人的主要影响施及他的思维力量,施及他在思维过程中进行创造的力量,因此,在更深刻的意义上说,语言的作用是内在的(immanent)和构建性的(constitutive)。①

　　语言是这样一种根本性的东西,当你选择了某种语言,实际上也就拥有了某种文化。从这一意义上说,语言乃是文化的内核。当剥去文化的种种外衣后,我们看见的最核心的东西是语言。在这一点上,萨丕尔完全曲解了语言与文化的关系,抹杀了语言与民族精神的内在联系。在社会变迁的过程中,语言的沿流一直伴随着民族精神的变化,默默地流淌着。如果我们能够系统地读一遍中国历史上流传有序的法律典籍,就确实会感觉到隐藏在剧烈社会变迁背后的语言沿流的微妙变化,水静流深。

　　依此,法律语言的变化和使用就决不仅仅是无足轻重的语词选择问题,它确乎关涉法律的文化意义的根本所在。揆诸历史,我们果然看到了中西不同民族的法律是如何被其自身的语言所造就和限制的,看到了中国传统法律如何在古汉语的世界里发展出了一套完整系统的法律表述方式,也清晰地看到了社会、法律、文化、语言在清末几乎同时所经历的中断和转型,这本身亦足以证明它们之间的内在关联。在清末开始的这场社会转型中,新的社会结构和法律体系是依照西方模式建立的,但我们必须注意到,在西语和汉语之间并不存在完全对等的语言概念,两种语言的转换存在

---

　　① 参阅[德]威廉·冯·洪堡特:《论人类语言结构的差异及其对人类精神发展的影响》,姚小平译,商务印书馆1997年版,第34页。

着一个巨大的可供创造和再解释的空间。因此,现代汉语法律语言的建立实在是一件最重要、最关键、最基础的大事,从一定的意义上说,是它决定了现在法律的面貌。然而,这个问题至今仍被人们最大限度地忽视和遗忘着,存在着许多或许已无法解释的谜。比如,到底是谁将"law"翻译成"法"而不是"礼"(从社会学的观点看,"law"与中国的"礼"在性质上更接近)? 如果这一译法尚属合理的话,又是谁将"democracy"翻译成"民主"("democracy"是一种政治组织形式,而"民主"则是中国历史上一个古老的有特定含义的词)? 但在翻译"court"时,却舍弃了中国历史上已有的且一直沿用到清末的"大理寺",而新造了"法院"这样的词汇?[①]

我无意对法律作进一步的语言分析,但在我看来指出这一问题是相当重要的。语言如同我们呼吸着的空气那样重要且容易被遗忘,然而,也许正是这些为我们日常使用着的、习焉不察的东西,在基本的方面决定着社会和法律变迁的方向。

四、法律与进步

英国著名法律史家亨利·梅因爵士(Henry Maine,1822—1888)在其名著《古代法》一书中,曾写下了一句被后人反复引用的脍炙人口的名言:"所有进步社会的运动,到此处为止,是一个'从

---

① 在现代汉语法律语言的构建中,日语和日本的翻译家可能担当了相当重要的居间转换角色。台湾大学马汉宝教授亦指出,"权利"这一名词是日本人先据荷兰文"Reght"翻译成"权理",后改为"权利",然后传入中国的。西文中,无论是英文的"right"、德文的"Recht"、法文的"droit",均含有"公平"、"正当"之义,"权"、"利"二字,并不能表达此意。参阅马汉宝:《法律与中国社会之变迁》,台湾翰芦图书出版有限公司,1999年版,第9—10页。

身分到契约'的运动。"①的确,只要看一看雅典、斯巴达法律关于所有权、债、家庭、继承的规定以及罗马法关于家长权、婚姻、收养、身分减等的规定到 19 世纪西方自由资本主义法律的变迁过程,我们就会体会到"从身分到契约"乃是那个时代所发生的最为重大、深刻的变化之一,不得不叹服于梅因深刻的历史洞察力。然而,正如亚伦(Carleton Kemp Allen)在该书的导言中所指出的,这一现象在 20 世纪 30 年代业已发生了很大改变,当时,个人在社会中的地位远较 19 世纪更广泛地受到特别团体、尤其是职业团体的支配,而他进入这些团体并非都出于他自己的自由选择。因此,他将梅因的这项著名原则称之为"由十九世纪放任主义(laissez-faire)安放在'契约自由'这神圣语句的神龛内的个人绝对自决",总有一天,它可能会被认为只是社会变迁中的一段插曲。②

　　应该说,从梅因所处的 19 世纪迄今一百余年西方社会的变迁中,我们不仅看到了伴随着公共职能的增加和行政权力的扩张而带来的强力管理和严密监控对个人自由和权益的侵蚀,在法律上,它表现为私法所确立的一系列基本原则虽仍旧神圣不可动摇,但公法领域的急剧膨胀使它在面对私法时已具有绝对优势,公法甚至正在逐渐代替私法,而且,我们还通过后现代主义的视野看到了现代社会和现代法律貌似文明和进步的幻象背后所隐藏的深刻社会危机和法律危机。因此,虽然还不能说确已发生了"从契约到身分"的相反运动,但可以肯定地说,"从身分到契约"的时代早已结束,将"从身分到契约"看作是一种社会进步运动的观念只在某一

---

① 〔英〕梅因:《古代法》,沈景一译,商务印书馆 1996 年版,第 97 页。
② 同上书,导言,第 18 页。

特定的历史阶段和过程中是正确的。

毫无疑问,梅因的观点属于那种严格意义上的社会进化理论,即将社会变迁的一段过程抽象为一个单向运动的模式而加以解释。它不属于建构社会发展模式并揭示其发展规律的整体进化论的认识进路。关于这种进化理论,哈耶克说:

> 严格意义上的进化理论只对一个过程提供解释,而这个过程的结果将取决于无数的特定事实,其数量之大实是我们无法从整体上知道的;因此,这种进化理论也是无力提供有关未来的预言的。这样,我们只能限于对"原则进行解释",或者只对进化过程所遵循的抽象模式做出预测。①

进化论是解释社会变迁的一种方式,有意贬低或将其奉为能够解释万事万物乃至社会变迁的总体过程的认识都是不恰当的。但我们须得明白,进化论对社会变迁的解释是非常有限的,它尤其不能从整体上解释进步问题。以往对进化论的最大误用,就在于依时间顺序和物质积累的程度为标准推导出社会进步的总体趋势及其规律。这一浅薄的认识进路之所以能被相当多的人接受,乃是因为它与我们所能目见的某些社会现象的改变,尤其是文明程度和物质生活水平的提高相吻合。然而,这一认识进路的简单和粗暴在于它完全不懂社会是由各种复杂因素构成的整体,而且,整个社会又和各种自然因素组成具有紧密联系的整体,任何单一的

---

① [英]弗里德利希·冯·哈耶克:《法律、立法与自由》(第一卷),邓正来等译,中国大百科全书出版社 2000 年版,第 24 页。

变迁趋势根本不足以解释这一整体。它也不懂得人的精神领域完全不能用那些标准来解释。洪堡特说：

> 人类精神力量得到多种多样的显示，这样的显示与时间的推进以及现成物质的积累并没有什么联系。这种显示的作用是无法测度的，其起源也同样无法破释；最杰出的成就不一定就是最晚发生的现象。[①]

在法律领域，我们同样能够看到这些复杂因素的相互牵连及其人类精神力量的多样化诉求。因此，法律不能解释进步问题，并不是因为在中西历史上都曾普遍存在过野蛮人灭亡文明人的现象，新的掌权者初期所制定的法律几乎总是比前朝的法律显得简单、原始和血腥，而是因为法律本身就是一个异常复杂的并且与其他社会因素相关联的整体，因而那些看起来似乎更复杂、更文明的法律并不一定就能被归结为法律的进步。

罗马法被公认为资本主义社会产生以前最完备、最发达的法律制度，这尤其体现在它关于私法的一系列结构严谨、概念清晰的规定中。它几乎发展出了简单商品社会所需要的一切核心法律概念和原则。更为重要的是，它具备马克斯·韦伯称之为"法的形式品质"的要素——高度抽象的法律观念、"逻辑上正确"的法律体系和规定、明确清晰的法律概念和语言表述。罗马法所具有的卓越形式品质的特点并不是逐渐发展起来的，而是在其初期就存在的：

---

① ［德］威廉·冯·洪堡特：《论人类语言结构的差异及其对人类精神发展的影响》，姚小平译，商务印书馆1997年版，第21—22页。

　　早期罗马法就已经有的最重要的特点之一是——这至少
还保留在耶林格的很多方面都已陈腐的措词上——它的卓绝
的分析性质。尤其是把诉讼的提问进行分解,因而也是法律
事务形式主义的分解为逻辑上"最简单的"事实。一次诉讼审
判只是审理一个问题,同一个问题只诉讼审判一次;一项法律
事务只处理一件事,一项许诺只完成一次义务,因此都仅仅是
单方面的:把日常生活中一目了然的事实的整体分解为纯粹
在司法上可以明确定性的基本行为……①

　　但是,罗马法所具有的卓绝形式品质并不能掩盖它的本质特
征——它的过于狭窄的法律调整对象、狭隘的民族观念以及残暴
的镇压手段。总之,它必须与自己的政治、经济制度相适应,与自
己的民族习惯相适应。所以,尽管它拥有那个时期最完备、最发达
的私法体系,但它的贸易却并不发达,因为罗马人的气质不适合贸
易,他们的政制也反对贸易。孟德斯鸠甚至认为连他们的民法也
同样是暴虐的。②

　　按照罗马传统,遗嘱是一种重大严肃的行为,它最初只适用于
罗马市民。在整个罗马时期,发展出了一整套关于遗嘱的形式要
件。然而,子女完全处于父亲权力之下这一件事实,就几乎决定了
罗马遗嘱的实质。查士丁尼曾自豪地宣称:"我们对于子女所享有

---

　　①　[德]马克斯·韦伯:《经济与社会》下卷,林荣远译,商务印书馆1997年版,第
131页。

　　②　[法]孟德斯鸠:《论法的精神》下册,张雁深译,商务印书馆1982年版,第59
页。

的权力是罗马公民所特有的,任何其他民族都没有像我们这种对子女的权力。"①孟德斯鸠评价道:"雅典古代的法律不许公民立遗嘱。梭伦准许立遗嘱,但是有子女的人除外。罗马的立法者们的脑子里充满了父权思想;他们甚至准许立有损子女利益的遗嘱。应当承认,雅典的古代法律比罗马的法律,较有统一性……"②

契约是罗马法发展出的在形式和内容上都相当完备的制度。其中,从原始、繁琐的"曼兮帕蓄式",到必须双方当事人到场的"要式口约",再到"文书契约"以及"要物契约",最终产生了仅须当事人合意即可生效的"诺成契约"。梅因认为,"诺成契约"是各种契约中最有趣和最重要的一种,因为从古老的采用铜块和秤的"耐克逊"方式开始,"契约"和"让与"是混杂在一起的,合意的手续形式甚至比合意本身还重要。而在"诺成契约"中,所有的形式都被消除了,惟一重要的是缔约人的心理状态,外部行为只是看作内部意志行为的象征。这样,交易就从专门手续的累赘中解脱出来了。③对于罗马契约从原始的、繁琐的形式向简单的、文明的形式的演变及其贡献,梅因最终评价道:

> 罗马人的思想从一个粗糙的观念到一个精练的观念的这种进步,究竟是否能例证人类思想在"契约"这主题上有了必要的进步,这当然是无法断定的。除了罗马人之外,所有其他古代社会的"契约"法或者太少了,没有充足的资料,

---

① [罗马]查士丁尼:《法学总论》,张企泰译,商务印书馆1993年版,第19页。

② [法]孟德斯鸠:《论法的精神》下册,张雁深译,商务印书馆1982年版,第201页。

③ [英]梅因:《古代法》,沈景一译,商务印书馆1996年版,第九章。

或者是已经完全失传了；至于现代法律学则是如此透彻地为罗马观点所影响，以致我们无法获得对比和类似，并从中吸取教训。[①]

诚然，围绕着罗马契约这一主题能够获得的比较资料不多，从罗马契约到现代法律中的契约的变化太小，不够典型，以至于我们无法得出一个关于"契约进步"的判断。但假如能够获得其他民族关于契约的较多资料，或者，能够找到一个在文明形式上发生重大改变的法律主题，我们就能从中推导出关于法律进步的结论吗？

西方社会在18世纪尚且使用的以酷刑惩罚肉体以及公开处决罪犯的形式，在不到一百年的时间内得以彻底改变这一事实，恰好为我们提供了经典的例证。

1737年8月9日，一个名叫喀德邻·喀尔巴哈的17岁女子到瑞士的苏克法庭投案，叙述了她作为女巫如何变成猫、狗等形象害死尼姑庵里的动物，如何从铁箱的钥匙孔钻进去偷走了二百个金钱，如何受恶魔的指示在苏西城引起了一场大火，以及如何使几个城市降冰雹为灾的罪行，并供出了六七个从犯。其中，一个叫喀德利·吉里的女人坚决不供认，受到了极为残酷的虐待：用有钉的铁领套住脖颈吊起来，并用热水烫她身上；在拉肢机上牵拉四肢；吊在房梁上，脚底下挂一块大石头，不断加重，直到换上二百斤重的石头等等。她被关在一个高不容立直、长不容睡平的狗洞似的囚室中，最终死在这里。和她一起成为被告的几个穷女人，在被烧红的火钳刺烫后用火烧死。而那个投案和告

---

① ［英］梅因：《古代法》，沈景一译，商务印书馆1996年版，第191页。

发者喀德邻,"虽作恶多端,姑念来庭自首,应予特恩,准用粪车押赴刑场斩决。"①

在西方社会,18 世纪已是科学昌明的时代,然而,科学并没有能解决人生的复杂问题,法律也没能与科学同步,酷刑与公开处决比比皆是,仍然是公众眼中的社会景观。

1757 年 3 月 2 日,达米安(Damiens)因谋刺法国国王被判处"在巴黎教堂大门前公开认罪",他应"乘坐囚车,身穿囚衣,手持两磅重的蜡烛","被送到格列夫广场。那里将搭起行刑台,用烧红的铁钳撕开他的胸膛和四肢上的肉,用硫磺烧焦他持着弑君凶器的右手,再将熔化的铅汁、沸滚的松香、蜡和硫磺浇入撕裂的伤口,然后四马分肢,最后焚尸扬灰"。②

但是,仅仅几十年之内,所有这一切都改变了。作为一种公共景观的酷刑消失了,处决的示众场面也消失了。死刑对所有人都一样,不再区分罪行和身分,并且是在瞬间完成的。肢解、在身体上烙印、示众以及暴尸等将肉体作为刑罚对象的现象消失了。这几十年中,几乎所有的西方国家都经历了刑罚改革的时代,整个刑罚体制重新配置,现代法典纷纷确立。

这种戏剧性的转变很容易被看作是刑罚人道化的体现以及文明和法律的进步:对肉体的惩罚放松了,暴虐的公众景观消失了,一整套新的管教体系诞生了。文明战胜了野蛮,人性取得了胜利,社会和法律在大踏步的前进。

---

① 〔美〕罗伯特·路威:《文明与野蛮》,吕叔湘译,三联书店 1984 年版,第 230—233 页。

② 〔法〕米歇尔·福柯:《规训与惩罚》,刘北成、杨远婴译,三联书店 1999 年版,第 3 页。

然而,福柯(Michel Foucault)却发现,这种日益宽松的惩罚现象背后,隐藏的其实只是惩罚作用点的置换。以前,审判只意味着确定犯罪事实,确定犯罪者和实施合法惩罚。现在则插入了截然不同的事实问题。首先,不再向原来那样简单地问:"该行为是否已被确认,是否应受到惩罚?"还要追问:"这是什么行为? 这种暴行或谋杀行为是什么性质? 它属于哪一种现象? 它是想入非非的结果,还是精神病反应,是一时糊涂,还是一种变态行为?"其次,也不再简单地问:"这是谁干的?"还要追问:"我们怎么来确定造成犯罪的原因? 犯罪的根源是出自犯罪者的哪一方面? 是本能,还是潜意识,是环境还是遗传?"最后,也不再简单地问:"根据哪一条法律来惩罚这种犯罪?"还要追问:"什么措施最恰当? 如何估计犯罪者的未来发展? 使他重新做人的最佳方法是什么?"虽然判决所确定的"犯罪"或"犯法"都是法典所规定的司法对象,但是判决也针对人的情欲、本能、变态、疾病、失控、环境或遗传的后果。侵犯行为受到惩罚,但侵略性格也因此同时受到惩罚。强奸行为受到惩罚,性心理变态也同时受到惩罚。凶杀与冲动和欲望一起受到惩罚。通过庄重地把犯罪纳入科学知识的对象领域,给合法惩罚机制提供了一种正当控制权力:不仅控制犯罪,而且控制个人,不仅控制他们的行为,而且控制他们现在的、将来的、可能的状况。今天的审判者不仅仅是在"判案",而且也不是在独自审判。整个刑事诉讼程序和执行判决过程充斥着一系列的辅助权威。围绕着主要审判衍生出大量的小型法律体系和变相的法官:精神病和心理分析专家,执行判决的官员,教育工作者,监狱服务人员。整个司法运作吸收了超司法的因素和人员。总之,惩罚不再施于肉体,而是施于人的灵魂了。[①]

而且,福柯注意到,18世纪刑罚放宽的过程是一种双重运动。早在惩罚变得不那么严峻以前,犯罪已然变得没有那么暴烈了。这是与经济压力的变化、生活水准的普遍提升、人口的膨胀、财富和私有财产的增加以及随之而来的对安全的需求联系在一起的。但是,通观18世纪,人们会看到法律在某种程度上变得更严峻了:英国在19世纪初的223种死罪中有156种是在前一百年内增加的;法国的执法变得更加严峻、严密了,对以往从宽处理的许多小过失都严加追究。这种新出现的东西与其说是对犯人的人性的尊重,不如说是追求更精细的司法、对社会实体做出更周密的刑法测定的趋势。这是一种关于惩罚权力运作的新策略。其首要目标是:使对非法活动的惩罚和镇压变成一种有规则的功能,与社会同步发展;不是要惩罚得更少些,而是要惩罚得更有效些;或许应减轻惩罚的严酷性,但目的在于使惩罚更具有普遍性和必要性;使惩罚权力更深地嵌入社会本身。[②]

因此,18世纪刑罚改革最基本的"存在理由",是因为惩罚的对象变了,范围也变了。需要确定新的策略以对付变得更微妙而且在社会中散布得更广泛的目标。寻找新的方法使惩罚更适应对象和更有效果。制定新的原则以使惩罚技术更规范,更精巧,更具有普遍性。统一惩罚手段的使用。通过提高惩罚的效率和扩充其网络来减少其经济和政治代价。总之,需要建构关于惩罚权力的

---

① ［法］米歇尔·福柯:《规训与惩罚》,刘北成、杨远婴译,三联书店1999年版,第一章。

② 同上书,第84—91页。

新结构和新技术。[1]

关于这场刑罚人道化背后所隐藏的变化，福柯深刻地分析道：

> 我们可以发现，在这种刑罚人道化的背后，所隐含的是所有那些认可，或更准确地说是要求"仁慈"的原则，是一种精心计算的惩罚权力经济学。但是这些原则也引起了权力作用点的变化：不再是通过公开处决中制造过度痛苦和公开羞辱的仪式游戏运用于肉体，而是运用于精神，更确切地说，运用于在一切人脑海中谨慎地但也是必然地和明显地传播着的表象和符号的游戏。正如马布利所说的，不再运用于肉体，而是运用于灵魂。……旧的惩罚"解剖学"被抛弃了。但是，我们真的进入了非肉体惩罚的时代吗？[2]

福柯的疑问只是针对刑罚史的某一段变迁发出的，我想，它不是一个能轻易回答的问题。而我们所选择的两个比较有进步因素的法律事实，在整个错综复杂的法律变迁史中，无疑只是沧海一粟。哈耶克曾经极富睿智地阐明过"我们的事实性知识的永恒局限"，[3]按照这一观点，我们无法掌握法律史中的所有事实，从而使我们拥有能够推导出法律整体进步趋势的知识。假使我们能够掌握所有的事实，我们也无法拥有，或者说，也根本不会有一种能够

---

[1]　［法］米歇尔·福柯：《规训与惩罚》，刘北成、杨远婴译，三联书店1999年版，第99页。

[2]　同上书，第111页。

[3]　［英］弗里德利希·冯·哈耶克：《法律、立法与自由》（第一卷），邓正来等译，中国大百科全书出版社2000年版，第8—12页。

从整体上计算出法律进步的知识。即使是这两个具有进步因素的法律事实，无论是罗马法在法的纯粹形式品质上所取得的进步，还是资本主义在刑罚执行文明方式上所取得的进步，它们都不构成实质意义上的进步，更谈不上用它们解释一种整体意义上的进步。与其说这种变化是一种进步，毋宁说这一变化反映的是社会整体变迁中各种因素重新聚合、各种关系重新组合、各种矛盾重新调合以及各种利益重新配合后所出现的新的社会现象。

五、中国法律与西方法律

当我们以此检视中国传统法律的变迁时，会看到一些不同的景象。昔日梁漱溟先生在描述中国式的人生与西方人生的差别时，曾以"向里用力之人生"与"向外用力之人生"比喻中西社会与人生观念的不同。[①] 如果将这一比喻方式移用于描述中西法律变迁及其取向，我们亦可用"向后用力"与"向前用力"比喻它们的不同。

一般而言，西方人在价值取向和实际操作的层面上并不避讳学习、使用乃至"创制"新的法律，至少，此一"向前用力"之力量在总体上要强于"向后用力"之力量。据说，罗马人在制定"十二铜表法"前，曾于公元前451—前450年派遣代表团赴希腊数个城邦考察法律制定情况，包括赴雅典考察梭伦的法律。[②] 查士丁尼的法律文献一经发现，虽然与日耳曼民俗法差异极大，也丝毫不妨碍蛮族

---

① 梁漱溟：《中国文化要义》，学林出版社1987年版，第200—204页。

② Alan Watson, *Legal transplants: An Approach to Comparative Law*, second edition The University of Georgia Press, Athens, Georgia, 1993, p. 25.

将这异邦法律视为真正的法律、理性的法律,奉为真理。布拉克顿(Bracton)甚至在 13 世纪不注明出处地从查士丁尼的《学说汇纂》中引用大约 500 个段落,并理所当然地将它们作为英格兰的"法律"。① 现代法律则力图从旧的法律体系中借助理性的力量脱胎出具有科学和文明形式的新的法律。

在中国人的传统观念中,对业已逝去的先贤及盛世的追忆与仰慕占据着重要位置,几乎每篇文献的开头都是历数尧、舜、禹、汤的贤明,"三代之治"被看作教化臻于极致的典范。盛世刑宽。法律是世道与人心的重要评价标准。唐、虞之际,固然至治之极,但毕竟"流共工于幽州,放驩兜于崇山,窜三苗于三危,殛鲧于羽山,四罪而天下咸服。"②成、康则以四十二年之间,刑厝不用,囹圄空虚,得到了后代法律家的更高赞扬。世道的治与乱,刑的宽与猛原本并不总是朝着一个方向变化的。治与乱相交迭,宽与猛相周济。它们又与背后一些更基本的现象联系在一起。

> 当周成康之时,天下富寿,人知耻格,故囹圄空虚四十余年。当汉文景之时,节用劝农,海内殷实,人人自爱,不犯刑罚,故每岁决狱,仅至四百。及我太宗之朝,勤俭化人,人用富庶,加以德教,致于升平,故一岁断刑,不满三十,虽则明圣慎刑,贤良恤狱之所致也,然亦由天下之人生厚德正而寡过也。当桀纣之时,暴征仇敛,万姓穷苦,有怨无耻,奸宄并兴,故是时也,比屋可戮。及秦之时,厚赋以竭人财,远役以殚人力,力

---

① ［美］伯尔曼:《法律与革命》,贺卫方等译,中国大百科全书出版社 1993 年版,第 145—147 页。

② 《尚书·舜典》。

殚财竭，尽为寇贼，群盗满山，赭衣塞路，故每岁断罪，数至十万，虽则暴君淫刑，奸吏弄法之所致也，然亦由天下之人贫困思邪而多罪也。[1]

虽然一治与一乱是相更替的，但对中国人来说，世道似乎总在走下坡路，每一代的中国人都在感叹世风日下，人心不古，法令繁多，刑罚冤滥。对当代法律及其执法的批判至少在老子和孔子的时代就已经异常激烈了。老子曾有"法令滋彰，盗贼多有"[2]的感叹。孔子则更尖锐地指出："今之听狱者，求所以杀之；古之听狱者，求所以生之。"[3]在孔子及其后世的许多人看来，正是因为与古人在执法观念上的严重差别，导致了法律功能的失调与退化。

这种失调与退化呈现出一股总体的趋势，一直沿续至清末乃至民国。

成康之世囹圄空虚四十余载的理想固已不可再现，唐宋之时执法的仁厚与文明仍足以值得夸耀。其中，最值得一提的或许是唐太宗：

太宗以英武定天下，然其天姿仁恕。初即位，有劝以威刑肃天下者，魏征以为不可，因为上言王政本于仁恩，所以爱民厚俗之意，太宗欣然纳之，遂以宽仁治天下，而于刑法尤慎。四年，天下断死罪二十九人。六年，亲录囚徒，闵死罪者三百九十人，纵之还家，期以明年秋即刑；及期，囚皆诣朝堂，无后

① [唐]白居易：《长庆集》，卷四十八。
② 《老子》，第五十七章。
③ 《汉书·刑法志》。

者,太宗嘉其诚信,悉原之。[①]

这位以执法仁厚著称的皇帝,不仅除断趾法,将决囚之三覆奏改为二日五覆奏,而且令对囚犯无得鞭背:

> 太宗尝览《明堂针灸图》,见人之五藏皆近背,针灸失所,则其害致死,叹曰:"夫箠者,五刑之轻;死者,人之所重。安得犯至轻之刑而或致死?"遂诏罪人无得鞭背。[②]

当时,刑罚的执行亦相当文明:

> 诸狱之长官,五日一虑囚。夏置浆饮,月一沐之;疾病给医药,重者释械,其家一人入侍,职事散官三品以上,妇女子孙二人入侍。[③]

宋代依然保持了对囚犯的良好待遇,并加强了对监狱的管理和修缮:

> 诸狱皆置楼牖,设浆铺席,持具沐浴,食令温暖,寒则给薪炭、衣物,暑则五日一涤枷杻。郡县则所职之官躬行检视,狱敝则修之使固。[④]

---

① 《新唐书·刑法志》。
② 同上书。
③ 同上书。
④ 《宋史·刑法志三》。

宋代以执法仁厚著称的皇帝尤多,他们均究心庶狱,以狱事为重,对狱吏的"巧持多端,随意轻重"保持着足够的警惕。在他们看来,罚当其罪,若囚犯惨遭涂毒,瘐死狱中,不仅有违人道,而且破坏了一种基本的平衡与和谐。故对囚犯生命的保障异常重视,并将其与执法官吏的赏罚联系起来:

> 神宗即位初,诏曰:"狱者,民命之所系也。比闻有司岁考天下之奏,而多瘐死。深惟狱吏并缘为奸,检视不明,使吾元元横罹其害。《书》不云乎:'与其杀不辜,宁失不经。'其具为令:应诸州军巡司院所禁罪人,一岁在狱病死及二人,五县以上州岁死三人,开封府司、军巡岁死七人,推吏、狱卒皆杖六十,增一人则加一等,罪止杖一百。典狱官如推狱,经两犯即坐从违制。提点刑狱岁终会死者之数上之,中书检察。死者过多,官吏虽已行罚,当更黜责。"①

从对徽宗执法情况的描述看,这些规定并非具文。徽宗时刑法已趋严峻,但仍对狱具的质地、长短、轻重有严格规定,对各地监狱有无囚犯死亡尤为重视,囚犯人数每月向提刑司一报,年终检查评比,以备当职官奖惩:

> 五年,岁终比较,宣州、衢州、福州无病死囚,当职官各转一官。舒州病死及一分,惠州二分六厘,当职官各降一官。六

---

① 《宋史·刑法志三》。

年，令刑部体量公事，邵州、广州、高州勘命官淹系至久不报，诏知州降一官，当职官展二年磨勘，当行吏永不收叙。德庆府勘封川县令事，七月不报，诏知州、勘官各抵罪。九年，大理寺朱伯文广西催断刑狱，还言："雷州海贼两狱，并系平人七人，内五人已死。"帝恻然，诏本路提刑以下重致罚。十二年，御史台点检钱塘、仁和县狱具，钱塘大杖，一多五钱半；仁和枷，一多一斤，一轻半斤，诏县官各降一官。①

然而，司法的状况在明代却急转直下。这不仅因为明代创立了特殊的刑罚制度和镇压机构，还在于执法的残酷、对执法的干预以及执法随意性等因素的增加：

刑法有创之自明，不衷古制者，廷杖、东西厂、锦衣卫、镇抚司狱是已。是数者，杀人至惨，而不丽于法。踵而行之，至末造而极。举朝野命，一听之武夫、宦竖之手，良可叹也。②

是时，即使朝廷命官，亦辄被枷示众或当廷廷杖，轻则折辱，重则丧命：

廷杖之刑，亦自太祖始矣。宣德三年，怒御史严皑、方鼎、何杰等沈湎酒色，久不朝参，命枷以徇。自此言官有荷校者。至正统中，王振擅权，尚书刘中敷，侍郎吴玺、陈瑞，祭酒李时

---

① 《宋史·刑法志二》。
② 《明史·刑法志三》。

勉率受此辱,而殿陛行杖习为故事矣。成化十五年,汪直诬陷侍郎马文升、都御史牟俸等,诏责给事御史李俊、王浚辈五十六人容隐,廷杖人二十。正德十四年,以谏止南巡,廷杖舒芬、黄巩等百四十六人,死者十一人。嘉靖三年,群臣争大礼,廷仗丰熙等百三十四人,死者十六人。中年刑法益峻,虽大臣不免笞辱。宣大总督翟鹏、蓟州巡抚硃方以撤防早,宣大总督郭宗皋、大同巡抚陈耀以寇入大同,刑部侍郎彭黯、左都御史屠侨、大理卿沈良才以议丁汝夔狱缓,戎政侍郎蒋应奎、左通政唐国相以子弟冒功,皆逮杖之。方、燿毙于杖下,而黯、侨、良才等杖毕,趣治事。公卿之辱,前此未有。又因正旦朝贺,怒六科给事中张思静等,皆朝服予杖,天下莫不骇然。四十余年间,杖杀朝士,倍蓰前代。万历五年,以争张居正夺情,杖吴中行等五人。其后卢洪春、孟养浩、王德完辈咸被杖,多者至一百。①

朝廷命官在朝堂上尚且性命难保,更遑论狱中囚犯?《明史》曾记熹宗时诏狱(锦衣卫狱)的残虐:

田尔耕、许显纯在熹宗时为魏忠贤义子,其党孙云鹤、杨寰、崔应元佐之,拷杨涟、左光斗辈,坐赃比较,立限严督之。两日为一限,输金不中程者,受全刑。全刑者曰械,曰镣,曰棍,曰拶,曰夹棍。五毒备具,呼暑声沸然,血肉溃烂,宛转求死不得。显纯叱咤自若,然必伺忠贤旨,忠贤所遣听记者未

---

① 《明史·刑法志三》。

至,不敢讯也。一夕,令诸囚分舍宿。于是狱卒曰:"今夕有当壁挺者。"壁挺,狱中言死也。明日,涟死,光斗等次第皆锁头拉死。每一人死,停数日,苇席裹尸出牢户,虫蛆腐体。[1]

有清一代,狱事未得稍明,反而日趋恶化。方苞曾记康熙时刑部狱的状况:

康熙五十一年三月,余在刑部狱,见死而由窦出者日四三人。有洪洞令杜君者,作而言曰:"此疫作也。今天时顺正,死者尚稀,往岁多至日十数人。"[2]

又记官吏贪赃枉法、盘剥敲诈的情形:

"……苟之狱,不问罪之有无,必械手足,置老监,俾困苦不可忍。然后导以取保,出居于外,量其家之所有以为剂,而官与吏剖分焉。中家以上,皆竭资取保。其次,求脱械居监外板屋,费亦数十金。惟极贫无依,则械系不稍宽,为标准以警其余。或同系,情罪重者反出在外,而轻者、无罪者罹其毒。积忧愤,寝食违节,及病,又无医药,故往往至死。"[3]

上引各朝事例,实为司法之一面。虽然它们不能代表整个法律的状况,却是法律活动中相当真实的一面。其实,若从法律规定

---

[1] 《明史·刑法志三》。
[2] [清]方苞:《狱中杂记》。
[3] 同上书。

的情形看,明、清律较之唐律、宋刑统关于人身权的保障还是有所加强的。但杨鸿烈在叙述《大明律》关于"私擅逮捕监禁"、"诈伪"以及"滥权逮捕监禁"条后,也还是感叹道:

> 由以上所引的条文看来,可知《大明律》关于人民身体自由保障的规定比《唐律》、《宋刑统》、《大元通制》还要完密得多,假使在当日不是官样文章,那么明代臣民所享的幸福确实胜过现时在军伐铁蹄蹂躏下的中华民国的主人国民。[①]

由此看来,中国法律的变迁向我们呈现出一幅颇为奇特的画面:一方面,沿战国之《法经》、汉之《九章律》到隋唐律、明清律直至民国法律这些成文法律一路的沿革看,是一个法律由简入繁,由礼、律不分到礼、律相分的过程,法律体系及其分类日趋完密、细化,法律规定的实用性增强了。但与此同时,法律在社会实际中的真实运作状况却越来越糟,呈总体下降的趋势。人们目睹了法律越来越多的"坏"的一面;对法律的抱怨和否定性评价日益增多了。另一方面,中国法律与中国社会似乎总是存在着严重的脱节状况,那些成文法律能够规制的社会层面及其效力非常有限。中国人,从颁布法令的统治者、执法的官吏一直到守法的百姓,他们本身似乎也并不特别看重这些明文规定的成文法律,他们宁愿相信社会中或他们心中存在的另外一些更加真实的"法律"。换言之,那些历朝历代被冠之以"法律"名义的东西,其实并不能代表当时全部的、真正的法律。凡此种种,都表明在中国人的心中,一定包含着

---

① 杨鸿烈:《中国法律发达史》下,商务印书馆1930年版,第834页。

某些对法律的特殊认识,中国法律在中国社会中一定有着极为特殊的地位和作用。

第一个需要引起我们重视并加以讨论的是礼与法的关系。礼的含意极为广泛,很难界定。但若从功能上划分,我认为礼有三个方面的作用值得重视。一是礼具有治理国家和人民的作用,在这一意义上,礼乃治国之柄。《左传》云:"礼,经国家,定社稷,序民人,利后嗣者也。"①曹刿曾谏庄公曰:"……夫礼,所以整民也。故会以训上下之则,制财用之节;朝以正班爵之义,帅长幼之序;征伐以讨其不然。"②二是礼具有节制人的行为和人心的作用。"治身者斯须忘礼,则暴嫚入之矣;为国者一朝失礼,则荒乱及之矣。人函天、地、阴、阳之气,有喜、怒、哀、乐之情。天禀其性而不能节也,圣人能为之节而不能绝也,故象天、地而制礼、乐,所以通神明,立人伦,正情性,节万事者也。"③它体现了儒家特有的中国式的理性,一种清醒的、现世的但亦不乏献身精神的理性。④ 郑庄公对"许无刑而伐之,服而舍之,度德而处之,量力而行之,相时而动,无累后人",正是这种理性主义的体现,所以《左传》称赞他"知礼"。⑤三是礼具有别异、明分的作用。"礼者所以定亲疏,决嫌疑,别同异,明是非也。"⑥"故先王案为之制礼义以分之,使有贵贱之等、长

① 《左传·隐公十一年》。

② 《左传·庄公二十三年》。

③ 《汉书·礼乐志》。

④ 关于儒家理性主义与基督教清教理性主义之间的区别,请参阅[德]马克斯·韦伯:《儒教与道教》,洪天富译,江苏人民出版社1997年版,特别是其中的第八章。

⑤ 《左传·隐公十一年》。

⑥ 《礼记·曲礼上》。

幼之差、能不能之分,皆使人载其事而得其宜。"①在这一意义上,礼是维护等级秩序的工具。

从礼的社会功能看,它与法的作用和目的是完全一致的,礼与法相互配合,只不过在实现方式上有所区别而已。"礼者禁于将然之前,而法者禁于已然之后。"②"礼之所去,刑之所取,失礼则入刑,相为表里者也。"③明人王祎在为"七出"辩护时说得更清楚:

> 礼与律非二物也,礼者防之于未然,律者禁之已然,皆缘人情而为制。礼之所不许,即律之所不容,出于礼则入于律也。④

礼与法的作用虽然一致,但作用的大小却相差很大。礼是极端重要的。孔子曰:

> 夫礼,先王以承天之道,以治人之情,故失之者死,得之者生。⑤

相比之下,法的作用次要得多。如果说,礼与法同样具有治理国家和人民的作用,同为治国之柄的话,显然,礼乃治国之大柄:"是故礼者,君之大柄也,所以别嫌明微,傧鬼神,考制度,别仁义,

---

① 《荀子·荣辱篇》。
② 《大戴礼记·礼察篇》。
③ 《后汉书·陈宠传》。
④ 《皇明文衡》卷九,《七出议》。
⑤ 《礼记·礼运》。

所以治政安君也。"①故礼是一切刑、律的总纲和指导思想,法只不过是实现礼的又一工具而已。董仲舒以《春秋》决狱,唐律一准乎礼,直到清代,甚至连锐意改革的龚自珍仍在作《春秋决事比》,津津于以《春秋》解释法律,这些都是说明礼法关系的极好例证。

由此可知,无论是在统治者、老百姓的心中,还是就社会功能而言,礼才是最重要、最根本的法,是存在于人们心中和社会上的真正的法。人们亦每每以礼作为衡量法律的标准。故容隐虽应为法律所禁止,但既为礼所提倡,历朝历代的法律遂都承认亲属相容隐的原则。复仇虽早为法律所禁止,但既合于礼,故能累朝博得社会的同情和赞扬,并屡屡得到法律的宽宥。于此我们终能明白,为什么以礼治著称的"三代"成为人们效法的榜样,而随着社会的变迁,与礼治越来越分离的法律,却遭到了越来越多的否定性的评价。

第二是仁对法律的作用和影响。礼虽重要,但没有仁,礼无法实现。"人而不仁,如礼何?"②故孔子讲仁多于讲礼。仁的核心,"忠恕而已矣"。③仁者爱人,体现在法律上,就是"慎法恤刑",或曰"省刑"。

儒家以"无讼"为最高理想,但这一理想既无法在现实社会中实现,所以竭力在法律上追求"省刑"。"省刑"原则几乎贯穿于各代统治者和司法官吏的活动。魏时侍中孙腾的一番话可为代表:

> 臣以为升平之美,义在省刑;陵迟之弊,必由峻法。是以

---

① 《礼记·礼运》。
② 《论语·八佾》。
③ 《论语·里仁》。

汉约三章，天下归德；秦酷五刑，率土瓦解。礼训君子，律禁小人，举罪定名，国有常辟。至如'眚灾肆赦，怙终贼刑'，经典垂言，国朝成范。随时所用，各有司存。……庶使刑杀折衷，不得弃本从末。①

所以，历代许多统治者大都有过施仁于法的"省刑"、"轻刑"主张，尤以宋人为极端。在宋人看来，"先王有刑罚以纠其民，则必温慈惠和以行之。盖裁之以义，推之以仁，则震仇杀戮之威，非求民之死，所以求其生也。"②故宋时饥民为盗者，辄被贷其死罪：

凡岁饥，强民相率持杖劫人仓廪，法应弃市，每具狱上闻，辄贷其死。真宗时，蔡州民三百一十八人有罪，皆当死。知州张荣、推官江嗣宗议取为首者杖脊，余悉论杖罪。帝下诏褒之。遣使巡抚诸道，因谕之曰："平民艰食，强取饩粮以图活命尔，不可从盗法科之。"天圣初，有司尝奏盗劫米伤主，仁宗曰："饥劫米可哀，盗伤主可疾。虽然，无知迫于食不足耳。"命贷之。五年，陕西旱，因诏："民劫仓廪，非伤主者减死，刺隶他州，非首谋又减一等。"自是，诸路灾伤即降敕，饥民为盗，多蒙矜减，赖以全活者甚众。③

即使天下盗起，攻城屠邑，亦未影响宋代皇帝对这些强盗施仁于法：

---

① 《魏书·刑罚志》。
② 《宋史·刑法志一》。
③ 《宋史·刑法志二》。

当建、绍间,天下盗起,往往攻城屠邑,至兴师以讨之,然得贷亦众。同知枢密院事李回尝奏强盗之数,帝曰:"皆吾赤子也,岂可一一诛之?诛其渠魁三两人足矣。"①

省刑的主张,是仁在法律上的具体体现,它对中国法律的影响是全面的、巨大的。中国历史上的"赎刑",名目繁多、为清醒的官吏私下诟病但却被皇帝频繁使用的"赦",以及对"少杀"、"慎杀"的追求,均可于此得到解释。仁政实际上被开明的、有远见的统治者视为立国之基,治国之本,而法律又一次被作为次要的辅助手段。明宣宗夜读《周官·立政》,慨然兴叹,以为立国之基在于此,乃敕三法司:"朕体上帝好生之心,惟刑是恤。令尔等详覆天下重狱,而犯者远在千万里外,需次当决,岂能无冤?"②明太祖对欲用重法的参政杨宪说:"求生于重典,犹索鱼于釜,得活难矣。"③他对尚书刘惟谦的一番话尤为深刻地道出了仁与法之间的关系:

仁义者,养民之膏粱也;刑罚者,惩恶之药石也。舍仁义而专用刑罚,是以药石养人,岂得谓善治乎?④

虽然施仁于法的"省刑"主张贯穿了中国法律的始终,但在一班奉儒家经义为圭臬的读书人看来,司法的状况仍与他们理想中

① 《宋史·刑法志二》。
② 《明史·刑法志二》。
③ 同上书。
④ 同上书。

的"仁政"有很大差距。孔子就曾指责说:"古之知法者能省刑,本也;今之知法者不失有罪,末矣。"①至于历代有之的苛政、暴君、酷吏,更与读书人的理想相悖,亦与他们对法律地位和作用的认识相左。左台御史周矩曾对用刑苛酷的武则天上疏谏曰:"故为国者以仁为宗,以刑为助。周用仁而昌,秦用刑而亡,此之谓也。愿陛下缓刑用仁,天下幸甚!"②

第三是天意、人情与法律之间的关系。天意、人情与法律的关系实则为天意、人情与礼的关系,因为礼与法本为一物之表里。礼乃天意与人情之体现,法亦为天意与人情之体现;圣人缘情而制礼,吾人亦应缘情而定罪。

汉儒董仲舒依阴阳、时序发展出了他独特的天道理论:

> 天道之大者在阴阳。阳为德,阴为刑;刑主杀而德主生。是故阳常居大夏,而以生育养长为事;阴常居大冬,而积于空虚不用之处。以此见天之任德不任刑也。天使阳出布施于上而主岁功,使阴入伏于下而时出佐阳;阳不得阴之助,亦不能独成岁。终阳以成岁为名,此天意也。③

董仲舒甚至以《春秋》灾异之变推阴阳以治国,虽遭下狱,但这一认识对后世影响极大。依照这一认识,自然现象和人间社会是相互联系乃至相互对应的,自然界的灾异必然预示着人间的祸乱和狱讼的冤滥。有时,皇帝甚至会因此惩治犯有错误的司法官吏:

---

① 《汉书·刑法志》。
② 《旧唐书·酷吏传上》。
③ 《汉书·董仲舒传》。

太平兴国六年，自春涉夏不雨，太宗意狱讼冤滥。会归德节度推官李承信因市葱笞园户，病创死。帝闻之，坐承信弃市。①

法律既要上承天意，亦要下调人情。在古人看来，律文有限，而情博受无穷。情的背后，实际上是一个上下有序、亲疏分明的等级社会。因此，执法不仅不应弃情绝义，恰恰相反，而应曲尽人情世故。一个好的执法者，不仅应该懂得法律，还应善于体察人情风俗。总之，只有将有限的法律条文灵活地适用于万变的人情，缘情定罪，方能做到轻重得中：

　　盖情有万殊，事有万变，法岂能尽情、人之事哉？执法之吏，知之虽不为难，而得之忧为难也。议刑之际，若能用古之法，续时之宜，量事之大小，推情之轻重，尽心而宜之，然后法无废而无失矣，事无失则刑不滥矣。②

所谓得之者难，是因为既要考虑法律规定，又要曲尽人情，还要收得实效。而要依变化万端的案件创造性地以情取胜，决常人不能决之案件，收意想不到之结果，恐怕就更难了。明人张瀚曾颇为自得地记载了一起他为郡守时所决的一桩难案：

　　大名有兄弟搆讼财产，续而各讦阴私，争胜不已。县令不能决，申解至郡。余鞫之曰："两人同父母生耶？"曰："然。"余

---

① 《宋史·刑法志二》。
② ［元］沈仲纬：《刑统赋疏》。

曰:"同气不相念,乃尔相攻,何异同乳之犬而争一骨之投也!"各重笞之,取一杻各械一手,置狱不问。久之,亲识数十人告曰:"两人已悔罪矣,愿姑宽宥。"唤出,各潸然泪下,曰:"自相搆以来,情暌者十余年,今月余共起居、同饮食,隔绝之情既通,积宿之怨尽释。"已乃指天向日而誓。余笑曰:"知过能改,良民也。"遂释之。①

而且,在许多官吏的内心深处,能否在执法时通顺人情,曲为矜恤,又是同执法者能否获得天道的好报联系在一起的。清代名幕汪辉祖曾记乾隆三十一二年间江苏干吏张某尚严治,因不允一童子婚后满月补枷,致使该童子与新妇双双自杀。后张亦因浮收漕粮,拟绞勾决。汪辉祖因而叹曰:"天道好还,捷如桴鼓。故法有一定,而情别于端。准情有用法,庶不干造物之和。"②至此,我们似已能隐隐体察到古人所谓天意、人情、法律三者之间所具有的那种神秘的内在关联。

第四是中国法律所具有的工具主义特征。法律为帝王之工具,原为法家的主张。韩非说得清楚:

> 法者宪令著于官府,刑罚必于民心,赏存乎慎法,而罚加乎奸令者也。……皆帝王之具也。③

儒家原本以礼为治世之工具,瞧不起法律的作用,但汉以后以

---

① [明]张瀚:《松窗梦语》,卷之一。
② [清]汪辉祖:《学治臆说》。
③ 《韩非子·定法》。

礼入法,儒家即承认法律为治世之必不可少的重要工具。王符说得更加直接、形象:

> 法者,君之命也;人君思政以出令,而贵贱贤愚莫可得违也,则君位于上,而民氓治于下矣。……夫法令者,人君之衔辔箠策也,而民者,君之舆马也。……①

这种赤裸裸的法律工具主义观念导致了两个令人忧虑的现实问题,这两个问题在宋以后都明显的急剧恶化了。一是本来地位就不高的法律在实际执行中的地位再次被降低了,它被屡屡打破,常常成为具文。宋代敕的地位即有明显高于律的趋势,明清之际,以例破律遂演为常态,至清益甚:

> 盖清代定例,一如宋时之编敕,有例不用律,律既多成虚文,而例遂愈滋繁碎。其间前后牴触,或律外加重,或因例破律,或一事设一例,或一省一地方专一例,甚且因此例而生彼例,不惟与他部则例参差,即一例分载各门者,亦不无歧异。展转纠纷,易滋高下。②

二是法律为政治权力之一部分,开个人滥私陷人于狱之门,法律往往沦为朋党倾轧之器具:

---

① ［东汉］王符:《潜夫论·衰制》。儒家与法家之对立实为春秋战国时期的特殊现象。在我看来,战国以后即没有严格意义上的法家,汉武帝后实则皆为儒家。

② 《清史稿·刑法志一》。

　　李士宁者,挟术出入贵人门,常见世居母康,以仁宗御制诗上之。百禄谓士宁荧惑世居致不轨,且疑知其逆谋,推问不服。禧乃奏:"士宁赠诗,实仁宗御制,今狱官以为反因,臣不敢同。"百禄以士宁尝与王安石善,欲锻炼附致妖言死罪,卒论士宁徒罪,而奏"禧故出之,以媚大臣"。诏详劾理曲者以闻。百禄坐报上不实,落职。若凌迟、腰斩之法,熙宁以前未尝用于元凶巨蠹,而自是以口语狂悖致罪者,丽于极法矣。盖诏狱之兴,始由柄国之臣藉此以威缙绅,逞其私憾,朋党之祸遂起,流毒不已。①

依此可知法律实际地位之低,亦可知司法官员实际地位之低。明人陈洪谟曾记都察院一班御史被宦官刘瑾责骂的狼狈样:

　　都察院一日奏审录重囚本,内写"刘瑾传奉"字样重复。瑾大怒,骂之。都御史屠滽率十三道御史谢罪,御史跪阶下,瑾数其罪斥责,皆叩头不敢仰视。②

在中国历史上,负责监察的御史往往是比负责司法和司法行政的大理寺、刑部官员品级还要高的司法官员,③却为区区小事诚惶诚恐地跪倒在得势的宦官脚下叩头谢罪,这在西方人是断不可

---

① 《宋史·刑法志二》。
② [明]陈洪谟:《继世纪闻》,卷之一。
③ 《明史·职官志》:"左右都御史正二品,左右副都御史正三品,左右金都御史正四品,……""大理寺卿一人,正三品;左、右少卿各一人,正四品;左、右寺丞各一人。正五品;……"刑部"尚书一人,正二品;左右侍郎各一人,正三品;其属司务厅司务二人,从九品;……"

理解的,今日中国人或许也已难以理解,但在当时确为真实且平常之事。俗云:"抄家的御史,灭门的县令。"这句话背后隐藏着多少辛酸、无奈和悲哀!法律职业之低微、法律人之低贱,也难怪清代名幕汪辉祖劝人勿轻易习幕,沈家本亦自叹天分不高,学经史不成,才改习法律。

我并未打算在此讨论中国人的法律观及其中国法律的特征,在我看来,上述四个方面只是代表了中国人对法律最为"特殊"的认识,以及中国法律在中国社会中最为"特殊"的地位和作用。正是它们构成了中国法律与西方法律的根本不同。

西方人并不强调法律与礼、仁之间的关系,他们关心的是法律与自由之间的关系。早在古希腊时代,从柏拉图到亚里士多德,都将法律看作是对自由的拯救。[1] 此后,这种视法律为自由之基础的法律观,经由西塞罗(Marcus Tullius Cicero)、孟德斯鸠(Charles Louis Montesquieu)、萨维尼(F. von Savigny)、柏克(Edmund Burke)、洛克(John Locke)、托克维尔(Alexis de Tocqueville)等人得以传承,成为西方史中最引人注目、也最为"特殊"的思想之一。依此法律观,所谓法律乃是这样一种规则:

> 每个个人的存在和活动,若要获致一安全且自由的领域,须确立某种看不见的界线(the invisible border line),然而此一界线的确立又须依凭某种规则,这种规则便是法律。[2]

----

[1]　亚里士多德:《政治学》,吴寿彭译,商务印书馆1996年版,第276页。

[2]　F. C. von Savigny, System. des heutigen romischen rechts Berlin, 1840,转引自[英]弗里德利希·冯·哈耶克:《自由秩序原理》,邓正来译,三联书店1997年版,第183页。

而法律与自由之间的关系,正如洛克所指出的:

> 法律的目的不是废除或限制自由,而是保护和扩大自由。这是因为在一切能够接受法律支配的人类的状态中,哪里没有法律,那里就没有自由。这是因为自由意味着不受他人的束缚和强暴,而哪里没有法律,那里就不能有这种自由。①

实际上,正是因为有了这种以自由为基础的法律观以及对法律与自由关系的认识,才有了西方的政制、古罗马发达的私法体系与契约自由理念、分权与制衡的理论、限制政府权力以及司法独立的观念,一句话,才有了西方的法治。

在欧洲中世纪,宗教法庭也迫害人,但那是因为宗教信仰,法律从未沦为朋党之争的工具。对欧洲史有过深入研究的人,大概都能承认中世纪的欧洲人甚至比近代人享有更多的自由。14世纪,"无纳税人同意不得征税"这句格言在法国和英国似乎同样牢固地确定了下来。当时的人们常提起它,违反它相当于实行暴政,恪守它相当于服从法律。② 即使在国王面前,司法机关和法官也能保持独立和尊严。在法国大革命前的旧制度中,虽然司法充满弊端,但司法机关从不存在对政权的屈从,法官实行终身制,不求升迁。1770年,当巴黎高等法院被撤销时,高等法院的法官们丧失了他们的地位和权力,但是在国王的意志面前,没有一个屈服退

---

① 〔英〕洛克:《政府论》下篇,商务印书馆1964年版,第36页。
② 〔法〕托克维尔:《旧制度与大革命》,冯棠译,商务印书馆1997年版,第136页。

让,而在最高法院出庭辩护的首席律师们也甘愿与最高法院共命运。[①]

　　中西法律的这些根本不同不是一朝一夕形成的,自然也不是一朝一夕能够改变的。它们是活着的传统。它们与过去相通,也与背后的社会、文明相连。甚至,当社会发生剧烈变迁,文明经历转型之后,它们也总能在新的文明形式中存在下来,并与新的文明融合,从而转化为新的传统。

　　[①]　[法]托克维尔:《旧制度与大革命》,冯棠译,商务印书馆1997年版,第152—153页。

第三章　法律变革与法律传统

> 我深信,他们在不知不觉中从旧制度继承了大部分感情、习惯、思想,他们甚至是依靠这一切领导了这场摧毁旧制度的大革命;他们利用了旧制度的瓦砾来建设新社会的大厦,尽管他们并不情愿这样做;……
>
> 托克维尔(Alexis de Tocqueville)

一、法律变革与法律改革

当一个社会及其法律发生了某种因人之努力所起的显著变化(change)时,西语有"reform"和"revolution"之异,汉语有"改革"与"革命"之别。其义不可不辨。

"revolution"一词系由天文学术语转借而来,大约于 1688 年在英语中出现,意指现存社会的动荡和破坏。汤因比 1884 年出版《工业革命讲演集》后,该词成为历史学家的经典用语。[①] "reform"和"revolution"皆有汉语"革"、"变"的基本含意,但它们之间

---

① ［法］布罗代尔:《15—18 世纪的物质文明、经济和资本主义》第三卷,施康强、顾良译,三联书店 1993 年版,第 621—622 页。

又有根本不同。按照梁启超形象的说法,"Reform 者,因其所固有而损益之以迁于善,""Revolution 者,若转轮然,从根柢处掀翻之,而别造一新世界"。①他进一步区分了二者在语义、用途以及汉语对应词上的不同:

> Ref 主渐,Revo 主顿;Ref 主部分,Revo 主全体;Ref 为累进之比例,Revo 为反对之比例。其事物本善,则体未完法未备,或行之久而失其本真,或经验少而未甚发达,若此者,利用 Ref。其事物本不善,有害于群,有窒于化,非芟夷蕴崇之,则不足以绝其患,非改弦更张之,则不足以致其理,若是者,利用 Revo。此二者皆大《易》所谓革之时义也。其前者吾欲字之曰"改革",其后者吾欲字之曰"变革"。②

近人将"revolution"译作"革命"。"革命"一词,原为汉语之古老用法。中国古代因天子自承受天命称帝,故凡朝代更替,君主易姓,皆称为革命。所谓"汤武革命,顺乎天而应乎人,革之时大矣哉。"③"革命"之意,非为"revolution"之意。其根本之别有二:其一,"革命"指改朝易姓,而改朝易姓并非就是"revolution","revolution"也不一定必得改朝易姓。试看中国两千余年来,有多少次王朝更迭,有多少次皇家易姓,又哪里有一次"revolution"?其二,"革命"往往为暴力和流血,而"revolution"不一定非得暴力和流血。"revolution"固有法国式的暴力和流血,亦有英国式的和平过

---

① 梁启超:《释革》。
② 同上书。
③ 《易·革》。

渡。近人见法国 1789 年之"revolution",诛国王,杀贵族,流血遍地,与中国历朝历代之"革命"何其皮相,遂取法日本,将"revolution"译作"革命"。这一不明底里之转译,其后竟昌行于中国,不知误尽几多苍生!

因此,我们必得分清,今日译自英语中的汉语"革命"一词,实为英语之"revolution",系指本质上发生变化之"变革",而非仅为"改朝易姓、暴力流血"之"革命"。"revolution"的确当译法应为"变革"。将"revolution"译为"革命",徒然赋予"革命"一层新的涵义,却无法不使它在实践上仍还原为"革命"之本意。

即使在英语中,"revolution"也是一个含义复杂且模糊的概念。人们在极为不同的意义上使用它。政治学家亨廷顿说:

> 革命(revolution),就是对一个社会据主导地位的价值观念和神话,及其政治制度、社会结构、领导体系、政治活动和政策,进行一场急速的、根本性的、暴烈的国内变革。①

很明显,这是一个政治学家的定义。它或许适用于政治"革命"(revolution),却未必适用于社会"革命"(revolution),亦未必适用于法律"变革"(revolution)。政治"革命"(revolution)常常采用"急速的"、"暴烈的"方式,社会"革命"(revolution)及其法律"变革"(revolution)则未必如此。作为一种社会的整体转换,"revolution"其实往往是一个相当缓慢的过程。只有原本意义上的"革

---

① 〔美〕塞缪尔·P. 亨廷顿:《变化社会中的政治秩序》,王冠华等译,三联书店 1989 年版,第 241 页。

命"才是"急速的"、"暴烈的"。因此,西方许多学者都将"revolution"最终归结为现代化所特有的方式,是一种使传统社会现代化的手段。亨廷顿总结道:

> 因此,革命(revolution)是现代化的一个方面。它不是在任何类型的社会中或在其历史上的任何阶段上都可以发生的。……它不可能发生在社会和经济发达水平很低的高度传统化的社会里。它也不会发生在高度现代化的社会里。[①]

这一定义抓住了"现代化"这个核心概念,它所隐含的推断是,现代化是传统社会向现代社会的全面转换,因而它是"revolution",也惟有它才是"revolution"。这一推断的前半句是正确的,因为现代化的确是"revolution",而且很可能是我们所知的人类历史上最伟大的"revolution"。后半句则未免缺乏历史眼光。因为,从人类社会的变迁看,这种社会的整体转换虽不多见,但也绝非只有现代化这一次。人类社会从氏族社会向文明社会的转换,西方社会从希腊向古罗马,从古罗马向封建社会的转换,不也都是一场全面的、根本性的变革吗? 至此,我当明白地指出,所谓"revolution",正和我提出的社会转型或文明转型的概念若符相契。

改革一词,在汉语中较为晚出。王安石任三司度支判官后,在上仁宗的长达万言的《言事书》中,曾有"改易更革"[②]的提法,当时尚未将改革二字连用。改革一词迟至清代中期方才出现,最早明

---

① [美]塞缪尔·P. 亨廷顿:《变化社会中的政治秩序》,王冠华等译,三联书店1989年版,第242页。

② 《临川文集》卷三九。

确使用它的当为龚自珍。他在倡导改革的《乙丙之际箸议》中说:

> 一祖之法无不敝,千夫之议无不靡。与其赠来者以劲改
> 革,孰若自改革?①

改革一词出于汉语既晚,使用亦受极大局限。那时,惯常为中国人习用的是另外一个更加响亮和充满激情的词:变法。不过,改革一词的含义从其产生之日起似乎就较为固定与明确,即它是在承认现行制度的合法性与合理性的前提下,革旧布新,兴利除弊,以臻完善。也就是说,改革应该是补救性的,而非创新,即使它需要创新,那么,它创新的目的也是为了补救。正是在这一根本点上,改革不同于彻底转换之变革,也不同于纯为求新之革新。

将"reform"对译为"改革",亦出自日本,而为中国人所效法。英人柏克(Edmund Burke)曾论及变革与改革之间的明显不同:

> 前者改变对象自身的实质内容,而且,把一切连带的、附属的坏东西剪除的同时,把一切根本性的好东西也剪除掉了。变革是求新,至于是否能带来些微改良效果,是否不与人们谋求改良时所抱定的原则本身相抵触,这些都难以肯定。改革不是实质上的改变,不是对对象作根本性的修正,而是针对人们提出的弊病直接予以补救。只要弊病一除,一切便臻于完善。②

---

① [清]龚自珍:《乙丙之际箸议第七》。
② [英]埃德蒙·柏克:《自由与传统》,蒋庆等译,商务印书馆2001年版,第136—137页。

　　因此，在社会变革中，我们往往看到的是经济变革或政治变革，它们是推动和导致社会变革的最根本和最直接的力量。历史上，大多数法律的立、改、废都是法律自身的正常变化，即使有意为之，往往也属法律改革。法律自身很难发生变革，这是由法律的性质决定的。法律发生变革，也往往是因为经济或政治发生变革，而引起了法律的变革。而且，即使法律发生了变革，也绝不可能完全摆脱旧法而别造新法。人不可能与昨日的自己截然两立，这也意味着人不可能将自己的法律全部留给过去。

　　变革与改革有时并不是那么容易区分的，涉及到法律的改变则更为复杂。因为，法律自身的正常变化同样也采用废除旧法，制定新法的方式，那么，同样是法律的改变，我们凭什么说某次改变是法律自身的正常变化，某次改变是一次法律改革，而某次改变是一场彻底的、无情的法律变革呢？

　　我们说，法律自身的正常变化虽然也改变法律的形式和内容，但它并不真正触动和改变法律所调整和保护的利益关系。是否触动和改变法律所调整和保护的利益关系，是界分法律自身的正常变化、法律改良以及法律改革的重要标志。基本不触动也不改变的，是法律自身的正常变化；仅仅触动，少有改变的，是谓法律改良；触动并有较大改变的，可以称之为法律改革。

　　那么，法律改变到何种程度才是"根本性的"、"本质上的"改变，从而演变为一场法律变革呢？我们说，法律不能够单独发生变革，判断是否法律变革，要看是否发生了相应的经济变革或政治变革。变革本身是综合性的，它要波及到相关领域，并发生连锁式的反应，只在某一领域内发生的改变不构成变革。

历史事件往往错综复杂。在一个总体上可以称之为变革的事件中，可能包含着若干改革的事件；同样，在一个总体上可以名为改革的事件中，也可能包含有变革的内容和成分。梭伦改革之所以被称之为改革，是因为它并没有从根本上改变不同阶级之间的利益关系，而只是在各方可以接受的程度和范围内进行了完美的重新调停与配置。"解负令"取消了债务奴役，因债务而抵押的土地无偿归还原主，禁止人身奴役和买卖奴隶。但"解负令"并不是平分土地，贵族祖传的土地仍归贵族所有，贵族阶级的优越经济地位没有受到摧毁性打击。这也是梭伦改革得以平稳进行并取得成功的原因。但梭伦的"金权政治"，不仅改变了平民受奴役的状态，还使平民能够参政议政；梭伦法典在财产、继承、司法等方面，以新的方式取代了氏族社会的许多古老、原始的做法，如对私有财产的确认，首创了陪审法庭，无疑具有变革的内容和成分，从而奠定了希腊城邦制度中的法治传统。

中国历史上的变法属于变革还是改革？这是不好一概而论的。变法本身只是一种方式、手段，它是为一定的目的服务的。康有为曾有"以群为体，以变为用"之说，也即变不过是手段，目的在于"治群"，①这一说法大概适用于中国历史上所有的变法。有时，变法的目的与它最终取得的效果亦有差距。因此，某次变法，究系变革还是改革，不仅要看它采取的措施，服务的目的，还要看它最终取得的成效，以及它所面临的整体社会变局，要将所有这些因素结合起来。

在中国历史上，商鞅变法与王安石变法是两个颇为典型的变

---

① 参阅朱维铮、龙应台编著：《维新旧梦录》，三联书店 2000 年版，第 206 页。

法类型,将它们与西方历史上的变革或改革略作比较,甚至可以借此一窥中西两个社会的不同变迁路向。

商鞅变法开始时采取的措施,无非"刑赏"二字:

> 令民为什伍,而相牧司连坐。不告奸者腰斩,告奸者与斩敌首同赏,匿奸者与降敌同罚。民有二男以上不分异者,倍其赋。有军功者,各以率受上爵;为私斗者,各以轻重被刑大小。僇力本业,耕织致粟帛多者复其身。事末利及怠而贫者,举以为收孥。宗室非有军功论,不得为属籍。明尊卑爵秩等级,各以差次名田宅,臣妾衣服以家次。有功者显荣,无功者虽富无所芬华。①

若将商鞅的这些变法措施与梭伦改革的措施相比较,与其说它是改革,倒不如说是专制主义、集权主义。郭沫若说战国时法家所共同的一个倾向,是强公室而抑私门,含有社会变革的意义。②其实,中国历史上的变法,又有哪一次不是强公室、抑私门,与民争权,加强中央集权呢?同样是变,但往哪个方向变,是大异其趣,而且是大可反复玩味的。我们仅拿梭伦解除债务奴役的"解负令"、允许平民参政议政的"金权政治"以及司法民主化的"陪审法庭"与商鞅的"连坐"、"告奸"乃至"燔《诗》、《书》而明法令"的举措相比较,它们不是已经象征和预示着两个不同社会的变迁方向了吗?难怪顾准有"希腊史向民主主义变,我们向专制主义变"③的感慨。

---

① 《史记·商君列传》。
② 郭沫若:《十批判书》,东方出版社1996年版,第340页。
③ 《顾准文集》,贵州人民出版社1994年版,第260页。

　　商鞅变法之初的措施虽然严厉，但社会变革的成分并不足，这大概与他刚刚掌权，尚未树立威信有关，故有徙木赏金之举。但变法十年之后，情况已大不相同，所谓"道不拾遗，山无盗贼，家给人足。民勇于公战，怯于私斗，乡邑大治。"①太子犯法，他也敢"刑其傅"、"黥其师"。带兵打仗，亦有奇胜。他的威信、功名、权势，秦的国力、民情、风尚，都已允许并且要求他的举措向改变社会根本的制度发展，所以，这一次他一出手，除"令民父子兄弟同室内息者为禁"仍为纯粹的专制主义手段外，"而集小乡邑聚为县，置令、丞，凡三十一县"，"为田开阡陌封疆，而赋税平"，"平斗桶权衡丈尺"，实际上就是我们常说的废井田、开阡陌，立（郡）县，统一度量衡，都是了不得的社会大变革。说商鞅变法奠定了秦统一中国的基础，乃至开秦、汉以后中国政治制度之风尚，是一点也不夸张的。

　　与处于社会整体变革时代的商鞅不同，王安石面对的是一个高度成熟的官僚体制。但由于面临财力日困、风俗败坏等压力，"变风俗，立法度，方今所急也。"②各种外在环境以及他所处的时代决定了他所能采取的只是相当有限的改革措施。其实，王安石自身对这一情势早有足够清醒的认识，他在变法之先上仁宗皇帝的长达万言的《言事书》中就说过：

　　　　夫以今之世去先王之世远，所遭之变，所遇之势不一，而欲一二修先王之政，虽甚愚者犹知其难也；然臣以谓今之失患在不法先王之政者，以谓当法其意而已。……法其意，则吾所

①　《史记·商君列传》。
②　《续通鉴长编纪事本末》卷五九，《王安石事迹》上。

改易更革不至乎倾骇天下之耳目,嚣天下之口,而固已合乎先王之政矣。①

事实上,他所采取的若干变法措施,无论是"农田水利法"、"均输法"、"青苗法"、"免役法"还是"市易法",无非是把富商巨贾的钱财敛入官府的"摧制豪强兼并",或者为天下"理财"、"生财"之法。而"保守派"反对最力的,也正是他的"夺富民之利"。苏辙在其晚年所作的《诗病五事》中曾诟病王安石及其"青苗法":

> 王介甫小丈夫也,不忍贫民而深嫉富民,志欲破富民以惠贫民,不知其不可也。方其未得志也,为《兼并》之诗,……及其得志,专以此为事,设青苗法以夺富民之利,民无贫富,两税之外皆重出息十二,吏缘为奸,至于倍息,公私皆病矣!②

若抛开党争的感情色彩,苏辙所言的确说中了要害。只不过他说王安石"志欲破富民以惠贫民",则未必看到问题的根本。实际上,王安石夺富民之利,从根本上说仍然是"强公室而抑私门",为官府敛财,从而达到富国强兵的目的。

至于他所推行的"保甲法",名为止盗、养兵,实为专制主义、集权主义,完全是承袭商鞅之法。他自己亦不否认:

> 保甲之法,起于三代丘甲,管仲用之齐,子产用之郑,商君

---

① 《临川文集》,卷三九。
② 《栾城第三集》,卷八。

用之秦,仲长统言之汉,而非今日之立异也。①

王安石的理财与生财的变法之道,按照黄仁宇的说法,可以看作中国在公元 11 世纪已经在某些方面感受到需要现代化的压力。王安石的理财、生财之道符合现代经济的做法,但在当时的中国注定要失败。因为现代化需要先具备若干基本条件,这些必备的基本条件包括:承认私人财产权;私人财产可以转让;脱离专制皇权和宗法社会的限制与垄断;司法独立;民法彻底展开,等等。而要具备这些条件,实行起来等于推行一种新的宗教思想,因为它不仅涉及千万人的生活,而且涉及他们生活的宗旨。② 显然,不论是王安石个人还是他身处的中国社会,都丝毫不可能为这场日后将席卷全球的现代化准备任何上述条件。然而,只要将目光转向同一时期的西方,我们就会看到另外一幅景象:在王安石实行青苗法(1069 年)6 年后的欧洲(1075 年),教皇格列高利七世颁布了《教皇敕令》,宣布他有权废黜皇帝,一场为现代化准备条件的教皇革命已经在西方社会拉开了帷幕。

二、法律变革的模式

法律变革既为社会整体之变革,其变革模式亦同于社会变革模式,要之有二:一为法国模式,一为英国模式。法国模式以理性为基础,以流血之政治革命为先导,以构筑理想法律为依归。英国

---

① 《临川文集》,卷四一。
② 黄仁宇:《赫逊河畔谈中国历史》,三联书店 1992 年版,第 158—159 页。

模式以经验为基础,以温和之政治改革为过渡,以继承传统法律为己任。法国模式在过去与现在之间划一道界,英国模式在过去与现在之间架一座桥。

作为一种变革的方式,绝大多数中国人只知有法国模式,而不知有英国模式。无疑,近代中国社会及其法律的变革采用的也是法国模式。中国人在变革模式上的情感体验及其理智选择是如此合拍地一起指向法国模式,是相当耐人寻味的。也许,中国人与法国人,中华民族与法兰西民族在性格深处有着某种相合相通之处吧?① 过去,英国模式受到了简单化的批判。最近十年来,这两种模式之间的观念分歧在中国学界已渐露端倪。作为学术观点,这是好事。但应该看到,当初,对于一个对传统文化已彻底失掉自信,极欲变法图强,以及在此前和此后的历史上充满了革命的民族来说,选择法国模式是一种必然。这就是历史,这就是现实。是耶? 非耶? 历史无法重新选择。然而,一百余年后,当我们能够脱离开当时的社会及其变迁思潮,重新冷静地审视这两种不同的变革模式,特别是英国模式所给予的重要启示,对于中国未来的变迁之路无疑是相当重要的。

英国模式实际上是西方历史上长期以来对法律变革持审慎态度这一思潮的具体体现。近人每以英人柏克(Edmund Burke)为此"保守主义"思想的代表。柏克或许是最纯粹的一个,但是,我要

---

① 梁启超曾以法人好动,无一时能静,中国人好静,经千年不动,以说明中国与法国民情最相反,实为皮相之论。至于他进一步推论卢梭的观点施之于法国为取乱之具,施之于中国则为兴治之机,更是一种主观臆说,恰恰反映了他内心深处的"法国革命情结"。相形之下,我个人更欣赏朱学勤的一个天才联想——将法国大革命与中国的文化大革命作对比研究,它们之间竟有许多相似之处。参阅梁启超:《致康有为书》;朱学勤:《风声·雨声·读书声》,三联书店1994年版,第103—119页。

指出的是,此一思想在西方许多伟大学者的观点中均有体现,其源流亦甚久远。早在两千多年前,亚里士多德就明确了这样的看法:

> 变革实在是一件应当慎重考虑的大事。人们倘使习惯于轻率的变革,这不是社会的幸福,要是变革所得的利益不大,则法律和政府方面所包含的一些缺点还是姑且让它沿袭的好;一经更张,法律和政府的威信总要一度降落,这样,变革所得的一些利益也许不足以抵偿更张所受的损失。……变革一项法律大不同于变革一门技艺。法律所以能见成效,全靠民众的服从,而遵守法律的习性须经长期的培养,如果轻易地对这种或那种法制常常作这样或那样的废改,民众守法的习性必然消减,而法律的威信也就跟着削弱了。①

法律不易轻言变革。这既是一项政治主张,也是一门古老的生活哲学,是英格兰人民在一个特殊时期以自己的古老传统与现代自然对接而诠释的政治实践和政治智慧。它被柏克以有点极端的但却饱含激情和智慧的论辩方式阐发出来。

柏克所推崇的变迁之路,实际上是一个社会自古至今的自然流变过程,它在总体上甚至表现为无古无今的永恒状态,其内部的新生与衰亡、兴盛与衰落并不影响总体上的永恒不变状态。这是一种既非全新,又永远不会过时的状态。它反对创新,并发誓尊重和保留自己的古老传统。因为尊重前人,实际上也就是尊重自己。而那些急于变革的人,他们不懂得尊重别人的智慧,在他们看来,

---

① [古希腊]亚里士多德:《政治学》,吴寿彭译,商务印书馆1996年版,第81页。

一种事物只要是旧的,就有足够的理由将它毁掉。那些把全部希望寄托于新发现的人们,并不会关心持续性,因为,一个数典忘祖者也远不会虑及自己的子孙。[1]

　　柏克不能容忍对财产的破坏和对每一项自由权的侵犯,他无法想象一个人怎么可以把自己的国家当成一张任意涂抹的白纸。在他看来,当人们的全部思想和习惯已经适应了某种生活方式时,用专横的法律条款使人们的思想和情感遭受突然的粗暴行动,如果再加上把人们从自己的住宅驱逐出去,没收一切财产,这简直与最恶毒的暴君政治没有两样。他也不愿意看到对任何优雅、美好东西的毁坏。[2] 因此,他告诫我们:"永远也不要完全地、突然地脱离我们的古代传统。"[3]

　　变革需要勇气和毅力,但柏克告诉我们,同时既要保存又要改革,则还需要智慧和技巧,需要我们运用富于朝气的心灵、坚定不移的注意力、各种进行比较与组合的能力以及在灵活性方面富有成果的理解力。暴怒和疯狂在半小时之内可以毁掉的东西,要比审慎、深思熟虑和远见在 100 年之中才能建立起来的东西还多得多。旧制度的缺点和错误是看得见摸得着的,并不需要有什么才能,便可以指出它们来,而有了绝对的权力,只消一句话就可以整个扫除这些弊病和制度。[4]

　　以此,柏克提出了他的政治审慎原则:不排斥变动,但改变是

---

①　[英]埃德蒙·柏克:《法国革命论》,何兆武等译,商务印书馆 1999 年版,第44—45 页,第 47 页,第 117 页。

②　同上书,第 100—101 页,第 182 页,第 204—205 页,第 221 页。

③　同上书,第 133 页。

④　同上书,第 218—219 页。

为了有所保存。追随祖先的先例,尽可能地在原建筑物的风格之内进行修补。在最关紧要的行动中,"政治上的审慎、顾虑、周详、道义上而非表面上的小心乃是其中主导性的原则。"①这一审慎原则当然也包括法律的制定和变动:

> 真正的立法者应该拥有一颗富于敏感的心。他应该热爱和尊重他的同类而戒惧他自己。他的资质可以使他凭直觉的一瞥就把握住他最终的目标;但是他对这一目标的行动则应该是慎思熟虑的。②

如果仅仅将柏克看作是个旧制度的辩护士,那就未免低估了他。不错,他在为旧制度辩护时,的确雄辩有力,但在我看来,更重要的是,他以充满睿智的眼光指出了另外一条变革的道路和模式。这是一条中间道路,一条没有暴力和流血的静悄悄的变革之路。他深信,"在绝对毁灭与不加改造而存在这种单纯的二者必居其一的选择外,也还有其他的某种东西。"③这就是英国的变革模式。看看托克维尔笔下 17 世纪的英国吧:封建制度已基本废除,各个阶级互相渗透,贵族阶级已经消失,贵族政治已经开放,财富成为一种势力,法律面前人人平等,赋税人人平等,出版自由,辩论公开。这些新事物在此前的中世纪是不存在的。"然而正是这些新事物一点一滴巧妙地渗入这古老的躯体,使之复苏和免于瓦解,并

---

① [英]埃德蒙·柏克:《法国革命论》,何兆武等译,商务印书馆 1999 年版,第 317 页。

② 同上书,第 219 页。

③ 同上书,第 204—205 页。

在保持古老形式的同时,灌输新鲜活力。"①

法国模式与英国模式的分歧,实质上是人类理性与经验的分歧。欧洲大陆启蒙时代的理性主义,提倡怀疑一切,号召打倒一切,要求人人平等,一切都要在理性的法庭面前重新接受审判。理性可以衡量共同的人性,也可以设计共同的法律。而这一切在英国式的经验主义看来只是些空洞的口号和无法实现的神话。这其中包含着怎样的道理?

首先,理性并没有能力对复杂的人性、社会和法律做出统一的规划和设计。无论是政治还是法律,它们总归是现实社会中的一部分,而那些在特殊时代中被理性的激情所激发出来的"虚假的观念和空洞的希望",却离现实的政治和法律越来越远,其作用只不过是加重和恶化了现实的不平等。②托克维尔发现,在法国大革命中,作家和文人竟然成了法国的一种政治力量,而且最终成为首要力量。他们把自己的情绪赋予人民,全部的文学习惯都被搬到政治中去,连政治语言也从作家的语言中吸取某些成分:

> 逐渐地,民众的想象抛弃了现实社会,沉湎于虚构社会。人们对现实状况毫无兴趣,他们想的是将来可能如何,他们终于在精神上生活在作家建造起来的那个理想国里了。③

其次,理性的激情燃尽之后,紧接着就会发生对旧制度旧习惯

---

① [法]托克维尔:《旧制度与大革命》,冯棠译,商务印书馆1997年版,第58页。
② [英]埃德蒙·柏克:《法国革命论》,何兆武等译,商务印书馆1999年版,第49页。
③ [法]托克维尔:《旧制度与大革命》,冯棠译,商务印书馆1997年版,第181页。

变本加厉的回归,历史上的任何变革概莫例外,激烈的变革尤为如此。"革命再凶猛,在它的尽头总有一个'热月'等在那里,静静地等待社会回归,心闲气定,稳操胜券。"①法国大革命正是这样一场典型的革命。革命伊始,敏锐而又冷静的柏克就抓住了革命的本质,此后,革命的发展几乎难逃他的预料,他甚至预见到了拿破仑专政。② 法国大革命最初的措施之一是攻击教会,但自法国革命以来,整个欧洲的基督教会无一不重新振兴。③ 不独如此,"旧制度有大量法律和政治习惯在 1789 年突然消失,在几年后重又出现,恰如某些河流沉没地下,又在不太远的地方重新冒头,使人们在新的河岸看到同一水流。"④完整地经历过革命的人们会清楚,革命之后,人们不得不从理想的云端返回到现实的土壤,那些绝非向旧制度妥协而只是重新回到现实中的人们不禁会感到几分沮丧,因为他们最终发现,社会变到什么程度根本不取决于几个精英人物的理想,也不取决于社会理应变成什么样子,而是取决于这个社会中大多数人的状况。

因此,在经验主义看来,理性的翅膀再强劲有力,理想的云端再高妙圣洁,它们终究要依托现实,回归现实。当然,这个现实并不是排斥变动的现实,事实上,变和不变并不是能够依据理性在整体上加以设计的,理性只能根据现实的状况描绘。我们并不否定法国革命的贡献,也不否定法国式理性变革的作用,在特殊时期,

---

① 朱学勤:《风声·雨声·读书声》,三联书店 1994 年版,第 113 页。

② [英]埃德蒙·柏克:《自由与传统》,蒋庆等译,商务印书馆 2001 年版,英文版导言。

③ [法]托克维尔:《旧制度与大革命》,冯棠译,商务印书馆 1997 年版,第 45—47 页。

④ 同上书,第 31—32 页。

理性的激情确能起到摧枯拉朽的作用,但我们定要清楚,理性只是火候已到的加热,万事具备的东风,理性加速变革,但它并不能创造变革。

而且,经验先于理性,理性源于经验,这就决定了理性本身也有不同。中国人的理性与西方人的理性就是两种不同的理性。所谓"理性的激情"纯粹是欧洲清教理性的特征,这种建立在激情基础上的理性,是中国儒家式的理性所完全没有的。① 马克斯·韦伯曾对中国儒家的理性主义与西方基督教新教的理性主义之间的不同作过深刻的对比与分析。他认为:儒家的理性是一种理性的伦理,它将(宗教)与世界的紧张性降至最低程度,它对世界万物采取随和的态度,社会的要求是虔敬地顺从世俗权力的固定秩序,个人的理想则是把自我造就成为一个全面和谐均衡发展的君子。君子是儒家心目中理想的人,作为一个君子,无论在任何处境下都必须在典礼与仪式上得体,因此,他必须采用清醒的、理性的自我控制,抑制所有动摇心境平衡的非理性的激情。他没有对彼岸目标的追求,只期待此世的长寿、健康与财富以及死后的声名不朽。清教的理性是一种伦理的理性主义,只有它才具有宗教的价值。它与世界处于一种强烈而严峻的紧张状态,行为得根据上帝的命令,并且是出于一种敬畏上帝的思想。清教徒对超世的、彼岸的上帝负有宗教义务,现实中与人共处的关系仅仅是他超越有机生命关系的手段与这一信念的表现,而儒家的义务总是对具体人的孝道,从来不会对一个超世

---

① [德]马克斯·韦伯:《儒教与道教》,洪天富译,江苏人民出版社1997年版,第277页。

的上帝、神圣的事业或观念善尽恭顺之道。儒家适应现世生活方式的理性是由外到内地被决定,而清教的生活方式却是由内到外地被决定的。中国所有的共同行为都受纯粹个人的关系,尤其是亲属关系的包围与制约,清教将一切都客观化,并以理性的法律与协约来取代传统。儒家的任务在于适应此世,而清教的任务则在于通过理性改造此世。它们都要求不断地、清醒地自我控制,但儒家是为了维护圣人的尊严,清教是为了把人的意志统一于神。儒家伦理让人非常有心计地处于他们自然生成的或由社会尊卑关系所造成的既定的个人关系之中,那种特有的冷淡,节制的待人接物态度,即使在家族内也是如此。而清教徒的理性的"清醒"则建立在一种强有力的激情的基础之上。儒家的理性在本质上是消极的,而清教的理性是积极的。儒家的君子只看重温文尔雅的举态,致力于外表的镇定,清教则还以内在的东西为目标,即系统地控制自己有罪的、堕落的内在本性,因为那位全知全能的上帝无时不注意着这种内在的态度。[①]韦伯最终将近代资本主义企业家必不可少的"伦理"特质概括为:

> 极端专注于上帝愿望的目的;禁欲伦理制约下的没有顾忌的实践理性主义;务实的企业经营方法;憎恶非法的、政治的、殖民的、掠夺的、垄断的资本主义……肯定日常经营的冷静、严格的合法性与有节制的理性动力;理性地评估技术上的最佳办法,以及实践上的可靠性和目的性,而不是像古老的工

---

① 〔德〕马克斯·韦伯:《儒教与道教》,洪天富译,江苏人民出版社 1997 年版,第八章。

匠那样,沾沾自喜于相传下来的技巧与产品的优美。①

韦伯如此详尽地介绍儒家理性与清教理性之间的不同,当然是为了得出基督教清教伦理是产生资本主义的重要动力,以及在中国发展不出资本主义这一著名的韦伯式结论。而我之所以不惮其烦地引用韦伯的观点,实质上是为了说明,中国人的理性根本不同于西方人的理性,中国人的理性完全是经验,是表现为理性的经验主义。顾准说中国人从来是经验主义的,②可谓一语中的。这也就意味着,中国近代的社会变革与法律变革,看似采用了法国模式,实则自有自己的理路和特色。这一切,或许可以循中国历史上的变法思路获得解释。

三、变法与守常

在中国历史上,变法与守常乃是社会各种矛盾聚集将要引起社会变化时最终表现出的两种对立的情绪和主张。此种基本的对立不仅远播于上古,且迁延于今后;非独存在于当时对峙的政治势力中,也关涉到具有不同观念的普通民众乃至后世的研究者。一个略略让我感到奇怪的现象是,古往今来,几乎所有的参与者和研究者很少能够跳出这一对立的模式去理性地辨析双方不同的观点、道理以至变法与守常的基本含义,他们总是首先依据自己的经验、道德和感情决定是赞成变法还是反对变法,然后便开始对自己

---

① ［德］马克斯·韦伯:《儒教与道教》,洪天富译,江苏人民出版社1997年版,第276页。

② 《顾准文集》,贵州人民出版社1994年版,第252页。

观点的立论和对另一方观点的指责。

因此,我当首先辨明:所谓变法,系指依恃政治权力突然地、强行地、自上而下地改变沿续下来的法度律令及其习惯,而迅速推行某种新法的做法。守常则是指遵循先人成法和惯例,一任社会自然变迁,或在不损害固有法律、道德、习惯的基础上,予以适度改革的做法。变法非指社会自然变迁,守常非指静止不变。历史上的变法者,特别是近代的变法者往往混淆这一重大的区别,每每将必欲变法的理由建立在社会乃至自然界循循相变的事实上。梁启超曰:

> 法何以必变?凡在天地之间者莫不变:昼夜变而成日;寒暑变而成岁;大地肇起,流质炎炎,热熔冰迁,累变而成地球;海草螺蛤,大木大鸟,飞鱼飞鼍,袋鼠脊兽,彼生此灭,更代迭变,而成世界;紫血红血,流注体内,呼炭吸养,刻刻相续,一日千变,而成生人。藉曰不变,则天地人类并时而息矣。故夫变者,古今之公理也:贡助之法变为租庸调,租庸调变为两税,两税变为一条鞭;并乘之法变为府兵,府兵变为彍骑,彍骑变为禁军;学校升造之法变为荐辟,荐辟变为九品中正,九品变为科目。上下千岁,无时不变,无事不变,公理有固然,非夫人之为也。[1]

其实,依今日理性之眼光看来,这种自然、人体、社会自然变迁的事实,恰恰应该是守常者持论的依据。万物自有演进之公理,如

---

[1] 梁启超:《变法通议自序》。

果强行改变社会变迁的自然进程,这种刻意的改变到底是万民之福还是万民之祸? 当然,从更广阔的视野看,变法人物与变法主张的出现,以及变法与守常之间的对峙本身也是社会变迁的组成部分。

中国历史上的变法有一个比较明显的倾向,即大抵是法家或有法家倾向的、讲求经世致用的儒家主张变法,而那些讲究礼义廉耻,重视道德文章的饱学之士则主张守常。当然,由于社会结构的变化和西方文明的侵入,发生于近代史上的清末变法要深刻和复杂得多。但它仍然同中国历史上所有的变法一样,既有体现中国历史特征相同的理路,也有体现时代特征不同的成分。因此,依据不同的变法主体、社会阶段和变法情势,我将中国历史上不同时代的变法划分为有代表性的三个时期。一是春秋战国时期,这是中国社会处于重大转型的时期,变法乃是顺应社会转型的需要,因此可称之为顺应型变法。一是11世纪的宋代,这是受各种社会矛盾和社会需求挤压而意欲寻求出路产生的变法,可称之为挤压型变法。一是19世纪末20世纪初的变法,这是受西方强势文明的逼迫,不得不变,因此可称之为逼迫型变法。

春秋战国是中国历史上封建解体,社会处于巨大转型的时期。铁器得以广泛使用。原来能有效调整社会规范的礼的作用衰退,被功能上更能适应社会需要的法逐渐取代。旧有的土地制度井田制遭到瓦解,承认私田合法性的初税亩开始实施。周初的一千八百个诸侯国,到春秋时只剩下三十几个,其兼并的残酷和动荡的程度可见一斑。为了顺应社会转型和在残酷的兼并中立足,许多国家采取了变法措施。从法律的角度看,最著名者,当属春秋时的子产和战国时的商鞅。

子产的经济变法策略相当成功,这一点可从民众前后不同的评价而得知。在为郑国相后:

> 子产使都鄙有章,上下有服,田有封洫,庐井有伍。大人之忠俭者,从而与之;泰侈者,因而毙之。①

从这几项变法措施看,主要是整顿秩序、移风易俗,变革的分量并不足。在他执政一年后,被触犯了利益的民众开始咬牙切齿地诅咒他:"取我衣冠而褚之,取我田畴而伍之。孰杀子产,吾其与之!"②然而,三年后,得到了实惠的民众就转而讴歌他:"我有子弟,子产诲之。我有田畴,子产殖之。子产而死,谁其嗣之?"③

子产执政期间的"铸刑书",是一项意义更为深远的变法举措,实际上是以公开的成文法向礼治公然挑战。这一次,连对他寄予希望的叔向也做出强硬反应,驰书反驳。面对言辞激烈的反对意见,子产只是淡淡地回答说:"若吾子之言,侨不才,不能及子孙,吾以救世也。"④子产实际上道出了他的变法的意图——救世,我们姑且称之为"变法救世说"吧。这看似简单的回答,实则包含了多少痛苦和无奈!

与子产同时而稍晚于子产的孔子,也是这一社会转型期的见证者,并且积极推行自己的一套政治主张。无疑,孔子是变法的反对者。晋国将范宣子的刑书铸在鼎上,孔子则认为晋国应该谨守

---

① 《左传·襄公三十年》。
② 同上书。
③ 同上书。
④ 《左传·昭公六年》。

其始祖唐叔的法度,铸刑鼎破坏了贵贱之序,而范宣子的刑法又是乱法,所以他感慨:"晋其亡乎,失其度矣。"① 但孔子并非反对一切变法。他身当社会大变革之际,所处的社会和他所尊崇的周礼已发生了很大变化,他本人也明白夏礼、殷礼、周礼各有损益的道理。② 他所要维护的,只是礼的原则和精神。这一点亦可从他对变法者子产其人其事的评价中感知。他称赞子产"有君子之道四焉",③子产不毁乡校,他听说后为子产正名:"人谓子产不仁,吾不信也。"④

前期法家大抵都有些儒家精神,这从子产和管仲就相位的辞让、待人处事的原则、尊法亦不废礼的主张以及孔子对他们的肯定性评价可以看出。战国时的法家已风气大变。商鞅先谋于魏后入于秦,投靠孝公宠臣景监,三说孝公,以及后来的欺骗公子卬以败魏师,⑤都多少有些投机钻营、乃至不择手段了。秦孝公欲变法,担心天下议论,商鞅要促成变法,当然须打消孝公的顾虑,理由可有多种,但商鞅劈头就提出:"且夫有高人之行者,固见负于世;有独知之虑者,必见敖于民。"⑥可见他是多么的自私与自负。商鞅变法的目的是为了强国:"是以圣人苟可以强国,不法其故;苟可以利民,不循其礼。"⑦我们或可称之为"变法强国说"吧。

商鞅的变法主张也曾遭到两位御前大臣甘龙和杜挚的反对。

---

①　《左传·昭公二十九年》。
②　《论语·为政》。
③　《论语·公冶长》。
④　《左传·襄公三十一年》。
⑤　《史记·商君列传》。
⑥　《商君书·更法》。
⑦　同上书。

甘龙提出："圣人不易民而教,知者不变法而治。因民而教者,不劳而功成;据法而治者,吏习而民安。"①这种泛泛而论的"大道理"太苍白无力了,难怪被商鞅当场讥之为"子之所言,世俗之言也。"②杜挚的"利不百,不变法;功不十,不易器"③到是有些见解,但他并未进一步说明其中的道理。而精明的商鞅则避开了这一诘难,在"便国不必法古"、"反古者未必可非"上做足了文章,正投合了孝公的心意。

商鞅变法的成效无可否认。"行之十年,秦民大说,道不拾遗,山无盗贼,家给人足。民勇于公战,怯于私斗,乡邑大治。"④他使地处西陲的秦国一跃成为强国,为秦并六国奠定了基础。但他的变法强国措施完全建立在专制、愚民、严刑的思想基础之上。中国的专制主义思想在管仲学说中即有流露,而商鞅集其大成,这一思想再结穴于韩非,终为秦始皇和李斯全面推上政治舞台,流毒今后。说商鞅开中国专制主义之先河,是一点也不夸张的。太史公评价他"天资刻薄",后世儒家讥其"少恩寡义",大约不失为公允之论吧?

对于中国历史来说,11 世纪的北宋王朝面临着一个特殊的复杂局面。在物质经济方面,社会呈现出蓬勃发展的繁荣景象。人口大幅度增长,宋太祖开宝九年共有户三百零九万余,至真宗天禧五年,已有户八百六十七万余。⑤ 农田垦殖、财税收入日增,库府

---

① 《商君书·更法》。
② 同上书。
③ 同上书。
④ 《史记·商君列传》。
⑤ 《文献通考》卷一一,《户口》。

充盈,城市勃兴,商肆林立,内陆航行、航海均极发达。在科学技术方面,指南车、火药箭、活字印刷等技术含量很高且能得以广泛应用的新发明空前活跃。然而,与此极为不同的是,此时的政治制度和思想信仰则呈现出明显的退化衰弱迹象。官僚政治的高度成熟在总体上窒息了技术进步和制度创新,助长了只重道德文章而轻视实用技术的倾向。官僚集团日趋文弱化,内部出现严重分裂,朋党之祸由此而极盛。道教的盛行又进一步加重了这种无所作为的文弱之风。人口的增加、各种开支的增长使财政在经历国初短暂的兴盛后很快便因冗费局面的形成而陷于入不敷出的恶化状况。① 唐代灭亡的一个重要原因,在于藩镇兵权太盛,无以制约,因此,宋开国之初,太祖即加强中央集权,削藩镇之权,弱其兵将。这使得宋代在与北方西夏和契丹的对峙中始终处于虚弱无力的状况。太祖北伐的失败及澶渊之盟使宋人相信惟有退让和缴纳岁币才是对付西夏和契丹的正确态度。宋之国弱、兵弱、民弱,中国人精神之萎顿,已趋于极点。梁启超评价道:"自有史以来,中国之不竞,未有甚于宋之时者也。"②诚哉斯言! 因此,宋代始终面临着两大问题的压力:一曰财政,二曰兵革。正是在这各种因素和问题的挤压之下,时距北宋开国一百余年,宋神宗将王安石推上变法舞台。

在对当时社会的各种状况悉心研究之后,我深信王安石变法无异于以一人之力而同整个官僚集团乃至整个社会发生对抗,其失败几至必然。这当然不是王安石本人的问题,后来的一些人甚

---

① 冗费主要是因冗兵、冗官、祭祀等支出费用的大幅度上升而形成的,具体数字和情况可参阅汪圣铎:《两宋财政史》上,中华书局1995年版,第22—31页。

② 梁启超:《王荆公传》。

至将北宋灭亡的原因都推之于安石，更是门户私见。在接近一千年后的今日，我们来平心静气地推究这问题，体会到乃是在各种社会因素的挤压下，当时的统治者已感到了非要在体制上打开一条通路的必要。事实上，在王安石开始变法的二十五年前，以文学而留名的范仲淹在仁宗时已经有过一次小小的变法尝试。因此，我们可以断言，即使神宗不任用王安石变法，也会出现其他的变法者。

当然，变法重任之所以落于王安石之身，也有他自身的性格因素。早在他就任三司度支判官时，在上仁宗的《言事书》中，王安石就有过"改易更革"之念。1067 年，当 19 岁的神宗赵顼以弱冠之年登基后，次年（熙宁元年，公元 1068 年）四月，王安石在与神宗第一次长谈后，即上《本朝百年无事札子》，列举宋开国百年来的弊政，劝神宗做大有为之君主。① 在神宗的支持下，王安石以"天变不足畏，祖宗不足法，人言不足恤"的"三不足"精神，开始了变法之举。从王安石变法所推行的青苗法、农田水利法、均输法、免役法、保甲法等措施看，其变法的目的当在富国、富民、强兵。

王安石的变法努力同样遭遇了强有力的反对，反对最力者是后世以史学著名的司马光。

事实上，神宗继位后首先选中的是已任翰林学士的司马光改革财政制度，为变法做准备。但神宗的愿望遭到了这位号称"司马牛"（喻其一旦认准某一理由而九牛拉不回）的大学士的拒绝：

> 神宗嗣位，尤先理财。熙宁初，命翰林学士司马光等置局

---

① 《临川文集》卷四一。

看详裁减国用制度,仍取庆历二年数,比今支费不同者,开析以闻。后数日,光登对言:"国用不足,在用度大奢,赏赐不节,宗室繁多,官职冗滥,军旅不精。必须陛下与两府大臣及三司官吏,深思救弊之术,磨以岁月,庶几有效,非愚臣一朝一夕所能裁减。"帝遂罢裁减局,但下三司共析。①

司马光对造成"国用不足"原因的分析是准确的,但他开出的"深思救弊之术,磨以岁月,庶几有效"的救治方案显然不能满足"少主"急于理财的心愿,而王安石的想法无疑与神宗一拍即合。

在王安石推行新法期间,司马光多次公开表示反对变法的态度和观点。针对神宗"汉常守萧何之法不变,可乎"的疑问,司马光说:"宁独汉也,使三代之君常守禹、汤、文、武之法,虽至今存可也。汉武取高帝约束纷更,盗贼半天下;元帝改孝宣之政,汉业遂衰。由此言之,祖宗之法不可变也。"②对吕惠卿提出的"先王之法,有一年一变者,'正月始和,布法象魏'是也;有五年一变者,巡守考制度是也;有三十年一变者,'刑罚世轻世重'是也"③的观点,司马光反驳道:

> 布法象魏,布旧法也。诸侯变礼易乐者,王巡守则诛之,不自变也。刑新国用轻典,乱国用重典,是为世轻世重,非变也。且治天下譬如居室,敝则修之,非大坏不更造也。④

---

① 《宋史·食货志》下一。
② 《宋史·司马光传》。
③ 同上书。
④ 同上书。

司马光的这段议论表明他已能清楚地区分社会自然变迁与变法之"变"是两种完全不同的变化方式,而且他所提出的"且治天下譬如居室,敝则修之,非大坏不更造也"的治世思想,与柏克的"我会尽可能地在原建筑物的风格之内进行修补"①的改革思路不是如出一辙吗? 可见,司马光并非反对改革,他只是主张社会自然变迁,反对激烈的社会变革。

王安石与司马光的分歧代表两种完全不同的变迁思路。而在何谓善于理财看法上的分歧,则表明他们也持有两种不同的财政观念。司马光曾记他与王安石在神宗面前的一段饶有兴味的争议:

> 介甫曰:"国用不足,由未得善理财之人故也。"
>
> 光曰:"善理财之人,不过头会箕敛,以尽民财,如此,则百姓困穷,流离为盗,岂国家之利耶?"
>
> 介甫曰:"此非善理财者也。善理财者,民不加赋而国用饶。"
>
> 光曰:"此乃桑[弘]羊欺汉武帝之言,司马迁书之以讥武帝之不明耳。天地所生,货财百物,止有此数,不在民间,则在公室,桑[弘]羊能致国用之饶,不取于民,将焉取之?……"②

这段由司马光记载下来的争议,当然是为了昭示他所持论的

---

① [英]埃德蒙·柏克:《法国革命论》,何兆武等译,商务印书馆 1999 年版,第 317 页。

② 司马光:《传家集》卷四二。

"天地所生，货财百物，止有此数，不在民间，则在公室"这个被当时人视为常识的依据，王安石的"善理财者，民不加赋而国用饶"显然被他当作荒诞的欺君之谈而予以反驳。他无法想通，在天地货财总数不变的情况下，如何靠"善理财"就能"民不加赋而国用饶"？而凭他的这段记载，却使我们了解到，王安石在当时已经懂得了现代财政的原理和知识。

王安石与司马光的冲突，除过思路、观念以及个人性格上的不同这些因素，还掺杂进了太多的个人恩怨和党派之争。1085 年，神宗去世，不满 10 岁的小皇帝赵煦继位，是为哲宗，权力实际落入了不满新法的高太后之手。她立即任用司马光为相，来一次元祐更化，尽罢新法。太后死后，实际掌握权力的年轻皇帝赵煦再来一次翻案，支持新法，夺司马光谥，司马光及其同党被称为"元祐党人"。哲宗去世后，继位的徽宗起初支持反改革派，司马光等人得以身后复官。可是后来他又转而支持改革派，不仅恢复了王安石的一些新法，而且还将司马光及其同党 120 人列为"元祐奸党"，后扩大为 309 人，刻其名单于全国，以便人们分清"忠奸"，而王安石则得以配享孔庙，成为孔孟之后的第三位圣人。这种情绪化的做法一直贯穿于中国历史，影响了后世的许多研究者，使其在个人情感和现实的双重作用下，裁剪史料，以为翻案之作。①

以我们今日之眼光，已没有必要完全以个人情绪和现实需要对待历史，借古人酒杯浇胸中块垒。我们不能同意《宋史》以道德眼光加于王安石的谤词，亦无法赞同在改革的旗号下将司马光斥

---

① 近人为王安石翻案的两部代表作，请参阅梁启超：《王荆公传》；邓广铭：《北宋政治改革家王安石》，人民出版社 1997 年版。

之为反对任何改革的反动派。在我看来,王安石与司马光的分歧,端在着眼点的不同。王安石奉行的是经世致用之术,他的变法措施确能在现实的层面上发挥效用。司马光作为历史学家,看重的是长效和历史深层的规律。他们都是当时确有才干的名相,也各有自己的局限。王安石缺乏历史纵深的眼光。他的"民不加赋而国用饶"虽符合现代经济的原理,却不能突破经验的层面而加以理性的构建。司马光能看清社会变迁的总体趋势,但在具体制度的适用上未免过于因循。他在元祐更化中尽罢新法,虽因他与王安石的主张不同,但显然也为个人感情所左右。他们的局限,何尝不是中国历史加之于他们的局限?

发生于清末的变法,实为一次巨大的社会转型。历来的史家惯于将眼光集中于从鸦片战争到辛亥革命这 70 年的历史,在这 70 年的历史中再划分若干个剖面,条分缕析,从图存、自强直至救亡一路说下去。我们从变法的层面和社会学的角度,自然没有必要像史家那样勾勒细节,铺陈史实。但这段历史,从鸦片战争前士大夫吁请自改革,中经若干次致命战争,清流洋务,维新变法,预备立宪,移植西律,直至民主革命终结王朝统治,五四运动发动思想文化革命,可谓纷纭复杂,互相缠绕,中国的历史不独被打翻搅乱,而且全然换了一副模样,这样一路迁延下去,直至今日,实为一互相关联的整体。

中国近代的自改革运动,可追溯至 19 世纪初。龚自珍在嘉庆年间就以充满激情之笔呼吁:"一祖之法无不敝,千夫之议无不靡。与其赠来者以劲改革,孰若自改革?"① 魏源则说得更为极端:

---

① 龚自珍:《乙丙之际著议第七》。

读父书者不可与言兵，守陈案者不可与言律，好剿袭者不可与言文；善琴弈者不视谱，善相马者不按图，善治民者不泥法。无他，亲历诸身而已。读黄、农之书，用以杀人，谓之庸医；读周、孔之书，用以误天下，得不谓之庸儒乎？[①]

龚自珍和魏源的文字均写于鸦片战争前，但我们已能从中读出社会转型期间那种特有的躁动，这股躁动的情绪无疑直接影响到后来的变法者。梁启超曾言清末的所谓新学家无一不经过崇拜龚自珍的时期，读其文"若受电然"。这种异常的躁动显然来源于内外两个方面。一是乾隆那貌似金碧辉煌的盛世在嘉庆以后终于败相毕露，政治黑暗，官场腐败，效能低下，诸种严重的社会问题使一批不满现状的士大夫产生了改革念头。而隐藏在此一背景后的另一个更深层的原因，则是他们已然隐隐感到了某种来自外来世界的逼迫和压力，而这一主要原因，在鸦片战争后才得以逐步展开。有论者认为，鸦片战争前的经世学派思想有明显的局限性，他们的眼界仍囿于国门之内，不知道国门之外的世界。[②] 这可能有点太低估了这些士大夫精英的眼光，也割断了鸦片战争前后的联系。事实上，利玛窦自明万历来华后即同中国上层官僚有广泛的交流和联系，介绍了大量西方知识，徐光启还皈依了基督教。而龚自珍、林则徐、魏源以及徐继畬所能获得的西方信息，远甚于明末的徐光启。林则徐命人译编《四洲志》是在鸦片战争前，魏源撰《海

---

① 魏源：《默觚·治篇》。

② 丁伟志、陈崧：《中西体用之间》，中国社会科学出版社 1995 年版，第 17 页。

国图志》、徐继畬撰《瀛寰志略》虽在鸦片战争后几年,但他们的眼界和对西方的知识显然是鸦片战争前就具备的。

从鸦片战争到戊戌变法的半个世纪中,残酷的现实使一部分敏于接受新事物的中国人相信,要同列强抗争必欲变法自强,而与中国历史上以往所有的变法不同的是,这次变法的资源是取之于外,不仅要学西方的科技,更要学西方的政治制度,而这一切是中国的"本土资源"中所没有的。康梁新学的出现恰逢其时。康有为在吁请变法的奏折中开宗明义就点明变法是因"强邻四迫,国势危蹙","数十强国环迫,皆祖宗所未遇",不仅不能"执旧方以医变症",亦不能"采汉、唐、宋、明之法度",而要"凡万国之美法,必采择而变行之"。① 梁启超更以动情的文笔述中国不得不变、不可不变、不能不变之势:

> 要而论之,法者天下之公器也,变者天下之公理也;大地既通,万国蒸蒸,日趋于上,大势相迫,非可阏制,变亦变,不变亦变! 变而变者,变之权操诸己,可以保国,可以保种,可以保教。不变而变者,变之权让诸人,束缚之,驰骤之。②

在倡言"采万国之美法"以变法自强上,康梁自然是得风气之先者。但此时的中国局势,诚如梁启超所言,已是"变亦变,不变亦变"了。因为离百日维新失败仅仅三年(1901 年),两江总督刘坤一、湖广总督张之洞即秉承朝廷之命,会衔连上名噪一时的《江楚

---

① 康有为:《呈请代奏皇帝第七疏》。
② 梁启超:《论不变法之害》。

会奏变法三折》，吁请变法，一时朝野之间，争言变法。次年，那个一手镇压了百日维新的慈禧太后就借光绪名义颁布了一道上谕："谕见在通商交涉，事益烦多，著派沈家本、伍廷芳将一切见行律例，按照交涉情形，参酌各国法律，悉心考订，妥为拟议，务期中外通行，有裨治理。"①而英、美、日、葡四国也允诺中国若修订法律，首先收回治外法权。② 1908 年，在日本法学家冈田朝太郎、松冈义正等人的帮助下，制定了《大清新刑律》等法律草案，全面移植了西方法律体系和法律概念。此后，经过辛亥革命和五四新文化运动两次大转折，中国社会的面貌发生了根本性的变化。

　　发生于中国近代史上的这次变法是一个长期的、复杂的过程，其层层推进、环环相扣，而又变化多端、波谲云诡，实不是我所点到的这三个过程所能略述一二的。而几个首倡变法人物前后思想所经历的转变尤其值得我们关注。康有为、梁启超在百日维新时的意气在短短几年间就消失殆尽，面对迅速到来的社会革命，他们从几年前最激进的变法者变成了最顽固的守常派。康有为一变而为保皇派、复古派，他在游历欧美后，对欧美文明一笔抹杀，对中国古代文明极尽赞美。梁启超在 1902 年后思想大变，反对民主共和，提倡君主立宪。他认为民主共和虽好，但中国国民资格不够，行之反乱，革命破坏性太大，不如以和平改良的办法来改造中国。他在 1900 年致康有为书中尚且赞颂法国大革命，希望将卢梭理论用之于中国，③其后则一反对卢梭民权主义的信仰，称颂英国的君主立宪政体。而另一位力倡西学、翻译了大量西方学术著作、有"西学

---

① 《皇朝续文献通考》，卷二百四十二，《刑考一》。

② 同上书，又见沈家本：《寄簃文存》卷一，《删除律例内重法折》。

③ 梁启超：《致南海夫子大人书》。

第一人"之称的严复,也在短短几年时间里,由鼓吹"西学为当务之急",转而提倡要想救国"不如一切守其旧",孔孟诸儒之言"无一可背","为国家者,与之同道则治而昌,与之背驰则乱而灭。"①

康有为、梁启超、严复均为开一代新学、西学之先的大思想家,他们在短短数年间的思想突变前所未有,值得深思。是他们从来未脱旧学根底,还是随着年龄的增长,他们对西学有了更全面、更深入的了解,对中国传统的理解和社会的洞察日益深刻,还是社会的急遽变化使他们突然感到某种文化的中断和窒息,认识到这种完全脱离传统的社会变迁绝非理想的变迁之途? 总之,在 19 世纪和 20 世纪之交的关口,我们看到了这样一种情形:他们在一定的程度上都曾试图用力推开传统,而当传统真的离社会远去之后,他们立即要以同样之力挽回传统。

也许,面对这一中国两千年来未有之大变局,任何单一的原因都已无法解释他们由变法者向守常者的转化。仅从变法者或守常者的角度也已很难理解这种转化。我们需要跳出变法与守常的对立模式,跳出某一社会阶段的片断情景,将历史上的变法串连起来,发现隐藏于社会变迁中的相同和相异之处。

以此检视中国历史上三个不同时期的变法,我们果然发现它们均建立在实用主义和经验主义的基础之上,而不是像法国大革命那样建立在理性设计的基础之上。托克维尔曾坦言 18 世纪哲学为法国大革命的一个主要原因,那些人类生来平等,应废除种姓、阶级、职业的一切特权,人民享有主权,社会权力至高无上等信

---

① 严复:《论教育与国家之关系》,转引自丁伟志、陈崧:《中西体用之间》,中国社会科学出版社 1995 年版,第 369 页。

条不仅是法国大革命的原因,而且简直可以说就是大革命的内容。① 而中国历史上的变法,无论是子产的"救世",商鞅的"强国",王安石的富国、富民、强兵,还是清末的图存、自强,乃至为收回治外法权,无一不因实用而变法,无一不以实用为变法最终目的,又无一不依靠君主之信任和个人之经验。这种救急式的变法由于缺乏思想观念在全社会的推进和为此观念所影响的大众作整体配合,使得变法者一开始就处于孤立无援的境地,加之中国很早就形成了一个庞大而又复杂的官僚集团,这就意味着变法者无异于以一人之力同整个官僚集团乃至社会决战。这也是中国历史上的变法者在变法前每每必欲祭出"法先王"的旗号,至少也不肯公开承认他们是在破坏祖宗之法的缘故。因此,变法从一开始就不是为了推进或创新制度,而是为了恢复祖宗的良法美德。另外,中国历史上的变法者往往是法家或有法家倾向的人,他们是中央集权的倡导者,他们实施变法所依靠的手段也正是中央集权,这就使得中国历史上的变法往往具有"强公室而抑私门"、强农战而抑工商的倾向,实行起来则是削富人之利,行平均主义。

当然,发生于清末的这场社会转型已经有了许多例外,上述特征施用于近代变法有些已不再典型。与他们的前辈极为不同的是,康有为、梁启超和严复主要面对的不再是同一文化中不同观点和派别的代表,而是来自异域的强大文化和文明。他们身处特殊时期,肩负特殊使命,站在文化和文明的交叉口上,在挑战与回应、对抗与救赎、西学与中学之间作痛苦挣扎,在感情上经受对传统恨

---

① [法]托克维尔:《旧制度与大革命》,冯棠译,商务印书馆1997年版,第45—46页。

之爱之的双重煎熬,这使得他们往往对传统采取欲拒还迎的矛盾心态。不错,新学和西学确实是他们变法的理想旗帜,但不要忘了,在他们心中深深扎下根的仍然是中学。因此,当世纪之交的中国走上了新的变迁之途时,他们亦完成了从理想主义向经验主义的转变,成为传统的有力守护者。

四、法律传统的延续与转换

法律传统并不仅指法律概念、法律规范以及法律制度等一系列实在法形成的历史和过程,它也包括人们对待法律的价值、观念、态度、信仰以及法律在社会中的实际运作状况。法律传统乃是文化传统中不可分割的组成部分。

因此,在我看来,法律传统的形成过程即是社会变迁的自然延续过程。在这条世世代代由不同的人类及其生活方式构成的历史长河中,各种法律的、非法律的制度、价值、观念在相互冲突、相互交融之中紧紧相联,形成一个互动的整体,这一整体不断发生着变化,局部在不断新生和死亡,有时则会经历一次全面的转换,但是,这些变化本身乃是传统形成与演变的一个部分,任何想要单独解释法律传统或者将法律传统解释为某一社会阶段的产物的做法都是错误的。

从这一观点出发,我们不仅承认西方法律的存在,也承认它们有一个共同的法律传统。它们确实不存在一个共同的实在法体系,但它们拥有共同的基本的法律概念、程序和关于法律的价值及其信仰。那些将大陆法系看作以罗马法为传统,将普通法系的传统视为普通法的传统的法学家的认识,在法律史学者的眼中多少显得有些偏狭。事实上,普通法的发展本身是 12 世纪欧洲一般历史发展的一部分,是欧洲法律传统和西方国家形成过程中的一部分。[①]

近代法律的发展给法律传统增添了不少新的特征和内容,使得法律看上去似乎有着自己独立发展的历史和传统,但是如果瞩目法律发展的早期历史,我们将会修正现代社会加之于我们的许多错误认识和判断。

早在人类历史的初期,人们就必须生活于共同承认的规则之中,正是这些共同规则构成了人类社会的基础。然而,在文字和正式的社会组织产生以前,我们不仅不可能确定这些规则的性质,甚至无法知晓这些规则的任何内容。在国家出现以后,我们也很难将法律、道德、宗教等这些控制社会的手段区别开来,即使在希腊城邦那样先进的文明中,人们亦通常用一个词来表达这些概念,把所有这一切看作一个整体。以至于相传在柏拉图的一次对话中,苏格拉底被弄成将一本花匠手册说成园艺的法律,将一本烹调手册说成烹调术的法律。[②] 我们时刻不应忘记的是,将古代法律与其他社会现象区分开来,乃至对古代法律作分类研究,是现代法学家所从事的工作,而绝不是古代社会的状况。当然,我们并不否认在国家产生以后,特别是在公元前 3 世纪前后,在西方和中国同时有了法律自身的巨大发展。但我们也不应忘记,在其后一千多年的时间里,道德、宗教和法律在社会中的实际运用还是很难分开

---

① ［美］伯尔曼:《法律与革命》,贺卫方等译,中国大百科全书出版社 1993 年版,第 534 页。

② ［美］罗·庞德:《通过法律的社会控制》,沈宗灵、董世忠译,商务印书馆 1984 年版,第 9—10 页。

的。法律已经拥有属于自己的术语、规范及其体系,但它们当真有着属于自己的传统吗?

中国社会与中国法律给这一问题提供了更加明晰的解释。在国家形态的初期——夏、商、周时期,我们发现了用以代表社会规则的基本概念——礼。礼既是道德准则,又是宗教仪式,还是法律规范。礼的应用范围是如此广泛,上至朝堂宗庙,下至民约乡俗,从政治到军事,由典章至习俗,无一不在礼的有效调控之内。其后,法律在社会中的作用有了明显提高,但仍不足以动摇礼在社会中的主导作用。以礼入法使礼与法的作用相结合,形成了中国独特的礼法文化。在这样一个法与礼相表里的文化传统中,我们如何确定法律自身的传统呢?另外,从正式文献典章的记载和国家法律的规定看,中国法律确实突出地表现为公法的相对发达,刑法或能自成体系,但却严重缺失私法领域,这一点每每为近代以来的法学家所诟病。事实上,中国在明代以前一直保持着世界上最发达的商业和经济,大量的经济行为没有一套有效的规则予以保障是无法想象的。中国历史上当然不曾存在过像罗马法那样的私法体系,但在民间,用以调整经济行为的习俗、惯例、规则确实真实有效的存在并发挥着作用,尽管它们不被叫作"法律"。实际上,从社会学的眼光看,它们才是真正的法律,它们的活力远甚于许多国家法律。问题是,这些乡规民约、习俗惯例与它们有效调整的经济行为是联结为一体的,它们往往以民俗文化的形式表现出来,我们又如何能够从中确定出属于法律的传统?

这当然还是取决于法律的概念。如果按照将法律看作实在法的法学家的法律定义,法律确实有着属于自己的传统,因为他们硬性地将现代法律的术语和分类套用于古代法律,按照这种界分,就会出现诸如"西周的婚姻法"这样显得有些古怪的名称,现代婚姻法终于在古代找到了属于自己的传统。但是,按照我关于法律的看法,所谓法律传统不仅应该包括当时由国家制定的正式法律,还应该包括民间的种种习惯法;不仅应该包括知名学者关于法律的系统学说,还应该包括普通民众对于法律的信仰和体验;不仅表现为律、令、敕、例等法律形式,同时也表现在宗教、经济、文学以及民谣、民谚等民间习语中。因此,有相当一部分法律传统与其他文化传统共用的其实是相同的事实、概念、形式乃至观念,当法学家从法律的角度研究时,它是法律传统,而当其他学者从各自学科的角度予以研究时,它又变成了其他文化传统。依此,法律传统乃是整个文化传统中不可分离的组成部分,也惟有与整个文化传统融为一体,它才能获得生命。

在我看来,法律传统不仅与整个文化传统声气相通、枝蔓相连、无法分离,而且,法律传统亦是整个文化传统变迁的一部分,它随文化传统的变迁而不断变化着,某些法律死亡了,新的法律产生了。也许,到了社会变迁的某一阶段,在法律和其他文化的共同作用下,会耸立起一道新的法律景观。它们都是法律传统与整个文化传统持续变迁的一部分。法律传统的形成不应该被解释为某一社会阶段的产物。

在西方法律传统的形成上,伯尔曼提出了挑战性观点。他通过对大量11—13世纪欧洲历史细节的描述,试图论证西方的法律传统起源于11世纪的教皇革命。在这一特殊的社会阶段,一方面是罗马教会成为一个在教皇领导下的独立的、共同的、政治和法律的实体,一方面是皇帝、国王和领主的世俗政治法律权威的增强。另外,数以千计的自主和自治城市的创设,经济活动范围的巨大扩展,大学的建立和新的神学和法律科学的发展等等,"正是这次全面的剧变产生了西方的法律传统。"①

伯尔曼关于西方法律传统起源于教皇革命的观点,与他关于西方历史在教皇革命前后有一个实质性的断裂的观点是一致的。但是,即使研究一下他本人关于西方法律传统特征的概括,也会存在一些无法消除的疑问。伯尔曼将西方法律传统概括为 10 个特征,在这 10 个特征中,前 4 个特征是更为基本的,在伯尔曼看来,它们至今仍然构成西方法律的基本特征,而另外 6 个特征则在 20世纪后半叶特别是在美国全都受到了严重的削弱。② 然而,恰恰是这 4 个硕果仅存的西方法律传统的基本特征,伯尔曼承认它只为罗马法传统所享有,不仅非西方文化不具有这些特征,"11 世纪前通行于西欧日耳曼民族中的法律秩序也没有表现出来这些特征。"③ 显然,被伯尔曼称为西方法律传统的 4 个特征,与形成于公元前 2 世纪至公元 8 世纪的罗马法传统有着直接的渊源关系。11世纪后,法律区别于政治、宗教、道德的自治性,法律职业的独立存在,法律职业教育和培训以及法律科学的产生(伯尔曼所概括的西方法律传统的 4 个特征)当然获得了新的充分发展和表现,但我们因此就能够否定它们与罗马法传统的传承关系吗?

西方法律传统的 4 个特征只存在于罗马法传统而不存在于非西方文化和 11 世纪前的日耳曼法律中的事实,实际上是证实了被伯尔曼称为西方法律的传统与罗马法之间的传承关系。如果再将

---

① [美]伯尔曼:《法律与革命》,贺卫方等译,中国大百科全书出版社 1993 年版,第 520 页。

② 同上书,第 43—44 页。

③ 同上书,第 10 页。

视域扩大,我们会看到,希腊思想、罗马法以及欧洲中世纪的骑士精神是构成整个西方文化传统的主要成分。罗马法不仅直接影响了教皇革命以来的法律制度和法律观念,甚至直接影响了一代启蒙思想家的观念。洛克所主张的"法律"起源于一个"社会契约"的理论,很难隐瞒其来自罗马的特点,"事实上,这个理论只是使古代见解对现代人中特殊的一代具有更大吸引力的外衣而已"。① 梅因准确而又形象地道出了法律传统变化过程中新旧之间的延续关系。

　　法律传统的延续在中国社会中表现得更为典型,特别体现于实在法的制定上,其代代相传,变化殊少。如果以战国李悝的《法经》总其源头,则可以清晰地看到这样一个直接传承的过程:《法经》为秦汉律之滥觞,汉律直接影响了唐律,由唐律而《宋刑统》、明、清律,这基本是一个只有条文加加减减的法典变化过程。唐律在其中无疑起到了承上启下的作用。沈家本说:

> 历代之律存于今者,唯《唐律》;而古今律之得其中者亦唯《唐律》,谓其尚得三代先王之遗意也。《唐律》之承用《汉律》者,不可枚举:有轻重略相等者,有轻重不尽同者,试取相较而得失之数可借以证厥是非,是则求《唐律》之根源,更不可不研究夫《汉律》矣。②

　　体现于由《法经》而至清律的这种直接传承关系可以视为法律传统延续的常态,但法律传统的延续并不仅仅表现为这种直接的

---

① ［英］梅因:《古代法》,沈景一译,商务印书馆 1996 年版,第 65 页。
② ［清］沈家本:《寄簃文存》卷六,《汉律摭遗自序》。

传承关系,有序的传承往往被社会的巨大变迁,特别是被社会转型所打乱。在社会转型期间,传统表面上似乎被瓦解了,但若从传统变迁的角度看,它并不意味着传统的任何中断或死亡,只不过是传统长期延续过程中的一次转换,而传统正是通过转换以获得新的生机和活力。法律传统的转换实则是法律传统延续的一种特殊形式。

历史学家汤因比在谈到现在与过去相接触的现象时,将其区分为三种类型:一种类型是一个垂死或已死的文明和它的胎儿或婴儿继承者所发生的"亲体—子体"关系;一种类型是复兴,它是一个成长了的文明和它的久已死去的亲体的"阴魂"的接触;第三种类型是复古主义的现象,这是指一个社会企图回到自己发展过程中的早先阶段。① 我不同意汤因比关于文明死亡的说法,也不欣赏他的"亲体—子体"关系的说法和对复兴的比喻,但我认为他所划分的三种类型是有意义的。如果以他的类型说作为思考法律传统转换类型的基础,则我们可以看到两种有代表性的类型,其中,中国社会变迁与法律传统的转换,以及西方社会变迁与法律传统的转换,各为一种类型的代表。

汤因比的"亲体—子体"关系建立在文明比较单位的基础之上。他将文明比较的单位划分为 21 个社会,有 15 个社会属于子体社会,另外几个社会则构成亲体社会。其中引起我们兴趣的,是他将古希腊社会和西方基督教社会作为"亲体—子体"关系,将古代中国社会和远东社会也作为"亲体—子体社会"。② 这种混杂的

---

① ［英］汤因比:《历史研究》下,曹未风等译,上海人民出版社 1997 年版,第 294 页。

② ［英］汤因比:《历史研究》上,第一部,《绪论》,曹未风等译,上海人民出版社 1997 年版。

说法和分法至少使我们产生了以下疑问:第一,将古希腊社会和西方基督教社会,古代中国社会和远东社会比作"亲体—子体"关系是否妥当? 第二,这种分类是否混淆了同一地缘的文明和不同地缘的文明? 第三,按照汤因比的分法,古希腊社会与西方基督教社会既是"亲体—子体"类型,又是复兴类型。在我看来,汤因比的类型标准是根据西方社会提出的,它并不足以解释西方以外的社会,不足以解释中国社会。

按照汤因比的解释,"亲体—子体"关系的发生乃是在作为亲体的社会已然腐朽之时,出现一个统一帝国,统一帝国之后则是一个间歇期,间歇期的教会是子体关系产生的标志,它"变成了另一个行将在适当时机诞生的新社会的子宫。"① 这正是西方社会变迁的标准模式:在古希腊社会的晚期,出现了统一帝国——罗马帝国,罗马帝国之后是中世纪的间歇期,间歇期的基督教教会孕育了西方社会。当汤因比将这一模式适用于古代中国社会时,便得到了这样的解释:在古代中国社会的晚期,我们看到了一个混乱局面,这就是中国的战国时期,随后出现的统一帝国是秦汉帝国,统一帝国灭亡后,来自欧亚草原的游牧民族"在公元300年左右侵入汉朝的领土,不过在100多年以前,汉朝事实上已经出现了一个间歇时期。"② 而这个古代中国社会也同样通过了一个教会即大乘佛

---

① ［英］汤因比:《历史研究》上,第一部,《绪论》,曹未风等译,上海人民出版社1997年版,第16页。

② 同上书,第27页。汤因比这段关于中国历史的叙述存在严重的错误。公元300年已不是中国的汉朝,而是西晋,怎么会发生游牧民族(当指匈奴)对汉朝的入侵? 公元前200年,匈奴曾发30万骑兵围刘邦于山西,不知汤因比所指是否此事? 但这与公元300年已相距500年。而他所谓公元300年前的100多年(当在东汉末年)所出现的间歇期,也不知所云何? 由于手头没有英文原著,我不能确定这是汤因比的错误还是译者的错误。如果是汤因比的错误,则证实汤因比对中国历史缺乏基本的了解,

教才成为今天远东社会的亲体。

汤因比以西方模式简单套用于中国历史和社会,反映了他的西方中心主义立场,对中国历史和社会有所理解者大概很难接受他的观点。当我们从中国社会与法律的变迁,从法律传统转型的角度来思考这一问题时,我们清晰地看到,被汤因比称之为间歇期的时期在中国历史上是以异常激烈的形式表现出来的,它发生于公元前 8—前 3 世纪,史称春秋战国。正是经由这一段社会转型,古代中国社会的礼遂与新型的法律相融合,使中国传统得以延续并有了新的发展。

首先是礼的延续与转换。春秋战国以前的古代中国社会,"治出于一,而礼乐达于天下。"①然而,春秋战国之际,礼崩乐坏达 500 余年。秦的"以法为教,以吏为师"以及焚书坑儒的文化专制主义无疑从根本上破坏了礼。汉初所面对的是礼已尽失的局面:

> 自周衰,礼乐坏于战国而废绝于秦。汉兴,《六经》在者,皆错乱、散亡、杂伪,而诸儒方共补缉,以意解诂,未得其真,而谶纬之书出以乱经矣。自郑玄之徒,号称大儒,皆主其说,学者由此牵惑没溺,而时君不能断决,以为有其举之,莫可废也。由是郊、丘、明堂之论,至于纷然而莫知所止。②

然而,礼在汉代却奇迹般地得以延续并得到了成功的转换。

完全是以西方模式套用于中国历史和社会。

① 《新唐书·礼乐志一》。

② 《新唐书·礼乐志三》。

在几乎遭受毁灭性的破坏之后,礼在汉代被顽强地承续下来这一事实具有不同寻常的意义。它一方面让我们赞叹中国传统生命力的顽强,另一方面是否也预示着社会转型最终要走向对传统的回归? 当然,它不是简单的回归和延续,而要经历一番转换。首先是礼本身的转换。三代之礼固亦不同,汉代对礼的继承更有一个创造和发挥的巨大空间。礼义尽失,典籍毁灭,不仅可以根据汉代的实际更多地杂以己说,甚至能够直接地伪造前人著作和学说。我们今日看到的先秦儒家典籍,有多少是出自汉儒之手! 其次是礼与法的融合。礼法融合乃是以礼入法的过程,此一过程始于汉,经魏、晋而于隋、唐定型,礼法文化得以形成,礼教遂为法律之总纲。此一文化传统既为先秦文化传统之延续,同时又通过对传统的转换形成了新的法律文化传统。

它代表着法律传统转换的一种类型。在这一类型中,转换乃是依靠对旧日传统的顽强接续、重新阐释以及与另一业已兴起的新的文化的融合而合力塑造的。它是经验的,而非理性的;是默然的融合,而非喧嚣的整合;是对文化沿流的自然接续,而非对制度设计的强力推进。

西方类型代表着后一种传统转换的方式。它是依靠对希腊文明和罗马法的复兴,在理性的基础上整合出新的法律传统的样式。中世纪后期,欧洲社会实际上面临着与汉初同样的文化洪荒。希腊文化早已失传,罗马城也已埋入地下数百年,蛮族的习惯法像孤魂一样游荡在中世纪空旷的原野上。但是,文艺复兴的号角和理性的大旗扫荡了一切阴霾,一个复兴的时代开始了。对希腊文明的复兴不仅在文学艺术方面,更重要的是在政治制度方面。另一方面是对罗马法律体系的复兴。在基督教社会里,首先是摩西律法的复兴,然后是查士丁尼法典中罗马法的复兴,但最终,"一个复活的摩西被一个复活的查士丁尼压倒了。"[①]查士丁尼《国法大全》的偶然发现,对罗马法进行讲授和研究的大学的设立,无疑极大地促进了罗马法的复兴。复兴运动的结果,是将希腊思想、罗马法体系和中世纪骑士精神完整地结合起来,扫荡掉了欧洲封建社会的老壳子,整合而形成新的西方法律传统。

五、活着的传统

法律传统的延续与转换反映了法律传统在社会变迁中的传承以及整合、接续、融合的状况。它远播上古、流传有序、清晰可辨,一代代血脉相承,同时亦非相沿成习,乃至一成不变,而是在不断吸收、借鉴的基础上进行整合、融合,以形成新的法律传统。正是在这一意义上,法律传统是"活着的",它就活在我们身边,活在每一个人的身上。

这意味着法律传统不仅属于过去,更重要的是,它也属于现在。对于大多数人来说,这一观点也许不太容易接受。因为在一般人看来,传统不仅意味着过去,甚至象征着死亡。过去即使和现在还有些许关联,它们也分属两个世界、两个范畴。因此,如果说某些古老的传统至今仍然活着,而且就活在人们身边,活在每一个人身上,这样的理解对常人来说多少显得有些不可理喻。菲斯泰尔·德·库朗日在其名著《古代城市》中说过一句精彩绝伦的话:

---

① 〔英〕汤因比:《历史研究》下,曹未风等译,上海人民出版社 1997 年版。第 299 页。

"对人来说,过去绝对不会彻底死亡。人能把它忘掉,但却总是把它保留在身上。……它是所有以前各个时代的产物和概括。"①要理解这句话的深意,不仅需要对历史的深入研究和现实的深切体验,还需要对传统的总体把握和概括。

迄至当代,也许只有西方法律传统反而能够较好地解释在社会变迁长期进程中的传承关系。伯尔曼概括了西方法律传统的10个基本特征。② 由于西方文明在现代的强势地位,西方法律传统亦长期居于支配和主导地位,这就使它不仅保留了独树一帜的鲜明个性,而且在主要是改变和挑战其他法律传统的过程中较好地保持了自身的连续性和完整性。是的,西方法律传统在现代甚至就是为了给其他文明一个可供借鉴的标准并改变其他法律传统而存在的,它是如此强大,以至于它在现代几乎没有遭遇到任何有威胁的挑战,亦未经受大的挫折和磨难。死水微澜,旧日的传统坚固异常。20世纪初,梅特兰还在抱怨普通法系那种古老的诉讼形式仍然"从坟墓中统治着我们"。虽然西方法律传统在20世纪后半叶开始转型,这一转型甚至被有些学者视为"危机",但仔细分析起来,所谓"危机"实际上在很大程度上是西方法律传统的霸权地位受到了质问和挑战,西方法律模式的普世神话遭到了幻灭。而西方法律传统的转型主要源于内部和自身,是传统变迁的自然延伸。在这一意义上,我们说西方法律传统不仅活着,而且活得确实很好。

---

① 转引自[法]托克维尔:《旧制度与大革命》,冯棠译,商务印书馆1997年版,第16—17页。

② [美]伯尔曼:《法律与革命》,贺卫方等译,中国大百科全书出版社1993年版,第9—13页。

20世纪后,一些西方学者哀叹自己的法律传统受到了削弱。特别是一批具有自由主义思想的知识分子,他们敏锐地意识到了公共领域向私人领域的扩张、公法对私法的侵蚀所导致的对自由资本主义基石的破坏。但在我看来,这只是国家主义与自由主义两种不同思潮此消彼长的一个变调,西方法律传统的核心成分——那些基本的价值观念、法治原则、司法理念等等,何曾有过丝毫改变?作为不同学术流派、思潮和群体的代言人,西方学者可能提出形色不同的主张,他们甚至可能对现实社会、制度或者政府展开猛烈抨击,但在两种文明的碰撞中,他们何曾对自己的传统怀疑、排斥,甚至要全盘否定呢?

然而,在当今中国,如何看待本国固有的法律传统却成为一个极其复杂和艰难的问题。我们首先会面对基本价值完全不同的判断。一种人对中国的固有传统赞不绝口,在他们看来,中国文化优于西方文化,西方文化已经在没落中破绽百出,中国文化不仅能够补西方文化之不足,甚至能够救西方文化于水火之中。只有回归到中国传统的正道上,才能实现祖宗的良法美意。另一种人则认为中国传统已然腐朽,中国文化在与西方文化的对峙中不堪一击,只有彻底抛弃国故,全盘西化,才能实现强国之梦。第三种人则生活于中国文化与西方文化的内在冲突与矛盾之中,他们在两种文化之间痛苦地倘佯,两种不同的文化传统激荡于一胸,终其一身而不能摆脱两种文化传统的内在紧张。他们认为,中国文化之所以在近代显得不如西方文化,并非中国文化落后于西方文化,而是中国文化与西方文化各走了不同的道路。中国文化与西方文化各有优长,"西洋人多向外作理会而发达了工具,中国人多向里作理会而涵养了生命。论工具,中国不如西洋,论生命,西洋又不如中国。"①中国近一百余年来对待传统和西方文化的各种不同观点,大概都能够概括进这三种不同的态度中去。其次,中国传统文化在20世纪初从制度层面上中断了,此后是各种不同文化的混融。对于在新的文化背景下成长起来的人,包括知识分子,中国文化传统已经是个异常陌生的概念了。即使在受过良好教育的法学家阶层,如果不是专门治中国法律史或对法律史有兴趣者,也难以对中国法律传统有系统的认识,从而也就难以对现实生活中仍然存在的法律传统有所理解和体验。

的确,对于当代中国人来说,在教育、制度以至生活的层面上,已很难与自己的法律传统相通了。法律传统是如此遥远和模糊不清,已经变得既难以进入,也难以辨识和体察了。对大多数人而言,传统不仅与自己的一切毫无干系,而且是已经死掉的东西。即使有所残存,它也是作为现代化的对立面存在的。它的存在阻碍、破坏了现代化的实施,而随着现代化的深入,它终将被逐步消灭。

然而,依我看,在经历了一百余年现代制度的构建之后,中国绝大多数法律传统仍旧活着,它们默默地存在着,并且在社会变迁中起着决定的和主导的作用。

依照伯尔曼对西方法律传统基本特征的概括方式,我亦将中国法律传统概括为以下10个基本特征:

1. 以政治权威为中心的法律工具主义观念。中国文化传统的一个重要特征是"史官文化",这一文化传统就是以政治权威为中心,使一切都服从于政治权威,法律实为维护政治权威的工具。

---

① 梁漱溟:《中国文化要义》,学林出版社1987年版,第326页。

这不仅表现为历代对侵犯君主的行为在法律上首先予以专门规定，更为重要的是，法自君出，法律从来都是君主个人用以治世的工具，是君主政治权威的一部分。即使是主张任法而治，不别亲疏，不殊贵贱，一断于法的法家，也从未有过让君主服从法律的统治、法律即国王(the law is king)的观念。儒家强调礼在建立社会秩序中的重要性，"礼乐征伐自天子出"，法律的工具性特征不仅泛化了，而且法律的地位和作用也降低了。作为维护政治权威的工具，法律不仅缺乏自治性，甚至连它的作用也是辅助性的。

2. 礼法文化。中国历史上除个别时期外，皆以礼统法。夏、商、周三代为礼治社会，礼本身包含法。此后经过春秋战国一段特殊时期，汉代开以礼入法之先端，至唐代则中国法律"一准乎礼"，礼教遂为法律之大纲。可以说，中国古代法律为儒家思想所支配，法与礼相表里，礼不仅为立法之总纲，亦为司法之精神。董仲舒春秋决狱固为极端之举，但若说后世的司法皆以礼教为基本原则，处处维护礼的作用，则是基本的历史事实，可以为历代大量的司法实例所证实。

3. 法律公开维护等级制度及其特权。中国法律既为儒家精神所支配，而儒家公然认为人是应该有贵贱上下之分的，只有承认和维护这种差别，按照各自不同的地位和身分要求自己，才能造成合理的社会秩序。法律不仅详尽地规定了不同社会地位的人在衣食住行等生活方面甚至死后所享有的不同待遇，即使在中国人认为最为严厉的刑律上，也公然体现了各种不平等的待遇。这种不平等的待遇固然体现在"刑不上大夫"这样的观念和总体原则上，也体现在具体的司法程序和法律处分上。贵族和官吏在被追究犯罪时并不适用普通的司法程序，以保持其足够的体面。"八议"在法律上的确立使得在法律上享受特权阶层的范围更加宽泛了。允许以官抵罪的"官当"清楚地表明,等级制度及其特权的核心和基础是政治,只有政治等级和政治特权才是受到法律认可的等级和特权。还需注意的是,这些特权阶层不仅受到法律的保护,在司法中,他们往往还因受到同病相怜的司法官吏的同情而得到法律之外的照顾和宽容。

4. 德主刑辅的教化观念。儒家相信道德教化是改变人们内在观念的根本力量,可以起到扶正固本的作用,而法律的惩罚则只能矫正人们的外在行为。所谓"道之以政,齐之以刑,民免而无耻;道之以德,齐之以礼,有耻且格。"①法律只是迫不得已而采用的一种手段,在理想的社会中,法律当可存而不用,以至于无讼。善人为邦百年,亦可以胜残去杀。此一道德教化为本的原则,也渗透到了司法的每一个过程中,表现为极端重视法律的教育功能,反对不教而诛。道德判断渗透于司法的每一过程,在对案件的处理和决定上所起的作用常常胜于法律和事实本身,法律判决在很大程度上是道德宣判。法律的道德化使得在法律和事实之外产生了一个异常丰富的意义世界,皇帝和司法官员可以在其中施仁于民,亦可以缘情定罪。法律与道德不仅融为一体,更为重要的是,道德对法律的影响是如此之大,以至于可以说法律从根本上是基于道德的判断,它最终表达的也是一种道德判断。

5. 家族构成法律上的基本单位,家族主义是法律的核心概念。儒家观念以家族为本位,家族乃是政治和法律的基本单位,国只不过是家的扩大和延伸,治国平天下须从齐家始,因而特重伦

---

① 《论语·为政》。

常,五伦之中有三伦属家族关系。孝悌不仅是人伦要求,也是制度要求。即使身居宰相要职,父丧期间也要离职丁忧。张居正因丁父忧而起的夺情风波,说明士大夫是多么看重父子之间的伦常。正是因为家族内伦常的极端重要性,刑律才特于一般犯罪之外规定了家族内的犯罪,并予以特殊原则的处罚。父母对子女的犯罪较之一般犯罪的处罚要轻,而子女对父母的犯罪则较一般犯罪的处罚要重。即使在一般犯罪中,法律也因家族内的特殊关系而给予种种例外的照顾和宽宥。例如,历代法律都承认亲属相容隐的原则,亲属的代刑请求及违反法律的复仇往往得到皇帝或司法官员的赦免。法律对家族关系的特殊调整是要严格维护这一基本组织内的秩序,只要家族的秩序得以保证,整个社会的秩序就有了保障。因此,家族内部的社会功能是非常全面、强大的。它实际上成为最基层的立法和司法组织。家族内部往往有族规族法,可以处理从刑事到民事的几乎所有法律事务,甚至可以决定处死一个人。国家虽从未公开承认过家族的立法权和司法权,但亦从未禁止,实则是默许了国家法之外民间法的存在及适用。

6. 正是因为礼、道德、民间法等对社会的有效调整,国家法的调整范围和效力受到限制,法律本身又受这些因素的极大影响,法律适用中频频出现例外情况,凡此种种,都削弱了法律的权威性、有效性,使得法律规定与社会生活之间经常处于严重脱节的状况。所谓"法律自法律,生活自生活"。即使为法律所严禁的行为,仍在社会中通行无碍,甚至为大众所钦佩羡慕。

7. 法律不仅受到法律外因素的影响和干扰,亦被法律内的各种法律形式所分解,律被其他法律形式破坏甚至代替。宋代重敕甚于重律,即有以敕代律的倾向,至明清则律例并存遂演为常态,而往往以例破律,律成具文。法律的权威性和有效性被削弱了,法律的完整性也遭到了破坏。

8. 正统儒家观念贬抑法律的地位和作用,在社会上,法律职业不仅不是令人羡慕和敬仰的职业,且为一般读书人所轻贱。春秋战国时期尚有与儒家一争高下的法家,秦汉时亦有专习律例且位至九卿者,但唐宋之后风尚大变,一般读书人皆以经史为正统,以研习律例为不齿,而欲博取功名,亦必重经史,久之相沿成习。如果留意明清时人所撰笔记,我们就会看到,虽然作者有多年从事司法职业且官居刑部或都察院要职者,然通篇几尽为文史,罕有律例之事。可见读书人以何者为荣,津津于何事。中央虽有专门的司法机构,省内亦有专人负责审理司法,但大量的法律事务则是由不懂法律而靠诗文博取功名的知县处理的,为此他们不得不延聘幕友。刑名幕友虽精研律例,却也只能成为不懂法律的知县的帮客。法律机构和司法专业人员不可能从这个社会基础上产生出来。

9. 以西方法学公私法划分的原理和国家法的眼光来看,则呈现出公法的发达和私法不发达的明显特点。刑律无疑是最受重视的法律。"王者之政,莫急于盗贼",社会安定永远是统治者的第一着眼点,而刑律是维护现存统治最有力的武器。职官、礼制、财政、赋税等具有行政法性质的规定也很发达,《唐六典》已集其大成。相比之下,民商等私法体系极不发达,户婚田土钱债被视为民间细故,主要由习惯法予以自发调整。

10. 法律程序外毫无限制的申诉程序的存在,使得程序内的终审有名无实。蒙冤者可以经过不懈努力使自己的冤情在数十年后得以昭雪,法官也可以因对疑点的发现和推究而于行刑前数分钟刀下救人。成功的申诉似乎特别易于打动人心,为社会所同情,并因此获得司法宽宥。早在汉代,缇萦救父之举就感动了皇帝。明清之际,越级申诉和京控有明显增多之势,以至于皇帝有几次下决心想予以限制,但收效甚微,而且每次都必引来更大的反弹。老百姓总将最后的希望寄于最高层,最高层也对下层的司法状况有一种信疑参半的心理。登闻鼓的设立无疑鼓励了京控。申诉的功能是多方面的。在老百姓,这是那些确实无辜者的最后希望。它也为一些缠诉者提供了舞台,它甚至培养缠诉者。在最高层,它是对下层司法的一种检验,对统治者来说,它是了解民意的一个渠道。当然,它也反映了古老的对实体正义追求的观念。从申诉本身的程序看,它似乎是上层司法机构对下层司法机构所办案件的复查,但它本质上反映的是政治权力对司法的介入,司法总是受到最高统治者的垂询和关注。

1912 年以后的中国社会发生了根本性的转变,上述法律传统的基本特征已不可能原样保持并延续下去,至少在制度的层面上,它们被彻底打碎了。一百余年来,制度层面亦经历了重大变化。以今日眼光看,个别特征确已不复存在了。立法对等级制的保护已被消除;家族不再是法律上的基本单位,它也不再扮演基层立法和司法组织,在城市化的浪潮中,家族本身已经被瓦解了;法律职业不再受到轻贱,它甚至成为令人羡慕的职业,专门性的司法机构、司法专业人员建立和发展起来了。但是,我们可以看到,这些被消灭的个别法律传统都是制度层面的,它们是随着制度的消失和转换而消亡的。而那些存在于社会、司法、生活及其过程中的活生生的法律传统在今日仍然活着,尽管不是完全以原来的面貌活着。它们有些被削弱了,有些随着社会情景的转换改头换面了,有些被赋予了新的社会功能。比如,在礼法文化这一传统之中,由于礼已经从国家制度的层面上退隐了,它只能从非制度的层面上发挥作用,它对法律的影响和作用无疑大大降低了,礼不再能统法,亦不再为法律之精神和原则。但我发现,在现实中,礼只不过被政策和其他一些为现实所需要的基本原则置换了。这些政策和基本原则对法律的统制和指导比起礼来毫不逊色。

　　而且我进一步发现,绝大多数法律传统之所以还在"改头换面"地活着,乃是因为它所依恃的那个更大的传统——文化传统依然活着,人们的习惯、心理、思维在很大程度上仍然保持着固有的方式。当然,必须承认,经过一百余年的社会转型,变化是巨大的,但若仔细分析起来,变化的程度和成分则是大不相同的,大抵在制度和器物的层面变化大,而愈接近那些根本的原则,愈往观念、习俗、人心的深处走,则变化殊少。以自由和安全这一对人类基本的价值而言,体现在法律规定上的中西差别已经不是太大了,但在人们的观念和社会生活中就大不一样了。典型的西方式的自由观念很难融入中国人的观念和生活之中,而中国人对安全的重视和渴望则是根深蒂固、发自内心的。这些差别当然会直接影响人们建立社会秩序的价值取向——是建立一个更自由的社会秩序,还是一个更安全的社会秩序——它们有时会发生冲突,需要作出选择。选择已经作出。但这种选择并非一部分人有意识、有计划的理性选择的结果,而是大多数人的观念、习惯、思维及其生活方式等合力塑造的结果,传统在期间实起到了至关重要的决定性作用,或者说,它只不过是传统变迁的自然延伸。那些意欲改变传统的理想主义者,把传统看成了僵死的东西,殊不知传统是活着的,是不断变化的,而且是主导变化的。它不仅决定了旧制度的毁灭,也参与了新秩序的形成和建立。

　　正是在这一意义上，我们说法律变革与法律传统也是一种相互转换的共生关系。现在的法律传统不就是过去法律变革的结果吗？现在的法律变革不也注定会成为未来的法律传统吗？法律实不过是在法律变革与法律传统互相牵制、互相生成的两极中被合力塑造的结果。法律在不断地变化着，但可以肯定的是，从来不曾有过脱离传统的变革，当我们回溯历史、检点由人们的观念、习俗和生活所表现出来的历史深处的那些贯通古今的精神时，我们清晰地看到了传统变迁的轨迹。

第四章 社会变迁中的法律

> 这里的法律,正如在任何社会里一样,它是社会建构的功能,是社会力量对比的表现,是各社会集团相互依附依赖的象征,或者说是社会力量对比的象征。
>
> 埃利亚斯(Norbert Elias)

一、法律自治与法律自主

长期以来,法律要与特定政治制度、经济水平、文化传统以及民族习性相适应的观点一直牢不可破。与此相关联,法律不仅仅被视为一套规则体系,更为重要的是,它是实现正义与追求平等的重要手段。这些观点在诸多伟大学者的不朽著作中得到了经典表述。亚里士多德认为,法律实际是、也应该是根据政体来制订的,当然不能叫政体来适应法律。[①] 法律反映正义与道德的愿望,虽为古希腊法理学的根本思想,却为古罗马法学家继承并得到了更为明确的表述。这些发展出了一套精当完善的私法体系的法律专门家不仅认为一切法律都应当与国家的体制相适应,而且认为在

---

① [古希腊]亚里士多德:《政治学》,吴寿彭译,商务印书馆1996年版,第178页。

法律中可以找到正义的起源,法律是衡量正义与非正义的标准。法律乃公正善良之术,适足以代表古罗马法学家对法律的一般看法。

将法律看作是民族精神的标记的观点,在 19 世纪历史法学家那里得到了最集中或许也是最高的概括。"民族的宗教、民族的政体、民族的伦理、民族的立法、民族的风俗,甚至民族的科学、艺术和机械的技术,都具有民族精神的标记。这些特殊的特质要从那个共同的特质——即一个民族特殊的原则来了解,就像反过来要从历史上记载的事实细节来找出那种特殊性共同的东西一样。"① 天才的法学家萨维尼甚至看到了法律与民族生存和特征的这种有机联系也表现在时代前进的过程中。"法律和语言一样,没有绝对中断的时候;它也像民族的其他一般习性一样,受着同样的运动和发展规律的支配;这种发展就像其最初阶段一样,按照其内部必然性的法则发展。法律随着民族的发展而发展,随着民族力量的加强而加强,最后也同一个民族失去它的民族性一样而消亡……"② 将这些观点综合加以表述并推向前所未有的认识高度的是孟德斯鸠。在孟德斯鸠看来,无论是组成政体的政治法律,还是维持政体的民事法律,都同已建立或将要建立的政体的性质和原则有关系。如果一个国家的法律竟能适合于另外一个国家的话,那只是非常凑巧的事情。不独如此,法律还应该和国家的自然状态、气候、土地、人民的生活方式以及政制所能容忍的自由程度有关系,和居民的宗教、性癖、财富、人口、贸易、风俗、习惯相适应,法律与法律之

---

① 黑格尔:《历史哲学》,王造时译,上海书店出版社 1999 年版,第 67 页。

② Friedrich Carl Von Savigny, *The Vocation of Our Age for Legislation and Jurisprudence*, Littlewood & Co. Old Bailey, 1831, p. 29.

间也存在关系。应该从所有这些观点去考察法律。这些关系综合起来构成了孟德斯鸠所谓"法的精神"。①

分析实证主义法学的出现在很大程度上打破了认识上的一统局面。我对这种认识方式上的变化感兴趣的是,它不仅反映出人们对法律的认识和追求发生了某些变化,这些变化的背后实际上也折射出社会结构的变化以及由此所带来的法律研究方式的改变。

从一个更广阔的社会背景看,分析实证主义法学的观点当然也反映了社会分工的要求。如果说奥斯丁更多地还只是在法理学研究的范围内界定法律的话,那么,凯尔森则公然宣称法律与正义是两个截然不同的概念。② 从自然法学的法律价值至上,到历史法学强调民族传统和文化,再到分析实证主义法学企图摒弃一切价值和道德观念,将研究视野划定于实在法的范围之内,这短短上百年的历史不仅反映了认识上的急剧变化,即关于法律的早期社会的那种单一的共同价值观念已经分崩离析,而且表明社会功能业已分化至独立专一的程度,法律规范已经成为社会规范的一个独立系统,法律学科可以争得属于自己的一席之地,法律有了自己独立的发展历史。

如果从所有这些方面看待将法律从它所依附的政治、经济、文化、种族中独立出来的努力的话,分析实证主义法学只不过开了个头。在这一方面,罗斯科·庞德承其余绪,表达了他对历史法学的

---

① 〔法〕孟德斯鸠:《论法的精神》上册,张雁深译,商务印书馆1982年版,第6—7页。

② 〔美〕凯尔森:《法律与国家》,转引自《西方法律思想史资料选编》,北京大学出版社1983年版,第640—641页。

不满以及他对法律独立于种族或民族的实用主义认识态度。他反复引用杰弗逊致麦迪逊信中提出的地球的"用益权属于生者"的观点,提醒人们记住,历史法学派对法律学科来说,实际上是一种消极的、压抑性的思想模式,它背离了哲学时代积极的、创造性的法理思想。[①] 在他看来,种族不足以解释现代社会的法律模式。没有一个种族社会能解释为什么荷兰于 1838 年、罗马尼亚于 1864 年、葡萄牙于 1865 年大量采纳《法国民法典》中的规定,也没有人能够用种族多样性来说明为什么葡萄牙在 1865 年就颁布了法典,而巴西直到 1917 年才制定法典,以致这两种法典的类型完全不同。最后,他得出结论:"在现代世界中,立法的形式与上层社会中的服装式样一样,都独立于种族和语言之外。"[②]

从对这一问题的认识进路看,所谓法学流派有时的确只不过是一张简单的标签。

不论庞德与凯尔森所代表的"流派"相差多远,他们在这个话题上实际都有一个共同的趋向,即西方社会的法律自治和法律自主。

如果说奥斯丁和凯尔森的理论反映了关于法律自治的纯朴愿望和努力的话,那么,这个问题在后来许多社会学家和法学家那里得到了特别有力、明确的阐述。在西方社会,法律和法律学科具有与政治、道德相分离的独立性,它们是由专门人员在专业领域从事的活动。按照涂尔干(Emile Durkheim)和帕森斯(Talcott Parsons)的看法,这是由于社会分工导致的社会结构各要素高度分化

---

① [美]罗斯科·庞德:《法律史解释》,华夏出版社 1989 年版,第 12 页。
② 同上书,第 77 页。

的结果。

当然，西方的法律自治也被看作现代社会的特征，以及区别于非西方国家的本质特征。这也是西方社会学家和法学家特别感兴趣之处。正是非西方社会政治、道德与法律的混同，才彰显出只有西方社会能够发展出迈向现代社会的基本要素。这些理论一般是以进化论的方式表达出来的。例如，在帕森斯的四个进化共项中，前三项分别是语言、科层组织的出现、与市场交换有关的货币的出现，但这三项都以第四项进化共项的存在为前提，即"一种高度一般化的普遍主义规范秩序"，这种秩序的典型就是法律体系。[①] 这一高度一般化的法律体系不过分执着于某些特殊的价值观念和政治上的特殊要求，而是要求在法律面前一律平等，不承认有任何特权。

如果说与政治、道德相分离的法律自治特征乃是西方一班精英学者关注的焦点问题，那么，越来越多的只研究"法律"的法学家则开始相信法律是自主发展的。他们认为，法律并不必然反映政治、经济、社会及道德的发展和要求，它能够在很大程度上摆脱民族和文化传统的限制得以传播、继受和移植，它也不一定非得通过政治、经济、社会的因素得到解释，法律有着属于自己的发展空间和历史。

美国佐治亚大学艾伦·沃森（Alan Watson）教授的观点正代表了这部分法学家的认识。

沃森教授的一系列观点主要是通过法律规则的移植来进行解

---

① Talcott Parsons, *Evolutionary universals in society*, *American Sociological Review*, Vol. 29, 1964, p. 339.

释的，他特别强调私法规则的继受和移植是在不受其他环境的影响下孤立发展的，其典型是西欧诸国对罗马法的继受。这一继受的事实表明，即使继受者处于完全不同的社会、经济、地理和政治环境，法律规则也能实现成功借鉴。人们可以据此推出一个命题："无论本于何种历史条件，私法规范在其存续期内，与特定民族、时代或地域没有天然的紧密联系。"①

他举例说，两个属于民法法系的国家，如法国和海地，其社会、政治、经济、文化的环境或许绝然不同，与此相反，一个属于民法法系的国家和一个属于普通法系的国家，其社会、政治和经济的环境或许如出一辙。② 因此，他断然否认环境因素对法律的影响。他认为，当某一普遍适用的法律在特定区域内通过时，这意味着对于像伦敦那样的城市和偏僻的威尔士山地都要适用，对相当富裕的地方和贫穷的地方都要适用，因而，一部法律能够应付迥然不同的环境因素。③

他也不同意有些学者认为虽然环境因素作为法律移植的障碍不重要了，而政治因素则显得重要起来的观点。他认为，只要看一看 19 世纪晚期日本的法律移植例证就可一目了然。1882 年日本刑法典和刑事诉讼法典是以法国法为模式制定的，1898 年通过的民法典包括了德国合同法、侵权行为法和财产权法的所有要素，这种迅速、全面、成功的移植是日本人所追求的，但他们显然并不拥

---

① Alan Watson , *Legal Transplants and Law Reform* , *The Law Quarterly Review* [Vol. 92. Jan. 1976].

② Alan Watson , *The Making of The Civil Law* , Harvard University Press Cambridge , Cassachusetts and London , England, 1981, p. 2.

③ Alan Watson , *Legal Transplants and Law Reform* , *The Law Quarterly Review* [Vol. 92. Jan. 1976].

有法国和德国在政治方面的任何相似条件。[①]

　　他甚至认为法律在一定程度上可以脱离社会现实。他举了三个例子说明这一点。第一个例子是《圣经》。《旧约》前五卷的法律来自对远古传统和早期以色列传说的反映,而不是来自法律要符合当时社会需要的严肃思考,"十戒"中也没有反映政治、社会甚至宗教情况的外在证据。第二个例子是对罗马法的解释。罗马法是由一群天才的法学家解释的,他们是没有授予立法权的立法者。罗马私法没有来自外国法的观点,罗马法学家不曾进行过比较法学研究,他们仅借助宗教教义寻求合适的解答,不可能借助普遍道德正义观,或者国家、经济利益,罗马法学家没有使用过这些观念,因此直到今天这些观念仍被大多数西方国家所排斥。第三个例子是犹太法典《密西拿》(Mishnah)和《塔木德经》(Talmud)中犹太法学家的一些解释似乎并不是为了解决社会现实问题,而是为了创立一种对信仰足见虔诚的理想行为规则和寻求熟练解释法律知识的挑战。在这三个例子中,特别是罗马法学家对罗马法的解释,"在一定程度上发展了一种脱离现实的法律文化。"[②]

　　基于对法律规则移植,特别是对私法规则移植和罗马法被西欧诸国继受的事实的研究,沃森教授严厉抨击了孟德斯鸠的观点,认为他"严重地——及其严重地低估了他那个时代已经进行或正在进行的成功借鉴的数量。"[③]"孟德斯鸠低估了移植必然发生的

---

　　① Alan Watson , *Legal Transplants and Law Reform* , *The Law Quarterly Review* [Vol. 92. Jan. 1976].

　　② Alan Watson ; *Legal Transplants* (1st ed. 1974; 2nd ed. 1993); *Roman Law and Comparative Law*, pp. 97ff. (1991); The State , *Law and Religion* : *Pagan Rome* (1992).

　　③ Alan Watson , *Legal Transplants and Law Reform* , *The Law Quarterly Review* [Vol. 92. Jan. 1976].

程度,过高估计了环境因素阻碍法律借鉴的程度。"①

沃森教授的观点必定会赢得为数不少的现代法学家的共鸣——如果仅仅从一个法学家和国家立法活动的角度看,沃森教授的话当然不无道理,而且,有许多古代的特别是现代的不同民族和国家实现成功法律移植的活生生的例子可为佐证。若干年前,我也曾深深沉迷于法律移植及其所带来的令人震惊的现象和沃森教授的观点。但是,当我一旦将眼光从那些具体法律条文的比较上挪开,透过那些表面相似的法律规则及其现象看到规则本身所蕴含的以及规则背后所反映的那个各不相同的意义世界时,所谓"法律是自主发展的"——这一法学家对法律变迁的典型解说在我看来已无法接受了。

对这一问题存在的两种截然不同的认识首先反映了两种不同的法律概念之间的差别。无疑,沃森教授的法律概念主要是指法律规则。这一实证主义的法律观和孟德斯鸠的法律观相差甚远。在孟德斯鸠那里,法律被宽泛地理解为"由事物的性质产生出来的必然关系。"②在这一意义上,不仅有人为法、自然法,"一切存在物都有它们的法。"③不独孟德斯鸠所主张的法律观与沃森教授大异其趣,我相信,凡是从社会文化的角度研究法律变迁的学者一般都无法容忍实证主义的法律观。正如伯尔曼所言:"法律不是作为一个规则体,而是作为一个过程和一种事业,在这种过程和事业中,规则只有在制度、程序、价值和思想方式的具体关系中才具有意

---

① Alan Watson , *Legal Transplants and Law Reform* , *The Law Quarterly Review* 〔Vol. 92. Jan. 1976〕.

② 〔法〕孟德斯鸠:《论法的精神》上册,张雁深译,商务印书馆 1982 年版,第 1 页。

③ 同上书。

义。"①如果说分析实证主义法学只是依静态的法律规范将法律与道德相剥离,如果说强调法律自治只是为了描述西方法律这样一个鲜明的特征,它承认"政治和道德可能决定法律,但它们不像在其他某些文化中那样被认为本身就是法律"②的话,它们只是强调了法律规则自身的非道德性,也就是说,通过分析,可以将法律规则与其他类型的制度区分开。而从法律变迁的动态过程将法律(即使只是法律规则)看作在很大程度上可以摆脱政治、经济、文化和社会而自主发展的观点,则无论从事实上还是知识上都将我们引上了一条孤立的荒谬之路。这些生活在国家立法活动中,只知道法律规则的现代法学家或许应该聆听一下他们的前辈尤里乌斯·保罗(Julius Paulus)的教诲:"从规则中不能推论出何谓正义,相反,规则渊源于我们关于何谓正义的知识。"③

　　社会变迁是一个长期的过程,从某一阶段或某一年的历史看,有可能出现法律制度已经发生变化而其他制度尚未变化,或其他制度发生了剧烈变化而法律制度尚未变化的现象。各国、各民族的文化传统的区别也具有相对性,高卢人的自由观固然不同于盎格鲁-撒克逊人的自由观,但它们依然可以作为同一个自由观区别于中国人的自由观。文化变迁在功能上当然也有"拿来主义"的成分,英人可以"拿来"中国的科举制度,中国人也可以"拿来"英人的议会选举制度。但我们实在无法想象一个可以脱离了政治、经济、文化乃至社会现实的法律规则及其变迁的历史,正如我们无法想

---

　　①　[美]伯尔曼:《法律与革命》,贺卫方等译,中国大百科全书出版社 1993 年版,第 13 页。

　　②　同上书,第 9 页。

　　③　Digests50.17.I.

象一个可以规定财产不留在氏族内的氏族法,一个可以不反映奴隶制度的罗马法,一个可以不把私有财产神圣不可侵犯作为法律至上原则的现代资本主义法律一样。我们也无法想象在不同的文化传统中那些表面相同或相似的制度及其规则会具有相同的意义,正如科举制度在英国会变成适合英国社会的文官制度,而议会选举制度在中国也会变成"真主意假商量"(顾准语)和选举背后的"内定"、"钦定"一样。我不否认现代社会中法律移植的重要性和普遍性,我也不否认现代社会中各国法律的形式和服装的式样越来越相同或相似这样的事实,但是如果我们只将眼光停留在这一层面上,停留在两个具有不同政治、经济、文化和社会基础的国家可以有着同样的法律形式,或两个不同民族的人都可以穿着同样西服这一事实上的话,我们又如何能够将那个经过训练在马戏表演中可以完成许多人所不能完成的高难动作,甚至能够拥有简单思维的、穿着服装的黑家伙同人区别开呢?

这两种不同的认识也反映出了学者和专家之间所具有的那种根本区别。当孟德斯鸠宣称"我们应当用法律去阐明历史,用历史去阐明法律"①时,他当然是要把法律放在社会变迁的总体进程以及与法律相关联的所有关系中加以考察,他不仅要研究和比较不同民族的政制、贸易、人口、宗教、气候和土壤的状况,他还要细心体察他们所具有的不同秉赋、习俗和性格,这样,他才能把握和理解法律的精神,"追寻它的精神之所在,以免把实际不同的情况当

---

① [法]孟德斯鸠:《论法的精神》下册,张雁深译,商务印书馆1982年版,第363页。

作相同,或是看不出外貌相似的情况间的差别。"①而那些只在国家立法活动的范围内或只在法律规则的圈子内打转转的"法律人",则是精通法律规则(往往是某一专门法律规则)的专家。他们或许可以成为现代意义上的法学家,但他们在知识结构、视域以及所怀抱的旨趣上,仍然与学者有着显著的差异。孟德斯鸠与沃森的不同,正反映了一个伟大学者、思想家和一个法学家之间的差别。

二、法律变迁的三种形式

今天,社会学的研究者或许已经无法摆脱社会类型对他们思考和研究不同社会的重大影响,在他们的头脑中,总会或明或暗地存在着几个人类社会的不同模式,尽管这些不同模式的划分可能是极为不同的。这一影响当然来自于马克斯·韦伯对社会学研究的卓越贡献,来自于他对于人类社会理想类型的划分。虽然对法律社会学的研究或许是马克斯·韦伯社会学研究中最为系统的部分,但他似乎并未在这一领域内对法律类型做出如社会类型那样特别明晰的划分。严格地说,法学家至今尚缺乏划分法律类型的意识。我并不是说法学研究中缺乏对法律的分类意识,事实上,对法律的分类是相当多的,有些区分具有特别重大的意义,如公法与私法的划分,大陆法系与普通法系的划分,等等。然而,根据法律与社会的关系对法律类型进行划分的

---

① ［法］孟德斯鸠:《论法的精神》,上册,张雁深译,商务印书馆1982年版,著者原序。

意识仍然严重不足,已有的划分存在着许多问题和缺陷。这里有些具体情况需要予以讨论。

对社会类型进行划分实质上要照顾到两个不同方面的关系,一个是"横"的方面,即依照社会的不同本质进行区分,另一个是"纵"的方面,即考虑到社会变迁对社会类型的影响,也就是说,社会类型是在社会变迁中形成和变化的。显然,马克斯·韦伯的成功之处正在于他将这两个方面完美地结合了起来。我认为,如果要依据法律与社会的关系对法律类型进行划分,同样需要考虑两个方面的关系,一是法律与社会之间的关系,一是法律变迁的自身历史。对法律类型进行合理划分亦应求得这两个方面的完美结合。已有的法律类型划分所存在的问题和缺陷正在于此。我将所有的划分区分为两种情况。一种是偏向于法学标准的划分,这种划分考虑了法律变迁的自身历史,却忽视了法律与社会的关系。另一种是偏向于社会学标准的划分,这种划分的主要依据是社会类型的标准,虽然各种划分方式不同,但大部分是马克斯·韦伯关于统治类型划分的翻版,没有照顾到法律变迁的实际状况。梅因(Henry Sumner Maine)和昂格尔(Roberto M. Unger)正是这两种不同类型划分标准的代表。

梅因的分类方式受到了进化论的极大影响。进化观念成就了他那句著名的格言,也遮蔽和阻碍了他的眼界。作为法律史学家,他不仅意识到了法典不能成为研究法律史的最早起点,而且十分准确地概括和区分出了习惯法时代和法典时代。他对习惯法的重视和法典重要性的强调让我感觉他已经找到了划分法律变迁类型的第一道门槛。但接下来他却走上了另外一条道路:"我将把我的叙述局限于进步社会中所发生的情况。"①在这个前提下,他把法律与社会相协调的手段概括为三种:"法律拟制"、"衡平"和"立法"。梅因所说的拟制,不同于罗马法和英国法学家所使用的拟制,它是指一种掩盖,即法律的文字并没有改变,但其运用则发生了变化。它特别适合于新生时代,因为它既能满足并不十分缺乏的改进的愿望,而又能同时不触犯对变更的嫌恶。衡平原指建立在各别原则基础之上的同民法同时存在的一些规定,但由于这些规定的神圣性,它们竟然可以代替民法。它与拟制的不同之处在于它能公开地、明白地干涉法律。立法则是由一个社会所公认的立法机关制定的法规。② 这样,我们可以看到,在梅因的观念中,社会总是不断地向前进步的,而法律则需保持一定的稳定性,法律正是通过这三种手段与社会保持协调的。梅因的这一划分不仅抛掉了法典产生以前的大部分历史,而且把法律与社会的关系只理解为乃是为了弥合法律与社会之间缺口的种种努力,这就使他的眼光仅局限于法律的功能性手段上。

与梅因完全不同,昂格尔自始至终围绕社会理论与社会形态讨论法律问题以及法律与社会的关系,他划分法律类型的目的之一即是要确定一套描述法律类型与社会形态关系的专门术语。可以想象,他所划分的法律类型完全是社会形态的反映,与社会形态有着很强的对照性。昂格尔先依社会学确定了一个异常宽泛的法律概念,他所区分的三种法律类型,也即他所说的三种法律概念即是一个由宽泛的法律概念向严格的法律概念变化的过程。第一种

① [英]梅因:《古代法》,沈景一译,商务印书馆1996年版,第15页。
② 同上书,第15—18页。

类型是习惯法或相互作用的法。这种法律并不具备公共性和实在性，习惯通常也缺乏明确表达，它们不可能被归纳为一套规则。第二种类型是官僚法或规则性法律。与习惯法不同，这种法律具有公共性和实在性，由一个可认定的政府所制定和强制实施的明确的规则所组成。无论官僚法在哪里产生，那里总存在着一个国家。规则性法律并非社会生活的普遍特点，它仅限于国家与社会的分离已经得以确立。伴随着官僚法的出现，习惯与义务的区别或制定规则与适用规则的区别才第一次变得有意义了。第三种类型是法律秩序或法律制度。这是一种更为严格的法律概念，它绝不是各种社会的普遍现象，仅仅在非常特殊的环境中才能产生和生存。作为法律秩序的法律不仅具备公共性和实在性，而且具备普遍性和自治性。[①] 实际上，昂格尔所说的第三种法律概念就是法治。

　　昂格尔关于法律类型的划分是与他关于社会形态的划分严格对应的。他将社会形态划分为部落社会、贵族社会和自由主义社会。自由主义社会趋向于普遍性，它把人们团结在形式上平等的规则之下，部落社会坚持特殊性，而贵族社会则是普遍性与特殊性的特定结合。[②]

　　为了检验他提出的三种类型的法律概念，昂格尔就有必要在欧洲之外寻找到一种文明类型，这一文明类型既要经历习惯法和官僚法阶段，又无由产生第三种法律概念——法律秩序。昂格尔所寻找到的用以和欧洲相对比的这一文明类型正是中国。在他看来，中国文明所经历的第一阶段大约从公元前 12 世纪至公元前 6

---

① 昂格尔：《现代社会中的法律》，吴玉章、周汉华译，中国政法大学出版社 1994 年版，第二章。
② 同上书，第 130—144 页。

世纪中叶,主要是西周时期,这一时期不知道成文规则或法典为何物,而是排他性地相信习惯。这种习惯(或可称之为相互作用的法律)就是"礼"。昂格尔认为,"礼"有四个特点:第一,"礼"是一种与等级紧密相关的行为标准,它们根据个人相对的社会地位而支配人们之间的关系;第二,"礼"是内在于特定社会状况和地位的习惯性的行为形式;第三,"礼"不是实在的规则;第四,"礼"不是公共的规则。第二阶段始于春秋中叶止于秦帝国的统一,这一时期可称之为改革时期,由于社会结构与社会观念的调整,一种重要的、实在的、公共的法律体系产生了。这种法律是实在的、公共的,也可以是普遍的规则,但是,法律的普遍性总是一种权宜之计,它们也缺乏自治性。尽管这一阶段与现代欧洲法律史进程有相似性,但根本不同的发展趋势也在起作用。由于古代中国没有发展出一种超验的宗教和神法体系,也就谈不上法律秩序产生的其他条件。[①]

　　昂格尔三种类型的法律概念的划分可谓处心积虑,这一划分既要满足他对有关社会形态理解的对应,又要在法律之间作出合理区分,当然,最终还要能够说明法律秩序是欧洲发展出来的独有概念。然而,在我看来,这一划分方式仍然存在一些问题。首先,正如我指出的,昂格尔的划分过多地考虑了与社会形态相对应的一面,这使他所提出的三种法律概念照顾法律变迁的特点仍嫌不足,也使他所提出的理论完全陷入马克斯·韦伯理论的笼罩之下,从而缺乏理论上的创见。其次,昂格尔的划分标准典型地体现了一个西方中心主义者的立场,三种法律概念的变化过程仍然是一

---

　　① 昂格尔:《现代社会中的法律》,吴玉章、周汉华译,中国政治大学出版社1994年版,第二章,第77—95页。

个由低向高演变的过程,只有欧洲能够发展出第三种意义上的法律概念,而这种严格意义上的法律概念实际上是更高级的法律概念。最后,昂格尔对中国社会与法律的理解可以说充满了含混与误解。他对"礼"的理解完全是懵懂的、生硬的、表层的——简直就是充满了无知的不理解。为了使中国法律与他所划分的前两种法律概念相对应,他竟然将西周时期的"礼"当成了习惯法。他对中国历史和礼的理解也是残缺不全的。礼不仅仅是西周之礼,实际上,夏有夏礼,殷有殷礼,周有周礼,它们之间有很多不同。孔子尚能祖述夏礼和殷礼,不过那时已经"文献不足"了。[①] 但是,孔子死后两千多年,安阳甲骨卜辞以及安阳以外许多其他地方殷代遗物遗迹的出土,已经使我们能够对殷礼的不少细节做深入的研究了。[②] 凡此种种,都说明昂格尔的三种法律概念的划分和解释还存在着某些局限和缺陷。

昂格尔理论存在的局限和缺陷直接源于马克斯·韦伯社会学研究的方法之一——"构筑一个严格的目的合乎理性的行为作为类型……服务于社会学。"[③]在现实中,不可能有典型地、完全地满足他所提出的理想类型的社会存在,它们只不过是为了研究和解释上的方便而型构出来的。与历史学不同,社会学上的类型概念是为了探索事情的普遍规则,比起历史的具体现实,它相对来说在内容上必然空洞一些。[④] 因此,当我从社会变迁和法律变迁的角

---

① 《论语·八佾》:子曰:"夏礼,吾能言之,杞不足征也;殷礼,吾能言之,宋不足征也。文献不足故也。足,则吾能征之矣。"

② 张光直:《中国青铜时代》,三联书店1999年版,第228页。

③ [德]马克斯·韦伯:《经济与社会》上卷,林荣远译,商务印书馆1997年版,第42页。

④ 同上书,第52页。

度划分法律类型的时候,必然会更多地考虑历史和法律因素,也就是说,要从社会、历史、法律三方面的结合上提出更具涵括力的类型来。

我打算从法律变迁的形式上提出划分的类型。我认为,法律变迁大体上经历了习惯法、成文法以及民族—国家法律这三种形式,其中,后一种是在前一种形式的基础上产生出来的,它们与相应的社会结构、观念及社会行为的变化互为因果。

习惯法是人类社会形成的第一种法律形式,也是最基本的法律形式,其他法律形式都是在此基础上产生出来的。现代社会也存在着大量的习惯法,但是,作为调节一个社会惟一基本和有效的法律形式,它主要存在于氏族社会之中,持续了大约上百万年之久。虽然尚缺乏直接的证据,但似乎可以得出一个基本的判断:习惯法是与人类社会一起产生的。因为早在人类能够用语言表达一项明确的规则之前,只要人类的心智足以健全到有意识地组成一个社会,他们就不得不遵循某些共同的规则。这些人类早期社会的习惯法——如果我们能够称其为法律的话——其实只是人类组成社会和共同行为的习惯,它们几乎构成氏族社会生活的全部内容。

语言的发明促成了习惯法的第一次重大转变。虽然语言只是将人们久已习惯的共同行为规则用另外一种方式表达出来,而且这一表达方式必定不能够将这些规则的内容和意义全部传达出来,但是,只要人们能够用一种明确的方式表达这些规则,那就意味着立法和立法机构也将出现。法学家可能将立法和立法机构的出现看作是晚近历史的现象,实际上,它们起源于人类社会的初期,这一点早为哈耶克指出。① 我只是想进一步指出,立法和立法机构是随着语言的产生而出现的,因为人类只有借助语言这一媒介才能够开展立法活动,在人类语言产生以前,立法活动和立法机构的组成是十分困难的。但是,我们应当知道,在人类尚处于低级蒙昧状态时期,音节分明的语言就已经出现。摩尔根(Lewis H. Morgan)在谈到希腊部落时,认为胞族组织几乎与氏族一样持久,而且:

> 每一胞族和每一部落的组合在数目上是如此的精确划一,这不可能是氏族分化的自然发展过程所造成的结果。正如格罗特所提出的看法,这只可能由于立法时为了取得数目平均所造成的。②

他又引证菲斯泰尔·德·库朗日的话说:

> 胞族有它自己的会议和法庭,并能通过法令。在胞族中,和在家族中一样,有一位神,有一个祭司团体,有一个法庭和一个政府。③

习惯法几乎伴随着整个漫长的氏族社会,当氏族社会走到尽

---

① [英]弗里德利希·冯·哈耶克:《法律、立法与自由》(第一卷),邓正来等译,中国大百科全书出版社 2000 年版,第 137—139 页。

② [美]路易斯·亨利·摩尔根:《古代社会》,上册,杨东莼等译,商务印书馆 1997 年版,第 86 页。

③ 同上书,第 241 页。

头时，习惯法便面临着它的第二次重大转折，这一次转折乃是缘于文字的出现。文字的出现标志着人类已经迈入文明的门槛。当人们能够用文字的形式将久已形成的规则表达出来时，便出现了成文法。成文法的出现是法律变迁史上的一件划时代的大事，尽管"那些最早尝试以文字的方式来表达一般性规则的人并没有发明新的规则，而只是努力表达他们早已熟悉的东西"[1]，尽管"这种做法只能够对人们在实践中明确知道的东西做一种不充分的且只是部分的表达"[2]，尽管"把确立已久的惯例用文字逐步加以阐明的过程，必定是一个缓慢且复杂的过程"[3]，但是，有了法典，就开始了人类社会的新纪元。[4]

氏族社会的崩溃解体长达数个世纪，由习惯法向成文法或法典时代的过渡是一个相当漫长的过程，中间曾有过新制度与旧制度、成文法与习惯法相交融的过渡时期。成文法的出现当然是因为文字产生的直接结果，但是，财产的积累和分配方式的变化无疑成为建立新社会的基础和主要动力。另一个重要因素是由于分工的发展而出现了司法权，司法权与行政权的分离加速了旧制度的崩溃。摩尔根说：

> 为了社会的福利和安全，必须对政府的权力进行更广泛的分配，加以更明确的规定，并对官吏个人的责任提出更严格

---

① [英]弗里德利希·冯·哈耶克：《法律、立法与自由》（第一卷），邓正来等译，中国大百科全书出版社 2000 年版，第 120 页。

② 同上书，第 122 页。

③ 同上。

④ [英]梅因：《古代法》，沈景一译，商务印书馆 1996 年版，第 13 页。

的要求,尤其需要由有能力的权威人士制订成文法以代替习俗成规。……从开始出现一种改变政治方式的需要时起,直到全部效果实现以前为止,这是一段经历了若干世纪的发展过程。①

摩尔根所指的"若干世纪的发展过程"当然是由习俗向成文法的过渡,然而,我要指出的是,从法律变迁的形式看,当人们已经能够制定成文法,单单由成文的法律向法典化和法典公布的过渡就须数个世纪。在希腊,成文的法典始于公元前 621 年的德拉古法典,许多法律史家将它看作希腊的第一部成文法,实际上,准确地说它只是第一部成文法典,因为早在公元前 9 世纪,希腊人就从腓尼基人那里借来了表音字母。这一过程在中国历史中体现的更为明显。中国最早公布的成文法典当为子产所铸刑书,时在公元前536 年,稍后又有邓析的《竹刑》,但是,从 20 世纪初河南安阳小屯村地下出土的甲骨文可知,早在殷商时代就已经有了系统的文字记载了。在子产公布成文法典以前,成文法甚至已经存在了上千年之久,所谓"夏有乱政而作《禹刑》,商有乱政而作《汤刑》,周有乱政而作《九刑》,三辟之兴,皆叔世也。"②因此,在成文法典公布以前,成文法律有很长一段时间属于少数人所掌握的秘密刑时期。

在成文法律持续了约两千年历史后,伴随着民族—国家的形成,法律形式完成了它的第三次变迁,也就是民族—国家法律的出现。民族—国家本身也是个富有争议的概念,甚至对民族—国家

---

① ［美］路易斯·亨利·摩尔根:《古代社会》,上册,杨东莼等译,商务印书馆1997 年版,第 258 页。

② 《左传·昭公六年》。

形成时间的看法也不相同。诺斯(Douglass C. North)将民族—国家看作 14—15 世纪制度变革的产物,[①]吉登斯(Anthony Giddens)则将民族—国家看作 19 世纪的一种政治形式。[②] 实际上,民族—国家的产生也是个长达数世纪的漫长过程,它的萌芽可追溯至 11—13 世纪,成型于 14—15 世纪,最终定型于 19 世纪。吉登斯将其表述为:

> 民族—国家存在于由他民族—国家所组成的联合体之中,它是统治的一系列制度模式,它对业已划定边界(国界)的领土实施行政垄断,它的统治靠法律以及对内外部暴力工具的直接控制而得以维护。[③]

此处不能详细探讨吉登斯对民族—国家的理解,我对他的一些观点并不赞同,但是,我之所以以吉登斯的民族—国家定义作为我所划分的民族—国家法律的基础,是因为我特别赞同他关于民族—国家的一个重要观点:

> 尽管资本主义和工业主义对于民族—国家的兴起都具有决定性意义,但民族—国家体系却并不能化约为这二者。现代世界在形成过程中其实受到了资本主义、工业主义以及民

---

① 〔美〕道格拉斯·诺思、罗伯斯·托马斯:《西方世界的兴起》,厉以平、蔡磊译,华夏出版社 1999 年版,第 102 页。

② 〔英〕安东尼·吉登斯:《民族—国家与暴力》,胡宗泽、赵力涛译,三联书店 1998 年版,第 305 页。

③ 同上书,第 147 页。

族—国家体系的交叉影响。①

实际上，在现代世界体系中，民族—国家是一种比资本主义和工业主义更普遍的现象，这也就意味着，我所提出的民族—国家法律这一划分形式比起昂格尔所提出的法律秩序（法治）也更具包容性。

民族—国家法律同传统社会中的成文法相比，在形式和内容上均有显著变化。民族—国家法律形成的远缘，可以追溯到中世纪盛世那些前所未有的变化：土地的开垦、人口的增长、航海的发展以及新的贸易体制的形成，城市经济逐渐取代了庄园经济，货币使用的领域扩大，银行业、保险业等新兴行业发展起来了，人们的行为和观念发生了巨大的变化。然而，对于民族—国家法律的形成来说，以下几个因素是更为直接和关键的：

1. 立法、司法、行政相分离的政治结构。这一政治结构并不一定是三权分立的模式，但立法、司法、行政这三者在功能上一定是相分离的，而且，正如我们看到和感觉到的，行政权力的扩张构成了民族—国家权力的实质变化。

2. 新的法律机构的发展和法律职业的增加。与传统社会单一的法律机构及其性质不同，这一时期的法律机构日益分化和复杂化，以适应社会分工的需求。法律职业突然变成一个令人神往的可以施展才干并创造财富的领域。最令人瞩目的当属13世纪晚期律师这一职业的出现。律师职业的出现意味着一个日益脱离

---

① ［英］安东尼·吉登斯：《民族—国家与暴力》，胡宗泽、赵力涛译，三联书店1998年版，第5页。

大众的庞大的法律体系开始形成。

3. 一种新的更加文明的法律观念的形成。随着社会结构和人们行为、观念的变化,法律的惩罚机制发生了很大的变化,古典社会那种高度仪式化的、富有戏剧场面的执法景观逐渐消失了,监狱、教养院建立起来了,对身体的规训与精神的控制代替了对肉体的摧残与惩罚,法律、特别是执法方式变得更加文明和人性化了。

4. 法律汇编与法典化所确立的新的法律体系。几乎所有的民族—国家法律都经历了法律汇编与法典化的浪潮,这一过程既是对传统成文法的扬弃与超越,又奠定了新的法律体系的基础。新的法律体系具有与传统社会成文法不同的构成、观念和价值标准。

5. 理性的法律。总而言之,民族—国家法律是一种理性的法律,它的体系、概念、结构、价值、观念无一不体现和贯穿理性的原则。理性的法律不仅意味着消除了传统社会成文法的粗鲁的、任意的、野蛮的状况,更重要的,它促进了整个社会的合理化及其分工与合作方式。

6. 与传统社会不同,法律统治是民族—国家统治的本质,尽管在不同性质的民族—国家中,法律统治的含义是极为不同的。

我试图通过以上六个要素勾勒出民族—国家法律的总体特征,以证实它具有与传统社会成文法不同的形式和内容。用民族—国家法律作为法律变迁的最后一种形式,不仅保持了我一贯坚持的社会变迁的连续性观点,而且解释的范围也非常广泛,它既可以解释西方社会的法律变迁,也可以解释东方社会的法律变迁——它可以解释目前世界上大多数国家的法律变迁。

用习惯法、成文法、民族—国家法律这三种法律变迁的形式,可以完整地、持续地、合理地解释西方社会和中国社会的法律变迁。中国社会与西方社会都完整地经历了这三种形式的法律,但它们并不是在相同的时间段中经历的,而且,每一形式之间的自然变迁总要经历一个长期的过渡阶段,而非自然的变迁则因强烈的人的主观意识而使自然变迁过程中的长期过渡被简化了。以此,我们可以将西方社会自进入人类社会以来至公元前 9 世纪的漫长历史视为习惯法阶段,将公元前 9 世纪至公元前 6 世纪初看作由习惯法向成文法的过渡阶段,将公元前 6 世纪至 14—15 世纪看作成文法阶段,将 14—15 世纪至 19 世纪看作由成文法向民族—国家法律的过渡阶段,将 19 世纪以后的历史看作西方社会民族—国家法律的阶段。与西方社会变迁不同的是,中国社会自公元前 16 世纪就进入了成文法阶段,从公元前 16 世纪至公元前 6 世纪为中国由习惯法向成文法的过渡阶段,这一自然过渡期要比西方长得多。但是,中国民族—国家的形成和建立在 19 世纪末 20 世纪初,它是外力逼迫的结果,与西方社会相比,中国社会由成文法向民族—国家法律的转变是非自然的过程,它的过渡期非常短暂。

三、实质法领域的一些变化与差异

我所提出的划分中西社会法律变迁的三种形式,是力图从整个社会变迁的长时间段中把握它们共通的一面,以使对中西社会与法律的解释具有更强的对照性和关联性,而不是仅仅强调它们之间的差别。当然,对我来说,差别更具有吸引力;对我所解释的对象来说,差别也是更本质的东西,是我要解释的重点。因此,我要指出的是,法律变迁的形式不同于法律的形式。在法律的形式要件上，中西法律间的最大差异或许就是马克斯·韦伯所指出的西方法律自古罗马以来发展出的"法的形式品质"。即使从法律变迁的形式看，根据我的划分，中西法律所经历的三种形式也不具有时间上的对应性。我们不应将中国社会与西方社会、中国法律与西方法律理解为同一道路上或快或慢的两列车，它们并不具有形态上和时间上的对应关系。有奴隶和奴隶的殉葬并不代表着就有相应的奴隶制度，中国式的奴隶一直沿续到清末；中国的封建社会与欧洲的封建社会并不同时，而是要早得多，它在春秋、战国时就已经开始解体了。表面上的关联和相似永远不应迷惑和抹杀那些似是而非背后所呈现出的深刻差异。且让我们看一看实质法领域内的一些变化与差异。

在实质法领域，诚如马克斯·韦伯所言，无论在法律理论还是法律实践上，最重要的区分之一是公法与私法的区分。[①] 这一源于古罗马法学家乌尔比安(Ulpiainus)的创见，按照当时乃至以后普遍流行的观点，所谓公法乃是保护整个国家和社会利益的法律，私法则是保护一切私人利益的法律。罗马皇帝查士丁尼亦谓："公法涉及罗马帝国的政体，私法则涉及个人利益。"[②]这一普遍流行的观点在后世已为不少学者所补充和修正。马克斯·韦伯按社会学的区分方式，将公法理解为"行为涉及国家的强制机构，亦即它服务于国家机构本身的存在、扩展以及直接贯彻那些依照章程或者默契所适用的目的"，将私法则理解为"行为与国家的强制机构

---

① ［德］马克斯·韦伯：《经济与社会》下卷，林荣远译，商务印书馆1997年版，第1页。

② ［罗马］查士丁尼：《法学总论》，张企泰译，商务印书馆1993年版，第5—6页。

无涉,而仅仅可以被国家强制机构视为通过准则调节的行为"。①
哈耶克则郑重指出,只有当公共利益(public welfare)不被理解为
普遍利益(general welfare)的情况下,那种认为惟有公法旨在实现
公共利益的观点才是正确的。② 不管公法与私法划分的标准有多
少不同,对中国社会与中国法律来说,这一划分本身就是极为不同
乃至意味深长的。它标示着从法律上承认在国家和公共利益之外
还有一个完整、独立的私域,而且,在罗马时期就发展出了调整这
一私域的一系列精确、严密的法律概念和法律体系。它是如此严
密和完整,以至于它完全独立于另一个公法领域,它的重要性甚至
超过了公法,无论在观念还是生活上,后来促进资本主义发展的法
律因素是私法而不是公法。

中国社会的理想是儒家"大道为公"的"大同"社会,中国社会
的现实是"溥天之下,莫非王土;率土之滨,莫非王臣"的王权社会,
向来缺少从国家和法律的层面上划分并尊重私域的观念,相反,公
被看作至高无上的大义,私则是卑且低下的小利。因此,中国社会
有公法而无私法。当然,这一结论完全是从国家法的层面上得出
的,若从社会学的广义的法律概念看,属于私法所调整的领域在社
会中一直存在着,并且一直由民间的习惯法默默地调整着,它们是
真实而且有效的,它们甚至得到了国家法的默认。但是,这一社会
学事实也不能代替这样一个严酷的社会事实:即这一重要的领域
(私域)被从制度上压制和排挤到了一个无足轻重的领域,或者反

---

① [德]马克斯·韦伯:《经济与社会》下卷,林荣远译,商务印书馆1997年版,第
1页。

② [英]弗里德利希·冯·哈耶克:《法律、立法与自由》(第一卷),邓正来等译,中
国大百科全书出版社2000年版,第209页。

过来说也一样,这一重要的领域并未成长为与另一领域(公域)相并列的制度。所以,我始终怀疑在中国历史上是否曾有过西方法律意义上的私有财产。在西方财产的早期史中,"先占"——对抛弃的动产、荒废的土地、初次发掘出来的宝石以及敌人的财产的蓄意占有——是一个相当重要的概念,梅因认为它提供了关于私有财产起源的一个理论假说。① 但是,在中国社会,无论是财产的早期历史还是此后的大部分历史,都没有能够给我们提供一个关于"先占"的观念和私有财产法律地位的规定,相反,所见到的乃是公对于私的绝对主宰和权威。② 在中国历史上,私人财产是有的,但确实从来没有存在过法律意义上的私有财产。

我们还可以通过私法领域内两个重要法律概念的讨论,看看它们的变化以及中西之间的差异。

我要提出来讨论的第一个问题是继承,而且是无遗嘱继承。法律史表明,无遗嘱继承比遗嘱继承更加古老,所以梅因曾"先天"地假定人们喜爱立遗嘱是由于"无遗嘱"继承规定所造成的某种道德上的不公正而产生的。③ 在人类社会的早期,即产生了因财富的分配而引起的继承问题。由于当时物质财富的极端匮乏,因此,死者的财产必须分配给氏族的其他成员。当然,死者的财产很可能实际上为其亲属所占有,但不管怎么说,财产留给本氏族并在其成员中分配则是一般原则。这就是摩尔根所称的氏族社会的第一

---

① ［英］梅因:《古代法》,沈景一译,商务印书馆1996年版,第142页。

② 《诗经·小雅·大田》:"大田多稼,既种既戒,……雨我公田,遂及我私。……"《大明律·户律·钱债》:"凡得遗失之物,限五日内送官,……私物召人识认,于内一半给与得物人充赏,一半给还失物人;如三十日内无人识认者,全给。""若于官私地内掘得埋藏之物者,并听收用……"《清律》规定同于《明律》。

③ ［英］梅因:《古代法》,沈景一译,商务印书馆1996年版,第127页。

条继承大法。① 接着,摩尔根在村居印第安人中发现了第二种继承大法,即在同宗亲属中分配财产。若世系为男系,则死者的子女居同宗亲属之首,继承大部分财产。②

这已经离人类跨入文明社会的门槛不远了。所以,摩尔根未能肯定第三种继承大法是否在这一阶段适用过,这就是只有死者的子女才能继承其财产。依我看,由子女独享财产继承权乃是文明社会所取得的重大成果,它是家庭和私有制获得充分发展的见证。

我们从十二铜表法中可以看出由习惯法向成文法长期过渡阶段表现在继承法上的这种混融局面。不过规定的顺序已经完全颠倒过来了:财产首先由子女继承;若无子女且世系为男系,由最近的同宗者继承;若无同宗者,则由氏族成员继承。③ 但是,这种混融的局面很快就被打破了,在几个世纪以后,"罗马市民法"就增加了许多规定,以限制剥夺子女的继承权。实际上,在罗马时期,继承的分配方式就已经相当公平合理了,以至于"它在实质上和传到现代的多数法典中的并没有很大区别。"④

正是在这种情况下,讨论继承中的一个引人注目的问题——长子继承制就变得颇为有趣了。长子继承制在欧洲的起源曾使伟大的梅因爵士也感到迷惑不解,因为罗马继承法中从来不曾有过长子继承制的痕迹,蛮族的早期习惯中也没有,是什么使得长子继

---

① 〔美〕路易斯·亨利·摩尔根:《古代社会》,下册,杨东莼等译,商务印书馆1997年版,第535页。

② 同上书,第543页。

③ 〔罗马〕查士丁尼:《法学总论》,张企泰译,商务印书馆1993年版,第125—140页。

④ 〔英〕梅因:《古代法》,沈景一译,商务印书馆1996年版,第125页。

承制在欧洲起源并得以推行,甚至代替了其他一切继承原则呢?梅因给出了两个答案。其一,他承认在加洛林帝国瓦解期间,欧洲社会在退化着;其二,长子继承制是封建制度的产物,因此,"一当封建制度普遍推行于西欧,就明显地感到'长子继承权'比其他任何种继承方式有更大的长处。"[①]在比较了印度的继承制度以后,梅因相信,宗法权不仅是家庭的而且是政治的,它在父死亡时不在所有子嗣中分配,它是长子的天生权利。[②]

如果将中国历史上的长子继承制也加以比较的话,我必须承认,梅因的结论是相当有力并正确的。正是在中国的封建社会——周,我们看到了宗法制度、长子继承制度和贵族制度这些典型的封建制度的产物。王国维说:

> 中国政治与文化之变革,莫剧于殷周之际……欲观周之所以定天下,必自其制度始矣。周人制度之大异于商者,一曰立子立嫡之制,由是而生宗法及丧服之制,并由是而有封建子弟之制,君天子臣诸侯之制。二曰庙数之制。三曰同姓不婚之制。此数者,皆周之所以纲纪天下,其旨皆在纳上下于道德,而合天子诸侯卿大夫士庶民以成一道德之团体。周公制作之本意,实在于此。[③]

从春秋、战国开始,中国的封建社会经历了一个相当长的解体时期,直迄秦汉。在汉代早期,我们尚可看到一些封建制度的残

---

① ［英］梅因:《古代法》,沈景一译,商务印书馆1996年版,第132页。
② 同上书,第133页。
③ 王国维:《观堂集林》,卷十,《殷周制度论》。

余,但以后渐趋减少,至东汉就彻底绝迹了。杨鸿烈说得明白:

　　……秦亡汉兴,贵族制度受天演的淘汰,不能存在,而兄弟均分遗产的事在历史上屡见而不一见,后代法令也都承认均袭的原则,所以如近世英、德、俄诸国财产集中爵胄的制度,大概已经革除两千多年了。①

　　此后,中国的财产继承一直是兄弟分产,再未有过长子独享继承权的历史。仅仅通过长子继承权的演变,即可见证中国的封建社会远远早于欧洲,而非与其同期。

　　我要讨论的第二个问题是契约。显然,在极原始的社会中就存在契约的方式。早期的契约方式肯定是口头的,而且一般都是具体的财产关系或者人身关系的转让,并伴有一套复杂的仪式。由这种需要复杂仪式的要式口约向只需双方合意即可成立的契约形式的过渡是长期的过程,在这个过程中,早期契约的繁琐外衣一件件被脱掉了,因此,梅因曾称:"文明愈年轻,它的契约形式一定愈简单。"②但若从契约的内容看,则似乎可以得出一个相反的结论:文明愈年轻,契约的内容一定愈抽象和复杂。因此,早期契约的特点便是在一套复杂的仪式下从事一项具体和单纯的转让行为。我们可以在罗马法中发现称之为"耐克逊"的这种早期契约形式。罗马法中的契约变化可以使我们清晰地看到从繁琐笨拙的"铜衡式"交易向只须双方合意即可成立的诺成契约过渡的全部过

----

　　① 杨鸿烈:《中国法律发达史》上,商务印书馆1930年版,第139页。
　　② [英]梅因:《古代法》,沈景一译,商务印书馆1996年版,第189页。

程。

这样,在罗马时期,契约的所有形式要件和实质要件均已发展到了完备阶段,以至于在资本主义获得充分发展以后出现了许多新兴的经济领域的情况下,罗马的契约概念只要稍加改造即可得以应用。罗马法对契约发展所做的贡献影响了几乎所有重要领域的变革,这是毋庸置疑的。资产阶级革命时期,契约自由的观念曾经风行一时,对于推动资本主义的产生起过重大作用。但即使如此,我也仍然同意这样一个观点,即契约自由不是产生资本主义的惟一条件。不是有了契约自由,资本主义就会自动产生。[1]　实际上,正如马克斯·韦伯所指出的,在法律发展的较早和最早阶段,自由协议意义上的契约的重要性就已经广为传播了。[2]

然而,如果将这一情况与契约在中国历史上的发展变化情况相比较,则契约自由的实现仍是意味深长的。马克斯·韦伯正是根据契约自由的变化,将原始的契约类型称之为"地位"契约,而将货物流通即市场共同体所特有的契约类型称之为"目的"契约。原始契约"都是以改变人在法律上的整个品格、普遍的地位和社会面貌为内容的",根据这种契约,"某人应该立即成为另一个人的孩子、父亲、妻子、兄弟、主人、奴隶、宗族成员、战友、保护人、隶属民、随从、封臣、臣民,……"[3]换句话说,原始契约实质上是身分契约。在自由资本主义发展的前期,基于身分的社会关系纽带已经瓦解,

---

[1]　泰格、利维:《法律与资本主义的兴起》,纪琨译,学林出版社1996年版,第204页。

[2]　[德]马克斯·韦伯:《经济与社会》下卷,林荣远译,商务印书馆1997年版,第25页。

[3]　同上。

契约在社会各个领域的数量和重要性大大上升,方使梅因爵士得出了那句伟大的名言。也就是说,虽然身分契约的这种形式在现代社会还会存在,但社会与法律的实质领域都已发生了变化。然而,在中国社会,直至清末,虽然早已发展出了在自由协议意义上的"目的"契约,但由于没有发生实质法领域内的改变,身分仍然是维系社会关系的重要纽带和区分社会地位的重要标志,契约甚至成了维护身分的重要工具。瞿同祖这样描述清代契约在中国社会和法律上的重要性与普遍性:

> 奴婢、雇工、长随、佃户等人的罪名因身分的不同,而大有出入,关系重大,所以身分的分别甚为重要,法律上对于印契极为重视,以为客观的物证。平日契买奴婢必立文契,并呈明地方官钤盖印信,有犯便按契究治,有契、无契、红契、白契分别甚大。[①]

从契约这一形式在中国社会与法律普遍应用的情形看,它的确不能够如梅因所言成为代替身分和家族的新的关系,相反,它的发展简直就是对身分和家族关系的强化。由此一点亦可看出中国社会与法律同西方社会与法律在实质方面的差异。

当然,促进西方资本主义发展的法律因素并不仅仅来源于罗马法的私法领域,它在相当程度上也是中世纪盛世以来经济增长直接刺激的结果,不断翻新的经济领域需要新的法律规范,这正是资本主义利益之所在,是资本主义发展的动力,而这些法律规范和

---

① 瞿同祖:《中国法律与中国社会》,中华书局 1981 年版,第 235 页。

准则并不能直接取自于传统的罗马私法。事实是，罗马私法所确立的重要原则在新的法律关系和法律规范中找到了合适的表意形式，而且得到了实质意义上的发展。在自由资本主义阶段，私法制度的核心乃是促进自由与竞争，而随着资本主义的巩固，私法领域大量公法化，法律的强制功能大大增强了。

四、强制机制的形成与演变

因此，从社会变迁的视角看，强制机制的形成与演变能够非常有力地解释法律变迁的过程及其特征。虽说强制非为法律所专有，但强制仍为构成法律以及使法律区别于其他社会规则、习俗和惯例的最重要的特征。

所谓强制乃是一个人被迫违背自己的意志而服从于他人意志的行为过程。从更一般的意义上说，凡是违背自由意志的行为也都构成强制。由于强制行为往往带有赤裸裸的暴力与令人厌恶的强迫成分，使得这个概念背负了一大堆善良之士加之于上的恶名，以至于哈耶克在与自由相对的意义与社会行为的层面上干脆将"强制"一词定义为一种恶。[①] 但是，在我看来，也惟有在这一层面上对强制概念的谴责才是恰当的，而超越了这一层面以及那种基于下意识对强制行为所表现出的义愤并无助于解释强制机制的形成及其人类复杂的心理状况。

当人类组成社会之时，便会存在维系社会的基本的社会秩序

---

① ［英］弗里德利希·冯·哈耶克：《自由秩序原理》上，邓正来译，三联书店1997年版，第165页。

与社会规则,而社会秩序与社会规则得以存在的最低保障即依赖于强制机制。强制机制不仅与社会一样古老,而且为组成社会之必须。即使在最原始的氏族社会中,也存在维系氏族组织所必须的强制机制。显然,不论是配给食物还是分配财产,不论是选举氏族首领还是罢免氏族首领,不论是建造公共墓地还是召开氏族会议,都会存在一个最低限度保障的强制机制,尽管在氏族社会中人们总会保持高度的一致和默契,即使许多大型公共活动也总是自愿完成的,因此,也许强制机制很少能够使用,但却没有人能够告诉我们一个可以不存在强制机制的氏族组织。而氏族组织对于那些严重危害氏族的犯罪行为所处的最为严厉的惩罚——将其逐出氏族,无疑是对违反者公然实施的强制。

当然,在人类早期社会中,虽然强制的程度也会有所不同,但我们显然还不能够对它们做出较为明显的区分。只有在人类进入文明社会之后,强制伴随着人们各种欲望的增长才变得异常丰富起来,从赤裸裸的、血腥的暴力强制,到社会中大量存在的、已然习焉不察的包括话语强制在内的各种强制,以及至为隐秘的、已然被改造为自愿接受的心理强制和观念强制,给人们提供了一个至为广阔的解释空间。在此,我不拟详细探讨各种强制的具体情况,而只是指出以下两个关于强制的重要事实:其一,对于各种强制来说,暴力强制虽为强制之底限,但不是任何社会都必须存在暴力强制,即使在经常要以诉诸武力和消灭对方肉体解决问题的古代社会,暴力强制也只是各种强制中的一小部分。实际上,不论是在硝烟弥漫的战场上军官对士兵所下的命令,还是社会上大量存在的各种行会、组织中的规章制度,或者基于人身依附关系所不得不履行的义务,无不构成社会学意义上的强制。所谓"人生不如意事十之八九",如果分析这些不快产生的社会原因,我们会发现十之八九又是由各种强制造成的。其二,诚如马克斯·韦伯所指出的,强制力量的大小与强制的程度并无直接关系,暴力强制不一定是最具强制力量的,有些强制——比如宗教的强制力量往往比暴力的强制力量大得多。[①] 这是因为暴力强制是通过外力所施以的强制,它不仅强制人的观念,也强制人的身体,往往招致怨愤和反抗,适得其反。而各类宗教的和准宗教的强制往往并不强制人的身体,它甚至不强制人的观念,而是通过改造人的观念,使人们自觉自愿地接受强制。福柯曾引用塞尔万(Servan)的形象描述深刻地阐述了这种无形的观念锁链的强制威力:

> ……当你在你的公民头脑中建立起这种观念锁链时,你就能够自豪地指导他们,成为他们的主人。愚蠢的暴君用铁链束缚他的奴隶,而真正的政治家则用奴隶自己的思想锁链更有力地约束他们。……这种联系是更牢固的,因为我们不知道它是用什么做成的,而且我们相信它是我们自愿的结果。绝望和时间能够销蚀钢铁的镣铐,但却无力破坏思想的习惯性结合,而只能使之变得更紧密。最坚固的帝国的不可动摇的基础就建立在大脑的软纤维组织上。[②]

人为什么会自愿接受一种强制? 这个问题的答案不仅要从社

---

① ［德］马克斯·韦伯:《经济与社会》上卷,林荣远译,商务印书馆1997年版,第351页。

② ［法］米歇尔·福柯:《规训与惩罚》,刘北成、杨远婴译,三联书店1999年版,第113页。

会行为中去寻找——人的社会化的过程本身就是一个不断被强制和改造观念的过程，也要从人类极为复杂、隐秘的心理状态中去寻找——强制这种社会行为实质上导源于人类一种复杂、隐秘的心理需求。在很多情况下，强制并不仅仅简单地与不快联系在一起，我们甚至可以说，在某些情况下，强制也制造着快感。不论是身体强制还是精神强制，它们在制造痛苦的同时也制造快乐，不过在通常情况下我们并不能确定强制者和被强制者谁真正拥有痛苦或快乐，这完全要根据具体情况才能确定。所以，一个社会、一个组织固然可以通过灌输某些观念使人们自愿服从和接受强制，而在一个不存在强制的社会或环境中，人们也可能单纯为了满足心理上的某种需求而自愿接受强制。强制实质上是人类一种极为原始的心理欲望。

然而，有组织的强制机构的产生仍然是强制机制形成和演变中的一件有意义的大事。马克斯·韦伯将强制机构定义为：

> 强制机构应该称之为这样一个团体，它的按照章程规定的制度，在一个可以标明的有效范围内，（相对来说）卓越有成效地强加给任何一种按照一定特征可以标明的行为。[1]

我们认为，对于国家意义上的法律来说，强制机构的产生不仅至为关键，甚至是必须的。虽然不是所有的强制机构都旨在实施一种法律的强制，但是，正是有组织的强制机构所实施的强制，将

---

[1] ［德］马克斯·韦伯：《经济与社会》上卷，林荣远译，商务印书馆1997年版，第80页。

法律与习俗和惯例区别开来。一个专门的、随时准备使用强制和暴力的班子的存在,也即"强制机器"的存在,是法律强制的极为典型的特征。然而,值得注意的是,暴力强制对于法律强制虽为必须,人类历史还从来没有给我们提供过不需要暴力强制的法律,但并不是所有的法律都是通过暴力强制的手段予以保障的。法律的实施在通常情况下都不是依赖法律强制特别是暴力强制的威慑,而是更多地依赖非法律的强制和强制以外的某些更为一般的原则。绝大多数人之所以不会去杀人,并不是因为他们恐惧法律的制裁,而是因为这一行为从根本上就和他们的道德观念及其一般原则相冲突,在其内心就被断然否定;而那些真正的杀人犯——一旦观念冲破道德和一般原则构筑的樊篱,则很少因为单纯恐惧制裁而中止实施犯罪。

因此,在较为原始的人类早期社会中,保障法律实施的强制机制虽已形成,但无疑缺乏一种专门的、以暴力为后盾的强制机构。只有在人类进入文明社会、国家产生之后,政治组织的发展才会演变出这类专门的国家强制机器。然而,正如马克斯·韦伯所言:"纯粹从法学上看,强制机构概念的构想是现代的理论才完成的。本质上讲,它也渊源于教会,产生于晚期罗马的教会法。"① 在此之前,古代法律对于源于教会的官僚体制的强制是全然陌生的,而正是教会的这种官僚体制发展出了现代国家意义上的行政机构。另一方面,市场的发展以及对财产保护的需求也要求一种法律意义上的强制机构提供正式的法律保障。马克斯·韦伯说:

---

① ［德］马克斯·韦伯:《经济与社会》下卷,林荣远译,商务印书馆1997年版,第72页。

愈来愈把所有单一的人和事实都纳入一个——至少在今天——原则上是建立在形式上"法的平等"基础上的强制机构,这是两大理性了的力量的杰作:一方面是市场的扩大,另一方面是默契共同体的机关行为的官僚体制化。[①]

强制机构在这一阶段的演变持续了相当长的时间,在这段时间里,国家强制机构不得不与各种强制机构共同存在,官方有组织的暴力强制不得不与民间自发的各种暴力强制共同存在,因为在传统国家中,国家控制和左右其臣民的手段十分有限,惟有在现代社会中,民族—国家的产生才能实现国家对暴力强制的独占:

只有现代民族—国家的国家机器才能成功地实现垄断暴力工具的要求,而且也只有在现代民族—国家中,国家机器的行政控制范围才能与这种要求所需的领土边界直接对应起来。[②]

必须注意的是,民族—国家对暴力强制的独占只是将原来分属于不同区域和行业的强制机构统一于一体,将分散于社会的各种暴力强制收归国有,而这并不意味着强制的减少,也不意味着实质上对强制权力的限制。如果我们对传统国家中的强制向民族—

---

① [德]马克斯·韦伯:《经济与社会》下卷,林荣远译,商务印书馆1997年版,第55页。

② [英]安东尼·吉登斯:《民族—国家与暴力》,胡宗泽、赵力涛译,三联书店1998年版,第20页。

国家强制的演变过程稍作检视,就会发现强制的范围并没有因为强制机构的统一和政府对暴力强制的独占而缩小,恰恰相反,强制变得更加普遍和泛化了;强制的权力不仅没有受到有效的限制,反而扩张到了社会的各个角落和公民的私域;有形的社会强制演变为无形的心理强制;公开的、血腥的、暴力的强制场景已然减少或消失,代之而起的是对日常生活持续性的监控以及对肉体和精神的规训(discipline)。

　　我们总是在经济制度变迁的意义上将传统国家归属于自然经济的国家,其实,无论在社会组织结构还是管理方式上,传统国家都带有浓厚的"自然"色彩,这是因为当时的国家不得不受制于特定的社会制度以及尚不发达的交通、货币、通讯和各种技术手段,传统国家对其地方组织和臣民的控制手段都远不能和今日强有力的中央政权相提并论。在欧洲封建社会,国王只不过是由各诸侯中的最强者产生的中央领主,他根本无法单独实施对国家的统治,只能一次又一次地将土地分封给各个诸侯,这些诸侯在自己的藩地中拥有至高无上的权力,而为了捍卫自己的领主权力,他们也不惜向中央领主展开坚决的斗争,而将受封时的誓言掷诸脑后。只有战争才能使他们抛掉封地利益而全力支持中央领主,当然,这也不是毫无条件的。即使在中国封建社会,天子有君临天下之威仪,周幽王敢于烽火戏诸侯,众诸侯也便敢于见死不救。在中央集权高度发达以后,强盛的唐最终也还是毁于方镇拥兵自重,权力过盛。由于在统治手段上捉襟见肘,由于传统国家面对的是一个广阔的农村地区,中央统治者事实上很难有效地控制幅员广大的基层地区,这些地区实际上拥有相当程度的自治,最高统治政令和国家法律难以在其基层地区奏效。在中国传统社会,中央集团的统治权力实际上只能延伸到县,而很难有效控制县以下的基层组织和人员。也就是说,国家强制的效力和范围非常有限,难以深入到民间社会。我们看当时国家对犯罪的惩治和死刑的规定,会觉得这是一个残酷而严苛的社会,但实际上真正被追究和处死者并不多,其数量甚至大大低于现代社会。传统社会实际上是一个自治程度和自由程度很高的社会,人的个性尚能够获得较为充分的不受太多拘束和矫正的发展。正是因为缺乏现代社会中人从小到大的层层规训,在我们眼里,传统社会才会有许多"野蛮之举"并不乏"恶霸"。"鲁提辖拳打镇关西",说明当一个"恶霸"干了坏事之后,国家亦缺乏足够的强制力及时予以制止和惩治,而国家强制力所未逮之处,正需要民间自发的强制予以最终补救。

欧洲封建社会和中国传统社会都经历了这样一个相当漫长的国家强制与民间自发强制共存的阶段。在这一阶段,国家强制机构远未达到现代社会分工精确的职能要求,军事、行政、警察甚至司法的功能往往混杂于一起,国家官吏绝大多数实质上都是没有经过训练的农夫,所谓"朝为田舍郎,暮登天子堂。"在国家强制不能达致之处,便给予了个性足够的生长和表达的空间。在某些特定场合和行为上,清规戒律是有的,但在一般的社会行为上,人们完全没有必要控制和压抑自己的情绪。英雄主义、浪漫主义以及血腥、暴力、复仇等戏剧性场景构成了这一时期的主题文化,"骑士文化"和"侠文化"正是在这一特定阶段产生出来的。

但是,在这一阶段,一种新的社会结构和人类行为的变化正在悄悄出现。传统国家的社会结构单一且具有广阔的空间,人们之间的相互依赖程度较低,如果过度控制自己的行为,反而会导致对自身的不利。试想一下,当一队队欧洲或中国的商旅(甚或宫廷押运的粮草）穿过荒山野岭之时，当一个人外出长途跋涉之时，他最担心的也是时刻需要防备的是剪径大盗，随时可能以暴力的方式决定生死和对财产的占有，此时，体力、胆略、武器成为致胜的关键。而在现代社会中，这些暴力的危险降到了最低，人和人的依赖程度是如此紧密，无论是穿越马路还是驾驶飞奔的汽车，首先需要考虑的是遵守共同的规则，才能保证自己和他人的安全。

社会分工促进了不同群体和行业之间的相互依赖性。社会化的过程是一个不断被熔铸进新的职业和训练出鲜明职业品德的过程，人不再成为过去那种完整意义上的人，无论在社会行为还是观念上他都被分割了。他不用亲自种地以供饷口，不用亲自织布以供暖身，不用亲自盖房以供起居，他也完全没有必要从头到尾干完一件在过去不得不独立完成的事情。总之，他已不能较为独立地存在于社会，而必须高度地依赖其他人的行为。人不再是一个相对独立空间内的英雄式的"个人"，而是一个大社会中需要仰仗他人的平庸"一员"。这个大社会"要求并培养个人更大的克制性，对其行为和精神进行更为精确的调节；它要求进行更强的本能制约，并且——从某一阶段开始——更为经常的自我强制。"[①]这样的社会要求人们更多地考虑合作以及合作中他人的意志。

在这同时，文明化和理性化也在不断改变人们的行为与观念。这几乎是从生活中的所有细节生发出来的。一个人的言谈举止，穿着打扮，包括进餐时的品相，都被看作与其教养有关，失态者会成为无情的嘲讽对象。这要求人们从小就培养一种均衡的自我调

---

① ［德］诺贝特·埃利亚斯：《文明的进程》第二卷，袁志英译，三联书店1999年版，第335页。

控能力，并按照社会标准不断改造自己，形成一种理性，形成一种细致而稳定的自控，以致一部分被抑制的本能冲动和情绪根本不再直接被意识到。[1] 这一过程在欧洲典型地表现为武士的宫廷化，它起始于 11 世纪，一直持续至 17、18 世纪，通过这一过程，贵族由骑士转变为廷臣。这一转变在西方历史上意义极为重大。社会行为的标准完全转变了。孔武有力不再表现为英雄壮举而成为粗鲁的象征，胜负也不再取决于体力和刀剑，而是置换为另外一些标准，因为在宫廷明争暗斗争宠的游戏中，禁止使用臂力和暴力，禁止直接的感情冲动，它要求每一位参与者要有长远眼光，有识人之明，"他们需要并培养出与以兵器相争所不同的品性：深思，算计长远，自制，精确调节自己的情绪，识人之明，深知内幕，所有这些都是任何一种社会成功不可缺少的前提。"[2] 因此：

> 一个对宫廷极为熟悉的人，会完全控制其举止、其眼睛和面部表情的；他深不可测，无法看透；他善于掩盖其不良之工作，对敌人也会笑脸相迎，喜怒不形于色，言不由衷，行非所愿。[3]

正是在社会结构、社会行为和人们观念的长期、持久演变背景下，欧洲实现了由传统国家向民族—国家的转变，以往分散的强制

---

① ［德］诺贝特·埃利亚斯：《文明的进程》第二卷，袁志英译，三联书店 1999 年版，第 263 页。
② 同上书，第 295 页。
③ 同上书，第 296 页。

权力为国家所独占,形成了民族—国家的法律形式。

对发生于同一时期的中国唐宋社会的"转型"稍作比较,是一个相当有趣的问题。西方许多汉学家一直对宋史怀有浓厚的兴趣,他们认为宋代乃中国智识的转折点。实际上,由唐至宋的转型不仅表现为纯粹智识的转变,在我看来,这一转变的实质是家族主义向国家主义的转变。唐代以前,国家主义并未取得支配性地位,唐代贵族仍是实际把持并割据一方的高门士族。《新唐书》载:

> 过江则为"侨姓,"王谢袁萧为大,东南则为吴姓,朱张顾陆为大;山东则为"郡姓,"崔卢李郑为大;关中亦号"郡姓,"韦裴柳薛杨杜首之;代北则为"虏姓,"元长孙宇文于陆源宝首之。[1]

当时,唐太宗曾命高士廉编纂全国姓氏图,图成视之,崔卢李郑仍排列在前。李为唐代国姓,其社会地位反在崔卢之下。高宗、文宗时,都有因子女求婚于贵族而被贵族拒之于门外之事,以至文宗尝叹:"我家二百年天下,其不如崔卢乎?"[2]中国传统社会为皇权至上的社会,但唐代的情况说明,皇帝远未取得对贵族的控制权,贵族亦尚未成为为皇权所左右的廷臣。

但是,安史之乱以后,这种现象发生了转变。门阀士族衰落了,国家通过一系列手段获得了对贵族和地方的控制权。这一转变可以通过"士"的变化得到典型反映。包弼德(Peter K. Bol)通

---

[1]　转引自杨鸿烈:《中国法律发达史》上,商务印书馆1930年版,第507—508页。
[2]　同上书,第508页。

过对这一时期士的角色变化的研究发现,"在 7 世纪,士是家世显赫的高门大族所左右的精英群体;在 10 和 11 世纪,士是官僚;最后,在南宋,士是为数更多而家世却不太显赫的地方精英家族,这些家族输送了官僚和科举考试的应试者。"①而这一转型,从士本身所捍卫的价值观念而言,则是通过对已然失落的"斯文"的拯救实现的。通过这一转型,已经衰落的、失去了独立权力的贵族依赖皇权重新执掌了权力,而皇室则通过重用这些有能力而缺乏政治权力的贵族加强了中央集权。从此以后,国家通过将门阀士族转变为官僚和文人取得了强制权力。

这一转变还体现在国家对军事、财政、税收的直接控制和垄断上。唐代地方割据势力享有相当大的军权和财权,始于唐代的税制改革以及宋太祖削方镇之权等措施都是旨在加强中央集权,削弱外权,使"利归公上"的重要举措。②

这一时期发生于法律上的一个显著变化,便是"孝"开始让位于"忠","家"开始让位于"国"。以"容隐"为例,唐以前对容隐的主张和规定是不附加任何条件的。孔子主张"父为子隐,子为父隐"③完全是从家族本位出发的,甚至是要以家族主义对抗国家主义。孟子与其弟子桃应的对话可证早期儒家的这一思想倾向。桃

---

① [美]包弼德:《斯文:唐宋思想的转型》,刘宁译,江苏人民出版社 2001 年版,第 4 页。

② 《宋史·食货上二》:"自唐建中初变租庸调法作年支两税,夏输毋过六月,秋输毋过十一月,遣使分道按率。其弊也,先期而苛敛,增额而繁征,至于五代极矣。"《宋史·食货下一(会计)》:"宋货财之制,多因于唐。……方镇握重兵,皆留财赋自赡,其上供殊鲜。……太祖周知其弊,及受命,务恢远略,修建法程,示之以渐。……乾德三年,始诏诸州支度经费外,凡金帛悉送阙下,毋或占留。时藩郡有阙,稍命文臣权知所在场务,或遣京朝官廷臣监临。于是外权始削,而利归公上,条禁文簿渐为精密。"

③ 《论语·子路》。

应假设舜的父亲瞽瞍杀人问之于孟子,孟子回答舜将会窃父而逃,"弃天下犹弃敝屣也。"①汉律规定亲亲得首匿。② 然而,值得注意的是,从《唐律》开始,却在"同居相为隐"条中规定了一个附加条款:"若犯谋叛以上者不用此律。"③这一规定为以后的《宋刑统》和明清律所沿用。这表明,在涉及针对国家的重大犯罪上,唐以后的法律已禁止容隐。

然而,与欧洲社会不同的是,发生于唐宋的转型只是贵族身分和某些价值观念的转变,社会结构、社会行为以及人们的观念并未发生整体转型,它只是通常意义上的新王朝对旧王朝的代替,是国家主义对地方势力以及门阀贵族势力的一次全面胜利。从价值观念而言,它甚至是传统道德观念的一次严重复古式倒退。因此,它不符合我所提出的社会转型的标准。这也是为什么《宋刑统》能全面沿袭《唐律》,而《唐律》一直沿续至明清律而殊少变化的原因。

民族—国家的建立则标志着一场全面的社会转型。正是通过民族—国家这一强大的权力集装器,国家能够对每一个人实施强有力的、持续的强制,能够对每一个角落实施那种无所不在的监控。通过学校、军营、医院等机构,用纪律对每个人实施从小到大的、强制性的规训。④ 强制机制的这种变化深刻影响了法律的功能和机制。传统国家和社会形成的私法领域缩小了,国家权力的膨胀使公法领域得以扩张并使国家法律的强制力漫延于整个社

①　《孟子·尽心上》。
②　《春秋公羊传》闵公元年,何休注。
③　《唐律》,《名例》,"同居相为隐"。
④　[法]米歇尔·福柯:《规训与惩罚》,刘北成、杨远婴译,三联书店1999年版,第三部分。

会。那种血腥的、暴力的戏剧化场景被一种温和的、文明的惩罚机制所代替,但这种文明化的惩罚机制所掩盖的只是权力作用点的变化,其实质是惩罚的更有效、更具普遍性和必要性。法律不仅惩罚人的肉体,还惩罚人的灵魂。而且,通过层层规训和持续性监控,法律强制不再主要是外在的有形强制,而是演变为深入人心的、能够通过人的自愿的心理强制予以实施的机制。

五、始于法律终于法律

也许,正是由于法律在现代社会形成和变迁过程中所显示的强有力功能,特别是国家立法在形成、调整、改变和干预社会制度、组织以至人们的社会生活及其观念中所发挥的强大作用,使得晚近以来的社会学家和法学家特别关注社会变迁与法律的关系。

当然,对于所有关注这一问题的学者来说,社会变迁与法律的关系是双向的。社会变迁引起相应的法律变化,这是显而易见的事实。没有罗马商品经济的发展及其形成的各类经济关系,以及源自罗马人的特有习俗和讲求形式主义的语言与行为特征,不可能形成对后世产生了巨大影响的罗马私法体系。同样,离开了中世纪的经济复苏、有效率的经济组织以及希腊思想、罗马法律、超验宗教和从森林里走出来的日耳曼蛮族的忠诚品格与极端一律的特征,也无法形成理性的资本主义法律。经济发展和科技进步也会导致一些法律领域发生变化,形成新的法律部门、法律原则和法律行为。例如,计算机的普及和因特网的广泛应用无疑会极大地影响众多领域并引起新的法律问题,相应的管理、安全以及交往和犯罪行为都会发生变化。同时,也有不少学者注意到,社会变迁并非总是能够或必然促使法律发生相应的变化,事实上,在经常的情况下,法律总是能够在保持原有的形式甚至基本内容的前提下,适应已经发生了变化的其他社会条件。例如,在财产、继承、遗嘱、犯罪等法律规范中,大多数的法律概念和法律规定已然沿用了上千年之久,它们能够适应社会长期变迁的需要,而需要增加和删掉的只是特定社会条件下的附着物。这是否足证在社会、文化中也有某些长期不变的核心成分呢?传统社会中的法律显然具有更强的稳定性,因为已有的社会变化并不总是离不开法律的保障。中国传统社会的法律在唐以后的数百年时间里只有条款数量的增删,而无实质内容的改变,亦能应付这一期间所发生的众多和重大的社会变迁。

但是,在社会变迁与法律关系这一问题上,大多数法学家关心的是法律对社会变迁的推动和促进作用。的确,对法学家而言,能够证明法律是推动社会变迁的有效手段和工具,已经令其深感快慰了。他们可以举出从古罗马到苏维埃的大量具体事例来证明这一鼓舞人心的结论:法律不仅是社会现实的简单反映,也不仅是剧烈革命后的一系列成果的副产品,它乃是引导和型塑未来社会行为和社会结构的一种积极手段。法律改变现实,造就现实。

在主张法律可以充当社会变迁的推进器的阵营中,对法律到底能够在多大程度上以及如何促进社会变迁的看法并不一致。一般来说,现在已没有多少人还简单地认为法律能够直接作用于社会以改变人们的行为和观念。Y. Dror 区分了法律作用于社会变迁的两种方式,即直接作用和间接作用,并且承认法律的直接作用——直接对法律主体强加义务以改变人们行为和观念的做法已充满危机。但他仍然认为法律可以通过影响各种社会制度变迁的可能性,从以下三个方面对社会变迁起到十分重要的间接作用:首先,依法形成各种社会制度以影响社会变迁的性质和范围,例如专利法通过保护发明者的权利鼓励发明,在技术机制上促进变迁以带动其他类型的社会变迁;其次,通过建立政府内部的各种组织机构以扩大对社会变迁的影响;第三,通过设定法律义务形成一定的社会环境,以养成社会变迁的因素。[①] Robert H. Lauer 则将法律看作实现社会变迁的一种策略。他赞同 L. Friedman 的观点,认为在美国的司法审查制度中,法院的确可以通过以下四种重大方法影响社会变迁:1. 通过有意识的和明确的改革方式规定特定行为的变迁;2. 通过优先政策挑战权威性和合法性;3. 通过政府其他力量或社会重要团体的变迁调整政策的支援或合法化;4. 通过象征性挑战社会变迁程序或政策使其无效。[②]

但是,另外一些学者则对法律在促进社会变迁方面的作用感到悲观。他们认为,法律作为一种工具,在这方面的能力是有严格限制的:"法律常常是无能为力的,法在制定之初就注定不会起作用,因为立法者对法律作用寄予过高的期望,而保证有效法律的必要条件,如适当的初步调查、宣传、接受及执行机构的不足,则注定了法的命运。"[③]因此,庞德认为,必须研究有效法律行为的限度。他提醒人们记住,法律作为一种社会控制工具存在着三种重要的限制,这些限制是从以下三个方面衍生出来的:1. 法律所能处理

①　E. g. , Yehezkel Dror, *Law and Social Change*, *Tulane Law Review* Vol. 33 (1959) pp. 787—802.

②　Robert H. Lauer, *Perspectives on social change*, 4thed. Boston: Allyn and Bacon, 1991, p. 309.

③　[英]罗杰·科特威尔:《法律社会学导论》,潘大松等译,华夏出版社 1989 年版,第 58 页。

的只是行为,只是人与事物的外部,而不能及于其内部;2. 法律制裁所固有的限制——即以强力对人类意志施加强制的限制;3. 法律必须依靠某种外部手段来使其机器运转,因为法律规则是不会自动执行的。① 他非常赞同耶林涅克的一个观点,即法律要想得到执行,必须保证它在社会心理上的效能。但这是非常困难的。困难之一在于法规与大多数人的、或那些富于扩张性的人们的、或统治阶级的人们的利益背道而驰;二是法律违反了许多人的或少数顽固分子的道德观念;三是因为法律没有涉及人们个人的利益,因而他们对法律就漠不关心了。"不管是哪一种情况,书本上阐述的法律规则都可能或者基本上可能得不到实现。"②

虽然庞德对法律在现实社会中的实际效能表示出很大程度的悲观情绪,对18世纪那些把法律设想为条理化了的理性的哲学派法学家们感到失望,不得不承认"不论立法部门的造法还是司法部门的造法都是无济于事的"③,并对历史法学派在这一问题上的观点表示了很高程度的赞同,但他仍然批评这两派没有看到问题的全部。因为在他看来,"16世纪以来,法律已经成为社会控制的最高手段了。"④而历史法学派则认为,来源于社会秩序、被人们实际遵守着的规则——"活法"才是真正的法律,"活法"不仅早于国家立法,调整的范围、有效程度和作用也比国家立法大得多,即使在国家作用扩大了的现代社会,"活法"也比国家立法的作用大。国家立法只有正确表达了人们在实际生活中共同遵守的行为规则,

---

① 　[美]罗·庞德:《法律的任务》,沈宗灵译,商务印书馆1984年版,第118页。
② 　同上书,第124页。
③ 　同上书,第130页。
④ 　同上书,第131页。

这样的法律才是有效的。

企图通过国家立法改变人们固有生活方式和习惯而遭到失败的最为典型的例子是美国 20 世纪初实施的"禁酒法"。据统计,从 1920 年到 1932 年"禁酒法"被废止,有 75 万多人因违反"禁酒法"而被捕,所课罚金和罚款总额超过 7500 万美元,价值高达 2.05 亿美元的财产被没收,联邦法院在押违反"禁酒法"的犯人从 1922 年的 35,000 人增加到 1932 年的 61,381 人。仅 1930 年一年内就有 282,122 所非法酿酒厂及机器设备,4000 万加仑的制酒原料被没收。① 当时,一个携带一瓶杜松子酒的女人会被处以无期徒刑。然而,严刑峻法丝毫没能改变酒类的消耗量,反而激起了人们要求废止"禁酒法"的反抗运动。"禁酒法"失败的因素几乎触及到了所有法律意欲改变社会行为和观念时所易犯的大忌:用法律强行改变人类长期的生活习惯以及把一部分人的观念强加于另一部分人;以抽象的理性法律条文对抗社会生活的经验;与固有的道德观念和生活方式相冲突;遭到有组织集团和社会势力的反对;粗糙的不负责任的立法以及更加不负责任的执法。

切不要以为这类荒唐事只存在于"禁酒法"并且只发生于美国,②实际上,"禁酒法"只是那类以拙劣的方式严重干预社会而遭受失败的颇为愚蠢的极端事例,大多数法律虽然没有因挑起严重社会事端而焚身自断,但通常情况下也只是"半死半活"地发挥着作用,有些则名存实亡,成为一纸具文。这种情形难免让人想起历

---

① 〔英〕罗杰·科特威尔:《法律社会学导论》,潘大松等译,华夏出版社 1989 年版,第 63—64 页。

② 只要想一想最近几年中国许多城市已经名存实亡的关于"禁放"的法规,我们就会清楚,试图用法律改变千年习俗的这类荒唐事实在是太普遍了。

史法学派那个富于创见和想象的说法:大多数法律规定的都是社会生活中已有的规则,因此,即使没有法律,社会也不会崩溃。

　　立法在社会生活中的实际作用可能已被想象扩大了。按照哈耶克的一个颇为经典的理论,严格意义上的立法乃是一个有关长期原则而不是有关特定利益的问题。[①] 哈耶克的这一表述实际上支持了历史法学一个最为核心的论点,因为按照我的理解,所谓长期原则实则就是在社会生活中被人们久已遵循着的一般规则。但是,在现代社会,国家立法日益增强的功能主要集中在那些有关特定利益的规定方面,因此,一般人所看到的法律对社会变迁的促进作用也就体现在法律对有关特定利益的增加、改变或否定上。这实在是法律认识上的极大谬误。一如我们所知,对有关特定利益的调整应该委之于政策和特定组织的规则,而不是法律。政策和特定组织的规则照样能起到应有的作用。反过来说,即使国家法律对有关特定利益作了规定,也未必能收法律权威之实效。我们常见有人对某些严重的社会现象(特别是有害行为)提出一些合理化的建议,而最终的建议便是吁请国家作立法上的规定,似乎只要国家法律作了规定(特别是限制性规定),问题也就解决或者离解决不远了。但实际情况并非如此。我们看到了很多缺乏权威、效力以及执行得不好的立法,甚至看到了像"禁酒法"那样坏的立法。因此,我们实可说,法律不等于立法,法律之所以有权威和效力,正在于它规定的是长期利益或一般规则,一旦法律规定了特定利益,它也就不再能保证其权威和效力,而一般人的错误则在于将法律

---

　　① ［英］弗里德利希·冯·哈耶克:《法律、立法与自由》第二、三卷,邓正来等译,中国大百科全书出版社 2000 年版,第 488 页。

的权威和效力想象于立法上了。

通过司法改变社会进而促进社会变迁的作用相当有限。司法的主要功能是维护既有秩序,而不是改变秩序或创造新的秩序。当然,通过司法的确可以改变某一领域的政策、行为或引发更大范围的变动,但要达到改变社会或促进社会变迁的程度,则需要其他因素的配合和支援。况且,司法制度的功能在普通法系以外的国家受到很大限制和制约,不具有英、美国家司法制度那么强大的功能。

法律在历史上的某些作用很可能被不适当地夸大了。我们曾经提到过成文法这一形式的出现对于推动社会变迁的重大作用,但这些作用不能仅仅看成是法律的。因为成文法这一形式本身就是文字产生的直接结果,没有文字的发明和运用,就不会造就成文法及其法典。即使是成文法和法典本身,它们也没有发明出任何新的东西,而只是对已然行之有效的、为大家共同遵守的规则进行总结和记载。后世常有对梭伦立法创举的赞美,但正如摩尔根指出的,梭伦可能只是把以前已经确立的习俗变为法律而已:

> ……但是没有理由假定:梭伦的法律是一无先例的新产物。应当说它们只是以成文的形式把关于财产的那些概念体现为权威的法律而已,他们关于财产的这些概念是通过经验逐渐形成的。①

---

① [美]路易斯·亨利·摩尔根:《古代社会》,下册,杨东莼等译,商务印书馆1997年版,第554页。

我一直认为,法律能够积极主动地促进社会变迁、改造社会的说法只是法学家为了增强职业荣誉感的夸张之辞。我不是怀疑法律是否具备这样的功能,而是惊诧于法学家竟然能够将法律的这种功能同其他社会功能区分开来。他们很可能也只是将体现在法律中的所有业已取得的丰功伟绩全都算在法律头上而已。

显然,法律所具有的功能并不纯粹只是法律自身的功能。我们也不可能发明出一套公式,将法律对社会变迁具有的所有促进、阻碍和破坏作用计算得清清楚楚。因此,我再一次申明,我并不否认法律具有促进社会变迁的作用,我只是无法容忍功能主义的态度和方法,因而反对在功能主义立场上作出这一判断。功能主义必将割裂实则又无法割裂社会、历史和法律。

对于社会变迁与法律的关系,我所赞成的是一种解释的方法。这一解释的方法将社会变迁看作是一个整体,在整体变迁推移的过程中,任何一个部分的变化都与其他部分相关联,因此,任何变化都不能仅靠单一的解释予以说明。法律是社会整体变迁的组成部分,它既是社会变迁的原因,也是社会变迁的结果。同样,社会变迁的其他各种因素也构成法律变迁的原因和结果。它们之间是一种互为解释的关系。

提倡这样一种对社会变迁与法律之间的解释方法并不是要模糊它们之间的关系,而是要在社会变迁的整体互动中解释它们之间的关系,将法律看作自始至终参与社会变迁的一支力量,看到与其他社会因素结合在一起的合力,而不是仅仅突出法律在社会变迁的某一阶段发挥了特殊作用,惟其如此,我们才可以看到在一个相对完整的变化过程中,尤其是每一次重大的社会变迁,总是始于法律终于法律。

　　按照昂格尔的说法,法律是对秩序衰落的一种反映。[1] 当人类失掉他们理想社会的伊甸园时,他们不得不创造了法律。这是古典自然法学给我们描绘的一幅人类社会秩序形成的典型图画。这幅图画是不能由人类的经验加以证实的。人类经验可以证实的是,每当一个时期的社会和谐秩序被打破、新的社会秩序形成之时,正像这些变化首先反映在纯粹的生产和经济领域内一样,它们也首先反映在法律的变化上。当氏族社会的秩序再也无法维系下去,将被新的社会秩序取代之时,当封建秩序的格局被打破,形成官僚社会秩序或具有民族—国家特色的资本主义社会秩序之时,那些破坏性的和建设性的因素首先也都极为鲜明地体现在法律上,体现为法律形式和实质内容的每一点变化。

　　而且,我们发现,新的社会秩序的形成总是以法律作为最终定型的标志。这是因为所有社会变革所取得的重大成果最终都要写进法律,用法律的形式加以确认和维护。无论封建社会秩序还是资本主义社会秩序,它们都是以相对成熟、稳定的法律作为新秩序形成的开端。这一新的秩序在法律上的形成几乎也已经是新秩序所能达到的最为成熟的顶点了,此后,它将日趋式微,在衰落之际展开新的一轮社会变迁。

---

　　[1]　昂格尔:《现代社会中的法律》,吴玉章、周汉华译,中国政法大学出版社1994年版,第121—127页。

第五章　秩序、规则与法律

用我们所采纳的术语来说，这意味着自生自发秩序立基于其上的一般性法律规则（the general rules of law）所旨在实现的乃是一种抽象秩序（an abstract order），而该秩序所具有的特定的或具体的内容则是任何人所不知道的，也是任何人所不能预见的；然而，那些支配一个组织的命令和规则所服务的则是那些控制着此一组织的所旨在达到的特定结果。……只有当我们从这个规模最大的组织（即政府）转向整个社会的整体秩序的时候，我们才会发现一种完全依凭规则且在性质上完全是自生自发的秩序。

哈耶克（F. A. Hayek）

一、从有序到无序

秩序乃是一切事物依照一定的规则或规律呈现出的和谐状态。从人类可以观察到的现象和经验来看，不论在自然界、动物世界还是人类社会，秩序都是普遍的、绝对的、衡长的、确定的和连续的，而无序状态则是特殊的、相对的、暂时的、不确定的和非连续的。

在自然界,无论大到宇宙天体的演化、自然的交替和生长,还是小至微观世界里分子的排列组合,无不呈现出有序的状态。宇宙的无边界理论证明宇宙的膨胀是从一个光滑的、有序的状态开始的。地球的公转和自转带来了四季和昼夜的交替。新陈代谢使生命处于不断的出生、生长、衰落和死亡的过程中。这些现象总是按照一定的规则有规律地发生着变化。甚至在非物质的领域,我们也必须依靠一种普遍的、明确的、连续的秩序排列。例如,时间必须依照前后顺序和相等的格式进行排列,度量衡也须依照相等的距离和重量增加或减少。当然,它们都依赖于一个更加基础和抽象的概念——数的排列与组合。正是秩序所具有的这些特性,才使人类的行为有了确定性和可预计性。我们总是春耕秋种,日出而做,日落而息。冬天总是寒冷,水到零度以下必定结冰;夏天总是炎热,水加热到一定温度必定蒸发。可以这样说,秩序规定了人的生活,限制了人的生活,也使人的生活有了可能性和必要的保障。相反,我们很难设想人类能够生活在一种完全无序和反常的状态之中,[①]对一般人来说,那种生活状态是颠倒的、淆乱的、滑稽的、荒唐的,因而也是不可能的,起码对绝大多数人来说是不适宜的。

动物会依照自身的习性和自然规律形成动物世界中特有的秩序。候鸟总是随季节的转换而有规律地来回迁移。大多数择群而居的动物都会在一定的程度和范围内形成简洁有效的秩序,此一秩序的建立亦将极大地促进和提高它们的生存能力与质量。它们

---

① 就像一首民谣所说的:冬天热来夏天冷,东西大街南北走,村头碰上个人咬狗,拾起狗来打砖头,砖头咬了狗的手。

甚至能够依靠简单有效的分工实现秩序的合理化。我们可以通过观察蚂蚁搬家和蜜蜂酿蜜的工作发现它们建立在分工基础上的秩序是多么井然有序和富有效率。当然,所有的动物都必须服从一种更为根本的秩序——建立在自然选择基础上的生物进化法则。

人类社会的秩序是更为高级、复杂的秩序。各种不同的秩序构成一个总体上的、从而也是抽象意义上的社会秩序。作为秩序中的一员,人必须高度依赖他所生活于其中的秩序,方能造成一种安稳适足的和谐生活。他既是秩序的形成者,也是秩序的承受者;他既可能是秩序的维护者,也可能是秩序的破坏者。作为家庭成员,他必须尽心尽力地维护这个集体,才能拥有一个幸福和谐的家庭。如果出现了破坏者,则家庭的和谐被打破,甚至有解体的危险。走出家门,作为行路者,他必须遵守交通规则,方能保障通畅、快捷、安全的交通秩序,破坏了交通秩序,就会出现拥挤、堵塞、混乱甚至瘫痪的状况。在商业贸易中,作为交易的一方,他必须信守合约,才能保证公平、有效的商业秩序。没有这些秩序的存在,人将举步难行,亦将一事无成。

更为重要的是,作为人之行为的社会秩序,与纯粹自然界的秩序不同的是,它除了具有一般意义上的秩序的普遍性、绝对性、衡长性、连续性等特性外,它还具有可预计性。也就是说,人们可以从"对整体中的某个空间部分或某个时间部分(some spatial or temporal part)所作的了解中学会对其余部分作出正确的预期,或者至少是学会作出颇有希望被证明为正确地预期。"①正是人之行

---

① ［英］弗里德利希·冯·哈耶克:《法律、立法与自由》第一卷,邓正来等译,中国大百科全书出版社 2000 年版,第 54 页。

为的社会秩序的这一特性,使人能够较为合理和正确地预计未来,从而造成了在人类社会、特别是有组织社会中大量出现和使用的计划与安排。我将在稍后指出,也正是此一事实,使绝大多数人不假思索地相信社会秩序即是人造秩序这一极端错误的结论。

秩序之所以表现为那些显著的特性,也就是说,在我们经验所能观察到的场合,总是秩序压倒无序,乃是因为大秩序是由无数个秩序和规则体咬合构成的抽象秩序,因此,所有对秩序的破坏必定是局部的和偶然的,它总是会很快得到修复和矫正,并被新的秩序所取代。秩序被破坏以后并不会形成持久的无序,更不会形成整体的无序,而是会形成新的秩序。但是,这一切只是人处在一个特定阶段和局部所能观察到的现象,事实上,它并不意味着作为抽象意义上的大秩序总是处于恒定的秩序状态中,更不像那些机械论者和盲目乐观者所认为的,是经由人的积极行为将无序状态创造为有序状态的过程(就像有些论者所指出的,如同组织一帮人将一间杂乱无章的房间打扫整理得井井有条的过程)。恰恰相反,正如那些伟大的心灵感触到的和科学业已证明的那样,大秩序中所有运行的箭头汇集在一起时均指向一个方向:从有序到无序。

这并非危言耸听。长期以来,我们生活在 400 年前牛顿所创立的机械论世界观中,相信科学技术所带来的进步能建立起一个更有秩序的世界这一观念。至今这一观念仍然影响着大多数人的思想。但是,熵定律(热力学第二定律)彻底摧毁了这一观念。热力学第一定律告诉我们,宇宙中的物质与能量是守恒的,既不能被创造也不能被消灭。热力学第二定律告诉我们,物质与能量只能沿着一个方向转换,即从可利用到不可利用,从有效到无效,从有序到无序。根据熵定律,无论在地球上还是宇宙或任何地方建立起任何秩序,都必须以周围环境的更大混乱为代价。① 因此,热力学的时间箭头指向的是从有序到无序。霍金(Stephan Hawking)在研究宇宙起源和演化问题时,提出了另外两个时间箭头:心理学时间箭头,我们感觉时间流逝的方向,在这个方向上我们可以记忆过去而不是未来;宇宙学时间箭头,在这个方向上宇宙在膨胀,而不是收缩。霍金根据宇宙的无边界条件和弱人择原理解释了这三个箭头指向的都是同一方向,从而证明了宇宙是从一个光滑的、有序的状态开始,而以一个几乎完全无序的状态结束的过程。② 这就是宇宙起源的大爆炸学说,它完全符合热力学定律。

　　不要以为热力学定律只能解释宇宙起源、演化和只适用于某些特定场合,实际上,它正在彻底影响、改变着人们的世界观,并决定和支配着实际的社会秩序与变迁方向,用诺贝尔化学奖获得者弗雷里克·索迪的话说,热力学定律"最终控制着政治制度的兴盛与衰亡,国家的自由与奴役,商务与实业的命脉,贫困与富裕的起源,以及人类总的物质福利"。③ 古希腊人早就预言了这一点。他们把人类历史划分为五个时代:黄金时代、白银时代、青铜时代、英雄时代和铁器时代,这五个时代一个比一个退化和粗俗。希腊历史学家海西奥德是这样赞颂黄金时代的:

　　　　初辟之时,奥林匹斯山上诸神缔造了黄金般的生灵——

---

① ［美］杰里米·里夫金、特德·霍华德:《熵——一种新的世界观》,吕明、袁舟译,上海译文出版社1987年版,第3—4页。

② ［英］史蒂芬·霍金:《时间简史》,许明贤、吴忠超译,湖南科学技术出版社2001年版,第九章。

③ 转引自［美］杰里米·里夫金、特德·霍华德:《熵——一种新的世界观》,吕明、袁舟译,上海译文出版社1987年版,第5页。

他们像神鸿蒙一样地生活，无忧无虑；没有悲伤，没有劳顿。等待着他们的不是可悲的衰老，而是永葆的青春。他们欢宴终日，不知罪恶之骚扰。死亡之到来一如睡眠之降临。他们拥有一切美好之物。富饶而又慷慨的大地向他们奉献源源不断的丰收。在一片莺歌燕舞中人们和睦相处。①

而铁器时代则是如此的粗俗和严酷：

人们日间辛苦劳作，夜间则受尽侵害，不得安宁。父亲与子女离心离德，主人与客人反目为仇，友朋之间尔虞我诈。……父母迅速衰老，受尽耻辱……光明磊落、恪守信用者不得重用，骄横行恶之士反而见宠。正义为暴力所压倒，真理不复存在。②

这样的世界观亦见之于中国古人。孔子心目中的黄金时代是远古的"大同"社会：

大道之行也，天下为公，选贤与能，讲信修睦。故人不独亲其亲，不独子其子，使老有所终，壮有所用，幼有所长，矜寡孤独废疾者，皆有所养；男有分，女有归；货恶其弃于地也，不必藏于已；力恶其不出于身也，不必为已。是故谋闭而不兴，

---

① 转引自[美]杰里米·里夫金、特德·霍华德：《熵——一种新的世界观》，吕明、袁舟译，上海译文出版社1987年版，第7页。
② 同上书，第8页。

盗窃乱贼而不作，故户外而不闭，是谓大同。①

而他所处的乃是次于"大同"的"小康"社会：

> 今大道既隐，天下为家，各亲其亲，各子其子，货力为己，大人世及以为礼，城郭沟池以为固，礼义以为纪，以正君臣，以笃父子，以睦兄弟，以和夫妇，以设制度，以立田里，以贤勇知，以功为已，故谋用是作，而兵由此起。……是谓小康。②

在古希腊、中世纪以及中国古代的许多先贤们看来，理想的社会秩序乃是变化最少的社会秩序，只有这样，才能将衰亡的过程减慢，而增长和发展只能以更大范围内的秩序破坏为代价，从而加速衰亡的到来。③ 将历史视为一个从无序到有序的进步社会，只是近几百年来在牛顿机械论世界观以及达尔文自然进化论和斯宾塞社会进化论影响下形成的极为浅薄和庸俗的观念。

对于人类来说，大秩序从有序向无序的转化乃是极为残酷的事实。尽管秩序和规则往往会压抑人类的天性和束缚人的创造力，每个人难免时有挣脱其约束的欲望，特别是许多从事文学、艺术等创造性工作的人，他们常常藐视现存秩序和规则，愿意处于不受秩序和规则约束的、充满激情和浪漫的状态中，过一种"闲云野鹤"、"游于方外"的生活，甚至秉有"颠倒黑白"的逾越

---

① 《礼记·礼运》。
② 同上书。
③ 这样的世界观见之于古希腊的柏拉图和亚里士多德，亦见之于中国宋代的诸多文人，特别是司马光的观念。

常规的习性。① 但是,毋庸置疑,绝大多数人在绝大多数情况下似乎更愿意生活在正常有序的世界和社会中。此种需要根植于人类心理深处根深蒂固的保守和懒惰习性。在一个可靠、安全、稳定和可预期的社会中,事情不会变得更好,也不至于变得更糟,绝大多数人便会安于习常,尽管变动有时会对他们暂时更为有利。此种习性经过人类世世代代的传承、积淀,业已如此根深蒂固,以至于已经成为人类的天性,表现于婴儿的生性之中。当某些人有机会重新开始一种新的生活时,例如,新领地的开拓者们,或者因海难不得不在没有人烟的荒岛上重新开始生活的人们,他们甚至表现出对秩序和规则更加强烈的渴望。在当今互联网的虚拟社区中,尽管人们虚拟的行为具有更强的随意性和放任性,但恰如我们所见,那里自发形成了更为井然的秩序和明确的规则与权限:站长、版主、管理员,各种功能区,建立在自愿基础上的承认或同意的条款,对未成年人的警告,以及人们对秩序和规则更加尽心尽力地关心、维护和遵守。有些网络社区甚至建立了法院,破坏秩序或违反规则者轻则遭众人谴责,严重的要遭"监禁"甚至被"枪毙"。

正是可能导因于这种根深蒂固的心理需求,人类在很早的时候便开始尝试对秩序的人为建立。

二、 自然秩序与人造秩序

对于涉足社会理论的学者来说,人类久已处于社会之中这一

---

① 此处的"颠倒黑白"喻许多艺术家有晚上工作白天休息的习惯,又喻因创作需要许多艺术家往往使用反常思维,非贬义。

事实可能既是一件幸事亦是一种大不幸。一方面,它为各种社会理论提供了广阔舞台,另一方面,由于人类已无力回溯社会形成之初的情景,因此,经典理论只能靠提供各种假说解释社会秩序的形成。令人遗憾的是,由于社会秩序形成的持久性与复杂性,使得各种经典理论所提供的假说总是处于令人疑惑和难掩缺陷的困顿中。特别不幸的是,由于人类在很早的时候便开始人造秩序的建立,人们亦久已生活于这种人造秩序之中,而这种人造秩序又具有不同于自然秩序的极为引人注目的特征,使得许多人们无视社会秩序中大量存在的乃是自然秩序这一事实,而将社会秩序完全等同于人造秩序。某些经典理论实对这一谬见起了推波助澜乃至引路的作用,古典自然理论即为显著一例。

秩序虽可依不同的标准进行多项分类,但对于正确理解社会秩序和有助于纠正那些贻害甚广的谬见来说,正确区分自然秩序与人造秩序将是非常有益的。按照我的理解,自然秩序系指不依人的主观意志而客观存在或自发形成的秩序,它包括天然秩序和自发秩序两种秩序。天然秩序是自然界客观存在的物质世界的秩序,大至浩瀚无垠的宇宙中的天体秩序,小至需借助高倍放大镜才能观察到的微小粒子世界的运动秩序,都属于天然秩序。自发秩序是指动物世界以及人类社会非依人之主观意志而自发形成的行为秩序,此一秩序将使我们认识到,人类社会的绝大部分秩序与动物界的秩序一样,都是在群居生活中自发形成的,虽然人类的社会秩序乃是比动物界的秩序更为高级也更为复杂的秩序。而人造秩序则是经由人的主观意志而刻意构建出来的那部分社会秩序,此一秩序将使我们认识到,只有人才能依凭主观意志构建出一种秩序,而此一秩序既是人所能达至的诸多伟大成就之一,也是人为自己的社会创造出的对立物。至为重要的是，我们一定要认识到，所谓社会秩序乃是由自发秩序和人造秩序这两种秩序构成的，社会秩序中的大部分秩序和最为重要的秩序是自发秩序，人造秩序只占很少一部分，而且较为次要。当然，这种状况晚近以来发生了很大的变化。

我们说社会秩序乃是比自然界的秩序更为高级、更为复杂的秩序，其特征之一就是人类能够运用自己较高的认识能力和已有的知识规范使社会行为具有较为合理的、确定的可预计性。动物的行为当然也具有一定的可预计性，但那是一种纯粹基于生物本能的较低层次的适应性预期，而不是出于较高认识能力的建立在知识基础上的合理性预期。人类行为的这一能力使得人们在此基础上发展出不同于自然界秩序，从而也不同于自然秩序的另一个极为显著的特征，即从很早的阶段开始，人类便已经构建出一种建立在组织和计划基础上的社会秩序。由于这一刻意建构出来的秩序与人类社会自发形成的秩序有着极为不同的特征，我们业已指出，我们将把人类自然形成的秩序称之为自发秩序，而把建立在组织和计划基础上的刻意构建出来的秩序称之为人造秩序。这一分类已为哈耶克所指出并予以阐明。他将自发秩序称之为"自生自发秩序"或"增长的秩序"，认为它是一种源于内部的秩序，而将人造秩序称之为一种源于外部的秩序或安排，也称之为一种建构或人为的秩序。① 毫无疑问，那种建立在组织和计划基础之上的人造秩序也已有了相当久远的历史，而此一秩序对人类生活的影响

---

① ［英］弗里德利希·冯·哈耶克：《法律、立法与自由》第一卷，邓正来等译，中国大百科全书出版社 2000 年版，第 55 页。

亦非常巨大,特别是近代以来,许多有影响和地位的人多生活于这种秩序之中,因此,颇为令人遗憾的是,他们竟然把人造秩序当成了整个社会秩序,而完全无视自发秩序的存在。

从某种意义上说,古典自然法学乃是这一谬见最有影响的鼓吹者。古典自然法学理论假定,人类在组成社会之前,处于一种完全自然的状态之中。当然,每个古典自然法学家对自然状态的描述是完全不同的。霍布斯(Thomas Hobbes)认为,在自然状态中,人类始终处于战争之中,人和人的关系像狼一样,充满仇恨、恐惧和互不信任,最弱者也能杀死最强者。[①] 而洛克(John Locke)则认为,自然状态是一种完备无缺的自由状态,人们可以在自然法的范围内,用自己认为合适的办法,决定自己的行动,而毋需得到别人的许可和听命于别人的意志,这是一种自由和平等的境界,决不像霍布斯所描述的是"人对人像狼一样"的状态。[②] 但不管自然状态如何,总之,人类最终都在约定的基础上通过签定契约组成社会,将自己转让给"他人"。此一"他人"既可以是一个最高主权者,也可以是国家、议会、政府或整个的集体。正是卢梭(J. J. Rousseau)最为肯定地指出了社会秩序乃是出于"约定"而非出于"自然"的一项权利:

> 社会秩序乃是为其他一切权利提供了基础的一项神圣权
> 利。然而这项权利决不是出于自然,而是建立在约定之上

---

① [英]托马斯·霍布斯:《法律的要素》,转引自[美]博登海默:《法理学——法哲学及其方法》,邓正来等译,华夏出版社1987年版,第44页。

② [英]洛克:《政府论》下篇,瞿菊农、叶启芳译,商务印书馆1982年版,第14页。

的。①

　　按照卢梭的设想,当自然状态不利于人类生存,若不改变人类就会消灭的时候,人们便签定社会契约,将自身及其一切权利转让给整个的集体,共同置于"公意"的最高指导之下。② 古典自然法学自信为我们描绘了一幅人类社会起源的理想图画。在这幅即使依常人逻辑看也是有些稀奇古怪的图画中,也许是为了强调契约的神圣性和重要性,不仅社会被解释成人们签定契约的结果,连人身及权利也都被迫发生了"转让"。而且,古典自然法学家所使用的"国家"、"政府"、"集体"以及"主权"、"人民"、"公意"等概念甚为含混,有些几乎无从辨认,或竟混为一物。

　　稍后的实证主义法学也将社会秩序视为刻意建构的人造秩序。这些被特殊利益这个最大的障眼法遮蔽了视野的学派完全无视这样一个事实:即社会秩序的形成决不可能开始于一个人们有意为之的人造状态,也决不是人类面对某种状态所采取的即时性行动,而是人类在漫长的与自然界和人们的相互关系过程中自然生成的,那种通过组织活动有可能在计划和安排的基础上构建出来的人造秩序则是在其后产生的,它们共同整合形成一个大秩序。大秩序的特征是自生自发的。

　　近代以来,以政府为首的各种组织和纪律日益强盛,这种现象使许多人相信人类在理性的组织和规划下可以无所不能,而日趋严密的纪律规训又在很大程度上增加了他们对组织的敬仰和信

---

① ［法］卢梭:《社会契约论》,何兆武译,商务印书馆1982年版,第8—9页。
② 同上书,第22—25页。

赖。人们之所以只意识到人造秩序的存在,在很大程度上是因为人们愈来愈生活于无所不在的组织与纪律之中。相对于自发秩序,我们也许可以恰当地将人造秩序称之为一种"表达的秩序":人们不断地成立组织、解散组织、加入新的组织,依照纪律条款进行约束和惩诫,以及不断举行各种大型公共活动、会议、立法、发布文告等等,总之,这种秩序被不断地、持续地以各种形式"表达"出来。它并不仅限于文字的表达,而通常是以组织的方式"表达"出来,让人们时刻感觉到它的存在,甚至感觉到它就是惟一的社会秩序。

与人造秩序的这一特征极为不同,自发秩序既不能够被人们"看"到,亦不能够被人们直接感觉到,它是一种"沉默的秩序",是一种"内部的默默起作用的力量"(萨维尼语),除非我们真的经由经验的累积和知识的教谕而认识了它,否则,它对我们来说就是"不存在"的,因为:

> ……这样的秩序并不会主动进入我们的意识之中,而必须凭靠我们的智力对之进行探索。我们不可能用肉眼看到,也不可能经由直觉而认知到这种由颇具意义的行动构成的秩序,而只能够经由对不同要素之间所存在的各种关系的探索而从心智上对它加以重构。……它是一种抽象的而非具体的秩序。[①]

自发秩序的这一特征决定了它与人的主观性无涉,因而也不

---

① [英]弗里德利希·冯·哈耶克:《法律、立法与自由》第一卷,邓正来等译,中国大百科全书出版社 2000 年版,第 57 页。

是任何人可以随意加以控制和改变的。事实上，它是从无数个不确定的事实和行为的互动中展开的，任何人和组织都不可能拥有控制和改变这些无数个不确定的事实和行为的全涉性知识与权力。因此，当我们自豪地宣称我们改变了一种秩序或建立了一种新的秩序的时候，我们实际上指的是那种刻意建构的人造秩序，而对于自发秩序，我们根本就没有能力对其施以控制和加以改变。

必须指出的是，构成一个社会的基础性的秩序乃是自发秩序，人造秩序只是一种附加秩序。自发秩序决定一个社会的性质和文化的特质，人造秩序有时并不反映和表达这种性质和特质。应当说，在一个社会和文化内主要依靠自我力量建构起来的人造秩序是与该社会的性质和文化的特质相吻合的，也就是说，该社会的自发秩序与人造秩序是应当和谐一致的，但是，外来文化的移植和制度借鉴有可能使这种一致性被打破，特别是近代以来，一些殖民地国家和发展中国家大量移植和照搬了西方国家制度，使得两种秩序之间出现了巨大的罅隙。这些国家所面临的困境在很大程度上可归因于这两种秩序之间的不一致。事实也正是这样，当两种不一致的秩序发生冲突时，起决定作用的是自发秩序，而不是建立在移植制度基础上的人造秩序。

但是，还应当指出的是，自发秩序与人造秩序之间的关系也决不仅仅只是决定与被决定的简单关系，它们事实上也是一种互动关系。作为一种自然秩序，自发秩序如能通过人造秩序所刻意建构的方式予以正确地、恰当地表达，无疑将十分有助益于自发秩序的规范性和效率。人造秩序乃是人之心智所能达致的诸多伟大成就之一，惟有人能够创造出一种秩序，只要这一秩序的存在能够促进自发秩序的良好展开，它就有理由获得自发秩序的认可和首肯，这也就是通常意义上我们所说的良政。

毋庸置疑，当今世界各国所存在的最为突出的问题之一，即是对人造秩序的滥用和无视自发秩序的存在。在大多数国家，人造秩序已经充斥和漫延到了各个角落与行业。对于大量制造这些秩序的人来说，似乎如此便可增强对社会的支配与控制。殊不知自发秩序与人造秩序的边界是已定的，根本不是行使强制权力的人随意厘定的，那些看起来规定了一切、有时甚至使用暴力构建的人造秩序，最终必须服从"默默地起作用的"自发秩序。

三、规则的形成与分类

人类社会生活的各个方面，无不受规则的支配与制约。规则的表现形式多种多样。它们有的用一种令人讨厌的、强烈祈使的语气表达出来。油库会在醒目的位置贴上"禁止吸烟"的警示，并在后边打上三个感叹号，或许还会画上一具骷髅。更多的规则并不一定表达出来，也不一定能够表达出来，甚至在违反这些规则的情况下，可能也不会立即招致众人的谴责，但违反者却最终受到这些规则的惩罚。我们生活在规则的王国里，受着规则的统治，无往而不在其中。规则乃是人类行为的无言国王。

因此，尽管我们往往忽视规则的存在，但规则并不会忽视我们对规则的忽视。当我们采取一项行为时，不会先去查阅一本规则手册，以弄清到底什么该做，什么不该做。事实上，我们往往对规则处于无知状态，或者处于那种"不意识"的状态，但是，我们切勿忘记，不管我们采取何种行为，我们的行为都将处于形形色色的规则的支配之下。所以，我们应尽可能地祛除对规则的种种误解。

　　对规则可能产生的一种误解,是将规则视为理性之物。人们之所以对规则产生此种误解,实在是因为人们能够接触和实际认识的规则往往表现为理性的面目。例如,人们之所以实际接触和认识交通规则,对其获得明确的认识,往往是在学习驾驶机动车的过程中,通过对交通法规和交通手册的学习而掌握的。因此,对于大多数人而言,他们所掌握的交通规则是以理性的面目出现的。你如果问一位汽车司机什么是交通规则,他可能会拿给你一本交通手册,这本手册用最简洁、确定、规范的语言记载着有关交通规则的条文,对他来说,这就是交通规则。对一位司机或是一位警察来说,"行车靠右"这条规则的确就是交通法规第某某条的一条规定。这些规则以如此理性的方式被人们学习和记诵着,似乎井然有序的交通就是这样被一本法规的条文所划定的。

　　但是不要忘记,早在交通法规规定这些交通规则之前,甚至在人们用文字记述这些规则之前,这些规则就已经被人们在实际生活中遵守执行了。文字只不过将这些规则的内容用明确的方式再表达了一遍,而且注定是不全面的表达,交通法规只是用法规的形式将其中重要的规则予以简要地记载。规则的理性化只不过是规则的一副有形面孔,是人们表述规则的一种方式,其目的是提醒或更有利于人们对规则的学习和掌握。然而,毋庸置疑的是,人们根本无须经由这一理性的方式来学习、掌握和运用这些规则。对于一个从来没有系统学习过交通法规的司机来说,只要他有足够的经验,他就完全能够通行无碍地驾车穿行于熙熙攘攘的大街而丝毫不违反交通规则,因为他只须从经验中就能够学到这一切:

　　"从经验中学习"(learning from experience),在人类中就像

在动物中一样,主要不是一个推理的过程,而是一个遵循、传播、传递和发展那些因成功而胜出并盛行的惯例的过程……这一演化发展过程的结果,首先不是明确阐明的知识,而是一种虽能够根据规则加以描述,但个人却无力用文字予以陈述而只是能够在实践中予以尊重的知识。①

因此,就其性质而言,规则不仅非理性之物,而实为经验之物,它是由无数人的反复行动构成的无言之知。规则决不是写出来或制定为法律供人们遵守执行的,恰恰相反,它是在实际生活中被人们无数次地遵奉执行后才写出来或制定为法律的。

但是,规则作为经验之物却绝对不能同习惯混同起来。这一点区别的意义也是非常重大的。因为规则与习惯都是经验的产物,它们彼此也具有不少相同点,不管是规则还是习惯,都意味着大多数人会在相关场合重复相同的行为。然而,为什么"我们每周六都要去钓鱼"意味着这是一个习惯,而"我们每周一都要去工作"却成为一条规则呢?哈特(H. L. A. Hart)极为精确地指出了它们之间的三个明显差别:第一,习惯只要求事实上的趋同,对这种有规律行为的偏离,不会招致任何批评,但对规则的偏离则被普遍看作失误或错误而易受批评;第二,对于规则,人们不仅事实上作出这种批评,而且普遍认为对该标准的偏离是作出这种批评的一个正当理由;第三,规则具有内在方面的特征,即如果一个社会规则要存在的话,至少某些人必须将有关行为看作该群体作为整体

---

① ［英］弗里德利希·冯·哈耶克:《法律、立法与自由》第一卷,邓正来等译,中国大百科全书出版社 2000 年版,第 16 页。

应遵循的一般标准。① 习惯与规则的这些区别点说明，它们之间的差别并不仅仅只是"习惯通常是缺乏明确表达的……它们不可能被归纳为一套规则，使之法典化则意味着令其面目全非"②，而还意味着，对于同样一些看似相同的重复性行为，我们实则对其中的一些设置了标准和评价机制。

这样的标准和评价机制并不表明规则本身也是后天人为创设的。在这一问题上，人们极易颠倒社会与规则形成的先后顺序。一般人总是想，一定是先有了社会，然后，为了维系社会之间的联系，就需要制定大量的规则，以规范社会秩序和维护社会关系。因为没有社会规则，社会很快便会分崩离析。这种看法只注意到了规则在维护社会关系方面的作用，而没有考虑到，如果没有规则的存在，社会根本无由产生。哈耶克有力地指出：

> 显而易见，并不是先有一个社会，尔后这个社会再为它自己制定规则；相反，正是共同规则的存在，才使得那些类似一盘散沙的小群体结合起来并组成了社会。③

尽管我们已经无从看到规则形成之初的情景，但我们完全可以断定，早在社会形成之前，规则就已经在人们的实际行为中被共同遵守着了。关键是我们必须清楚，规则决不是人们制定出来的，

---

① ［英］哈特：《法律的概念》，张文显等译，中国大百科全书出版社 1996 年版，第57—59 页。

② ［美］昂格尔：《现代社会中的法律》，吴玉章、周汉华译，中国政法大学出版社1994 年版，第 44 页。

③ ［英］弗里德利希·冯·哈耶克：《法律、立法与自由》第二、三卷，邓正来等译，中国大百科全书出版社 2000 年版，第 317—318 页。

而是在人们的实际行为中产生出来的,是人们应付即时性环境的产物。早在人类能够用语言表达这些规则之前,这些规则就已经伴随着人类的行为产生出来并被人们实际遵守和执行着。

规则并不是事先给定的,而是在行动中展开的,这是一个自然而然的"水到渠成"的过程。起初,人们的行为总是带有一定的盲目性和偶发性,然而,当所有的行为在懵然无知中逐渐有规律地指向一个明确的目标时,规则产生了。以后,这样的规则越来越多,被一代一代地传承下去,即使后来的人们已经不知道为什么要遵守这样的规则了,这些规则仍然能够得以遵守、执行,并接着向下传承,有些甚至内化为人们顽固的行为习惯,而成为人类先天性的规则。

但是,在这里,我们并不特别关注那些经由人的生理结构而决定的先天性的规则,而是对那些后天习得的规则更感兴趣,因为正是这些后天习得的大量规则构成了一个社会的性质与文化特质,被一代一代传承下去,成为文化传统,决定着人们的行为和各种社会关系,决定着每一件事情的发生、变化和最终结果,它同人们思想观念深处对事物的根本看法、评价是一致的。此种规则正是我所谓行动中的规则,或称无言规则。而那些制度层面的各种组织规则则是人们为实现某种目的刻意制定出来的,此种规则并不构成一个社会的性质和文化特质,因而也不能从根本上决定人们的行为和社会关系,它甚至经常与人们的思想、观念不相契合。哈耶克在谈到行为规则的这三种层级划分时说:

在这个重叠的规则结构中,第一层乃是顽固的规则层级,也就是那种无甚变化的因遗传而继受下来的"本能"驱动之基础——而这些"本能"驱动则是由人的生理结构所决定的。第二层乃是人类在其经历的前后相继的社会结构类型中所习得的各种传统的全部留存规则,也就是人们并不曾刻意选择但却广为传播和盛行的那些规则……第三,也就是这个重叠规则结构中的最高一层;这是一个较薄的规则层,其间所包括的乃是人们经由刻意采纳或刻意修正而用来服务于那些明确且已知的目的的那些规则。①

我们暂且撇开行为规则的第一层层级,也即所谓人类的先天性规则,它更多地属于心理学的探知范畴,而关注后两个层级的行为规则。我们发现,正是这两个层级的行为规则实际上型构了我们前述的两种社会秩序。一种是自发秩序,它是由人们未经刻意选择的但却在实际生活中支配着人们的行为观念的规则,也即第二层级的规则型构的;另一种是人造秩序,它是由那些为达到一定的目的而刻意制定出来或采纳的规则,也即第三层级的行为规则所型构。哈耶克将前一种规则称之为"正当行为规则",又称"内部规则",而将后一种规则称之为"组织规则",或称"外部规则"。②正是这两种规则型构了社会秩序,使得整个社会呈现出一种有序的方式。

我并不认为这两种规则源出于完全不同的知识传统和截然分立的两个系统。事实上,这两种规则也如同自发秩序和人造秩序一样,是互相咬合在一起的,我们只能在一些原则上把握它们,而

---

① [英]弗里德利希·冯·哈耶克:《法律、立法与自由》第二、三卷,邓正来等译,中国大百科全书出版社 2000 年版,第 507 页。

② 同上书,第 49 页。

很难将它们从事实上完全区分开来。因此,我更倾向于将组织规则理解为是一种从自发秩序的规则中派生出来的规则,或者说是附着于自发秩序规则之上的一层规则。与自发秩序的规则显见不同的是,组织规则只是为达到某些明确和已知的目的而制定出来的。然而,在制定这些规则的时候,规则的制定者不可能随心所欲地凭空创制出新的规则。事实上,组织规则中的绝大部分是由自发秩序的规则转化而来的,组织规则的制定者实际上是将自发秩序的规则的某些部分改造和修正为为自己目的服务的规则。

正是在这些基本的原则方面,我们可以把握住自发秩序的规则与组织规则的几点显著区别。其一,自发秩序的规则源于社会中大多数人的行为,是在人们的行为中自然展开、缓慢发展、长期积累起来的;而组织规则则是为某些特定的人群刻意制定出来的。其二,正因为自发秩序的规则是长期自然发展的结果,因而它不是为任何特定的目的服务的,它是在所有社会成员中平等适用的;而组织规则是为了某些明确的、已知的特定目的制定出来的,只能适用于组织成员,因而决定了它本身不能成为社会成员共同适用的平等的行为规则。其三,自发秩序的规则是不特定的,因而不可能通过人的有意识的行为予以改变和修正,事实上,任何个人对自发秩序的规则都处于一种无力认识的状态之中;而组织规则是人们有意识制定出来的,因而是特定的,也是很容易予以改变和修正的。

凭借这两种规则的上述特征,我们可以归纳出自发秩序规则的一个总体特征。正如自发秩序是一种抽象秩序一样,型构出自发秩序的规则也是一种抽象规则。诚如哈耶克所言,规则乃是我们应对我们所具有的构成性无知的一种手段,社会越大,人们对特定事实知道的就越少,因此,大社会成员所共同理解和知道的某些东西在某种意义上肯定是一般且抽象的。尽管人们的具体观点总是各异,但毫无疑问,人们总是能在基本的方面达成某些共识,这些共识一般来说并不是对某些具体事件的看法,而是一些一经沟通就能够获致理解和赞同的一般性原则。

自发秩序规则所具有的抽象性特征有可能使我们达致对这两种规则的一个重要界分,即自发秩序规则就其实质而言乃是一种"潜规则",而所有的组织规则毫无例外都是一种"明规则"。在哈耶克的著作中,这一重要的界分分别是用"unarticulated rules"和"articulated rules"这两个相对的概念表述的。① 然而,必须说明的是,我与哈耶克对这两个概念的理解和使用稍有不同。哈耶克实际上是用这两个概念界分了那些明确用文字表达的成文规则和不成文规则之间的区分,这一区分在知识上来源于他"知道如何"的"默会知识"优位于能够用语言表达的"知道那个"的知识二分法。而我所使用的"潜规则"与"明规则"这两个相对的概念,界分的是自发秩序规则与组织规则之间的区别。这之间的不同是,显然,一部分自发秩序规则是用文字予以表达的,按照哈耶克的界分,它们属于"articulated rules",也即属于"明规则",而我之所以将自发秩序的规则就其实质仍然理解为"潜规则",是因为这部分"明规则"是由未成文的规则直接转化来的,换言之,它们的背后是

---

① 参阅[英]弗里德利希·冯·哈耶克:《法律、立法与自由》第一卷,邓正来等译,中国大百科全书出版社 2000 年版,第 121 页注。此译本将"unarticulated rules"译作"未阐明的规则",将"articulated rules"译作"阐明的规则",我认为有点过于拘泥于原文的字面意思,不如将"unarticulated rules"译作"潜规则",将"articulated rules"译作"明规则"显得简洁、贴切、传神,也更易于为中国人理解。

由"潜规则"支撑的;而那些所有的组织规则毫无例外都是"明规则",而且这些"明规则"至多是由"潜规则"改变和修正而来的,换言之,它们背后并无"潜规则"的支撑。例如,"不得盗窃他人财物"就既是一条"潜规则",也是一条"明规则"。毫无疑问,在这条规则能够用语言表达之前,它就已经是一条不成文的规则了。用语言把它表达出来,以至规定在法律中,只是将它转化成为一条"明规则"而已。也就是说,即使这条规则不用语言表达出来,也不制定进法律,它仍然是一条能够在大多数人中得以承认和遵守的真实有效的规则。而"国家工作人员要廉洁奉公,不得徇私枉法"则是一条组织规则,也即是一条十足的"明规则",它至多是由一些相关的"潜规则"经过改变和修正而制定出来的,它的背后并无"潜规则"的直接支撑。

对"潜规则"与"明规则"作如是界分的意义在于它能够使我们达致以下对规则的重要认识,即由于"潜规则"是人们在实际生活中长期积累、发展起来的规则,反映了人们思想观念深处对于某些一般性原则的共识,因而"潜规则"乃是最为真实、有效的规则。那些背后有着"潜规则"直接支撑的"明规则"的效力显然要高于纯粹组织规则意义上的那些"明规则"。至此我们应当理解,当"潜规则"与"明规则"不一致乃至发生冲突的情况下,正是由"潜规则"决定了事情的发展、变化和最终结果。

晚近以来,伴随着国家权力的扩张,那些纯粹的组织规则获得了大量繁殖的土壤和空间,以至于自发秩序规则被这些喧嚣的组织规则压制到了一个沉默的空间,成为名符其实的"无言规则",而组织规则的无限膨胀和扩张不啻已成为生长于社会之上的庞大赘物,它的存在不仅导致规则适用的低效,还很可能成为压垮和摧毁整个社会的最大的危险物。

四、双重社会模式理论

在前两个部分中,我用了相当的篇幅讨论秩序与规则问题,并且主要是借助于哈耶克的理论分析框架,讨论了互为对应的两种秩序与两种规则,即自发秩序与人造秩序,以及自发秩序规则与组织规则之间的联系与区别。在我看来,对这两种秩序与规则的揭示有可能使我们达致对社会的一个极为重要的认识,即社会是由这两种不同的秩序与规则构成的,或者换言之,正是这两种不同的秩序与规则型构了一个完整的社会。这也就意味着,一个社会同时包含着两种截然不同的秩序与规则,看似好像形成了不同层面的两个社会,我将其称之为"双重社会模式"。①

我之提出双重社会的模式,实包含有互为关联的双重意蕴。一方面,我要借双重社会的模式将人类自发秩序、规则与人造的组织秩序、规则整合进同一个社会模式之中;另一方面,我要用这一

① 在正式接触和阅读到哈耶克著作之前,依据对中国社会的观察与思考,我已朦胧感觉到存在着两个不同的社会,一个是制度层面的显性社会,另一个是制度背后的隐性社会,遂产生"双重社会"的理论构想。三年前,当我系统阅读了哈耶克的《法律、立法与自由》时,这一想法变得逐渐明晰起来。在这期间,我曾反复研读哈耶克的有关著作。但直到最近,我才注意到哈耶克有过一段与此相关的论述:"一般来说,上述两种秩序会共存于任何一个复杂的社会之中,而不论其复杂程度如何。然而,这一事实并不意味着我们可以用我们所喜欢的任何一种方式把这两种秩序混为一谈。……但是反过来它们又会被整合进一种更为宽泛的自生自发秩序之中。用社会(society)这一术语来描述这一自生自发的整体秩序是颇为可取的,……"参阅[英]弗里德利希·冯·哈耶克:《法律、立法与自由》第一卷,邓正来等译,中国大百科全书出版社2000年版,第68页。

模式取代实质上是近代以后才颇为盛行的一种人为建构的二元理论模式,即国家与社会模式,或曰公共领域与市民社会模式。

按照我所持有的双重社会模式的理论,在社会形成的过程中,人类依靠自己的独特才智和禀赋,在自发秩序与规则之外又建构起了组织秩序与规则,这使得社会呈现出两个既有联系又有区别的不同层面,而这两个层面合起来正构成一个完整的社会。显而易见,组织秩序与规则是在自发秩序与规则之后才得以建构的。这两种秩序与规则之间具有若干明显不同的特征,其中最为显著的一个区别是,组织秩序与规则是一种易于表达和易见的秩序与规则,而自发秩序与规则则是在人们的行为中展现的、不易为人们发现和理解的秩序与规则。这也就决定了由组织秩序与规则所构成的社会是一个显性社会,而由自发秩序与规则构成的社会乃是一个看不见的隐性社会。

在有组织发展的历程中,最为杰出的功绩乃是孕育了国家这个所有组织成员中最为庞大和奇特的一员。这意味着,国家不仅较社会晚出,而且作为最大的组织成员,国家实则包含于社会之中。尽管国家随后发展出了与社会相对的某些特征,但就整个国家与社会的历史而言,它们绝非对立的、起码绝非自始对立的二元结构模式。

但是,近代以来,国家逐渐通过对行政、军事、立法、司法、财税等权力的掌握和疆界的控制而浮出了社会层面,乃至于凌驾于社会之上,获得了与社会相对立的面相。然而,我们必须认识到,近代国家概念的形成最早不应超过 14 世纪,在此之前,人们完全没有近代国家的概念。今天我们所理解的国家概念,不仅对于蕞尔小邦的希腊人是全然陌生的,对于建立了庞大罗马帝国的罗马人,以及中世纪那些分散林立的诸侯国臣民也是陌生的。因此,在人类文明的绝大多数阶段,根本不存在什么国家与社会的对立。

近人在论及国家与社会的二元对立模式时,往往将这一理论的源头之一梳理为自然法学所提出的社会契约论,并且认为他们提出了社会先于或外于国家存在的观点。① 这是不正确的。我曾经指出过,尽管自然法学家对自然状态的理解各异,但他们都认为,自然状态发展到一定程度就要为社会状态所代替,这个相对于自然状态的社会状态,他们含混地称其为国家、政府、议会、立法机关、集体,主权者、政治体等等。总之,他们论述的乃是由自然状态向社会状态的过渡,②决不可把他们假定的自然状态当作先于或外在于国家的社会看待。

其实,真正提出国家与社会二元理论模式,既明确提出市民社会概念,又将国家奉为神明,制造出国家神话的是黑格尔。黑格尔认为,市民社会是处在家庭和国家之间的差别的阶段,它的形成要比国家晚,它必须以国家为前提,必须有一个国家作为独立的东西在它面前。市民社会包含以下三个环节:第一,需要的体系,通过个人的劳动以及通过其他一切人的劳动与需要的满足,使需要得到中介,个人得到满足;第二,通过司法对所有权的保护;第三,通过警察和同业公会,来预防遗留在上列两体系中的偶然性,并把特殊利益作为共同利益予以关怀。③ 而国家则是绝对自在自为的理

---

① 邓正来:《市民社会与国家——学理上的分野与两种构架》,载《中国社会科学季刊》,1993 年 5 月,总第 3 期。

② [法]卢梭:《社会契约论》,何兆武译,商务印书馆 1982 年版,第八章。

③ [德]黑格尔:《法哲学原理》,范扬、张企泰译,商务印书馆 1982 年版,第 197 页,第 203 页。

性的东西,因为它是实体性意志的现实,它在被提升到普遍性的特殊自我意识中具有这种现实性,成为国家成员是单个人的最高义务。① 国家乃是完全凌驾于生命之上的受人膜拜的神物:"国家高高地站在自然生命之上,正好比精神是高高地站在自然界之上一样。因此,人们必须崇敬国家,把它看做地上的神物……"②这样,在黑格尔所创立的国家拜物教面前,市民社会与国家的关系只能是:

> 对私权和私人福利,即对家庭和市民社会这两个领域来说,国家一方面是外在必然性和它们的最高权力,它们的法规和利益都从属于这种权力的本性,并依存于这种权力;但是,另一方面,国家又是它们的内在目的,国家的力量在于它的普遍的最终目的和个人的特殊利益的统一,即个人对国家尽多少义务,同时也就享有多少权利。③

我们看到,在黑格尔的哲学中,个人、家庭、市民社会统统折进国家神性的光辉之中,而被淹没了。此后的国家理论与实践无非是为此一哲学做注。因此,在我看来,情况恰恰与那些此后想借阐释国家与市民社会理论而希冀以市民社会制约国家权力的理论家们的愿望相反,国家与市民社会理论的提出本身就预设了一个站在社会对立面,比社会强大乃至凌驾于社会

---

① ［德］黑格尔:《法哲学原理》,范扬、张企泰译,商务印书馆1982年版,第253页。

② 同上书,第285页。

③ 同上书,第261页。

之上的国家形象。事实上,在这个强大的国家面前,市民社会至多只是扮演一个消极制约的配角,引导这一二元模式的主角位置已经预先分配给国家了。公共领域与私人领域的提出和划分实际上只应该看作针对国家权力而展开的对个人权利的一场胜负已决的保卫战。所以,国家与市民社会二元模式理论的提出不仅远未正确反映国家与社会的全部历史状况,而且企图以此二元构架中的市民社会制约国家的想法也是十分荒唐可笑的。不过,它确实十分准确地反映出来自国家权力增长的威胁和个人权利面临的巨大紧张与压力。从西方社会与国家变迁的历史看,这一问题本身是真实的,也是现实的,它所面临的严重性也足以使这一问题成为社会理论中的一个重大问题。

显然,这是一个典型的西方式问题。公共领域与市民社会都是西方国家与社会变迁的产物,中国传统社会并无与之对应的概念与范畴。然而,令人感到不解的是,这一使西方古典自由主义理论家深感忧虑的问题近来也成为中国理论界的时髦话题。当然,我并不是说中国理论界不该研究这一问题,我只是认为不该将这一西方国家与社会变迁中出现的问题简单移用、套用于中国社会。比如,有些论者根据对中国近代社会某些现象的研究,得出了中国在清末就已存在公共领域或市民社会的结论。有些学者热衷于建构所谓中国的市民社会。① 这种现象从观念深处反映出那种仍然将复杂的社会、文化变迁看作线型发展的根深蒂固的思维模式,其

---

① 邓正来:《国家与社会——中国市民社会研究的研究》,载《中国社会科学季刊》1996 年 5 月,总第 15 期。

潜台词是,中国社会与西方社会只不过是一条道路上或快或慢的两列车,西方社会固有的现象,中国社会过去可能也曾有过,如果不曾有过,中国的现代化道路也必欲要求建构出一个"市民社会"。

然而,正如我们所知,市民社会在西方也是近代的产物。"civil society"(台湾译作"民间社会")在西方的理解也颇不一致。根据我个人对西方社会变迁的研究,我认为西方近代城市的兴起和城市文化的发展乃是理解市民社会得以形成的核心线索。此前的西方社会之所以没有形成完整意义上的市民社会,是因为中世纪以前的西方城市尚不具备城市的全部特征。按照马克斯·韦伯的定义,这些特征是:

　　1. 要塞;2. 市场;3. 有自己的法院和至少部分有自己的法;4. 团体的性质,以及与此相关的;5. 至少部分的自治和自主,也就是说,也通过行政机构进行管理,市民本身以某种方式参与行政机关的任命。在过去,这类权利往往采取等级的特权形式。因此,一个专门的市民等级作为这类权利的载体是政治意义上的城市的特点。①

正是西方近代意义上城市的这些特征,孕育了市民社会。其中特别重要的是:1. 城市是市场的定居点,只有居住在当地的居民在经济上日常生活需要的基本部分能在当地的市场上得到满足,我们才想说是经济意义上的"城市";②2. 自治和自主意

① 〔德〕马克斯·韦伯:《经济与社会》下卷,林荣远译,商务印书馆1997年版,第583页。
② 同上书,第568—569页。

义上的"市民共同体"的产生,具有法人资格的和自治的城市社区的产生;[1]以及 3. 城市自己的法律和由城市市民作为陪审员的城市法院,市民只在本城的法院内接受审判。[2] 总之,西方近代意义上的城市发展出了属于自己的独特文化:平等、自由、自治。马克斯·韦伯用一句"城市空气使人自由"[3]道出了城市文化的这种特质。在西方,城市形成一个相当封闭的生存空间,它与乡村的差距日甚,以至于我们可以说,许多欧洲国家大城市的文明可以作为代表这个国家文明的象征。

中国的城市从来没有形成西方城市的这些特征。中国的城市文化是独特的,中国人自有一套建城的宇宙观,从选址到城市的结构和功能无不体现着这套独特的宇宙观。它主要是为政治服务的。中国从未存在过经济意义上的城市。反映在城市建筑的布局上,便是王侯宫室居中,南朝北市。因为商业活动地位最卑,故位于城市北端,得阳气最少。[4] 中国人对待城市的态度与西方人完全不同。牟复礼写道:

> 从来没有一座大城,曾像罗马与君士坦丁堡支配罗马各个时期的历史那样单独支配过中国的文明,也没有一座大城,像巴黎与伦敦代表英法两国文明那样单独代表过中国的文

---

① [德]马克斯·韦伯:《经济与社会》下卷,林荣远译,商务印书馆 1997 年版,第 619 页。

② 同上书,第 675—677 页。

③ 同上书,第 594 页。

④ 芮沃寿:《中国城市的宇宙论》,载[美]施坚雅主编:《中华帝国晚期的城市》,叶光庭等译,中华书局 2000 年版,第 53 页。

明。罗马、君士坦丁堡、巴黎、伦敦——每座城市都是其文明史与文化成就的中心和象征。哪一座城市是中国的罗马或者中国的巴黎呢？现在没有这样的城市，过去也从来没有过这样的城市。[①]

显然，西方的城市概念并不能简单移用、套用于中国的城市。中国的城市与农村是一体的，代表中国文明性质、规定中国生活方式的是乡村而不是城市。西方许多典型的城市聚集活动，在中国是由分散的乡间社会完成的：

> ……这使我们倍加感觉到中国是个农村的中国。中国文明的乡村成分或多或少是均一的，它伸展到中国文明所及的每一处地方。不是城市，而是乡村成分规定了中国的生活方式。它就像一张网，上面挂满了中国的城镇。这张网是用中国文明的料子织成的，中国文明支持着它，赋予它基本性质。[②]

不独中国的城市与农村是一体的，中国的国家与社会也是一体的。特别值得注意的是，中国传统社会并无西方近代意义上的国家观念，更没有过西方在近代发展出来的那种"国家至上"观念。简单把西方的这些概念移用、套用于中国，认为中国历史上只有国家没有社会，进而得出中国历史上没有个人权利和自由这样的"西

---

① 牟复礼：《元末明初时期南京的变迁》，载［美］施坚雅主编：《中华帝国晚期的城市》，叶光庭等译，中华书局2000年版，第113页。

② 同上书，第117页。

式结论",是对中国社会缺乏理解的表现。在中国传统社会,士大夫孜孜以求的是以天下为己任。明末清初大学者顾炎武有著名的亡国与亡天下之辨:

> 有亡国,有亡天下。亡国与亡天下奚辨? 曰,易姓改号谓之亡国;仁义充塞而至于率兽食人,人将相食,谓之亡天下。……是故知保天下,然后知保其国。保国者,其君其臣肉食者谋之;保天下者,匹夫之贱与有责焉耳矣。①

可以说,在传统士大夫的"修身、齐家、治国、平天下"的理想序列中,"身"与"家"是达致理想的基础,"天下"则是这一理想的最高境界,是可以任意驰骋、纵横捭阖的无限空间,而"国"则只是由君臣组成的可以"易姓改号"的实体。因此,中国历史上不但不是有国家无社会,恰恰相反,是有社会而无国家。在中国传统社会,正如农村决定了城市的性质,国家的性质则是由社会决定的。在这样一个由农村的性质所决定和构成的社会中,到哪里去寻找那种西方意义的"市民社会"呢?

市民社会既是一种政治概念,也是一种经济概念,甚至是一种生活方式,它是在西方社会与国家的"刚性对峙"中发展出来的。不能仅凭中国近代社会产生的某些行业特征就断定中国也存在市

---

① 〔清〕顾炎武:《日知录》,卷一三,《正始》。梁启超甚至有中国历史"无国"之论:"且我中国畴昔,岂尝有国家哉,不过有朝廷耳。我黄帝子孙,聚族而居,立于此地球之上者既数千年,而问其国之为何名,则无有也。夫所谓唐、虞、夏、商、周、秦、汉、魏、晋、宋、齐、梁、陈、隋、唐、宋、元、明、清者,则皆朝名耳。朝也者,一家之私产也;国也者,人民之公产也。"(梁启超:《少年中国说》)

民社会。的确,在中国传统社会,不仅不存在市民社会,也不存在西方近代意义上的那种国家与社会之间的刚性对峙。在中国,身、家、国、社会、天下之间不是互相割裂的,而是浑然一体、融会贯通、自然和谐的。因此,国家与社会的二元模式理论不但不能正确反映西方社会与国家的全部历史,也完全不能用以解释中国的情况。

相比之下,双重社会模式理论能较好地解释各种不同的社会并能有效地解决国家与社会之间的对立关系。自发秩序与人造秩序、自发秩序规则与组织规则是几乎所有社会所共有的历史现象。因此,双重社会模式理论不仅能解释西方社会,也能解释中国社会;不仅能解释国家产生以前的社会,也能解释未能产生出国家的众多小型社会。更为重要的是,按照双重社会模式理论,国家只是社会组织中的一员,国家存在于社会之中,社会性质决定国家性质,根本不存在国家与社会之间的二元对立。西方近代所发展出的强大集权国家,所出现的国家与社会的对立现象,是社会变迁的特殊现象,是历史上的变态而非常态。

在这样一个双重社会模式中,"那种被我们称之为一个民族的传统或国民性的东西,乃至那种被我们称之为一个国家的景观所具有的典型的人为特征的东西,都不是特定的东西,而是支配这个民族之行动和认知的规则的体现。"①在这一社会秩序与规则构成的社会模式中,一方面主要是由"活法"、"潜规则"等文化传统构成和界定的自发秩序与规则,另一方面则主要是由国家等组织构成和界定的人造秩序与组织规则。而且,正是经由"活法"、"潜规

---

① ［英］弗里德利希·冯·哈耶克:《法律、立法与自由》第二、三卷,邓正来等译,中国大百科全书出版社2000年版,第16页。

则"、自发秩序与规则等一系列文化传统的研究,终于使我窥见了隐藏于社会深处的那个一脉相承的世界,进而达致了以下洞见:那些最为真实有效的"活法"正是由"潜规则"支配的,它们型构了自生自发的社会秩序与规则,反映了一代一代传承下来的文化传统,它们正是社会变迁背后那个相对"不变"的东西。

五、法律秩序与法律规则

对秩序与规则的认识和划分以及双重社会模式理论的构建,亦可使我们达致对两种不同法律的认识和划分,从而建立起广义的法律概念。按照广义的法律概念,法律不仅包括法律实证主义所宣称的由统治者制定的实在法,也包括那些不是由统治者制定的而是由人们的社会行为自发形成的一般性规则。而且,后一种意义上的法律正是生长于社会之中的"活法",这种源于生活经验的法律乃是真正意义上的自然法,它从本质上规定和检验着实在法。

早期的法律实证主义者试图使人们相信法律就是命令。按照奥斯丁(John Austin)的说法,立法者的命令具有一般命令的性质,因此立法者的命令是法律或规则,而法官的命令则是偶然的或特殊的。[①] 奥斯丁的说法完全混淆了命令与法律所具有的根本性区别。与命令相比,法律规则具有一般性和抽象性的特征。而且,在普通法系传统中,法官所确立的法律并不是偶然的或特殊的,而

---

① [英]奥斯丁:《法理学大纲》,转引自《西方法律思想史资料选编》,北京大学出版社 1983 年版,第 505 页。

是一般的和抽象的。当然,后期的实证主义法学家修正了奥斯丁的错误观点,他们几乎都是围绕批评奥斯丁的错误主张来阐述自己观点的。按照当前法学界的流行看法,哈特(H. L. A. Hart)也被视为实证主义法学的代表人物。实际上,除过坚持法律与道德相分离的实证主义立场外,哈特的许多观点都是反实证主义法学的。他提出过广义法律概念与狭义法律概念,尽管我不同意他对广义法律概念与狭义法律概念的看法。但这意味着他承认法律的多样性:

> 可以肯定,并非所有的法律都是制定的,也不全是像我们的模式中的一般命令那样是某人意志的表达。这种情况看来不适用于习惯,在大多数法律制度中习惯占有真正的、尽管是质朴的地位。[1]

哈特的这一观点意味着他不仅承认制定法以外的法律,也意味着他反对将法律视为某些意志所表达的命令的实证主义观点。所以,后期法学流派之间更多的是研究方法的差异,实质观点的对抗在日趋消融。哈特的这一观点几乎与历史法学派和社会法学派没有什么差别,顶多只是措辞表达上的不同。按照这一颇为趋同的看法,法律并不仅仅是立法者制定出来的,而是在人们的社会行为中逐渐生发出来的。早在立法者能够用明确的语言制定法律之前,人们就已经生活在由法律规则所构成的法律秩序之中了。显

---

[1]　［英］哈特:《法律的概念》,张文显等译,中国大百科全书出版社1996年版,第28页。

然,任何一个社会的秩序都需要法律的维持,而法律最早的使命无疑也就是为了维护社会秩序,否则,我们根本无法解释制定法产生以前的社会状态,因为离开了法律规则与法律秩序,社会将无以为系。关键是我们不能只将法律规则理解为制定法的规则,也不能只将法律秩序理解为由严格的立法、司法或者法院和审判所构筑的法律的帝国,甚至像昂格尔那样,将法律秩序解释成只有"现代西方自由主义国家"才存在的"一个非常罕见的历史现象"。① 这些解释都有可能导致对法律秩序的错误理解,即将法律秩序视为由立法者刻意制定的人造秩序。实际上,立基于自发秩序之上的法律秩序是一种抽象秩序,而构筑这一秩序的法律规则也是那种一般意义上的抽象规则,这些规则不仅早在它们被明确陈述以前就已经存在并得到人们的普遍遵守,而且在人们"不意识"的情况下,人们事实上也不得不按照这些规则行事。所以,那些最早的立法者并没有发明法律,而只是将社会生活中已有的法律陈述出来。

这些型构自发秩序的规则,哈耶克将其称之为"正当行为规则",又将其称为"内部规则"或"目的独立"的规则。按照哈耶克的界说,正当行为规则与一般性规则具有紧密相联的特征,这些特征可以概括为:1. 这些规则所调整的是人们的涉他性行为;2. 它们适用于无数的未来情势;3. 它们所含有的乃是旨在划定每个人(或组织起来的人群)的确受保障领域之边界的禁令;4. 这些规则禁止而非要求采取某些特定种类的行动,其目的在于对可以确认的领域提供保护,在这些领域中,每个个人都可以自由地按照自己

① [美]昂格尔:《现代社会中的法律》,吴玉章、周汉华译,中国政法大学出版社1994年版,第59页。

的选择行事;5. 某项特定的规则是否具有这种特征,能够用一般化或普遍化的标准对其进行检测而获知。总之,正当行为规则几乎全部是由否定性的规则构成的。[①]

哈耶克还提出了与正当行为规则相类似的一般性规则。虽然他并未像界定正当行为规则那样明确界定一般性规则,但是,毫无疑问,在哈耶克那里,一般性规则所指涉的乃是那种具有普遍性和一般性的未知领域,它所标示的是一种不确定的状态。正是人们对普遍利益的诉求和对正义追求过程中所产生的共识,才产生并演化出了一般性规则。因此,一般性规则不仅是型构自生自发秩序的基础,而且,与正当行为规则相一致,它也是否定性的:

> 然而,从历史上看,正是对正义的追求,才使得一般性规则系统得以生成和演化,而这个规则系统反过来又成了日益发展的自生自发秩序的基础和维护者。实际上,为了实现这样一种秩序,正义之理想并不需要决定那些能够被认为是正义的(或至少不是不正义的)规则的具体内容,所需要的只是为我们提供一种能够使我们以渐进的方式一步一步地否弃或取消那些被证明为不正义的规则的否定性标准;……[②]

依我看,哈耶克只是在用正当行为规则和一般性规则这两个不同的术语指称着同一个东西,它们都是型构自发秩序的基础,又都具有与组织规则极为不同的特征,它们很有可能是对同一种规

---

① 　[英]弗里德利希·冯·哈耶克:《法律、立法与自由》,邓正来等译,中国大百科全书出版社2000年版,第一卷第五章,第二、三卷第八章。

② 　同上书,第二、三卷,第82页。

则所具有的不同侧重点的概括与表述。

关于正当行为规则与组织规则之间的不同,哈耶克认为,正当行为规则是从自生自发秩序中形成的,因而它是"被发现的","与正当行为规则不同,那种旨在实现特定结果的组织规则则是组织者用随心所欲的方式创造出来的。"①然而,我要在此提出一个补充性和纠正性的看法。正当行为规则固然是自然形成和"被发现的",但在我看来,组织规则却是由组织者为实现某些明确的意图而刻意制定出来的,它们绝非"随心所欲"的造物。我不知道哈耶克为何没有从他的大量论述中很方便地推导出正当行为规则是建立在经验基础上的自然生成规则,而组织规则则是建立在理性基础之上的人为设计规则的概括性结论。我猜想这或许和他所持有的进化论观点有关,他虽然反对建构论的理性主义,但他却信奉进化论的理性主义,因此,他自然不能将理性加诸于他抱有敌意的组织规则之上。但在我看来,正当行为规则与组织规则之间的区别正可用经验与理性的对立来予以概括。正当行为规则之所以是自然形成和"被发现的",就在于它源于人们的经验,一如霍姆斯的那句名言:"法律的生命从来不是逻辑,而是经验。"②而组织规则则是由组织者以理性的方式设计出来的,任何组织者都不可能"随心所欲"地创造规则。一方面,组织者在设计组织规则时,并不能绝对地摆脱经验和传统的生活方式加之于他们头脑的种种限制,他们不能凭空设计规则,因此,看似"随心所欲"的方式实际上早已受到了诸多或明或暗、或先天或后天的限制。另一方面,理性的制定

---

① 〔英〕弗里德利希·冯·哈耶克:《法律、立法与自由》,邓正来等译,中国大百科全书出版社 2000 年版,第一卷,第 189—190 页。

② Oliver Wendell Holmes, Jr. *The Common Law*, New York, 1963, p. 7.

方式本身就要求他们遵照某种固定的程式和规律。

当然,正当行为规则并不都是法律。按照我的看法,正当行为规则要成为法律,正如我在本书第二章引用马克斯·韦伯的观点所反复强调的那样,必须要有一个强制班子作保障,这样的规则才能称之为法律。反过来说,法律也不全都是正当行为规则。我所理解的广义法律概念,当然既包括正当行为规则中的法律规则,也包括构成人造秩序的组织规则中的法律规则。哈特的主要规则与次要规则说实际上也界定了类似的问题。按照哈特的看法,法律是由主要规则与次要规则构成的。主要规则设定义务,次要规则授予权力。① 哈特关于主要规则与次要规则的划分,实则已包含有这样的意思:主要规则是由全体公民所遵守的一般规则,而次要规则须由国家机关的官员作为公务行为的共同准则而有效地接受。②

这实际上已经将我们导入私法与公法划分的领域。按照哈耶克的观点,正当行为规则与组织规则的区分正界定了公私法划分的畛域。在他看来,正当行为规则是私法社会形成的基础,而组织规则乃是确定政府组织问题的公法。③ 私法是在社会行为中自发生成的,公法则是由立法者制定出来的。所有制定出来的法律都是公法,它主要包括宪法性法律、财政立法和行政法这三大类,而刑法则被视为私法。④ 值得注意的是,哈耶克划分公私法的观点

---

① H. L. A. Hart, *The Concept of Law*, Oxford University Press, 1961, pp. 78—79.

② Ibid, pp. 97—107.

③ [英]弗里德利希·冯·哈耶克:《法律、立法与自由》,第二、三卷,邓正来等译,中国大百科全书出版社 2000 年版,第 49 页。

④ 同上书,第一卷,第 208—218 页。

完全立基于普通法传统之上,与罗马法以来的大陆法传统将公法视为调整公共利益,将私法视为调整私人利益的流行观点具有很大的不同。我曾在上一章中论述过,依照罗马法以来大陆法传统的公私法划分方式,中国社会可谓有公法而无私法。因此,我所感兴趣的是,从秩序与规则的角度看,哈耶克的划分方式无疑有其合理性,然而,更为重要的是,我所提出的双重社会模式理论就建立在哈耶克关于秩序与规则划分方式的基础之上。如果我们可以将自发秩序与规则构成的隐性社会视为私法社会,将组织秩序与规则所构成的显性社会视为公法社会,这也就意味着,哈耶克关于公私法划分的方式或许能开放出一种新的可能性,它不仅能够解释普通法传统的社会,还能够解释中国社会和其他类型的社会。换言之,我们是否可以大胆假设,中国社会与其他类型的社会也许存在哈耶克意义上的公法与私法之分?

六、 自发秩序、市场秩序与法律

限于篇幅和我所关心的重点,我不可能在此对其他类型的社会进行考察和讨论。我将通过对哈耶克提出的与公私法划分密切相关的几个概念和相应特征的讨论以及同中国社会的比较,论证哈耶克的这一理论观点并不适用于中国社会。

一如我们所知,哈耶克关于公法与私法的划分方式建立在严格普通法传统基础之上,它与大陆法传统理解方式的最大不同,乃是对公法社会与私法社会的理解有异。在大陆法传统中,公与私的划分往往被理解为公共利益与私人利益之间的区别,或者国家与个人之间的不同利益。而按照哈耶克的理解,公共利益不能等同于普遍利益,因此,不能认为只有公法才服务于普遍利益,也不能认为私法只保护个人私利。① 尽管他只提出过"私法社会"而并未明确提出过"公法社会"这一概念,但在我看来,我们还是能够从他的大量论述中得出一个与他相一致的观点:公法与私法所代表和反映的是两种不同的社会——公法社会与私法社会。可以说,进一步理解什么是公法社会与私法社会,乃是理解哈耶克这一理论观点的关键。

从哈耶克的大量论述中,我们很容易便能概括出属于公法社会与私法社会的主要内容与特征。公法社会是由组织秩序与规则构成的社会,与它相对应的是立法的法律,主要包括宪法性法律、财政立法和行政法。私法社会则是由自发秩序与规则(或称正当行为规则)构成的社会,与它相对应的是自由的法律,它们是由法官依据经验发现出来的。总之,按照哈耶克的看法,凡是由立法者制定出来的法律都是公法,而私法则是被发现出来的。按照公法社会与私法社会的这些内容和标准,我们似乎也可以在中国社会发现与此相类似的公法社会与私法社会。哈耶克并未依据这些由现代概念所构成的主要内容将公法与私法之分界定为近代的产物,恰恰相反,他认为立法机构的产生相当久远,而那些建立在自发秩序规则基础上的私法性法律则具有更为久远的历史。与大陆法传统的理解方式相比,哈耶克所理解的公法与私法之分的历史显然更为悠久。

问题的关键是,我们不能将公法与私法完全等同于公法社会与

---

① 〔英〕弗里德利希·冯·哈耶克:《法律、立法与自由》,第一卷,邓正来等译,中国大百科全书出版社 2000 年版,第 208—211 页。

私法社会,也不能将公法与私法的历史等同于公法社会与私法社会的历史。按照我的理解,哈耶克所提出的公法与私法之分是一个理论模型,我们可以用它来有效地检验历史上的法律。而公法社会与私法社会则应被视为一种真实的社会秩序。它们有可能在历史上存在,也可能不存在;有可能在其他社会存在,也可能不存在。

那么,应该如何理解分别代表公法与私法的社会秩序呢?我认为,如果借用哈耶克的术语,这种社会秩序应该被理解为是一种"全涉性秩序"(comprehensive order)。这就意味着,一个社会有可能存在哈耶克意义上的公法现象与私法现象,但不一定存在这一意义上的公法社会与私法社会。

我们也许可以将中国传统社会秩序解释为公法社会。我们可以说,那种由立法者制定的法律在中国有着特别久远的历史。"夏有乱政,而作禹刑"。[①]也就是说,至少四千多年前,统治者已经在制定法律了。我们还可以说,属于行政性立法和财政法性质的法律在中国有着同样久远的历史,至少,在西周时期它们已经清晰可辨了。我们甚至可以把礼的一部分内容和功能解释为宪法性法律。[②]更为重要的是,从中国社会的性质看,无论在政治制度、法律制度以及人们的道德观念中,公较之于私,都居于至高无上的主导地位。[③]因此,中国传统社会不仅存在着立法者制定法律的公法现

---

① 《左传·昭公六年》。

② 《左传·隐公十一年》:"礼,经国家,定社稷,序民人,利后嗣者也。"

③ 在中国传统社会的政治制度与法律制度中,公具有绝对优先的地位。但公而无私只能视为士大夫的理想境界,而非现实情况。韩非子曰:"故当今之时,能去私曲就公法者,民安而国治;能去私行行公法者,则兵强而敌弱。"(《韩非子·有度》)在长达千年的公与私、义与利之辨中,许多文人士大夫、特别是法家必欲"去私",一方面说明公在人们观念中的崇高地位,另一方面也说明现实中亦处处有私的存在。我们不好说中国传统社会的性质是大公无私,但如果说是大公小私,则是大抵不差的。顾炎武曾针

象,从整个社会的性质看,我们基本上可以把它视为一个以公统私的全涉性秩序。

与公法社会的解释相一致,当一个社会存在着类似于正当行为规则或一般性规则的法律时,我们只能说这一社会存在着私法现象,还不能说就一定存在着私法社会。那么,一种真实存在着的私法社会的全涉性秩序究竟是什么呢?哈耶克告诉我们:

> 当然,以上所论并不意味着,正当行为规则所为之服务的那种整体社会秩序,只是一个经济学的问题。但是,到目前为止,只有经济学发展出了一种适合于处理自生自发和抽象秩序的理论手段;而且这种理论手段也只是在眼下才渐渐地被用于解释除市场以外的其他秩序的。这里需要指出的是,市场秩序很可能是惟一一种日渐扩展至整个人类社会领域的全涉性秩序(comprehensive order)。因此无论如何,市场秩序必定是我们在本书中所能够做出充分考虑的惟一的一种秩序。[①]

至此,我们终于能够清楚地知道,那种正当行为规则为之服务的整体社会秩序,那种很可能是惟一一种日渐扩展至整个人类社会领域的全涉性秩序,就是市场秩序。

对那种"以公灭私"、"有公而无私"的主张分辨说:"自天下为家,各亲其亲,各子其子,而人之有私,固情之所不能免矣。故先王弗为之禁;非惟弗禁,且从而恤之。……至于当官之训则曰以公灭私,然而禄足以代其耕,田足以供其祭,使之无将母之嗟,室人之谪,又所以恤其私也。此义不明久矣。世之君子必曰:有公而无私,此后代之美言,非先王之至训也。"((清)顾炎武:《日知录》,卷三,《言私其豵》)

① 〔英〕弗里德利希·冯·哈耶克:《法律、立法与自由》,第一卷,邓正来等译,中国大百科全书出版社2000年版,第179页。

虽说哈耶克反对将市场秩序等同于严格意义上的"经济"（economy），因为在他看来，严格意义上的经济实际上是一种组织，它指的是一系列为某个单一目的序列服务的受着刻意协调的行动，但毫无疑问的是，我们必须把市场秩序看作是一种经济秩序，一种"由无数交织在一起的经济而形成的系统"①构成的市场秩序。不过，我们最好不要把这种称之为市场秩序的经济秩序理解为一般意义上的经济秩序。按照哈耶克的描述，它具有以下几个特征：

其一，市场秩序是一种偶合秩序。由于市场秩序是一种由许多纵横交错的经济构织而成的网络，因此，它与那种严格意义上的单一化经济秩序有着性质上的不同，它的各种活动不受某种单一化的目的序列的支配。因此，哈耶克又将其称之为偶合秩序。②

其二，市场秩序存在于自由的且不具有共同特定目的的多元社会中。由于市场秩序是一种惟一可能扩展至整个人类社会的全涉性秩序，显而易见，在这样的大社会中，人们没有必要就他们所要具体交易的特定目的达成共识。正是市场秩序的这一特点使人们可以在不就终极目的达成共识的情况下做到互惠互利，并使人们享有自由。人们的需求越是不同，也就越有可能从中受益。这也正是市场秩序与组织秩序的区别所在。在组织内

---

① ［英］弗里德利希·冯·哈耶克：《法律、立法与自由》，第一卷，邓正来等译，中国大百科全书出版社 2000 年版，第二、三卷，第 191 页。

② "据此，我们可以构造出一个英语词 catallaxy（偶合秩序），并用它来指称那种在一个市场中由无数单个经济间的彼此调适所促成的秩序。因此，一种 catallaxy（偶合秩序），便是一种特殊类型的自生自发秩序，它是市场通过人们在财产法、侵权法和合同法的规则范围内行事而形成的那种自生自发秩序。"（同上书，第 191—192 页）

部,组织成员也会互相帮助,但这种帮助需要以实现共同目的为基础。[①] 市场秩序的这一特征,实际上是建立在社会分工的基础之上的。[②]

其三,市场秩序是一种抽象秩序。在市场秩序中,要确使所有的成员实现其在各不相同的目的基础上达致利益最大化并享有最佳机遇,就决不能以实现已知的特定结果的最大化为目标,它必须为不特定的任何人提供增进每个人实现自己目的的机会,这个意义上的公共善只能是一种抽象秩序。[③]

其四,市场秩序是一种竞赛。市场不仅创造了一种秩序,还使每个人从他们的努力中获得的回报有了大幅度增加,这正是竞赛的结果。竞赛会增进和改善所有人的机遇。在竞赛中,只要每个参与者所获得的份额部分取决于他所拥有的技艺,部分取决于他所具有的机遇,那么这个由技艺和机遇混合而成的竞赛所分配给他的份额量就是一种真正的最大值。[④]

显然,市场秩序是一种特定秩序,它所具有的这些特征使它区别于一般意义上的自发秩序。因此,服务于市场秩序的法律也具有以下几个极为显著的特征:

其一,服务于市场秩序的法律是一种抽象规则。由于市场秩序

---

① [英]弗里德利希·冯·哈耶克:《法律、立法与自由》,第二、三卷,邓正来等译,中国大百科全书出版社 2000 年版,第 192—196 页。

② "即使在今天,绝大多数人(恐怕还包括许多所谓的经济学家)都尚未理解这样一个道理,即这种以广泛分散的信息为基础的范围广大的社会劳动分工,完全是凭靠人们对那些源出于市场过程的非人格信号的运用而成为可能的,因为那些信号能够告诉人们采取什么样的行动才能够使他们的活动与他们并不直接知道或了解的事件相调适。"(同上书,第 510—511 页)

③ 同上书,第 199—200 页。

④ 同上书,第 201—207 页。

是一种抽象秩序,这种秩序特征要求与之适配的法律规则也必须是抽象规则,这种规则所确定的只能是一些原则,并由这些原则去规定每个人所具有的任何其他人都不得侵犯的确受保障的领域。① 市场秩序法律的这一特征也是市场秩序中劳动分工的需要。②

其二,为市场秩序服务的法律所保护的只是部分预期。尽管增加确定性是法律的目的,但是法律能够根除的只是不确定性的某些根源。法律所能够保护的只是部分而不是全部的预期,或者说,法律所能够根除的只是不确定性的某些根源而不是全部根源,因为正当行为规则只能够以一种使不同人的意图不发生冲突的方式来限定它们所允许的行动范围,但却不能以肯定性的方式决定个人必须采取什么行动。经由对每个人可能采取的行动的范围进行限制,法律为每个人都开放出了他与其他人进行有效合作的可能性,但是法律却并不能够确使这种可能性变成现实性。③

其三,市场秩序中的法律能够向所有人确保的只是机遇而不是某种特定的结果。市场秩序的竞赛特征决定了即使在平等机会的条件下,竞赛结果也会有输有赢。因此,市场秩序中立法的目的就只能是增进不确定的任何人的机遇,而无力确使他们肯定获得某种特定的结果。④

---

① ［英］弗里德利希·冯·哈耶克:《法律、立法与自由》,第二、三卷,邓正来等译,中国大百科全书出版社 2000 年版,第 211 页。

② "显而易见,在一个范围广大的劳动分工的经济秩序中,指导人们行动的因素已不再可能是对即时性的共同目的的追求,而只能是对抽象的行为规则的遵循……"(同上书,第 511 页)

③ 同上书,第 213 页。

④ 同上书,第 215—216 页。

其四,为市场秩序服务的法律的目的是平等地改进所有人的机遇。由于市场秩序中的法律向人们确保的只是机遇而不是特定结果,所以,这种法律所能做的只是增加不确定的人获利的可能性的数量。显然,即使以平等的方式增进每个人的机遇,也不会使每个人的机遇变得完全相同。①

因此,我们必须认识到,市场秩序及其法律是一种特定的自发秩序与规则,而绝不是一般意义上的自发秩序与规则,它正是哈耶克意义上的那个"私法社会"。即使在西方,虽然古罗马时期就已经大致形成此一秩序及规则的雏形,但我们依然可以有把握地说,直到近代资本主义产生以后,才形成完整意义上的市场秩序,以及与这一秩序相适应的自由社会和开放社会,而与市场秩序相适配的法律,必定是讲求平等和形式的法律。

显而易见,中国社会并不存在私法社会,也不存在私法性法律。那种特定意义上的自发秩序——市场秩序与法律在中国社会并不存在。那么,什么是中国社会的自发秩序与法律呢?

中国社会的自发秩序当然也具有自发秩序的一般特征,它也是一种抽象秩序而非具体秩序,但就其性质而言,中国社会的自发秩序是一种特别讲求自然和谐的秩序。它所讲求的并非只是人与人之间的和谐,而是天、道、人之间的统一和谐。汉儒董仲舒说:

---

①　[英]弗里德利希·冯·哈耶克:《法律、立法与自由》,第二、三卷,邓正来等译,中国大百科全书出版社 2000 年版,第 220—223 页。"我们由此可以得出这样一项推论,即任何人都没有正当理由要求得到全面的平等机会,而只有理由要求:第一,那些指导政府所有强制措施的原则应当具有平等增进所有人的机会的可能性;第二,这些规则还应当在所有特定的场合都得到适用,而不论这种规则的适用对特定个人所产生的影响是否可欲。"(同上书,第 216 页)

> 春者天之所以生也,仁者君之所以爱也;夏者天之所以长
> 也,德者君之所以养也;霜者天之所以杀也,刑者君之所以罚
> 也。繇此言之,天人之征,古今之道也。孔子作《春秋》,上揆
> 之天道,下质诸人情,参之于古,考之于今。故《春秋》之所讥,
> 灾害之所加也;《春秋》之所恶,怪异之所施也。书邦家之过,
> 兼灾异之变;以此见人之所为,其美恶之极,乃与天地流通而
> 往来相应,此亦言天之一端也。……是故王者上谨于承天意,
> 以顺命也;下务明教化民,以成性也;正法度之宜,别上下之
> 序,以防欲也;修此三者,而大本举矣。人受命于天,固超然异
> 于群生,入有父子兄弟之亲,出有君臣上下之谊,会聚相遇,则
> 有耆老长幼之施,粲然有文以相接,欢然有恩以相爱,此人之
> 所以贵也。①

按照这一理论,天人之间存在着某种对应和感应关系。天有
四时,王亦有四政。正因为人受命于天,才使人贵于并有别于他
物,形成父子、君臣、长幼之间判然有别而又自然融洽的关系。故
这一秩序于自然和谐之中,最重"次序"。自然和谐与长幼、尊卑、
贵贱的等级序列之间并不矛盾和对立,相反,自然和谐正是通过上
下之间各守其道、各安其分、各尽其责来实现的。而调整和维护这
一秩序的,正是与此种秩序相一致的规则——礼。

礼的功能繁多,但维护上下有别、等级分明的秩序,是礼最重
要的功能。鲁哀公问礼于孔子,孔子答曰:

---

① 《汉书·董仲舒传》。

非礼无以节事天地之神也,非礼无以辨君臣、上下、长幼之位也,非礼无以别男女、父子、兄弟之亲,婚姻、疏数之交也。①

礼也是使人有别于禽兽的显著标志:

鹦鹉能言,不离飞鸟;猩猩能言,不离禽兽。今人而无礼,虽能言,不亦禽兽之心乎? ……是故圣人作,为礼以教人,使人以有礼,知自别于禽兽。②

礼的内容十分庞杂,几乎涉及社会生活的所有方面:

道德仁义,非礼不成;教训正俗,非礼不备;分争辨讼,非礼不决;君臣、上下、父子、兄弟,非礼不定;宦学事师,非礼不亲;班朝治军,涖官行法,非礼威严不行;祷祠祭祀,供给鬼神,非礼不诚不庄。③

尽管礼的内容庞杂,功能繁多,但我们从上述礼所具有的评定社会生活一切方面的准则的作用看,礼主要是一种规则,而且主要是一种禁止性规则。故颜渊向孔子请教行动的纲领,孔子回答说:

---

① 《礼记·哀公问》。

② 《礼记·曲礼上》。《诗经·相鼠》曾以此吟问:"相鼠有体,人而无礼。人而无礼,胡不遄死?"可见礼使人有别于禽兽的观念,是多么深入人心。

③ 《礼记·曲礼上》。

> 非礼勿视,非礼勿听,非礼勿言,非礼勿动。①

礼的内容既涉及社会生活的方方面面,亦包含许多否定性的规定和评价,我们实可将礼视为中国社会的一般性规则。它也许与哈耶克意义上的一般性规则有所区别,因为哈耶克所说的一般性规则是否定性的,它通常不向任何个人施加肯定性的义务。②而中国社会的礼既是否定性的,它无疑也包含肯定性义务。但正如包含有个别肯定性规则并无碍于将一般性规则称之为否定性规则一样,包含有肯定性义务也无碍于我们将礼称之为中国社会的一般性规则。

我们应当注意礼作为一般性规则在中国社会所经历的一次重大转折,这一转折发生在春秋战国之际。在此之前,礼是调整社会各种关系、各个领域的十分有效的规则,故三代为"礼治"社会。春秋时,礼的规制作用已明显降低,不再为所有人尊重和遵守了。但即使在你死我活的两军交战中,我们仍可一窥礼的残余影响:

> 冬十一月己巳朔,宋公及楚人战于泓。宋人既成列;楚人未既济。司马曰:"彼众我寡,及其未既济也请击之。"公曰:"不可。"既济而未成列,又以告。公曰:"未可。"既陈而后击之,宋师败绩。公伤股,门官歼焉。
>
> 国人皆咎公。公曰:"君子不重伤,不禽二毛。古之为军

---

① 《论语·颜渊》。

② [英]弗里德利希·冯·哈耶克:《法律、立法与自由》,第二、三卷,邓正来等译,中国大百科全书出版社 2000 年版,第 56 页,第 61 页。

也，不以阻隘也。寡人虽亡国之余，不鼓不成列。"①

　　这是一段耳熟能详的故事，宋襄公因迂腐成为后世的笑柄。我们从宋襄公的不击未济之师，"君子不重伤，不禽二毛"，以及"不鼓不成列"的仁义行为，可以推知他一定死守着某些古老的规则——礼，虽然我们已无法知道这些礼的具体内容了。礼本为一种仪式。三代之礼，两军对垒，也许双方确可做到不击未济之师，"不重伤"，"不禽二毛"，"不鼓不成列"，但在春秋时，它无疑因不实用而受到人们的怀疑并最终遭到了破坏。但如果我们不是从实用的精神出发，而是从法律和规则的角度看待这个问题，我们便会发现，在这个故事中，宋襄公的迂腐并不特别可笑，某些有效的行为规则被太强的实用精神所破坏，则更令人悲哀。

　　《左传》记载的另一则故事，也颇堪玩味：

　　　　十一月癸未，公子城以晋师至。……丙戌，与华氏战于赭丘。……相遇，城还。华豹曰："城也！"城怒而反之。将注，豹则关矣。曰："平公之灵尚辅相余。"豹射出其间。将注，则又关矣。曰："不狎，鄙。"抽矢。城射之，殪。②

　　我们从华豹第二次放弃机会而被公子城射死的故事，亦可看出礼的残余影响。也许，正是这些血的教训使聪明的中国人很快懂得破坏规则可以求生，死守规则往往死路一条的道理吧？但我

————————

① 《左传·僖公二十二年》。
② 《左传·昭公二十一年》。

们是否知道,中国历史上确曾有过大家都遵守规则的时期,当这一时期行将结束之际,有些人宁愿战败、死亡还要遵守规则呢?

"英国先生们,请先开枪吧!"①当我们看到一个社会的人们在生死决斗之际不仅遵守规则,还要维护对方的权利,而另一个社会的人们聪明地悟出了以破坏规则的方式求得生存之道时,我们也许可以说,春秋战国之后,中国的社会、文化及其中国人的心智的确发生了某些重大的变化。

---

① 丰特诺战役前传令官的呼叫。转引自[德]马克斯·韦伯:《经济与社会》上卷,林荣远译,商务印书馆 1997 年版,第 68 页。

第六章 现代、后现代及其法律

同较早的法律生活相比，现代的法律生活，尤其是私法生活的最本质的、实质的特点，首先是法的事务的意义大大上升，特别是作为由强制法保障的权益要求源原的契约的意义大大上升，对于私法领域来说，这是很典型的，……

韦伯(Max Weber)

一、现代化：困境与幻象

在有关现代化问题的研究中，"现代"(Modern)一词有两层基本含义。首先，它是个时间尺度，大体指从中世纪结束以来一直延续至今这段历史；其次，它是个价值尺度，主要指区别于传统社会的种种观念、行为、制度以及生活方式。在理论上，我们应该将"现代"看作一个修饰性的总称，它有着种种表现方式，"现代化"只是"现代"的一种方式。"现代化"固然是"现代"的，但"现代"不一定就是"现代化"。

作为一种历史过程和社会变革力量，现代化可以看作是代表我们这个历史时代的一种"文明的形式"。由于这一"文明的形式"发轫于工业革命，成熟于工业化阶段，现代化最初被理解为是指人类社会从传统的农业社会向现代工业社会转变的历史过程。又因为现代化兴起于西方国家,系西方社会制度自然演进之结果,而为非西方国家有意学习、引进、移植的过程,现代化被一些早期的学者定义为"西化"。20世纪60年代,又提出了与现代化含义颇为相近的"发展"概念。经过与一系列内涵近似概念长期使用后的比较和甄别,现代化一词已为学界普遍认同并使用。如今,现代化概念被广泛使用于自然科学和社会科学的众多领域,成为耳熟能详的大众化词语。

然而,对现代化概念的普遍使用不仅未能减少,很可能还增加了对它的误解和滥用。为不至于在以后的讨论中引起太多的歧义,有必要先给出我所理解的现代化的几个含义:

1. 现代化并不肇始于单纯的经济因素。一般舆论皆以为现代化的缘起乃是生产力的发展和经济增长的结果,实在是偏颇之论。单一的经济因素绝不可能导致现代化。经济因素甚至不是最重要的先导力量。现代化首先起源于思想观念的转变。启蒙运动打破了神学观念,带来了理性和世俗精神,科学技术得以昌明,实为现代化之先导。

2. 现代化是西方文化的内生产物。西方社会和文化是一个连续变迁和演化的过程,现代化是从西方社会、文化中自然演进出来的,绝非横空出世之物。因此,现代化与西方社会、文化的性质是相适配的。更进一步说,只有西方社会和文化才能自然演化出现代化。对于非西方社会和文化来说,现代化主要是一个学习、模仿和移植的过程。

3. 现代化所倡导的理性、效率、平等和竞争的观念,是对传统社会价值观念的挑战和反叛。传统社会是古典社会,是一个英雄主义加浪漫主义的社会,它所洋溢的乃是歌德所谓"浮士德精神"。现代化所倡导的观念决定了与之相适配的社会断然是一个平庸的、世俗的社会。

4. 现代化是人类借科技之力宰制和役使自然的过程。传统社会中,人与自然的关系是和谐一致的,自然涵养万物,人亦涵养自然。人类之力,尚不足以宰制、役使自然。而科技之力,实已超出人力百倍,乃至为人力所不能控制。在人力可以控制和不可控制的范围内,现代化已彻底改变了人与自然之间的关系。现代化即使不使人类与自然对立,也使人类与自然隔离。

5. 现代化是一种全球性的人类活动。现代化虽为西方社会、文化的内生产物,但现代化这一文明方式具有极强的侵略性。它一经发轫,便四处扩张,所到之处,无坚不克。可以说,现代化的文明浪潮早已遍及全球,被服四野。人类有史以来,还没有任何一种文明形式能够像现代化一样如此广泛、普及,影响到所有人的观念和生活方式。

6. 正如现代化并不肇始于单一的经济因素,现代化的指标也不能用单一的经济指标来衡量。马克斯·韦伯较早看到并论证了这一点。他指出,欧洲资本主义的兴起与发展并不仅仅是经济与结构方面的问题。"归根到底,产生资本主义的因素乃是合理的常设企业、合理的工艺和合理的法律,但也并非仅此而已。合理的精神,一般生活的合理化以及合理的经济道德都是必要的辅助因素。"[①]亨廷顿也认为,"现代化是一个多层面的进程,它涉及到人类思想和行为所有领域里的变革",包括城市化、工业化、世俗化、

---

① 转引自罗荣渠:《现代化新论》,北京大学出版社1993年版,第14—15页。

民主化、普及教育和新闻参与等,"它们所以携手并进且如此有规律,就是因为它们不能单独实现。"①

上述六层含义包括了我对现代化的基本理解和判断。这一理解倾向于将现代化看作综合的、文化的,反传统的、反自然的,以及阶段论和悲观论的,它在基本立场和方法上与大多数人对现代化的理解和判断相左。

在大多数人那里,现代化包含着三个基本的理解和判断:1. 现代化是一个永无止境的过程;2. 一切国家、民族都必然经历现代化过程;3. 现代化必将导致人类历史的不断进步并为人类创造美好生活。

在我看来,关于现代化的这三个基本理解和判断都是不真实的。

其一,在人类历史上,不可能有一种被某一时代的人视为文明的基本形式的东西贯穿人类历史的始终。现代化是我们这个时代的主角,它操纵着我们这个时代文明舞台的幕起幕落,决定着文明的基本形态并必将为未来文明奠定基础,但我不相信现代化必定能主宰未来的文明舞台。从社会变迁的观点看,现代化概念本身也是含混不清甚至是错误的。人们用现代化来指称我们这个时代以科学技术为代表的发展形式,这是不错的。但现代化同时也是一个历史分期概念,"现代"是相对于过去的传统社会提出来的,这样,如果将现代化理解为一个永无止境的过程,便无法理解社会历史变迁已经给予我们的提示:"现代"只是此时此刻的一种认识,今

---

① 塞缪尔·P. 亨廷顿:《变化社会中的政治秩序》,王冠华等译,三联书店1989年版,第30页。

天我们认为是"现代"的,在后人看来恰恰是传统的。将现代化理解为一个永无止境的过程,只不过是秦始皇观念的现代翻版。我们之视为"现代"的(器物也好,观念也好),注定要被后人超越,甚至被后人抛弃。现代化观念的提出同时也人为地割断了历史,它将传统凝固在"现代"以前,历史和传统由此失去了自然演变和传承的性质。

其二,一切国家和民族都必然经历的一种文明形式,无论是在过去地理环境隔绝的情况下,还是在今天环球交通的情况下都不可能存在。现代化是从西方社会历史中演化出来的一种文明的基本形式,承认它是我们这个时代文明的基本形式,是因为它主宰了这个时代的文明,是因为承载着人类历史主要文明的国家和民族都会学习和模仿这种文明。但如果认为所有的国家和民族都会经历现代化的过程,都会承受现代化文明的洗礼,那只不过是无视人类文明多样化的生活在现代文明中的人们一厢情愿的狭隘想法。不是所有文明形式中的人们都向往和追求现代化所提供的效率和舒适。

其三,认为现代化必将推动人类历史进步并造福人类的乐观主义预言,从现代化产生之日就遭到了反现代化论者的有力挑战。

与现代化论者极为不同,反现代化论者是一个非常复杂的群体。尽管他们同样发出了强烈的反现代化的呼声,但其立场和出发点可能全然不同,甚至互相对立。一个狭隘的民族主义者和一个世界主义者可能都是极端的反现代化论者。它与各人的文化背景也没有什么关系。一个只生活于本土文化、知识之中,甚至没有文化的人和一个有过良好西方文化背景的人可能同时成为反现代化论者,甚至后者更有可能成为反现代化论者。

　　尽管反现代化论者观点各异,但撷其精要,大致有两个方面:

　　一是毁自然。人与自然的关系一直是西方哲学的核心问题。现代化使人与自然的关系变得格外紧张和令人担忧。它首先反映在对世界有限能源危机的担忧和紧张上。现代化以前的社会对能源使用与消耗的数量是非常低的,而现代化完全建立在对能源使用与消耗的基础上,越是现代化的国家,对能源的使用和消耗越高。只占世界人口 6% 的美国人,要消耗全世界 1/3 的能量。众所周知,世界上的能源是由再生性能源和非再生性能源构成的,在技术乐观主义者看来,人类还可以人工合成非再生性能源。但科学所告诉我们的无情事实是,不管使用和消耗再生性能源、非再生性能源还是人工合成能源,其结果只能是加速能量的消耗和世界的无序化。能源危机还可能影响世界政治格局并引发战争。其次,现代化造成对环境的改变和污染。对自然资源和环境的破坏以及污染是现代化所带来的必然副产品,任何现代化的取得都是以对周围环境的毁坏,也即熵的增加为代价的,在现代化的后发国家,这些代价更大也更为惨重。因此,现代化实际上是给人类敲响了警钟,它使人类重新思考两个重大问题:1. 我们是否在牛顿机械论世界观和进化论中陷得太深了?"我们已习以为常地认为生物进化就是进步。然而我们现在却发现在进化之链中,越是高级的生物,就要把越多的能量从有效状态转化为无效状态。"[1]"进化意味着为建立起秩序越来越大的孤岛而必然带来更大混乱的海洋。"[2]2. 人类能成为自然的主人吗? 当人类无视自然法则,过于

---

　　① ［美］杰里米·里夫金、特德·霍华德:《熵——一种新的世界观》,吕明、袁舟译,上海译文出版社 1987 年版,第 51 页。

　　② 同上书,第 52 页。

相信现代化这柄利剑的威力，并一味挥舞它役使自然时，人类实际上已经站到了自然的对立面。但是，人类永远不能成为自然的主人，当人类挥舞现代化的利剑役使自然时，自然早已划定了边界，超越边界的人类行为注定会受到自然的报复。

二是戕人性。几乎在现代化的潮流发端之初，一些学者就站在与之相对的立场上，对现代化这一文明形式给人类文化的自然发展造成的湮灭忧心忡忡。有代表性的两个早期学者是柏丹（Jean Bodin, 1530—1596）和孟德斯鸠（1689—1775）。他们强调不同的自然条件对人类文化形成的影响，否认人类价值实现的普遍模式。科贝特（William Cobbett, 1763—1835）和科尔里奇（Samuel Taylor Coleridge, 1772—1834）则对现代化给自然造成的掠夺和对人性的摧残提出了严厉批评。晚近以来，几乎所有具有人文主义思想的学者都把对现代化的批评集中于人性的压抑和扭曲上。他们将传统社会视为礼俗和人性的社会，将现代社会看作是理性和非人性的社会，怀念传统社会的温情和人性的自然伸展，憎恶现代化对人性的割裂。美国汉学家艾恺（Guy S. Alitto）写道：

> 如果事情果真这样，我希望在我的有生之年这一切不要到来，因为那种所谓的新"人性"是无法与我的血肉之躯相容的，就好像当家庭生活的需要变得由家庭业来代办时，我觉得人活在世上还不如不活。①

---

① ［美］艾恺（Guy S. Alitto）：《世界范围内的反现代化思潮》，贵州人民出版社1991年版，前言，第4页。

　　19 世纪末 20 世纪初,西方社会的反现代化思潮与西方社会以外的反现代化思潮汇合起来,迅速在全世界范围内渗透、漫延。第一次世界大战对西方知识分子是一次沉重打击,西方一些具有人文主义思想的知识分子对西方文明及其现代化开始感到失望,对现代化导致人类社会进步和人类美好生活的观念开始发生动摇。他们对古老、神秘的东方文化发生了兴趣,希望在东方找到能够挽救西方文化危机的新的文化。罗曼·罗兰(Romain Rolland,1866—1944)和罗素(Bertrand Russel,1872—1970)正是其中的典型代表。罗兰从 1919 年起与著名的亚洲反现代化论者泰戈尔通信,鼓励他"只有精神性东方之文化的重振才能解救过度理性并明显自毁中的西方"的主张。[①] 罗素在 20 世纪初的中国之旅,也是希望中国文明能够担当起拯救西方文明乃至世界文明的重任。[②]

　　现代化在西方面临的困境似乎还不能够有效地阻止发展中国家追求现代化的热情和努力,几乎所有的发展中国家和政府都把现代化当作摆脱贫穷、图谋富强的灵丹妙药。然而,在我看来,实现现代化不仅意味着将比西方国家承受更为巨大的压力和付出更为惨重的代价,更为重要的是,对发展中国家来说,现代化不仅是困境,还是一个巨大的幻象,是一个永远无法企及的目标。

　　发展中国家不可能实现现代化,首先是由能源的限制所决定的。从能源的储量看,且不说所有的发展中国家都实现现代化是

---

　　① [美]艾恺(Guy S. Alitto):《世界范围内的反现代化思潮》,贵州人民出版社 1991 年版,第 114 页。
　　② 冯崇义:《罗素与中国——西方思想在中国的一次经历》,三联书店 1994 年版,第二章,第三章。

个彻头彻尾的神话,即使以中国而论,现在的能源储量也不可能支持中国达到美国那样的富裕和发达。中国自然资源总量排世界第七位,能源资源总量约 4 万吨标准煤居世界第三位。中国煤炭保有储量为 10024.9 亿吨,但精查可采储量只有 893 亿吨(世界煤炭储量为 1 万多亿吨,储采比为 219 年。储量最大的国家依次为美国、中国、澳大利亚、印度、德国、南非、波兰。其中美国的储量比中国大一倍以上,除中国外,其余 6 国的储采比均在 210 年以上,中国若保持原开采强度,储采比不足百年)。1998 年,世界一次能源消费总量约为 128.9 亿吨标准煤,其中美国消费 32.3 亿吨标准煤,占世界能源消费的 25.1%,居世界第一位。[①] 即使按照美国 1995 年的人均能源消耗指标,中国将每年需要 130 亿吨标准煤,这意味着全世界的能源全部供应中国还将有缺口。

其次,正如我业已强调指出的,现代化既不肇始于单一的经济因素,现代化的指标也不能用单一的经济指标来衡量,现代化是特定文化产生出来的特定文明形态,它涉及政治、经济、法律、宗教以及文化等各个领域,涉及到人们的生活以及观念,因此,发展中国家要实现现代化,就意味着要将自己的文化和文明全部置换掉,这显然是不可能的。有人可能要举出日本的例子。但我已指出,我将现代化理解为现代的一种形式,而且是一种特定的文明形式。因此,在我看来,日本虽然是一个现代的国家和社会,但它并不是我所理解的现代化的国家和社会。

最后,对于发展中国家来说,现代化意味着进步和美好幸福的生活也只不过是建立在物质欲基础上的沙幻之物。进步和幸福都

---

① 资料来源:中国环保网。

不一定和物质的增加成正比。而且，只是希望通过物质现代化获得幸福的人最终会发现他们实已卷进无休止的烦恼之中，正堕入无限痛苦的深渊。

当一个民族致力于追求这种无法企及的虚幻之物时，人们也许会想，即使追求的目标无法实现，也不会导致什么祸害。然而，哈耶克指出：

> 就像寻求任何幻象一样，追求无法企及的目标，也极可能产生人们在预见到它们的情形下原本会竭尽全力加以避免的那些结果。在人们期望把那种必定属于我们永不能企及的目标变成可能的目标这个徒劳的过程中，许多可欲的目标也都被白白地牺牲掉了。①

对于发展中国家来说，可欲的目标——按照我的理解——是指与自己的传统保持连贯和一致的现代社会与现代法律。但我们必欲认识到，现代社会不一定就是现代化的社会，现代法律不一定就是法律现代化。法律现代化是指西方社会在现代法律的基础上发展出来的一种特定文明形式——法治。

二、法律的时代

我们将在下一章中专门讨论"法治"这一西方文化的特定文明

---

① ［英］弗里德利希·冯·哈耶克：《法律、立法与自由》第二、三卷，邓正来等译，中国大百科全书出版社 2000 年版，第 232 页。

形式,而在本章中只讨论现代社会与现代法律的一般特征。因为在我看来,现代社会与现代法律的这些一般特征并不像现代化和法治那样需要一种特定文化,代表着一种特定文明,并且与传统社会所代表的人性水火不容。它们有可能与传统社会与文化和谐并存。

如果说,我们可以用"礼俗"来恰当地定义传统社会的性质和特征的话,那么,现代社会最为明显的特征就在于它是一个法律的时代。的确,现代社会所具有的法律特征是如此具有代表性,以至于我认为,它比经济因素和其他因素更能合理地解释现代社会。

这并不是说传统社会的法律不重要或不具有解释传统社会的代表性,而是强调,现代社会与现代法律在形成的过程中,在原来的基础上互相赋予了对方一些与过去不同的品质,这些品质正是传统社会和法律所不具备的。而且,极为重要的是,现代社会的某些品质的形成恰恰是由法律赋予的。

下面,我将主要沿着马克斯·韦伯(Max Weber)对现代法律品质的卓绝分析,抽象出它的一般特征。这些一般特征最集中地体现在三个方面。

现代法律所具有的一般特征首先体现在法律与经济的关系上。

按照韦伯的概括,法律与经济的一般关系表现为以下几点:

1. 法律(当然是社会学意义上的)绝不仅仅保障经济的利益,而是保障各种各样的利益。法律保障安全、观念、荣誉以及政治、宗教、家庭等各种优越的地位,虽然这种地位背后总是受到经济的制约,但它们本身并不直接表现为经济。

2. 从理论上说,即使经济关系发生了激烈的变化,法律制度仍然可能保持不变地存在着。

3. 虽然在某一点上,法律结构的任何不同都可能产生某种经济后果,但从法学思维范畴和立场看,法律制度和结构的不同并不会使经济关系因此受到极大的触动。

4. 法的保障最广泛地直接服务于经济利益;经济利益是影响法律形成的最强有力的因素。

5. 在经济领域中,法律的强制职能受到了很大的局限。影响人们的经济行为的可能性的程度,并不简单地是一般服从法律的强制职能,它还受到有关人员经济能力的局限。

6. 纯粹从理论上看,国家的法的保障并非对任何基本的经济现象都是不可或缺的。宗族的帮助也提供财产的保护。有时宗教共同体比政治的团体更加有效地提供对债务义务的保护。也曾经有过一些"货币",没有国家的保证而被接受,并作为支付手段,而且以几乎一切货币的形式出现。[①]

法律与经济的上述关系或许可以适用于传统社会。但在现代社会中,由于民族—国家的兴起,国家实现了对暴力强制机器的垄断(当然,这本身就是现代经济的杰作),而现代经济的复杂关系和流通速度必须由国家具有强制力的法律作保障:

> 当然,尽管如此,暴力的法的保障,尤其是国家的法的保

---

① [德]马克斯·韦伯:《经济与社会》上卷,林荣远译,商务印书馆1997年版,第370—374页。哈耶克亦深刻地指出:"文明的基本工具——语言、道德、法律和货币——都是自生自发之过程的结果,而不是设计的结果;然而,有组织的权力机构却完全控制并彻底腐化了其间的后两项工具:法律和货币。"参阅[英]弗里德利希·冯·哈耶克:《法律、立法与自由》第二、三卷,邓正来等译,中国大百科全书出版社2000年版,第511—512页。

障本身,对于这种机构的形成并非无关紧要。今天,交换流通完全主要依靠强制的法的保障。正常情况下,有意通过交换的行动,去获得主观的"权利",用社会学的术语表示,就是依靠国家暴力机器的支持,去获得支配权力的机会。今天,"经济的财物"一般地同时是合法获得的、主观的权利,"经济制度"用这种物质构筑它的整体。①

因此,与传统社会中法律与经济的一般关系相比,在现代社会中,法律与经济的关系变得突出起来。一方面,几乎所有的现代经济都离不开法律的参与和保障,从另一方面看,现代社会中法律的事务大大上升,而这些事务又几乎毫无例外地集中在经济领域中。

更为重要的是,与传统社会中法律与经济的关系完全不同,在现代经济中,并不总是先有了现实的经济利益,然后再反映到法律领域中,寻求法律的保障,恰恰相反,而是先从法律上构想出经济交往的模式,再为现实的经济关系服务。也就是说,法律不仅被动地服务于经济,它也创造经济利益:

> 然而,过去缺少某一种法律制度,绝不总是可以从经济上缺乏需求得到解释。毋宁说,法应该为其提供保证的、理性的、法技术的交往模式,必须完全像工商业—技术的操作一样,先"发明"出来,才能效力于实现的、经济的利益。因此,一种法律秩序的特殊的、法技术上的特征,它赖以运作的思维形

---

① ［德］马克斯·韦伯:《经济与社会》上卷,林荣远译,商务印书馆1997年版,第366页。

式的性质,对于在其中会发明某一种特定的法律制度的机会,其意义要比人们常常习惯设想的要大得多。①

第二个方面,现代法律的一般特征主要体现在市场的社会化和官僚体制化所带来的相应特征上。

市场社会化所带来的直接结果,便是契约在整个社会的适用,尤其是在私法领域内的适用有了极大的提高,以至于私法的能达到的领域,都可以称之为"契约的社会"。自由协议意义上的契约的重要性在古代社会也并非没有受到重视,但是,在现代社会中,它所适用的范围却完全不同。在法的发展的较早和最早阶段,自由协议的重要性主要体现在公法、诉讼法、家庭法和遗产继承法等领域内。原始的契约从前在公法和家庭法的领域内所起的作用要比今天大得多。而现代社会中,自由协议的重要性恰恰体现在这些领域之外。②

另外,在公法领域,契约的数量在现代社会中也是大量存在的。一方面,聘任任何官员都需依契约进行;另一方面,按照宪法的规定,在行政管理的过程中,像确定预算这样的行为,实质上是以独立的国家机关之间的自由协议为前提的,从法律上讲,这些机关没有一个能对另一个机关进行强制。③

在契约交往和法律的过程中,势必要求对每一个成员和团体的行为要有清楚的界定,就会出现团体的地位和它的机关的合法

---

① 〔德〕马克斯·韦伯:《经济与社会》下卷,林荣远译,商务印书馆1997年版,第43页。

② 同上书,第25页。

③ 同上书,第23页。

性问题,而"解决这个问题的法律技术上的一个办法是构想法人的
概念。"①在美国,法律给"人"下定义时是包括法人的。但这一概
念曾经过长期的争论。1612年,一个英国法官曾在一起案件中宣
布:"法人不能被指控犯叛国罪,不能被剥夺公民权,也不能被逐出
教会,因为它们没有灵魂。"1839年,美国最高法院坚称:一个法人
既然不是公民,就不应该享有宪法上规定的公民权利。但从19世
纪后期开始,美国最高法院引用宪法第14条修正案以保证法人像
自然人一样适用"正当诉讼程序"。② 对于现代社会和经济来说,
法人概念的构想可以称得上是一个伟大的发明创造,因为法律上
的主体一直被认为属于自然人,而且,自然人的资格本身也受到种
种限制,在古罗马,奴隶就不能称之为法律上的"人"。只有在现代
社会和现代经济中,才有可能将一个没有生命的团体拟人化地称
之为法律上的"人"。

　　市场的扩大和官僚体制化导致了国家强制机构的产生以及对
任何人和事实的平等适用。强制机构产生于现代国家行政管理的
需要,它"导致了在法律技术上创造大量的、公众的机构形式:学
校、贫民救济机构、国家银行、保险机构、储蓄银行等等……"③在
愈来愈强大的国家强制机构中,统治者和官员的权力需求以及在
经济上享有特权者的利益,都会反对和取代那种"建立在由垄断划
定界线的人员团体固有的权力或授予的特权之上的,而且完全是

---

① 〔德〕马克斯·韦伯:《经济与社会》下卷,林荣远译,商务印书馆1997年版,第
64页。
② 〔英〕罗杰·科特威尔:《法律社会学导论》,潘大松等译,华夏出版社1989年
版,第147页。
③ 〔德〕马克斯·韦伯:《经济与社会》下卷,林荣远译,商务印书馆1997年版,第
73页。

一个一个地单独制订产生：主要是等级联合体的自治"的"任意专断的法"，而要求"把所有单一的人和事实都纳入一个——至少在今天——原则上是建立在形式上'法的平等'基础上的强制机构"。①

　　第三，现代法律的一般特征体现为法的理性化，它主要表现在三个方面。

　　首先，是法的形式品质。它所代表的是形式的理性主义。与代表那些权威的功利主义和伦理要求的实质的理性主义不同，形式的理性主义追求"形式法学上最精确的、对于机会的可预计性以及法和诉讼程序中合理的系统性的最佳鲜明性"。② 虽然法的形式品质最早可以溯源于罗马时期，早在罗马皇帝时代，罗马法就开始变为纯粹文献操作的对象，早期罗马法最重要的特点之一就是它的卓绝的分析性，后来，又出现了另一个因素——法律概念的日益抽象化的性质，③"但是，反过来看，直到皇帝时代，罗马的法律生活中，不仅缺乏综合构思的性质，而且也缺乏理性系统化的性质，情况远比有时设想的为盛。"④而且，"大多数罗马法律制度的原始性质，并不从本质上比日耳曼的法律制度的原始性质更加抽象。"⑤因此，当罗马法在欧洲复兴时，正如埃利希所强调的，罗马法的各种制度都必须剥去所有本国束缚的残余，并且彻底提高到

---

　　① ［德］马克斯·韦伯：《经济与社会》下卷，林荣远译，商务印书馆1997年版，第55—56页。
　　② 同上书，第139页。
　　③ 同上书，第131页，第135页，第180页。
　　④ 同上书，第132页。
　　⑤ 同上书，第137页。

逻辑抽象的领域。①

其次，是各种法律职业的分类、对各种法律专业知识的要求以及培训对法的理性化的影响和促进。"倘若没有有学识的法律专家决定性的参与，不管在什么地方，从来未曾有过某种程度在形式上有所发展的法……对法学专门知识的日益增长的需要造就了职业律师。但是，这种日益上升的对法律实践者的经验和专业知识的要求，因而全都是对法的理性化的推动，……要解决这些问题就不可避免地要求有专业的亦即理性的培训。"②这种理性的培训可以通过两种类型进行。一种是英国行会式的由律师进行的法律教学，另一种典型类型是现代的、理性的大学法学教育培养。③

最后，法的理性化方式表现为把对个案有决定性意义的原因归纳为一条或若干条法律原则。"从法学上讲，一种现代的法是由'法的原则'组成的，也就是说，由抽象的准则组成的，准则的内容是：一定的事实应该带来一定的法律后果。"④这样，对法律制度和法律关系的综合考虑和安排便带来了法的体系化：

> 原始的"法"不知体系化为何物。按照我们今天的思维习惯，体系化意味着：建立所有由分析所获得的法的原则的联系，使它们相互之间组成一个逻辑上清楚的、本身逻辑上毫无矛盾的和首先是原则上没有缺漏的规则体系，也就是说，这种

---

① ［德］马克斯·韦伯：《经济与社会》下卷，林荣远译，商务印书馆1997年版，第181页。

② 同上书，第117页。

③ 同上书，第117—122页。

④ 同上书，第20页。

体系要求,一切可以想象的事实在逻辑上都必须能够归纳到它的准则之一的名下,否则,它们的秩序就失去法的保障。①

我们从以上三个方面概括了现代法律所具有的一般特征,在我看来,具有这三个特征的法律可以在任何一个经济发达的现代社会中存在,并且同这一社会的固有传统文化保持一致。当然,这些特征也是构成法律现代化——法治的一些条件,但仅有这些现代法律的一般特征还远不能形成法治,正如我们很快将在下一章中要讨论的,法治乃是由一系列综合要素构成并经过长期酝酿生成的,它需要特定的社会文化条件。而这些现代法律的一般特征只是解释了现代社会的一般特征:一个理性的、法律的和世俗的时代。

三、法律移植与现代社会变迁

表明现代社会中法律重要性的一个极为典型的现象,是法律移植对于推动和促进现代社会变迁的重要作用。的确,在现代社会中,一次军事政变所产生的效果往往远不如一次法律改革来得深刻和彻底,况且,发生军事政变的概率在现代社会中比起法律改革来要小得多。显然,在传统社会中,法律并不具有如此大的推动力,那个时候,恰恰是军事征服频繁地改变着社会和人们的生活。

这大概是许多法学家、特别是宗奉西方(近来主要是英美)法

---

① [德]马克斯·韦伯:《经济与社会》下卷,林荣远译,商务印书馆1997年版,第16页。

律的法学家好谈法律移植的一个重要原因。对西方法律的大规模移植和引进当然并不是近来的现象，它发生于一百年前，是一场重大社会转型的重要组成部分，我将在其后的章节中专门讨论。这里需要阐明我关于法律移植的一些基本观点。

多少有些奇怪的是，谈论法律移植的人很少对这一概念做出一些基本的界定。早期的法学家并不使用"法律移植"这一概念，但这似乎不影响他们就这一问题发表看法。德国法学家鲁道夫·冯·耶林（Rudolph von Jhering，1818—1892）说：

> 接受外国法律制度的问题并不是一个国家性的问题，而是一个简单明了的符合目的和需要的问题。任何人都不愿从遥远的地方拿来一件在国内已有同样好的或者更好的东西，只有傻瓜才会因为金鸡纳霜（奎宁）不是在自己的菜园里长出来的而拒绝服用它。①

这是一段为比较法学家乐于引用的名言，它倾向于将法律移植当作是技术性的和功能性的，实际上，晚近以来主张法律移植，特别是主张所谓"无机移植论"的法学家，都是在这一层面上定义和使用法律移植的。毕竟，现代医学上的器官移植创造了比"金鸡纳霜"更为神奇的移植奇迹。

但是，这样的比喻还是经不起稍稍缜密地推敲。法律移植从来没有、也不可能做到纯粹技术和功能上的移植。对于绝大多数

---

① 转引自［德］茨威格特、克茨：《比较法总论》，潘汉典等译，贵州人民出版社1992年版，第28—29页。

国家来说,法律移植首先要经过语言上的转换。其次,可能还没有哪个国家会毫无改变地完全照抄照搬别国的法律。对某一法律条款的仿效和借鉴是有的,但绝不可能将一部法律原样"拿来"。更为重要的是,法律移植本身就是文明输入的一种方式,是社会变迁的组成部分,对于非西方国家来说,它无疑具有一层特定的含义。

所以,我反对单纯地在法律规范中讨论和定义法律移植。从社会变迁和文化的观点看,法律移植从来不是、也不可能是纯技术的和功能的,而是社会变迁某一阶段的特定产物。对于西方社会来说,它是向非西方社会传播法律文明的一种方式;对于非西方社会来说,它是从整体上(包括概念、形式和内容)接受西方社会法律的一个连续过程。它是传统法律向现代法律变化或者法律现代化的一种方式和过程。故此,我将法律移植定义为非西方社会从整体上接受西方社会法律并导致传统法律向现代法律转变或法律现代化的一种方式和过程。按照这一定义:第一,法律移植不是自古就有的,它是现代社会的特定产物;第二,法律移植是单向度的,它指的是非西方国家移植西方国家法律的现象,从来不曾听说过西方国家移植非西方国家法律的现象;第三,法律移植是整体的,不是部分的,从别国法律中"拿来"某一法律条款不能称之为法律移植。

因此,我们必须厘清与法律移植相近但却本质不同的几种现象。首先,法律移植不同于西方法律史上曾经发生过的对罗马法的"reception"(此处译"继受")或对《法国民法典》的"reception"(此处译"接受")。民族—国家的诞生虽使欧洲成为众多国家,但作为罗马文化的后继者,它们对罗马法的"继受"不能视为法律移植。《法国民法典》在欧洲大陆的传播也不能视为法律移植,而只是同一文化中法律的传播和接受,它不导致法律概念、形式和内容的整体改变。其次,法律移植不同于对法律的借鉴和仿效。借鉴和仿效是一种学习的态度,它可以"拿来"某一条法律,也可以是一种笼统的参照,但它不涉及法律的整体移动。最后,法律移植不同于法律史上不同法律之间的相互影响及其相似的现象,这种相似的现象可能是各种因素造成的,不能以此反推它是法律移植的结果。

沃森(Alan Watson)教授曾以不同文明中相似的五条法律规定来论证发生于"遥远的古代"的法律移植现象。

第一条法律规定来自底格里斯河东部的一座古代城市"埃斯休农"(Eshnunna)的法典(至少在公元前 18 世纪):

> 若某牛(成为)触牛,看守(当事人)已告知其主,而主人未予防范,牛触人并致其死亡,主人应付 2/3 米拉银币。如果触一名奴隶并导致死亡,应付 14 舍客勒银币。[1]

巴比伦的汉谟拉比法典(不晚于公元前 17 世纪早期)规定:

> 若某人之牛(成为)触牛,看守(当事人)已告知其牛成为触牛,但他未遮挡牛角,(或)未拴住其牛,牛触他人之子并导致其死亡,应付 1/2 米拉银币。
> 若(受害者是)那人的奴隶,应付 1/3 米拉银币。[2]

---

① Alan Watson,*Legal Transplants:An Approach to Comparative Law* 2*nd ed*.
The University of Georgia Press,1993, pp. 22—23.
② Ibid. p. 23.

第三条规定来自《圣经》中的"出埃及记"：

> 牛若触死男人或是女人，总要用石头打死那牛，却不可吃它的肉；牛的主人可算无罪。倘若那牛素来是触人的，有人报告了牛主，他竟不把牛拴着，以致把男人或是女人触死，就要用石头打死那牛，牛主也必治死。若罚他赎命的价银，他必照所罚的赎他的命。牛无论触了人的儿子或是女儿，必照这例办理。牛若触了奴仆或是婢女，必将银子三十舍客勒给他们的主人，也要用石头把牛打死。[①]

沃森教授认为，这三条规定无论在实质上还是表达上都有着显著的相似。它们都同正式告知牛主有关，告知牛主是必须的，这一事件所带来的法律后果，不论是古代还是现代，都是共同的。[②]为此，他又列举了"埃斯休农"（Eshnunna）和《圣经》的另外两条规定为例。

"埃斯休农"（Eshnunna）的另一条法律规定：

> 若两牛相触并致其一死亡，双方牛主要平分活牛的价格与死牛的尸体。[③]

---

① 《旧约全书·出埃及记》。

② Alan Watson, *Legal Transplants: An Approach to Comparative Law 2nd ed.* The University of Georgia Press, 1993, p. 23.

③ Ibid. p. 23.

"出埃及记"：

> 这人的牛若伤了那人的牛，以至于死，他们要卖了活牛，平分价值，也要平分死牛。[①]

因此，沃森教授断定，从"埃斯休农"（Eshnunna）、汉谟拉比法典和"出埃及记"中找出的这五条规定，证明它们在表达和实质上是相似的，虽然相隔遥远，但必定具有某种联系，"至此，法律移植业已在遥远的古代被发现，这或许极不寻常。"[②]

我认为，没有任何证据可以证明这五条规定是法律移植的结果。法律移植是单向度的。我们要得出它们是法律移植的结论，就要清楚地证明到底是汉谟拉比法典移植了"埃斯休农"（Eshnunna）的规定，还是"出埃及记"移植了汉谟拉比法典的规定，否则，就只能说它们是社会变迁的长期过程中不同文化之间的相互影响和渗透。甚至，连这种相互的影响和渗透都可能谈不上。因为人脑的结构相同，人们的很多需求也相同，不同文化中的人们完全可能就某一种行为做出极为相似的法律规定，正如印刷术和相似的政治制度在完全不同的文化中被先后发明出来那样，我们不能因此而推断它们就是文明移植的结果。弗里曼（Freeman E. A.）说：

> 我们不应当怀疑，当不同国家发展到了一定的社会发展

---

① 《旧约全书·出埃及记》。

② Alan Watson，*Legal Transplants：An Approach to Comparative Law 2nd ed*. The University of Georgia Press，1993，p. 24.

阶段,需要某些发明的时候,这些文明生活里的许多重大的发明就会在遥远的时代和遥远的地方,被人们一次又一次地发明出来。印刷术就是这样在中国和在中世纪的欧洲彼此毫不相干地发明出来的;……我们也无须怀疑,在文明生活里还有许多简单而必不可少的艺术——如磨的使用、弓的使用、马的驯化、独木舟的挖制——也都在很不同的年代和很不同的地方一再地发明出来。……政治制度也是这样。同样的制度常常在相距很远的地方同时出现。这只是因为在相距很远的时间和地点出现了需要这种制度的同样条件。①

就我所理解的法律移植而言,古代社会不可能存在这一意义上的法律移植,因为古代社会不具备法律移植的条件,亦无此必要。它只能发生于现代社会,发生于西方文明与非西方文明接触的过程中。我要在此指出的是,法律移植对于促进非西方国家的社会变迁无疑是最深刻、最彻底和最全面的。军事侵略燃起的战火虽然惨烈,但甚至不能触及社会的表层;文化输入引起的新旧文化论争虽然热烈,但主要是观念的碰撞,不能于制度层面即时见效;经济较量导致的实力之争虽然激烈,但要长驱直入而统辖整个国家,非殖民无法实现。惟有法律移植,能于旦夕之间全无声息地整个改变一个国家的制度,而再难更易。以中国而论,"五四"新文化运动固为一场深刻的思想文化运动,新旧文化观念的碰撞火光电然,引人注目,但似乎没有人意识到,早

---

① 转引自[英]汤因比:《历史研究》上,曹未风等译,上海人民出版社1997年版,第51页。

在"五四"运动前十年,沈家本的移植西律已然将制度层面的东西全盘翻新,新文化运动只不过是新旧文化之间一场胜负已决的最后喊杀而已。

但是,我更要指出的是,法律移植虽能在制度层面上即刻翻新,收一时之效,但从长远看,却可能是事倍功半,增加了问题的复杂性和延长了转型期,因为这种整体移植来的异质文化中的法律制度不能很快和传统社会相融合,它们将在相当长的时期内扞格不入。因此,这种呈一时之效的法律移植不仅完全破坏了传统社会的法律制度,而且增加了转型期的矛盾和痛苦。所以,非西方国家在迈向现代社会和现代法律之路时,如果不是采用这种移植西方法律的方式,而是在保持自己固有文化传统的同时,学习和借鉴西方的法律制度,那么,不容置疑的是,现代文明的生长和发展将会更为健康和快捷。哈耶克曾针对非西方国家这种移植西方文明的发展倾向指出:

> 此一发展趋向,甚为不幸,因为这些西方信徒行事所依据的信念,虽说会使他们各自的国家较快地模仿并获致西方的若干成就,但是它们亦将阻碍这些国家做出它们各自的独特贡献;更有进者,并不是西方历史发展的所有成就都能够或都应当被移植于其他文化基础之上的;更进一步看,如果人们容许那些受西方影响的地区所生发出来的文明自由生长,而非自上而下地迫使其生长,那么它们就可能以一种更为快捷的方式获致适当的发展形式。如果缺乏自由进化的必要条件(即个人主动创新的精神),那么不争的是,没有这种精神支

援,就绝不可能生成发展出任何有生命的文明。[1]

因此,法律移植虽为非西方国家进入现代社会和现代法律的便捷通道,但非西方国家注定不可能藉此实现西方意义上的法律现代化,因为它"所习得的并不是西方早先建构文明的方式,而主要是那些由西方的成功所引发的各种替代性方案的梦想。"[2]而且,这一理想式的方案和梦想一经落入传统社会的现实之中,便会褪尽它在西方社会中的神圣色彩,而变成被传统社会文化所支配和制约的一张标签。

法律移植有着特殊的时代背景。它一般发生于西方文明与非西方文明第一次接触的过程中。当时,西方文化正值盛期,西方文明正依靠强劲之势四处扩张,西方人亦普遍乐观地认为自己的制度乃是世界上最合理、最进步、最优越的理想制度,此一理想制度适合于不同的人性,具有普适性,可以、而且应该推行于各个国家和民族。其实,只要稍稍回顾一下欧洲启蒙运动以来各种不同的法学思潮,我们就会发现,这种建立在理性基础上的理想主义的法律,即使在西方法学界也早已处于深刻的危机之中了。

四、法律理想主义的危机

今天,世界上许多国家(包括中国)所采用的法律形式源自西

---

[1]　[英]弗里德利希·冯·哈耶克:《自由秩序原理》上,邓正来译,三联书店1997年版,"导论",第3页。

[2]　同上书,第3页。

方。作为当今的传统,它们是 17、18 世纪发生在欧洲的一系列革命的产物。

16 世纪以前,欧洲一直处于基督教神学精神控制之中。随着商业资本主义的兴起,代表世俗文明的资产阶级需要摆脱教会的精神控制,寻找并确立有利于资本主义大发展的新的精神动力。嗣后,宗教改革、文艺复兴、启蒙运动相继展开,并爆发了一系列欧洲民族革命。尽管 1688 的英国"光荣革命"和 1789 的法国大革命,以不同的革命模式昭示了不同传统中的人民对待传统的观念分野,①但以新的精神力量消解并抗衡教会对人们的精神控制,则仍是这一时代的启蒙思想家的共识。这一新的精神动力必须满足以下三个条件:第一,它是从普遍的人性中抽绎出来的,因而是超越任何时代、任何国家、任何人的;第二,相对于宗教的任意行为,它必须为近代国家、法律体系的构建提供价值准则;第三,相对于宗教的唯灵论,它必须为科学思想的发展提供理论基石。在这样的历史条件和时代背景下,人类理性作为至高无上的法则确立起来并被供上圣坛,成为革命理想和启蒙思想的公共旗帜。资产阶级启蒙思想家之间的政治立场和思想观点可能有很大不同,但却无不对理性崇尚备至。孟德斯鸠讴歌理性的一段话最有代表性:

---

① 按照英国政治理论家柏克(Edmund Burke,1729—1797)的观点,法国革命以破坏传统为目的,英国革命以发扬和维护传统中美好的价值为目的;法国革命以抽象的理性观念为基础,英国革命以英国传统的自由观念为基础。这其中蕴含着一个价值观念的分野,即人类抽象的理性、美好的理想应该以现实为基础、依靠现实,还是现实应该服从、服务于理性和理想? 这也正是我在本书几个相关章节中提出来讨论并予以辨析的一个主要问题。参阅[英]柏克:《法国革命论》,何兆武、许振洲、彭刚译,商务印书馆 1999 年版。

> 神圣的女神们啊,我感到你们在激励我,不是要我重唱人
> 们在塘比山谷用着野笛吹出的歌曲,或是要我重诵人们在德
> 洛斯岛用古琴弹奏的诗篇。你们要我根据理性说话,理性是
> 我们知觉中最完全、最高尚、最精致的知觉。①

正是在理性的基础上,衍化出了复式薄记、近代科学体系以及
马克思·韦伯(Max Weber)称之为"理性的法"等资本主义的要
素,极大地促进了资本主义的发展,以至于我们可以做出这样的判
断:理性只不过是资本主义的代名词。②

作为一种认识问题的起点和假设前提,理性的思维方式决定
了此后近三百年西方乃至整个世界发展的根本方向。对法律的渗
透和影响,首先体现在18世纪中叶欧洲各民族国家相继掀起的立
法运动上。这场立法运动虽然只是同时期政治革命和思想革命的
一个副产品,但对近代法律的发展,特别是立法形式的影响是划时
代的,它极大地推动了法律理性化的进程。按照马克斯·韦伯的
描述,法律理性化的过程可以是:第一,概括出"法律原则",即把对
判决个案有决定性意义的原因归纳为一条或者若干条原则;第二,
法的"体系化",即建立所有由分析所获得的法的原则的联系,使它
们相互之间组成一个逻辑上清楚的、本身逻辑上毫无矛盾的和首
先是原则上没有缺漏的规则体系,这种体系要求,一切可以想象的

---

① [法]孟德斯鸠:《论法的精神》下册,张雁深译,商务印书馆1982年版,第14
页。

② 持此种观点的学者有桑巴特(W. Sombart)、韦伯(Max Weber)、顾准等。但也
有相反的观点,认为这是把资本主义同市场经济混为一谈。参阅布罗代尔:《15至18
世纪的物质文明、经济和资本主义》第二卷,顾良译,施康强校,三联书店1993年版,第
635—642页。

事实在逻辑上都必须能够归纳到它的准则之一的名下,否则,它们的秩序就失去法的保障。① 18世纪的立法运动正是开了制定包罗万象的庞大法律规则体系的先河,并且把一切在抽象理性基础上产生的诸如"天赋人权"、"法律面前一律平等"的口号概括为法律原则。这就是被马克斯·韦伯称为在非西方国家中(尤其在中国旧的政治和社会制度里)不可能存在的构成理性国家基础之一的理性的法。作为法律理性化的最重要成果,1804年的《法国民法典》至今仍然在法律生活中发挥作用,并为人们广泛称道。其次,是法律形式的理性化,即法律的适用过程是固定地沿着一条按照逻辑关系预先设定的从一般原则到具体事实的路径而行进的。马克斯·韦伯将这一过程的理性化方式概括为:

1. 任何具体的法律判决都是把一条抽象的法的原则"应用"到一个具体的"事实"上;

2. 对于任何具体的事实,都必须采用法逻辑的手段,从适用的抽象的法的原则中得出判决;

3. 因此,适用的、客观的法是法的原则的一种"完美无缺的"体系,或者本身潜在地包含着这样一种体系,或者它本身必须被看作是为了应用法的目的的这样一种体系;

4. 法学上不能理性地"构想"的东西,在法律上也是无关紧要的;

5. 人的共同体行为必须完全作为"应用"或者"实行"法的原则来解释,或者反之,(作为)"违反"法的原则来解释,因为与法的

---

① [德]马克斯·韦伯:《经济与社会》下卷,林荣远译,商务印书馆1997年版,第15—16页。

体系的"完美无缺"相适应,"法律上的井然有序"也是整个社会行为的一个基本范畴。①

　　设定一套"完美无缺"的法律体系并且用以解决现实中可能随时发生的不特定事件的方式,乃是基于这样一种推定:人性中具有某种普遍的、恒定不变的成分,"亚当有之,任何人也有之,与他人相处之人有之,孑然独处的人也有之",②它们可以用理性的方式推导出来,制定出普遍有效的法律体系。古典自然法学家的这些法律思想带有相当浓厚的理想化色彩,在他们看来,以理性为基础的自然法是至高无上的,他们真诚地认为,理性化的法律可以规制人类的所有生活,通往人类理想殿堂的柱石是由理性构成的。这一思想隐含的另一预设前提是:理性的法律必定是合理的法律,合理的法律也就是人类理想的法律。诚如黑格尔所言,"'理性'是世界的主宰,世界历史因此是一种合理的过程",而"真正的'理想',就是'理性'的理想"。③

　　于此,我们可以把建立在理性基础上的法律称为"理想的法",把建立在"理性的法律"基础上的法律思想称为"法律理想主义"。参与构筑法律理想帝国的并非全为自然法学家,也应包括 17、18 世纪理性大潮裹挟下的各路思想精英,但自然法学家的确是这一时期法律理想主义的忠实拥趸,他们以理性为基础来构筑法律理想主义的"乌托邦"。理性不仅是建造现实法律大厦的柱石,是设

---

　　①　[德]马克斯·韦伯:《经济与社会》下卷,林荣远译,商务印书馆 1997 年版,第 18 页。

　　②　[荷兰]斯宾诺莎:《神学政治论》,温锡增译,商务印书馆 1982 年版,第 69 页。

　　③　黑格尔:《历史哲学》,王造时译,上海书店出版社,1999 年第 1 版,第 9 页,第 37 页。

计自然法的方向,而且决定了人类适用不同规则的顺序。在理性的基础上,发展、演变出更高级、更复杂、更抽象的自然法理论。按照自然法的理论,正义是人类的最高价值准则,法律是规制人类社会和生活的"国王",它们具有至高无上的地位,这一理想是神圣不可动摇的。"理想的法"因而包含两个互有关联的法律概念:一是"理性的法",二是"自然的法"。可以概括为以下五个方面:

1. 存在着一种完全出自理性的普遍正义,因此,法律的对象永远是普遍性的,法律只考虑共同体以及抽象的行为,绝不考虑个别的人以及个别的行为;[①]

2. 理性的力量普遍适用于任何人、任何国家、任何时代,在对人类社会进行理性分析的基础上,能够精心设计出具体而详细的规则体系,制定出完善、良好的法律体系;[②]

3. 立法权高于行政权、司法权;[③]

4. 作为传统社会契约论的更高阶段,发展出的更加抽象的正义理论,依此,正义是社会制度的首要价值,至高无上,一切法律和制度都必须合乎正义的原则,正义所保障的权利决不受制于政治的交易或社会利益的权衡,而一个组织良好的社会,是因为每个人都接受、也知道别人接受同样的正义原则,基本的社会制度也普遍地满足、普遍为人所知地满足这些原则;[④]

---

① ［法］卢梭:《社会契约论》,何兆武译,商务印书馆1982年版,第二卷,第六章。

② ［美］E.博登海默:《法理学——法哲学及其方法》,邓正来、姬敬武译,华夏出版社1987年版,第三章。

③ ［英］洛克:《政府论》下篇,瞿菊农、叶启芳译,商务印书馆1982年版,第83页;卢梭:《社会契约论》,第二卷,第七章。

④ ［美］约翰·罗尔斯:《正义论》,何怀宏、何包钢、廖申白译,中国社会科学出版社1988年版,第一章。

5. 规制社会的法律在人们的生活中无处不在,无所不能,我们每一个人即生活在这样的法律帝国之中。法院是法律帝国的首都,法官是帝国的王侯,我们是法律帝国的臣民,是其规则与理想的忠实追随者。①

上述法律理想主义的主张,虽然主张者的观点各异,国别不同,时代悬殊,但我之所以把它们称之为法律理想主义,实在是因为它们所具有的共同特点:这些主张全都产生于法律现实之外,针对法律现实并且高于法律现实。

法律理想主义的危机,首先源于法律理想主义者自身的矛盾。17、18世纪的启蒙思想家们,几乎都敏锐地洞察到了不同民族法律状况的巨大差异,认识到了法律对于政治制度、风俗习惯、自然状态的依赖关系,以及法律规制社会的局限性。但在理性主义洪流的激荡下,理性业已成为划分科学与愚昧、进步与反动的标识,又有谁不对理性高唱赞歌呢?特定历史条件给法律理想主义者的学说赋予了一种奇异的反差,使得他们一方面无条件地赞美理性,另一方面却提供了无数否定理想主义的具体事例和观点。孟德斯鸠在向理性女神祈祷的同时,论述了构成"法的精神"的错综复杂的各种关系——探讨不同的政体应该适用什么样的法律原则,甚至认为"专制国家的风俗和礼仪,决不应该加以改变,这是一条重要的准则。"②他断言:

---

① [美]德沃金:《法律帝国》,李常青译,中国大百科全书出版社1996年版,前言,第十一章。

② [法]孟德斯鸠:《论法的精神》上册,张雁深译,商务印书馆1982年版,第309页。

一个君主如果要在他的国内进行巨大的变革的话,就应该用法律去改革法律所建立了的东西,用习惯去改变习惯所确定了的东西;如果用法律去改变应该用习惯去改变的东西的话,那是极糟的策略。①

与孟德斯鸠一样,黑格尔也陷入自相矛盾之中。他一面高谈理性"是宇宙的实体","是宇宙的无限的权力","是万物的无限的内容,是万物的精华和真相",②认定国家制度是"理性东西的意识",另一方面则认为,国家制度不是制造出来的东西:

> 作为民族精神的国家构成贯串于国内一切关系的法律,同时也构成国内民众的风尚和意识,因此,每一个民族的国家制度总是取决于该民族的自我意识的性质和形成;民族的自我意识包含着民族的主观自由,因而也包含着国家制度的现实性。③

他以一个真正伟大的哲学家和历史学家的眼光,深刻指出:

> 如果要先验地给一个民族以一种国家制度,即使其内容多少是合乎理性的,这种想法恰恰忽视了一个因素,这个因素使国家制度成为不仅仅是一个思想上的事物而已。所以每一个民族都有适合于它本身而属于它的国家制度。……没有一

---

① ［法］孟德斯鸠:《论法的精神》上册,张雁深译,商务印书馆1982年版,第310页。

② 黑格尔:《历史哲学》,王造时译,上海书店出版社1999年版,第9页。

③ 黑格尔:《法哲学原理》,范扬、张企泰译,商务印书馆1982年版,第290—291页。

种国家制度是单由主体制造出来的。拿破仑所给与西班牙人的国家制度，比他们以前所有的更为合乎理性，但是它毕竟显得对他们格格不入，结果碰了钉子而回头。……一个民族的国家制度必须体现这一民族对自己权利和地位的感情，否则国家制度只能在外部存在着，而没有任何意义和价值。①

黑格尔对法律历史和法律哲学的研究，特别是对不同民族政制、风尚、习性的比较研究，已经从民族国家的角度为批判法律理想主义奠定了理论基础。终于，在 19 世纪中叶，酿成了第一次对法律理想主义的反动，这就是历史法学派的出现。当欧洲革命的风潮过去之后，人们发现革命中基于浪漫主义产生的理想只有部分得以实现，其余则在无情的现实面前沦为虚幻，遂产生了对理性主义的怀疑和批判态度。出于对逝去的美好传统的依恋，以柏克（Burke，1729—1797）、萨维尼（Savigny，1779—1861）、梅因（Maine，1822—1888）、梅特兰（Maitland，1850—1906）为代表的贵族对法国大革命激进的理想主义和破坏传统的做法进行了猛烈地抨击。这些贵族大多受过良好的史学训练，毕生致力于法律史的研究，主张法律是由一个民族独特的历史传统形成的，只能发现，不能制定，反对建立在抽象理性基础上的自然法。萨维尼的一段话最具代表性：

有文字记载的历史初期，法律如同一个民族所特有的语

---

① 黑格尔:《法哲学原理》，范扬、张企泰译，商务印书馆 1982 年版，第 291—292页。

言、生活方式和素质一样,就具有一种固定的性质。这些现象不是分离地存在着,而是一个民族特有的机能和习性,在本质上不可分割地联系在一起,具有我们看得到的明显的属性。这些属性之所以能融为一体是由于民族的共同信念,一种民族内部所必须的同族意识所至。任何偶然或任意原因的说法都是错误的。①

整个19世纪似乎是历史法学派的时代。在持续了近一百年后,历史法学派不可避免地衰落了。历史法学派所特有的贵族气息不会为大多数人接受。由于它过分强调历史中的不变因素而忽视了历史中的可变因素,因而总是同法律的发展显得有点格格不入。如果说19世纪初古典自然法学派还代表一种激进的革命力量的话,那么历史法学派无疑扮演了悉心维护传统的反革命力量,它多少使那些意欲雄心勃勃一统江山的法律主张看到了自己力量的临界点,毕竟,有些东西是无法改变或无法骤然改变的。

在一个革命的年代里,贵族主义的历史研究无论如何无法抵挡理性革命的铁蹄。然而,从19世纪后半叶开始,迅速掀起的分析实证主义法学和社会法学却将古典自然法学的法律理想主义从幻想的空中彻底拉回到现实的土壤上。仅仅相隔不到一个世纪,随着时代的转换,双方的角色地位亦发生了微妙的变化。在分析实证主义法学和社会法学看来,古典自然法学是代表整个社会的传统而存在的。

---

① [德]萨维尼:《论当代立法和法理学的使命》,转引自《西方法律思想史资料选编》,北京大学出版社1983年版,第526页。

自然科学的积累和分析哲学为分析实证主义法学奠定了基础。在经历了激动人心的启蒙、鼓惑与动荡之后,哲学家和法学家相继抛弃了那些对价值和伦理"吼吼叫叫"的宣扬,转而沉浸于对实在法的逻辑语法分析,"哲学的一整片云凝结成了语法的一滴水。"①凯尔森(Hans Kelsen,1881—1973)试图通过将法律封闭在一个"纯粹"的容器中,分析实在法的结构要素,表明他同价值学说分道扬镳的决心。他公然宣称:

> 本书所使用的法律概念,即无任何道德的涵义。……法律与正义,是两个截然不同的概念。有别于正义的法律,是实在法。我们在这里所讲的,是实在法的概念。实在法学与正义的哲学,必须予以明晰的分辨。②

凯尔森与法律理想主义的决绝虽然彻底,但似乎过于"清高",法律在封闭的等级规范中只限于逻辑分析,法律的实际功用受到了限制。与分析实证主义法学不同,社会法学强调法律的实现过程,不仅站在经验的立场上蔑视逻辑推理的作用,而且站在世俗的社会现实土壤上嘲笑法律理想主义"用理性支配世界的那个闪光的但却无法实现的梦想"。③ 美国著名法官霍姆斯(Oliver Wendell Holmes)甚至放言要从"坏人"的观点来看待法律:

---

① [奥]维特根斯坦:《哲学研究》,李步楼译,商务印书馆1986年版,第339页。
② [美]凯尔森:《法律与国家》,转引自《西方法律思想史资料选编》,北京大学出版社1983年版,第640—641页。
③ Thurman Arnold,*The Symbols of Government*,New Haven,1935,p. 58.

如果你只想知道法律而不是其他什么东西,那么你就一定要从一个坏人的角度来看法律,而不能从一个好人的角度来看法律,……如果我们采取我们的朋友(坏人)的观点,那么我们就会发现,他毫不在乎什么公理或推论,但他的确想知道的只是马萨诸塞州或英国的法院实际上将做什么。①

回顾西方三百年来法学思潮的变迁,我们看到,启蒙运动时期法律理想主义的圣洁光环早已跌落于现实法律的土壤之中。但是,做为一种理想类型,对于许多非西方国家的法学家来说,法律和法律统治下的生活仍然是他们心目中向往和追求的制度方式和生活方式,乃至是他们忠贞不渝的信仰。然而,几乎在西方文明输入的同时,一批具有人文主义思想的学者已经从文化上对这种制度方式和生活方式提出疑问了。

五、法律现代化与本土化

如前所述,我已将法律现代化理解为西方文明的一种特定形式,也即法治,并将在下一章中重点予以讨论,因此,本节的重点是通过讨论本土化问题,以构成本章所要突出的一个主题:通过反现代化、本土化和后现代思潮共同形成对现代化的冲击,进而对现代化支配下的建立在理性基础上的法律统治下的制度和生活方式提出质疑。

---

① 转引自[美]博登海默:《法理学——法哲学及其方法》,邓正来、姬敬武译,华夏出版社1987年版,第147页。

近来谈论本土化的文章很多,但我所理解的本土化与这些谈论全然不同。而且从我的视角和经验里看去,许多人提出和理解的本土化都是伪命题,不值得去讨论。因此,如同法律移植一样,我首先要提出的是我对本土化的基本理解。

本土化的提出已经很滥,似乎每样东西都面临着本土化的问题。但从与法律相关的方面看,主要有三种提法:一曰学术(或法学)本土化,一曰法治本土化,一曰法律本土化。然而在我看来,前两种提法都是不能成立的伪命题。

学术本土化,是一些青年法学家谈得比较热的话题。但究竟如何本土化,为什么要本土化呢?按照有的法学家的解说:1. 要研究中国问题;2. 不能仅满足于以西方的理论框架、概念、范畴和命题来研究中国;3. 不要为学科所限定,应当注意交叉学科的科学研究;4. 它反映了一些有志向的中国学者不满足于80年代对西方理论和思想的一般地和简单地搬用。这也是中国人要在学术上以自己的身分走向世界的雄心的一个体现,不满足于只能被表现,而是要自我来表现。这是我们几代中国学者的努力目标和理想。[①] 这样的解说使我不免要问:首先,研究中国问题就是学术本土化吗?许多西方汉学家用外文发表的学术著作和论文研究的是纯粹的中国问题,照此说来,它们也是学术本土化了!其次,离开"西方的理论框架、概念、范畴和命题来研究中国"的学术不是没有,那就是中学传统,但作为完整意义上的中学传统早在一百年前就已被彻底砸烂了。试问今天还有几人有此中学传统?今天有几人读过张之洞在《书目答问》中所开出的两千两百种书的百分之

---

① 苏力:《法治及其本土资源》,中国政法大学出版社1996年版,第216—219页。

一？那是一百年前中国知识分子的"共同知识范畴"（common stock of knowledge）啊！① 今天的学术能离此中学传统和"西方的理论框架、概念、范畴和命题"而别造一学术传统？再次，如果打破学科划分研究中国问题或中国的法律问题也叫学术本土化的话，那么，中国的学术早已本土化了。最后，如果学术本土化的目的是因为中国学者的"志向"、"雄心"而要在世界上"表现"和"自我的表现"一下的话，我认为最好闭口不谈学术为好。这样的学术本土化，实在是经不起推敲的伪命题。

我以为，法治本土化的提法如同法治现代化的提法一样，在逻辑上有严重缺陷。我们可以提法律现代化，不管你是否赞成法律现代化，但这一提法在逻辑上是没有问题的。法治本身就是现代化的成果和方式之一，就是现代化的一部分，就是法律的现代化，法治如何还能现代化？同样，法治是西方文明的一种特定形态，它不能本土化，如果法治被本土化，它也就不成其为法治了。因此，法治本土化也是一个不能成立的伪命题。

所谓法律本土化，是针对法律移植问题提出的，在这一意义上，它是一个真实的问题。任何从西方移植过来的法律都要经过本土化的过程，这是毋庸置疑的。法律移植首先要转换成本土语言，并重新表述和修改，因此，移植的过程本身就是本土化的过程。而且，移植来的法律规范不能够单独运作，它要和本土的社会以及其他文化制度相适应并受到根本性的制约，它要由本土的司法人员来执行，亦要依靠本土的大众来遵守。故此，这些移植来的法律效率如何，它在多大程度上被改变为虽带有外来文化的面目，但已行

---

① 朱维铮、龙应台：《维新旧梦录》，三联书店 2000 年版，第 18 页。

本土文化之实的法律,确是值得关心的重大问题。但我所谓本土化并非这一意义上的。

我认为,本土化并不宜于用来指移植的制度在本土环境中的遭际和变化。虽然这种遭际和变化本身就是本土化的显示,但这种意义上的本土化是由各种综合因素决定的,我们可以观察和研究这些制度的变化,而这些制度怎么变,变到什么程度,都不是由某人或某集团的主张所能决定的。而且我们也不宜宣称把某些移植的制度本土化。比如法律面前一律平等,它是随着其他法律制度一起被移植到中国来的,中国传统社会是讲求身分和等级的社会,因此不可能有此类原则和制度,它在中国社会文化条件下不可能表现得和产生它的文化制度中的情形一样,我们可以观察和研究它在中国社会的实际情况,但却不宜说要将它本土化。

因此,我所主张的本土化只是一种态度,具体地说,它是从根本上站在本土文化的立场上,对抗西方文明,赞同传统社会的生活方式,反对现代化的生活方式及其法律统治的一种态度。它包含着几个基本的理解和判断:

第一,在对待本土文化的基本态度上,本土化论者皆主张尊重和爱护之,反对卑贱和轻视之。梁启超寄希望于青年"第一步,要人人存一个尊重爱护本国文化的诚意"。[①] 钱穆则在《国史大纲》开首即申明:

凡读本书请先具下列诸信念:

一、当信任何一国之国民,尤其是自称知识在水平线以上

---

① 梁启超:《欧游心影录》。

之国民,对其本国已往历史,应该略有所知。(否则最多只算一有知识的人,不能算一有知识的国民。)

二、所谓对其本国已往历史略有所知者,尤必附随一种对其本国已往历史之温情与敬意。(否则只算知道了一些外国史,不得云对本国史有知识。)

三、所谓对其本国已往历史有一种温情与敬意者,至少不会对其本国历史抱一种偏激的虚无主义,(即视本国已往历史为无一点有价值,亦无一处足以使彼满意。)亦至少不会感到现在我们是站在已往历史最高之顶点,(此乃一种浅薄狂妄的进化观。)而将我们当身种种罪恶与弱点,一切诿卸于古人。(此乃一种似是而非之文化自谴。)[①]

第二,在对待西方文化的态度上,本土化论者并不认西方文化优越于本土文化,而是认为各有所长,一般皆认为西方文化之长在物质文明,东方文化之长在精神文明。印度宗教领袖甘地(Mohandas K. Gandhi,1869—1948)说:

> 现代文明首要的是物质性的,我们的则为精神性的。现代文明把心投注在物质定规的探讨上,利用人类的才能以发明或发现生产的工具与破坏的武器;我们的则要在于探索精神的律则。[②]

---

① 钱穆:《国史大纲》(修订本)上册,"引论",商务印书馆 1999 年版。

② 转引自[美]艾恺(Guy S. Alitto):《世界范围内的反现代化思潮》,贵州人民出版社 1991 年版,第 123 页。

而且,按照这种划分方式,物质文明总是处于较低层次,精神文明才是较高层次和人类的理想归途。当物质文明破产之时,西方文化势必没落,东方文化肩负着补救和拯救西方文化的光荣使命。梁漱溟在他的"世界文化三期重现说"中,预言"世界未来的文化就是中国文化的复兴,有似希腊文化在近世的复兴那样。"①梁启超则充满信心地号召青年人:

> 我们可爱的青年啊,立正、开步走! 大海对岸那边有好几万万人,愁着物质文明破产,哀哀欲绝的喊救命,等着你来超拔他哩,我们在天的祖宗三大圣和许多前辈,眼巴巴盼望你完成他的事业,正在拿他的精神来加佑你哩。②

第三,所有的本土化论者皆反对现代化的生活方式。在他们看来,机械的残酷和了无生趣,经济、贸易的计算与欺诈,竞争、效率之压抑情感,这样的生活可说是苦不堪言,无法忍受。泰格尔(Rabindranath Tagore,1861—1941)曾坦陈他对现代文明的厌恶:

> 没有一件文明的工具,不管它是电车、火车、汽车还是什么别的,没有一样不搅乱人们心灵的平静的,这是我憎恶文明的原因。
>
> 不管文明多么善于借方法与机械之名残害人类,它都不

---

① 梁漱溟:《东西文化及其哲学》,商务印书馆1999年版,第202页。
② 梁启超:《欧游心影录》。

会久的……现代进步的笨重结构,以效率的铰钉结合在一块,架在野心之轮上,也是维持不长的。[1]

梁漱溟写道:

> 现在的工人全与从前的伙计佣工情形大异。从前的与主人乃是朋友关系,彼此共同操作很有情趣,遇事也有些通融。现在的资本家或工厂管理对工人就不能再这样。简直一点情趣,一点情义没有;从前手工业时代有点艺术的样子,于工作中可以含些兴味。现在一概都是大机械的,殆非人用机械而成了机械用人。此其工作非常呆板无趣,最易疲倦,而仍不能不勉强忍耐去作,真是苦极!……就是较好地位的人其生活也是机械的,无生气的。因为是无论什么人——自低等至高等地位——都要聚精会神在经济竞争上:小心提防失败、贫困、地位降低,而努力刻意营求财货。时时刻刻算账并且抑制活泼的情感,而统驭着自己,去走所计算得那条路。他不敢高狂,不敢狷介,不敢慷慨多情乃并不敢恋爱;总之不敢凭着直觉而动。[2]

第四,本土化论者一般皆反对法律统治下的生活,认为这样的生活摧残人心,损害人格,不得不废。梁漱溟问道:

---

① 转引自[美]艾恺(Guy S. Alitto):《世界范围内的反现代化思潮》,贵州人民出版社1991年版,第105—106页。

② 梁漱溟:《东西文化及其哲学》,商务印书馆1999年版,第169—170页。

　　现在要问，人同人如何才能安安生生的共同过活？仗着什么去维持？不用寻思，现前哪一事不仗着法律。现在这种法律下的共同过活是很用一个力量统合大家督迫着去做的，还是要人算账的，人的心中都还是计较利害的，法律之所凭藉而树立的，全都是利用大家的计较心去统驭大家。……但我敢说，这样统驭式的法律在未来文化中根本不能存在。如果这样统驭式的法律没有废掉之可能，那改正经济而为协作共营的生活也就没有成功之可能。①

　　以上是我所概括的本土化主张的几个基本方面。当然，本土化论者之间的许多观点并不一致，也不是我都能同意和主张的。为了不至于遭到误解，我想，就我所主张的本土化补充几点说明是必要的。首先，本土化并不反对变化，也不反对现代社会和现代法律，因此，本土化不是复古主义，不是主张退回到从前的社会中去；其次，本土化对抗西方文明并不是要排斥西方文明（在这一点上，中国的本土化论者与印度的全然不同），而是反对西方文明主导和主宰本土文化；最后，本土化不主张法律的统治并不是不要法律，亦不是不要法律的治理，而是反对法律统治下的生活，反对制定法对社会生活的处处规制。这些方面总括起来，按照梁漱溟的主张，就是要对西方文化根本改过，在态度上要改一改，并且"批评的把中国原来态度重新拿出来。"②

　　因此，本土化"化"到最后，所争的实际上是以何种文化为本位

---

① 梁漱溟：《东西文化及其哲学》，商务印书馆 1999 年版，第 197 页。
② 同上书，第 204 页。

的问题。这就又回到了一百年前的老问题上去了。这一问题不解决,它总会在不同的时期以不同的方式提出各种问题。

六、晚期资本主义的法律危机

当初,本土文化与西方文化所争的核心在于是否现代化。实际上,过去的几十年中,现代化浪潮势头之劲,横扫一切,本土文化难以抵御。然而,就在此时,西方文化内部却发生了某种彻底的改变、剧变,形成了与以往文化的彻底决裂。它标志着资本主义已走入极境,现代主义正从历史的浪头跌落。可谓"高峰过后,但见急流勇退;自此以后,所有称得上'现代主义'的精神文明,也就显得特别平淡无力,难以为继了。"①这就是后现代主义,或晚期资本主义。

关于晚期资本主义的社会状况,詹明信告诉我们:

> 踏入晚期的资本主义,社会已经演变成为一个由多方力量所构成的放任的领域。在这里,只有多元的风格,多元的论述,却不见常规和典范,更容纳不了以常规典范为中心骨干的单元体系。在现阶段的资本主义社会里,统治阶层冷酷无情,更不断以冷酷无情的霸权策略管制我们、支配我们,企图掌握我们的存在。②

---

① 詹明信:《晚期资本主义的文化逻辑》,陈清侨等译,三联书店1997年版,第421页。

② 同上书,第452页。

对晚期资本主义,或后现代主义的界定似乎已经成为一件令人难堪而又必须为之的工作。的确,后现代主义杂说纷呈,晦涩难懂,而又反对下任何定义,颇有些"道可道,非常道"的意味。但透过后现代主义有些嘈杂的吵闹声,仍然能够捕捉到以下几个"后现代"的主要特征。

对知识的颠覆与重构。在现代社会中,知识是人类用以认识世界、改造世界的主要力量,知识的合理性不会受到质疑。然而,福柯(Michel Foucault)通过对人类知识的"考古",认为知识无非是一套依规则建立起来的"话语"(discourse),知识的背后是权力,谁掌握了话语,谁就掌握了权力。① 在利奥塔看来,除科学知识之外,还有一类叙述性知识,这种叙述性知识更多的是一种审美体验,这恰是科学知识相形见绌之处。人类知识在累积的过程中,为求得知识的合理性,越来越多地依赖于叙述。而自启蒙运动以来各种主要学说都是在某种"宏大叙述"(grand narrative)制约下建构起来的一套"元叙述"。所谓后现代,就是"对一切元叙述的怀疑"。随着"宏大叙述"的解体,现存知识的合理性出现了危机。在后现代社会中,主宰"科学"话语合理化过程,决定"科学"陈述的合理性的原则,越来越成为整个知识重构的标准。②

"不确定的内向性"(indetermanence)。这本是美国最早使用后现代这一历史分期术语的学者哈桑(Ihab Hassan)形容西方文学现象创造的词语,后来被推及为对整个西方文化的描述。在哈桑排列的一张旨在对比现代主义与后现代主义的图表中,代表后

---

① [法]米歇尔·福柯:《知识考古学》,谢强、马月译,三联书店1998年版。

② Jean-Francois Lyotard, *The Postmodern Condition: A Report on Knowledge*, University of Minnesota Press, 1984.

现代主义的"不确定性"、"内向性"与代表现代主义的"确定性"、"超验性"适成反比。后现代主义本身就是一个充满了矛盾、悖论的不确定的词语,它恰好对应了它这个时代的文化特征,西方文化普遍存在的一种自我矛盾、自我否定的悖论式的特点。[①]

文化的决裂。20 世纪初,现代主义文化还处于上升阶段,被当时的主导文化竭力排斥,属于边缘文化。从 50 年代开始,这种情况发生了根本的变化,现代主义文化在社会中确立了它的主导地位和中心地位,当初那些以叛逆者形象出现的现代主义文化先锋们早已被众人视为顶礼膜拜的大师,成为新的传统,开始"像梦魇一样纠缠着活人的头脑"。现代主义的高雅文化已经破灭,代之而起的是一种"缺乏深度的"(depthlessness)、"拼盘杂烩"(pastiche)式的大众通俗文化,这就是后现代主义文化。

语言学的转向(the linguistic turn)。在西方现代主义语言观念中,人使用语言,因而人是语言的主宰,语言符号与意义之间是一种确定的对应的关系,通过语言就能确知它背后的意义。20 世纪 60 年代兴起的结构主义语言学使语言真实反映自然的这面镜子彻底破碎了。在结构主义语言学看来,语言符号所指代的物质部分(能指)与观念部分(所指)的对应完全是人为的、随意约定的;语言的意义是由语言之间的差异性决定的;语言的意义不是确定的、单一的,而是多种意义并存的。这样,哲学所关注的那个客观世界退至远幕,哲学的兴趣集中在了语言的符号象征层面上。语言学的这一转向具有划时代的意义。前一种语言学面对的是一种

---

① Ihab Hassan,"Postmodernism: A Paracritical Bibliography","Toward a Concept of Postmodernism",Both in The Postmodern Turn.

真实的、客观的世界,属于现代主义;后一种语言学面对的则是一个文本的世界、语言的世界、象征的世界,属于后现代主义。因此,后现代主义在很大程度上纯粹只是一种穿梭来往于文本之中的"语言游戏",与现实世界无涉。德里达有一句名言:"文本以外一无所有"。①

在后现代主义视域中,现代主义的各种观念都带有基础主义、本质主义、普适主义的特征,因而也都是理想主义的、传统的观念。

如同以往所有的法学流派的产生均导源于相同的哲学流派一样,后现代主义作为这个时代最富有挑战性的思潮,在长驱直入到各个社会学科领域内后,于20世纪80年代后期最终攻克了法学的堡垒。短短数年时间,一些后现代主义法学的新锐便对建立在现代法学基础上的传统学说进行了全面的颠覆。在后现代主义法学的观念中,现代主义学者经过一代又一代的努力建造起来的理想的法律大厦只不过是沙中幻景、海市蜃楼。颠覆现代主义的法律学说成为一切后现代主义法学家的一项基础性工作,同时也是辨识后现代主义法学家的首要标志。帕特森(Dennis Patterson)在1996年出版的新著《法律与真实》一书中,甚至将后现代主义与传统的分析哲学结合起来,提出了"回归法律"(return to law)的主张。在他看来,从温瑞(Ernest Weinrib)的法律形式主义、摩尔(Michael Moore)的道德实用主义、哈特(H. L. A. Hart)的法律实证主义到德沃金(Ronald Dworkin)、费希(Stanley Fish)、巴贝特(Philip Bobbitt)等现存的法理学学说都是失败(fail)的,因为他

① Jacques Derrida, *On Grammatology*, trans. , by *Gayatri Chakravorty Spivak*, The Johns Hopkins University Press, 1974, p. 158.

们都依靠经济、效率、道德原理或同时代的文学原理等非法律因素来决定法律问题的真实性。而事实上,这些"外生性原理"(externally generated theories)只能描述或者评价但永远不能完全获得法律问题的真实性。① 他宣称:

> 在两种不同的解释中作出选择,我们偏爱选择同其他事物最少接触的,我们以此为真。②

"回归法律"的主张并不是对现代主义的分析哲学的回归,他解释说,回归法律,并不是因为我们害怕现代性,而是因为我们已经超越了它,因为后现代思想教导给我们的法律真实虽然不是最好的——但可以肯定不是最坏的——它超过了其他任何真实。③

关于后现代主义产生的原因,可能会有不同的看法。在我看来,后现代主义是西方城市文明和科学技术发展到成熟阶段的产物。西方文明建立在城市的基础上,城市发展到现阶段,已经出现无中心、无归属、无本质,看似喧嚣热闹,实则空洞无物的特征,甚至出现了反中心的边缘化倾向。电脑及互联网的普及加速了城市的这些后期特征,虚拟的意向世界已足以与现实世界抗衡,甚至发生了虚拟世界与现实世界的倒转。在这两个世界中,究竟何者为虚幻,何者更真实呢?后现代主义完全是一种城市化的情绪,它只

---

① Mich A. Livingston, *Postmodernism Meets Practical Reason*, The Yale Law Journal, Vol. 107.

② Dennis Patterson, *Law and Truth*, Oxford & New York: Oxford University Press, 1996. p. 172.

③ Ibid. pp. 169—182.

可能出现在都市,决不可能出现在乡村。后现代主义也是一种政治实践,它标志着散布在西方社会的各个阶层已成熟到足以提出自己的政治主张,企图通过消解精英阶层的中心话语权而拥有自己话语权的实践。

后现代主义暴露出资本主义进入晚期阶段后的种种矛盾和危机,它是一场全面的系统性危机。在此,我只能略述其中的法律危机。在我看来,晚期资本主义的法律危机主要表现在三个方面。

首先,它表现为西方法律对非西方社会的适用性和有效性遭到普遍怀疑。过去,西方人曾认为依据理性制定的法律具有普适性,适用于所有的社会和个人,并且信心十足地将它推行于全世界。今天,这种观念已经从根本上发生了动摇。伯尔曼不无忧虑地写道:

> 在过去,西方人曾信心十足地将它的法律带到全世界,但今天的世界开始怀疑——比以前更怀疑——西方的"法条主义"("legalism"),东方人和南方人提供了其他选择。西方本身已经开始怀疑传统法律幻想的普遍有效性,尤其是它对非西方文化的有效性。过去认为似乎是"自然而然的"法律现在看来仅仅是"西方的"法律,而且许多人还在议论说它甚至对西方来说也是过时的。①

其次,它显示出资本主义统治的"合法性"陷入了困境。按照

---

　① 〔美〕伯尔曼:《法律与革命》,贺卫方等译,中国大百科全书出版社1993年版,第39页。

韦伯的解释,资本主义的统治基于理性,它的"合法性的适用"具有
"合理的性质"。关于统治的"合法性",韦伯说:

> 当然,一种统治的"合法性"也只能被看作是在相当程度
> 上为此保持和得到实际对待的机会。这远不是说,对一种统
> 治的任何顺从,首先(或者哪怕是仅仅往往)以这种合法性的
> 信仰为取向。顺从可能是个人或整个群体纯粹出自机会主义
> 的原因,是一种虚情假意的奉承,也可能出自自己的物质利益
> 而实际上言听计从,也可能由于个人的软弱和束手无策,不可
> 能避免地加以忍受。①

对于一种理性的统治来说,它至少要满足两个条件,才能说一
种统治是"合法的"。1. 必须从正面建立规范秩序;2. 在法律共同
体中,人们必须相信规范秩序的正当性,即必须相信立法形式和执
法形式的正确程序。② 但是,资本主义的经济危机如果不得到控
制,它就会继续向上攀升,"以目的理性的方式耗费基本的财政资
源……如果国家对危机的控制失败了,那么它就落后于它自身所
提出的一整套要求。对于这种失败的惩罚,就是合法性被撤消
了。"③

最后,资本主义晚期的法律危机实质上就是法治的危机。虽

---

① [德]马克斯·韦伯:《经济与社会》上卷,林荣远译,商务印书馆1997年版,第
240页。

② 尤尔根·哈贝马斯:《合法化危机》,刘北成、曹卫东译,上海人民出版社2000
年版,第128页。

③ 同上书,第92页。

然对法治的各种反动观点在西方早已出现,但晚期资本主义仍然给我们提供了许多具体的社会图景。昂格尔向我们展示了这些图景中的两幅典型画面:其一,政府公开干预从前被认为是国家行为之外的领域。由于国家日益卷入公开的重新分配、规定及任务之中,它变成了一个福利国家。其二,国家与社会逐步近似,公法与私法逐步混同,一方面,国家不再伪装为社会秩序的中立监护人了,另一方面,私人组织日益被承认,成为享有一定权力的主体,而传统理论认为这些权力专属政府。① 晚期资本主义的这两种倾向造成了对法治实质要件的破坏。福利国家的出现导致了目的导向的推理和对实质正义的关注占了上风,它们破坏了西方社会法律的相对普遍性和自治性;合作国家则是要在思想上和组织上取消国家与社会的界限,因而也要取消公共生活与私人生活的界限,从而对法律的公共性和实在性提出了挑战。②

　　社会变迁及其法律思潮的兴替向我们描述了这样一幅图像:作为革命力量的法律理想主义在确立自己地位的过程中,有可能被传统消解,从而作为新的传统成为革命的对象。古典自然法学以迄的种种法律观念由理想主义向传统主义的流变为此作了最好的注解。后现代主义的突然出现及其向法学领域的扩张使我们意识到,当我们正在以现代性理论反对传统社会时,我们手中那支反抗传统的犀利无比的武器倾刻间却变为新的传统。后现代主义的武器已经向我们猛烈开火。这就是发生在我们身边的法律革命与法律传统。

---

　　① ［美］昂格尔:《现代社会中的法律》,吴玉章、周汉华译,中国政法大学出版社1994年版,第180—181页。

　　② 同上书,第181—189页。

第七章 法治辨

自由根源于、存在于免遭国家权力任意干涉的私人内部领域之中。对良知的尊重与敬畏是所有公民自由的萌芽,也是基督教用以促进自由的方法。这也就是为什么说在欧洲,自由萌生于教会与国家权力的相互对立之中。

阿克顿(Lord Acton)

一、什么是法治

提到法治(the rule of law),我们不妨从英国著名法学家戴雪(A. V. Dicey)关于法治的三重含义说讨论起,它已成为西方法学界关于法治的经典定义。它包括以下三个方面的内容:1. 凡一国人民不得无故受法律处分,除非普通法院依普通法之程序查明此人实已违法;2. 任何人不论贵贱贫富,不仅不得在法律之上,而且均须服从国内所有普通法律和普通法院的管辖权;3. 宪法的通常原理形成于普通法院的判决。[①] 戴雪的法治三重含义说实际上定

---

① [英]戴雪:《英宪精义》,雷宾南译,中国法制出版社 2001 年版,第 231—245 页。

义了法治的三个基本层面,也可以说提供了三个观察点:第一,区别于武断专制权力的法律的统治;第二,法律面前一律平等的原则;第三,法院的判决乃是宪法和法律的渊源。

戴雪的观察虽得之于英伦普通法,但他的三重含义说无疑是对法治一般特征的概括。英国为法治最早形成的国家,英人的经验和理论也许提供了对法治最富解释力的观察视角。但我们必得认识到,法治绝不是某一国家的独特贡献,事实上,法治在西方历史上并非突然和偶然形成之物,而是有着极为悠久的历史渊源。

在西方历史上,法治思想最早是由古希腊哲学家相对于人治提出来的。古希腊哲学家曾多次讨论法治与人治的利弊。亚里士多德明确提出过法治应当优于一人之治的观点。他所谓的法治包括两重含义:"已成立的法律获得普遍的服从,而大家所服从的法律又应该本身是制定得良好的法律。"①实际上,早在亚里士多德之前,惯于从政制层面上思考问题的古希腊哲学家就已经用其他词汇来表达属于法治的内涵了,这就是 isonomia("伊索诺米"),意指"法律平等适用于各种人等",柏拉图曾经使用过它,只不过后来人们不再使用这一术语了。但 isonomia 所代表的法治精神,却以各种方式为后世所继承并予以丰富。在古罗马时期,人们已经普遍认识到,法律与自由并不存在冲突,而且自由还依赖于法律的保障。至 17 世纪的英国,人们通常强调的法治理想是,所有行政官员的自由裁量权都应当受到法律的严格限制。贯穿其间的支配性观点乃是"法律应当为王"(the law should be king)。以后,为了

---

① 〔古希腊〕亚里士多德:《政治学》,吴寿彭译,商务印书馆 1996 年版,第 199 页。

保证上述理想的实现，又形成了两个至关重要的观念：成文宪法的观念和权力分立的原则。其后，这种发展起来的法治思想逐渐进入西欧各国和北美大陆，终于在美国形成了宪政运动，在19世纪初期的德国发展出了系统的"法治国"理论。[①]

按照哈耶克的理解，法治是一种绝不同于立法者所制定之法律那种意义上的法，它也不是一种关注法律是什么的规则。法治只关注政府的强制性活动，它由一系列综合性的原则构成，这些重要的原则包括"法无明文规定不为罪不惩罚的原则"；法不溯及既往（前涉性）的原则；法律面前人人平等的原则；法律至上的原则；以及，司法独立的原则。哈耶克将这些原则称为"元法律原则"。[②]根据法治所关注的法律的属性，哈耶克提出了一个非常重要的概念——"形式合法性"，并以此作为辨识法治社会是否成立的最后标志。他认为，即使政府的一切行为符合立法机关所颁布的法律，那也仅仅具有"形式合法性"。法治当然以"形式合法性"为前提，人们也往往把政府行为具备"形式合法性"误认作法治，但更重要的是，法治还要求所有的法律符合一定的原则。[③]

我之所以特别关注哈耶克提出的这一辨识法治的标志，是因为它对于非西方社会具有极强的针对性。换言之，按照某些检验法治的特殊标准，非西方社会可能无一达到这些标准，这也就印证了我所持的法治乃西方社会生发的特有文明的观点。因此，我所关心的是，针对非西方社会、特别是中国社会的文明，还能概括出法

---

① ［英］弗里德利希·冯·哈耶克：《自由秩序原理》，邓正来译，三联书店1997年版，第十一章，第十二章，第十三章。

② 同上书，第十一章，第十四章。

③ 同上书，第260—261页。

治的哪些显著特征？这些特征与非西方社会的观念和性质扞格不入，它犹如一面面警示牌，告诉我们：什么是法治？这就是法治！

我想从三个方面略述我的理解。

第一块警示牌上书："自由：限权！"我总觉得，法治在西方社会的形成，与西方人、特别是日耳曼蛮族崇尚自由的观念有着极为密切的关系。为着保住这自由，他们便时时刻刻加倍提防来自政府权力的侵害，因为在他们看来，政府所行使的权力稍有不慎即会形成大恶。从自由的角度看，政府构成对个人自由最大的威胁；从市场经济的角度看，政府乃是一个最无能最低效的雇主。[①] 所以，法治的形成从本质上来源于对国家权力高度警惕的观念和对权力的实际限制。在权力制衡的体系中，政府只扮演传统的守夜人的角色。可以说，在许多西方人心目中，政府权力增长一分，他们就感觉自己的自由多受一分威胁。这也是为什么在晚期资本主义，随着国家权力的增长，许多西方人感觉法治出现危机的缘故。

第二块警示牌上书："理性：平等！"法治文明乃是以理性为基础的文明形式，它要求理性的思维方式，讲求合理性的程序（追求形式正义）以及理智地看待一切结果的发生（实质正义服从形式正义）。这种理性并不排斥经验，但它要求理性范畴内的经验，也就是说，是一种尽可能排除主观臆断的服从理性的经验。我也总觉得，西方人的理性与蛮族那种不灵活的、凡事讲求一律的性格有着极为密切的关系。惟有理性，才能形成产生法治的刚性社会，人与人之间乃是基于契约的平等关系，其他一切，无论贫富、贵贱、亲

---

① ［英］弗里德利希·冯·哈耶克：《法律、立法与自由》，第二、三卷，邓正来等译，中国大百科全书出版社 2000 年版，第 352 页。

情、感情都必须无条件地服从并由契约关系来决定。理性使每个人都能不因地位和财富的差别而在形式上无条件地服从法律。正是理性的观念和诉诸于法律上的平等要求，可以使古希腊雅典的僭主庇色斯特拉托应元老院的传询到庭受审，自行辩护，也可以使20世纪90年代的美国总统克林顿到国会向大陪审团作长达4个多小时的供证。

第三块警示牌上书："宗教：信仰！"。宗教与法治实为一棵树上的并蒂花。没有宗教使人产生的与生俱来的对法律的信仰，邦国纵有良法亦不足以法治。法袍与假发只是一种象征，它可以穿在、戴在不同人的身上、头上，法官内心对法律的忠诚才能保证他在休庭后除去法袍、假发依然能够按照庭上的原则办事。证人誓证也只是一种仪式，只有对宗教信念的恪守和炼狱的恐惧才能保证他不做假证。罪犯的真诚忏悔、伏法以及检察官的公正无私才能有辩诉交易制度，否则只会导致检察官与罪犯共同规避法律。对法律的信仰绝不仅仅是法律共同体的事业，而是大众生活的一种信念，惟有宗教才能在全体公民的内心养成这种信念。

这三面警示牌只是告诉人们法治必须有什么，必须是什么，否则即不成其为法治。显而易见，这其中的任何一项单独特征都不足以型构法治，但缺少这些特征的社会却断然不可能产生法治。因此，在我看来，法治乃是由一系列特定的社会文化条件所型构的法律的统治。法治不能脱离特定的社会文化条件，对法治的理解也不能抽去这些社会文化条件，将其简单地视为违法必究式的严格执法。正是在这一意义上，它区别于中国传统社会中曾经存在过的"法治"。

二、中国传统社会的"法治"

在中国历史上,确曾有过不避"亲疏、贵贱、远近、美恶",主张"任法而治"的特殊时期,它主要存在于先秦时期法家的思想和政治实践之中。虽然这些思想观念产生于特定的社会文化并有着极为明确的政治目的,且为两千年来的传统思想诟病不取,但仍有不少近世论者将其比附为西方的法治,故不得不辨。

这种"任法而治"的"法治"观念,首先体现在春秋时期政治家管仲的思想中:

> 以法治国,则举措而已。是故有法度之制者,不可巧以诈伪;有权衡之称者,不可欺以轻重;有寻丈之数者,不可差以长短。①

管仲认为,"君臣上下贵贱皆从法,此之谓大治。"虽然这样的"大治"也近乎是一种理想,但他仍然主张君主应受到自己法律的限制:

> 明君置法以自治,立仪以自正也。行法修制,先民服也。……禁胜于身,则令行于民矣。②

---

① 《管子·明法》。《管子》虽为后世伪作、汉代刘向所辑,但无疑反映了管仲的思想,故我仍然以《管子》作为讨论管仲思想的依据。
② 《管子·法法》。

另一位法家著名人物商鞅也主张"任法而治"：

> 故有明主忠臣产于今世而散领其国者，不可以须臾忘于
> 法。破胜党任，节去言谈，任法而治矣。①

这种"任法而治"又被他总结为"一赏、一刑、一教"的治国策略。他在解释"一刑"时说：

> 所谓一刑者，刑无等级，自卿相、将军以至大夫、庶人，有
> 不从王令，犯国禁，乱上制者，罪死不赦。②

韩非亦十分强调这种"法治"的重要性：

> 故明主使其群臣不游意于法之外，不为惠于法之内，动无
> 非法。……故以法治国，举措而已矣。③

他也格外注重执法的严明性：

> 法不阿贵，绳不挠曲。法之所加，智者弗能辞，勇者弗敢
> 争。刑过不避大臣，赏善不遗匹夫。故矫上之失，诘下之邪，
> 治乱决缪，绌羡齐非，一民之轨，莫如法。④

---

① 《商君书·慎法》。
② 《商君书·赏刑》。
③ 《韩非子·有度》。
④ 同上书。

正因为法家这种"以法治国"、法律面前人人平等以及凡事一断于法的特征,梁启超将法家的主张称之为"法治主义",将法家的人物归为"法治派"。① 他尤为称颂管仲的"法治"成就:

故法治者,治之极轨也,而通五洲万国数千年间,其最初发明此法治主义,以成一家言者谁乎? 则我国之管子也!②

这当然与他所理解的"法治"有关。按照他的解释:1. 舍法治不足以导向集体精神。"全国民若一军队然,令旗之所指,则全军向之。夫如是乃能有功也。而欲致此,则舍法治奚以哉?"③ 2. 法治之效,为国家生存发达起见,可以使一部分人民毫无怨言地牺牲自己的利益而增进全体人民的利益。④ 3. 法治的精神在于"有过不赦,有善不遗",令出必行。"……综核名实,信赏必罚,奋迅振厉,严肃而整齐之。……若此者,名之曰法治之精神。"⑤

先秦法家所主张的"法治"确实与西方社会的法治有若干相似的"面貌"。例如,它们都主张用法律来治理国家,主张在法律面前一律平等,主张法律的统治——先秦法家甚至更进一步——凡事要"一决于法"。如果剥离了法治的社会文化条件,我们确实不好分辨中国传统社会的这种"法治"与西方文化孕育的法治有多少差

---

① 梁启超:《先秦政治思想史》。
② 梁启超:《管子传》。
③ 同上书。
④ 同上书。
⑤ 同上书。

别。然而,正是借助中国社会文化所特有的性质,使我们得以概括出中国传统社会"法治"的真正精神。

其一,中国传统社会的法律乃帝王治民之具。管仲将法律解释为:

> 法者,上之所以一民使下也。①

商鞅亦将法律视为善治君主的治民之具:

> 昔之能制天下者,必先制其民者也;能胜强敌者,必先胜其民者也。故胜民之本在制民,……民本,法也。故善治民者,塞民以法而名地作矣。②

韩非则将"刑德"视为君主导制其臣的"二柄"③,将"赏罚"视为治国治民"不可失"之国法:

> 夫圣人之治国,不恃人之为吾善也,而用其不得为非也。……不恃赏罚而恃自善之民,明主弗贵也。何也? 国法不可失,而所治非一人也。④

因此,依我看,中国古人所言之"治",无论是法家的"法治",还

① 《管子·任法》。
② 《商君书·画策》。
③ 《韩非子·二柄》。
④ 《韩非子·显学》。

是儒家的"礼治",皆帝王治民之具,本质上均为人治,而非法治。

其二,几乎所有的法家皆主张严刑峻法,以法律之威使民畏惧。管仲为早期法家,虽没有明确主张用法律追求这一效果,但他不仅屡次重申"不为爱民亏其法,法爱于民",①而且,他所主张的用民之道一点不比晚期法家人道:

> 夫至用民者,杀之、危之、劳之、苦之、饥之、渴之,用民者将致之此极也,而民毋可与虑已者。②

商鞅主张以重刑连罪之法惩治"五民":

> 重刑而连其罪,则褊急之民不斗,很刚之民不讼,怠惰之民不游,费资之民不作,巧谀恶心之民无变也。五民者不生于境内,则草必垦矣。③

至韩非,则明确提出了严刑重罚以治民的主张:

> 夫严刑者,民之所畏也;重罚者,民之所恶也。故圣人陈其所畏以禁其邪,设其所恶以防其奸,是以国安而暴乱不起。吾以是明仁义爱惠之不足用,而严刑重罚之可以治国也。无棰策之威,衔橛之备,虽造父不能以服马;无规矩之法,绳墨之端,虽王尔不能以成方圆;无威严之势,赏罚之法,虽舜不能以

---

① 《管子·七法》《管子·法法》。
② 《管子·法法》。
③ 《商君书·垦令》。

为治。①

可见，法家所主张的"法治"，是赤裸裸的专制主义，不仅是法律专制主义，而且是"不可独立私议以陈其上，坚者被，锐者挫"②和"赏告奸"③的政治专制主义，是"燔《诗》、《书》而明法令"的文化专制主义。所以，郭沫若讥讽梁启超没有读懂《韩非子》的《难势篇》，并对韩非的"法治"思想有过一段十分精彩的评论：

> 就这样在韩非子所谓"法治"的思想中，一切自由都是禁绝了的，不仅行动的自由当禁（"禁其行"），集会结社的自由当禁（"破其群以散其党"），言论出版的自由当禁（"灭其迹，息其说"），就连思想的自由也当禁（"禁其欲"）。韩非子自己有几句很扼要的话："禁奸之法，太上禁其心，其次禁其言，其次禁其事"（《说疑》），这真是把一切禁制都包括尽致了。④

在韩非的"法治"里，"所允许的言论，归根便只有告奸的言论"。⑤ 法家的"法治"，归根到底也只是专制主义的"法治"。

其三，法家所主张之"法治"，皆以国家主义为本位，以"去私"为富国强兵的重要手段。管仲说：

---

① 《韩非子·奸劫弑臣》。
② 《商君书·赏刑》。
③ 《韩非子·奸劫弑臣》。
④ 郭沫若：《十批判书》，东方出版社1996年版，第374页，第403页。
⑤ 同上书，第404页。

是以官无私论,士无私议,民无私说,皆虚其匈以听于上。上以公正论,以法制断,故任天下而不重也。……夫私者,壅蔽失位之道也。上舍公法而听私说,故群臣百姓,皆设私立方以教于国,群党比周以立其私,请谒任举以乱公法,人用其心以幸于上,上无度量以禁之。是以私说日益,而公法日损,国之不治,从此始矣![1]

商鞅告诫道:

国之所以治者三:一曰法,二曰信,三曰权。法者,君臣之所共操也;信者,君臣之所共立也;权者,君之所独制也。人主失守则危,君臣释法任私必乱。故立法明分而不以私害法则治,……[2]

韩非则直截了当地说:

故当今之时,能去私曲就公法者,民安而国治;能去私行行公法者,则兵强而敌弱。[3]

所以,中国传统社会的"法治",具有工具主义、专制主义、集体主义、国家主义的浓厚特色,这是中国社会文化赋予它的特色,也是它的本质特征。它与西方社会那个注重保障权利的建立在自由

---

[1] 《管子·任法》。
[2] 《商君书·修权》。
[3] 《韩非子·有度》。

主义、理性主义和个人主义基础之上的法治是完全不同的两个概念。

三、法治的社会文化条件

如果将现代化视为西方社会历史自然演进的一种文明形式，如果将法律现代化视为现代化的一个组成部分，那么，我所理解的法律现代化实质上就是法治。哈耶克在他那本著名的《自由秩序原理》中，对西方从古希腊到18世纪法治由理想转变为现实的社会运动进行了考察，并论述了构成法治的几个主要原则：自然法原则、法无明文规定不为罪原则、法律不溯及既往原则、法律面前人人平等原则以及法律至上原则等。这些原则只有综合起来才能构成法治的基本要素。[①] 但哈耶克似乎无意关注上述法治原则必须建基于什么样的社会文化基础之上。不错，早在古希腊时代，希腊人就提出了类似"法律面前人人平等"和"法律至上"这样的观念，但希腊社会以及后来的罗马社会，都没有也不可能实现法治，因为当时的社会只具备产生法治的个别社会文化条件。只有当产生法治的主要社会文化条件同时具备在一起，并发展到一定程度后，法治的理想才能转变为大众经验和社会现实。我所理解的足以支撑法治社会的主要社会文化条件包括：

多元主义文化。多元主义是形成法治并使法治得以存在的基本社会文化条件。只有在社会形成不同的利益集团，谁也无

---

① ［英］弗里德利希·冯·哈耶克：《自由秩序原理》（上），邓正来译，三联书店1997年版，第十一章。

法控制和驾驭对方的情形下,才会产生依赖于双方之外的第三种力量以互相达到维护自己利益并限制对方利益的真实状态。多元主义的存在能够保证法律不会在一个统治集团居于中心地位的情形下沦为最高统治者掌控的工具。多元主义文化观导致构成法治的两个最基本的理念。一是制衡理念。通过对各方权力的分解和制约以使社会秩序保持在一个相对平衡的状态中,每一次对对方权力的限制同时也意味着对自己权力的限制。通过对权力施以制衡,达到了三个基本的法治目标:司法权的独立、对政府权力的限制以及对个人权利的保护。二是契约理念。多元主义所抱持的是一种分立观念,这就决定了各方之间的关系既不能建立在命令的基础上,也不能建立在道德的基础上,只能建立在契约的基础上。在契约理念的基础上,各方完全被视为互相享有权利并承担义务的平等主体,为了建立一种在权利义务关系基础之上的信任机制,就必须发展出一套相应的受到人人尊重和重视的程序。

理性主义与自由主义传统。法律不一定建立在理性主义的基础上,但法治必定建立在理性主义基础之上,缺乏理性主义传统的社会无法将法律设想为一台公平解决不同利益主体间争端的精密机器。马克斯·韦伯所指出的构成资本主义精神的"形式合理性",其实也是构成法治的必备条件。"因为特殊的法的形式主义会使法的机构像一台技术上合理的机器那样运作,它为有关法的利益者提供了相对而言最大的活动自由的回旋空间,特别是合理预计他的目的行为的法律后果和机会的最大的回旋空间。它把法律过程看作是和平解决利益斗争的一种特殊形式,它让利益斗争受固定的、信守不渝的'游戏规则'的约束。"①

　　如果将理性主义视为法治理想在社会现实中得以运行的设计者,那么自由主义无疑是法治理想在社会现实中得以存在的守护神。各种自由主义的滥调和对自由主义的滥用使自由主义经常陷入一种被人误解的境地,我在这里所强调的自由主义,是由洛克、康德、哈耶克所使用过的那种经典意义上的自由主义,它意指人们可以按照他们认为合适的办法,决定他们的行动和处理他们的财产与人身,而毋需得到任何人的许可或听命任何人的一种对个人专横意志和他人控制的独立状态,在这种状态中,一些人对另一些人所施以的强制,在社会中被减至最小可能之限度。② 对于这样的状态,美国最高法院在"储蓄信贷公司诉托皮卡"一案所作的判决中作了进一步的说明:

　　　在任何自由的政府下,人民都有……一些不受国家控制的权利。如果一个政府不承认这些权利,认为其公民的生命、自由和财产无论什么时候都要受到最民主的掌权者的专制处置和无限控制,那么这样的政府终究只是一个专制主义的政府。……对政府这种权力的限制,乃是所有自由政府的基本性质,其中含有保留个人权利的意思,否则,社会契约就难以

---

　　① ［德］马克斯·韦伯:《经济与社会》下卷,林荣远译,商务印书馆1997年版,第140页。

　　② ［英］洛克:《政府论》下篇,瞿菊农、叶启芳译,商务印书馆1982年版;康德:《正义的形而上学因素》,转引自［美］博登海默:《法理学——法哲学及其方法》,邓正来、姬敬武译,华夏出版社1987年版,第71页;［英］弗里德利希·冯·哈耶克:《自由秩序原理》,邓正来译,三联书店1997年版,第一章。

存在,而且所有名符其实的政府都必须尊重这些权利。①

在这里,我们必须特别提到哈耶克对自由主义两个最重要原则的捍卫。其一,每个个人都只应该服从那些平等适用于所有人的规则,并且拥有一个明确区别于公共领域的私域,在这一领域内,个人不应该被政府或他人"差来差去"。其二,对行政自由裁量权的法律限制。虽然政府的各个机构必须拥有大量的自由裁量权,但对整个政府的权力必须进行限制。特别需要提出重申的是,私人公民及其财产并不是政府行政的对象,行政机构在这方面不得享有任何自由裁量权。如果不将这一"微小的漏洞"看管守护好,那么"每个人的自由都迟早会丧失"。②

平民主义意识。虽然任何社会都存在等级结构,并不存在完全意义上的平民社会,但一个社会是否具有平民主义意识,在我看来是实现法治的必备条件。所谓平民主义意识是指,即使处于社会等级最高层的统治者,虽然应该享有与这一地位恰如其分的财富、荣誉和尊严,但他能够把因地位差别而带来的财富、荣誉和尊严同他必须遵守的公共规则清楚地区别开来。也即在法律面前,每个人都只不过是一介平民。一个具备平民主义意识的社会,便是具备了这样一种风尚:平民主义意识及其生活方式为大多数人所遵奉、追求;在法律面前做一个与他人同等的平民,不因身分地位的不同而有所区别,并非不得已而为之,乃是一种发自内心的、

---

① 转引自[美]博登海默:《法理学——法哲学及其方法》,邓正来、姬敬武译,华夏出版社 1987 年版,第 57 页。

② [英]弗里德利希·冯·哈耶克:《自由秩序原理》,邓正来译,三联书店 1997 年版,第十四章。

自然的、真切的愿望。

超验宗教。超验宗教展现给人类的是寄托于现世世界之外的希望与恐惧。把尘世中的愿望与无奈托付给一个虚构的、超自然的、神秘的彼岸世界,几乎是所有民族的共通需求。18世纪以来,越来越多的学者把宗教与科学视为社会生活的两极,强调二者之间的冲突与对立,①却少有人看到科学的前身是宗教,有宗教才有科学,宗教与科学在文化上实是一棵树上的两枝并蒂花。当然,也许为数众多者也会把宗教与法治视为扞格不入或者甚少关联,殊不知宗教与法律原本为一支一脉,宗教亦为涵养法治之源。其一,宗教之于人类,具有救世的功用,它必在人身之外,构想人类崇拜与信仰的目标。缺乏宗教的社会,亦缺乏对超自然力量的敬畏,也就缺乏对人类自身之外某物信仰的民族情结。而作为法治的法律,必须被信仰。"法律必须被信仰,否则它将形同虚设","没有宗教的法律会丧失它的神圣性和原动力……法律和宗教乃是人类经验两个不同的方面;但它们各自又都是对方的一个方面。它们一荣俱荣,一损俱损。"②其二,宗教所构想的彼岸世界,针对现世的此岸世界,它代表着灵与肉、俗与神、理想与现实的二元对立,因此,在世俗法律之上,还高悬着一个优于世俗法律的指引人类的理想法,不断对世俗法律进行拷问,不断牵引世俗法律,使其"不愿受具体时代和地域实践的限定",具有"某些关键性的脱离政治和习惯的独立性,……这种独立性要求专门的机构,职业集团和推理模

---

① ［英］罗素:《宗教与科学》,徐奕春、林国夫译,商务印书馆1982年版。

② ［美］伯尔曼:《法律与宗教》,梁治平译,三联书店1991年版,第28页,第95页。

式。"①其三,在至高无上的神灵面前,人类只不过是熙熙攘攘的芸芸众生,世俗生活中的高低贵贱,在神灵面前失却了意义,人们在根本上都是平等的,这就必将为法律的平等适用准备必要的心理基础。

城市文明。按照马克斯·韦伯的定义,城市必须符合下述特征:1. 要塞;2. 市场;3. 有自己的法院和至少部分有自己的法;4. 团体的性质;5. 至少部分的自治和自主。② 城市的这些特征使它在逐渐成熟中也培育出了属于它自己的法律的独特品质,它们包括:第一,只有在城市的范围内才有可能发展出法律面前的平等。城市居民的聚集特点及其商业贸易使得想要固定地、长期地占有特权地位的阶层缺乏足够的回旋余地。"具有决定意义的是,对于城市来说,本身不可能按照世袭官僚体制的王公的准则和方式,利用军事的一政治的权力手段来为自己的利益服务。"③在城市发展的历史上,市民阶层也能够比较容易地冲破领主的权力,获得经济和政治上的自由。只有城市才能够聚集起比较浓厚的自由空气,消弥等级差异的压抑。因此,"等级的差异在城市里是摇摆无定的"。④城市所具有的高密度聚集、快节奏生活、商业赢利的世俗特征,以及营造出的新式人际关系,十分有利于创造出一种体系完备的、适用于形色人等的法律(当然,这是我们所不熟悉的城市,这种城市相对同农村隔绝,具有平民性质)。第二,城市为了在相对松散的

---

① [美]昂格尔:《现代社会中的法律》,吴玉章、周汉华译,中国政法大学出版社1994年版,第91页。
② [德]马克斯·韦伯:《经济与社会》下卷,林荣远译,商务印书馆1997年版,第583页。
③ 同上书,第681页。
④ 同上书,第594页。

统治下达到有效的管理,就需要不同目的、不同阶层以及同一行业的结盟,即所谓"誓约共同体的结义"(又是我们所不熟悉的)。城市的结义一方面提高了城市的自治和自主,另一方面也使城市取得了一系列的法律上的成果:建立适用于所有市民的共同法律,特别是诉讼程序法律;废除非理性的取证手段;拥有自己独立的法院和行政机关;等等。① 第三,在城市基础上发展起来的民主,市民拥有选举官员和对法律的投票权,享有某些"特权",如未经法律程序不受逮捕和监禁的权利,以及被明确规定的义务,②这就使政府的权力受到了很大的限制,为实施宪政奠定了基础。

以上叙述实际上已经暗含着这样一种判断,即只有西方才完全具有上述五个社会文化条件,或者毋宁说,上述五个条件正是从西方社会文化中抽绎出来的。当然,即使在西方,这五个条件也不是同时具备的。

多元主义文化是贯穿西方始终的基本文化传统。希腊文化从头至尾是多中心的,这些散布在海域上的城邦国家,虽然疆域不大,但一直保持着独立的、闭关自守、自给自足的平等关系,城邦之上从未形成过中央集权体制。这种政制观念和意识甚至影响到希腊的对外征服。在希腊海外殖民所建立的城邦中,殖民城邦和母邦之间也是平辈关系。多元化的意识和观念影响了西方基本的政治体制和生活态度,即使在一般人眼中黯然无光的中世纪,也仍然存在神俗两界的分立,存在多元的法律体系。多元主义文化乃是

---

① 　[德]马克斯·韦伯:《经济与社会》下卷,林荣远译,商务印书馆1997年版,第604—677页。

② 　同上书,第691—692页。又参阅[美]伯尔曼:《法律与革命》,贺卫方等译,中国大百科全书出版社1993年版,第479—481页。

构成法治制衡精神的主要基础。

　　理性主义与自由主义传统在西方的充分确立要晚得多。虽然在希腊就有柏拉图的"理念世界"，就有希腊人对宇宙问题的持久关心，但作为知识和科学系统的"理性主义"，却是 17 世纪笛卡尔提出"唯理主义哲学"以后的事了。自由主义的确立还要略晚于前者。自由主义本身是多元主义的，但多元主义不一定导致自由主义。自由主义的充分确立需要两个基本条件：一是只有在经历长期不自由的状态之后，才会唤起人们对自由的追求和渴望；二是只有在非暴力斗争的争论中，自由才能得以维持和完善。理性主义与自由主义只有在中世纪以后的西方才同时具备。

　　平民主义意识的形成可以远溯至古希腊。当时，希腊本土的这些"蕞尔小邦"就实施的是直接民主制度，也即是由城邦的公民直接参与城邦的治理，而不是通过"代议制"的方式。后来，随着希腊城邦的海外殖民，流风所至，小亚细亚被新拓展的城邦也完全希腊化了，王政有名无实，所谓"王"只不过是贵族阶级中的显要一员，没有任何特权。再后来，进入僭主专政时期，所谓"僭主"，虽然是最高统治者，但他们没有"君权神授"的装扮，在贵族和希腊平民眼里，他们只是凡夫俗子，甚至是不合法的统治者。雅典的僭主庇色斯特拉托可以应元老院的传询到庭受审，自行辩护。[1]　国王往往是体魄强健、精力充沛的人，他们要从事一定的家务劳动，整理床铺，耕耘菜园。[2]这种风尚一直沿续到中世纪，当时几位有名的国王，如罗杰二世、亨利二世等都保持了一种蛮勇的精神以及追求世俗生活的强烈欲望。

────────────

①　顾准：《希腊城邦制度》，载《顾准文集》，贵州人民出版社 1994 年版。第 177 页。
②　［德］马克斯·韦伯：《经济与社会》下卷，林荣远译，商务印书馆 1997 年版，第 636 页。

骑士文化的形成或许也与这种风尚有关。平民主义意识对于法治所需要的社会风尚——每个人(尤其是上层阶级和国王)都应该养成对法律的服从意识——的形成是不可或缺的因素。

超验宗教在西方的历史不应该超过古罗马时期。虽然不少学者认为希腊时期就有自然法思想的萌芽,但与基督教这种超验宗教联系在一起的自然法思想在希腊显然是不存在的。希腊虽有宗教,但希腊宗教是众神,到了罗马时期,希腊思想与一神教的犹太教结合起来产生了基督教,这种新宗教才是我们所讲的超验宗教。基督教是罗马的国教,也是希腊思想的宗教化,它当然也会把希腊哲学家的"自然法思想"——从希腊第一个哲学家泰勒士开始的对宇宙问题的持久关怀——同对上帝的证明结合在一起。正是因为自然法被以上帝的名义披上了神法的面纱,才有了"所有的法律都渊源于上帝",而不是渊源于国王和教皇自己这样的永恒信条,才有了对于国王世俗权力的有力限制,这对于法治所必须具备的绝对条件——法律面前一律平等状态的形成——也可以说是绝对的。国王要服从法律,谁来告诉他呢? 在某一件事情上他服从法律了,用什么来保证他永远服从法律呢? 必须有一种能够超越所有人、超越这个现世世界的永恒力量,使世俗权威、包括国王的权威臣服。正是在这个意义上,我们或许可以说,是上帝给了西方以法治。

城市文明也是贯穿西方历史的一种基本文明形式。西方城市所具有的若干独特性,虽然是在历史发展过程中逐步形成的,但我以为,还是希腊城邦为西方城市定下了基本特性。这些基本特性可以从以下几个方面说明。第一方面,希腊城邦国家为西方以城市文明为中心奠定了基础。所谓城邦国家,就是以一个城市为中心的国家,实际上就是城市国家,这同我们所熟悉的幅员广大的领土国家是截然不同的。希腊的这些城邦,疆域不大,又很紧凑,这就使得人民能够过一种紧密的政治生活。其后欧洲的民族国家虽然在自然条件方面有了变化,但是以城市为中心以及在此基础上养成的政治、文化习惯业已形成,不容更易了。第二个方面,希腊的城市都是沿海而建的,属于典型的海上文明。海上文明的一个重大特征,就是国家的建立是从建立城市开始的。海外移民跨海迁移到一个陌生的环境中,为了以防不测,首先面临的需要是筑城而居。[①] 这种跨海迁移建立的城市的特点,汤因比(Toynbee)说得清楚:

> 跨海迁移的一个显著特点是不同种族体系的大混合,因为必须抛弃的第一个社会组织是原始社会里的血族关系。一个船只能装一船人,而为了安全的缘故,如果有许多船同时出发到异乡去建立新的家乡,很可能包括许多不同的地方的人——这一点同陆地上的迁移不一样,在陆地上可能是整个的血族男女老幼家居杂物全装在牛车上一块儿出发,在大地上以蜗牛的速度缓缓前进。
>
> ······
>
> 在民族大迁移的过程中,跨海迁移的苦难所产生的另一个成果······是在政治方面。这种新的政治不是以血族为基础,而是以契约为基础的。[②]

---

① 顾准:《希腊城邦制度》,载《顾准文集》,贵州人民出版社 1994 年版。第 105 页。

② [英]汤因比:《历史研究》上,曹未风等译,上海人民出版社 1997 年版,第 130 页,第 132 页。

以契约为基础的城市国家所产生的直接结果，是贵族立宪政体的确立和王政的消灭。由此带来的第三个方面的基本特性，就是这种建立在契约基础上的城市国家才有可能实现的"轮流地统治或被统治"，即在阶级斗争和互不信任基础上发展起来的契约政治。相反，以血族为基础的城市和国家缺乏这样严酷的自然环境和人际关系的磨练。第四个方面，已如前述，即在如此狭小紧凑的自然环境中建立起来的城邦是完全自治自足的，高度自治的城邦需要发展与其他平等诸邦的关系，以及公民之间的"轮番为治"，有必要制定一套规章制度和法律。因此，"城邦必定是'宪政国家'或'法治国家'"。[①] 中世纪的欧洲城市继续发展了这些特性，在契约基础上发展起来的城市结盟甚至将皇帝、主教、领主们的城堡逼出城市，在法律上则建立起了特殊的城市诉讼程序，由城市市民作为陪审员的城市法院，以及日益理性、文明的司法手段，以至于马克斯·韦伯由衷地感叹道："在这里，资本主义可以应用的法律制度恰恰渊源于作为有关利益者自治发祥地的城市的法，而不是罗马的（或者德国）国家的法"。[②]

上述社会文化条件在西方历史上迭次出现、演进，终于在18世纪汇成了足以影响乃至改变世界文明的法治长河。虽然有些社会文化条件是后来形成的，但我倾向于认为，决定法治的主要社会文化条件在希腊时代就已存在。同布罗代尔坚信"早在人类历史的初期，一种'潜在的'资本主义便逐渐形成，千百年来不断发展，一直延

---

①　顾准：《希腊城邦制度》，载《顾准文集》，贵州人民出版社1994年版。第80页。

②　[德]马克斯·韦伯：《经济与社会》下卷，林荣远译，商务印书馆1997年版，第610页，第675—676页。

续至今"①一样，我相信在希腊时代就已存在一种人类早期法治的萌芽，它在一种特殊的文明体系中酝酿生成，生于斯，长于斯，期间经悉心照料并多少借助于历史中的机缘和偶然因素，终能以抵于成，蔚为大观。

四、中国传统法律的社会文化条件

以这样的社会文化条件揆诸中国传统社会，我们显然看到的是另外一番景象。以此检视中国传统社会，亦可得出五个决定并维系中国传统法律的社会文化条件。

史官文化。② 所谓史官文化，是指"以政治权威为无上权威，使文化从属于政治权威，绝对不得涉及超过政治权威的宇宙与其他问题"的文化。③ 这是中国社会文化的基本特性。大量考古和文献证实了这样的历史事实：中国有史以来就存在一个统摄一切、高高在上的政治权威，所有活动均以此为核心展开，所有文化的缘

---

① ［法］布罗代尔：《15 至 18 世纪的物质文明、经济和资本主义》第三卷，施康强、顾良译，三联书店 1993 年版，第 722 页。

② 史官是中国古代围绕帝王周围专司记载帝王言行的官吏，其职设置甚久。《文献通考》载："史官肇自黄帝有之，自后显者，夏太史终古，商太史高势，周则曰小史、内史、外史，而诸侯之国亦置其官。……自汉以前职在太史。当王莽时，改置柱下五史，记疏言行，尽效古。动则左史书之，言则右史书之。"《汉书·艺文志》："左史记言，右史记事。"《左传·庄公二十三年》："君举必书，书而不法，后嗣何观？"

③ 参阅《顾准文集》，贵州人民出版社 1994 年版，第 244 页。值得注意的是，中国历史上有两个一百年当属例外。一个是约公元前 4—前 3 世纪，中国知识分子可以"上不臣于王，下不治其家，中不索交诸侯"，史称"稷下学宫"。一个是约公元 3—4 世纪，文人士大夫鄙视"名教"，形成"任诞"之风，即所谓魏晋之风。但这两个一百年在历史中过于短暂，而且多限于文人士大夫标榜清高之举，因此难以对中国社会制度产生根本性的影响。

起也不妨看作是对这核心的说明和解释。

城市的起源,堪称人类文明史上的一场革命,在考古学上的意义,一般以财富的积累和商业贸易的出现而导致的生产与非生产人口的分化,作为城市起源的动力。这当然适用于一般的城市起源。但中国城市的起源,却有着显著不同的标志。从考古发掘出来的夯土城墙、战车、兵器、宫殿、宗庙、陵墓、祭祀用器等具有政治象征含义的东西所处的绝对中心和支配地位看,中国城市的起源主要不是经济发展的产物,而是政治权力的工具与象征。[①]

青铜器的使用也说明政治权威对于生产力的支配甚至达到了独占的地步。青铜代表着当时最先进的生产力,无疑是制作农业生产用具的最佳材料。尽管中国出土的青铜器在数量上大于世界各地总和,器型种类也可能大于世界各地总和,然而,在如此众多的青铜器中却很少有农业用具,这是很令人惊讶的。青铜几乎全部被用来制作各种礼器和兵器,却没有被用来制作农具,说明青铜这种当时最先进的生产力被统治阶级所垄断和独占,青铜器"等于中国古代政治权力的工具"。[②]

不惟实用器皿,连抽象的艺术也旨在为政治权威的统治营造环境,烘托气氛。青铜时代是个尚未褪尽氏族遗风的时代,王与巫合一,王亦行使巫的职能,更通过巫的职能强化王的统治,以证明"君权神授"的合法性,充当神在人间的代言人。因此,祭祀作为国

---

① 张光直:《中国青铜时代》,三联书店1999年版,第28—41页。张光直进一步提出一个更加大胆的假设,夏商周三代频频迁都,迁都的规律就在于不断追逐象征政治权力的青铜的矿源。

② 同上书,二版序,及第474页,第476页。《左传》有"国之大事,在祀与戎"的记载,这说明祭祀与打仗的确是构成中国古代政治的核心问题。

家政治生活中的头等大事,其重要性不言自明。礼器既然是祭祀中人们注目的核心,那么,礼器上纹饰的功能就不仅仅起单纯的装饰作用,它还具有一层符号之外的象征功能。饕餮以及其他虚构的非自然动物纹饰在礼器上的大量使用,而且多以神秘、恐怖面目出现,不就意在说明统治者的政治权威来自非自然的神秘力量,而且具有残暴性,不容轻忽和冒犯吗?

甚至连饮食的习惯,也象征着一种政治上的态度。以调和五味为特征的"羹",也有政治调和的意味:

> 和如羹焉:水火醯醢盐梅以烹鱼肉,燀之以薪,宰夫和之,齐之以味,济其不及,以泄其过。君子食之,以平其心。……是以政争而不干,民无争心。……先王之济五味,和五声也,以平其心,成其政也。①

既然一切社会活动均与政治紧密相关,均服膺于政治权威,那么,必有一个高高在上的政治权威,具于万端之上,成为人们追逐的终极目标。在中国历史上,逐鹿中原、兼并列国一直被认为是伟大的王业,成就此业会受到万民的拥戴。实际上,中国历史就是由此开始书写的:

> 轩辕之时,神农氏世衰。诸侯相侵伐,暴虐百姓,而神农氏弗能征。于是轩辕乃习用干戈,以征不享,诸侯咸来宾从。……蚩尤作乱,不用帝命。于是黄帝乃征师诸侯,与蚩尤战于涿鹿之野,

---

① 《左传·昭公二十年》。

遂禽杀蚩尤。而诸侯咸尊轩辕为天子,代神农氏,是为黄帝。天下有不顺者,黄帝从而征之,平者去之,披山通道,未尝宁居。①

　　三代以后,封建解体,礼崩乐坏,中国历史面临一个重新调整定位的机缘。孔子的思想,影响了此后两千余年的中国文化。但孔子的一生,恰恰是追逐政治,明知其不可为而为之的一生;是臣服于政治权威,而心甘如饴的一生。孔子一生中的大多数时间,都是在周游列国,追求政治,求售自己的政治主张中度过的,②为了实现自己的政治抱负,不惜"席不暇暖",忍饥挨饿,③甚至到了"三月无君则吊"的程度。④ 面对"天下无道"的乱世,孔子所感慨的,正是失去了周天子这样的"政治权威"。⑤ 但即使失去了心目中像周天子这样理想的政治权威,面对当世的君主权贵,孔子仍毕恭毕敬,临朝从政如临大敌,如临深渊:

　　　　朝,与下大夫言,侃侃如也;与上大夫言,訚訚如也。君在,踧踖如也,与与如也。⑥

---

　　① 《史记·五帝本记》。

　　② 《史记·孔子世家》:"孔子之去鲁凡十四岁而反鲁。"但在这之前,孔子早已开始了他的政治活动。至晚年,"鲁终不能用孔子",才打消了从政的念头。故孔子的一生,实为追求政治的一生。

　　③ 《论语·卫灵公》、《史记·孔子世家》均有孔子厄于陈蔡的记载。《论语·卫灵公》:"在陈绝粮,从者病,莫能兴。"

　　④ 《孟子·滕文公下》:"传曰:'孔子三月无君,则皇皇如也,出疆必载质。'公明仪曰:'古之人三月无君,则吊。'"

　　⑤ 《论语·季氏》:"孔子曰:'天下有道,则礼乐征伐自天子出;天下无道,则礼乐征伐自诸侯出。……天下有道,则政不在大夫。天下有道,则庶人不议。'"

　　⑥ 《论语·乡党》。

君召使摈,色勃如也,足躩如也。揖所与立,左右手,衣前后,襜如也。趋进,翼如也。宾退,必复命曰:"宾不顾矣。"①

入公门,鞠躬如也,如不容。立不中门,行不履阈。过位,色勃如也,足躩如也,其言似不足者。摄齐升堂,鞠躬如也,屏气似不息者。出,降一等,逞颜色,怡怡如也。没阶,趋进,翼如也。复其位,踧踖如也。②

执圭,鞠躬如也,如不胜。上如揖,下如授。勃如战色,足蹜蹜如有循。享礼,有容色。私觌,愉愉如也。③

在这样的社会文化中,法律自不能居于中心地位,甚至不能占据重要地位。只有居于政治统治地位的、高高在上的王权,才是君临万物、纳于四方、言出必遂的权威。④ 法律自然也有权威,但法律的权威,依附于政治的权威。《洪范》云:"惟辟作福,惟辟作威,惟辟玉食;臣无有作福作威玉食。"⑤ 就是说只有君王独掌赏赐和刑罚大权。刑罚是否中正,是由君王进行调适和评价的,刑罚适用的目的,也是为了维护君王的权威。"天子无事与诸侯相见曰朝。考礼,正刑,一德,以尊于天子。"⑥ 君王维护统治的惯用手段,正是赏与刑。被后世尊为"圣贤"的舜,即位伊始所做的第一件事,就是

---

① 《论语·乡党》。《论语·乡党》另有"君命召,不俟驾而行"的记载,可见君王在孔子心目中的地位。
② 同上书。
③ 同上书。
④ 《诗经·北山》:"溥天之下,莫非王土;率土之滨,莫非王臣。"《礼记·礼运》:"王前巫而后史,卜、筮、瞽、侑皆在左右。"皆是对王权政治的生动描述。
⑤ 《尚书·洪范》。
⑥ 《礼记·王制》。

俊巡四方,赏赐诸侯,流放异己,自然,也忘不了作刑以警示众人:

象以典刑,流宥五刑,鞭作官刑,扑作教刑,金作赎刑。眚灾肆赦,怙终贼刑。①

从中国法律最早的使用情况看,它通常只是一种威吓的手段。夏启与有扈氏大战于甘,成汤伐夏桀,均同样立誓以刑罚相威吓。②历代文献均将"兵刑"置于一起,其用意和目的当是非常明显的。

礼俗文化。在中国传统社会中,礼乃宰制万物的总纲,是涉及政治、道德、法律、军事、个人生活等诸项行为的指南。③作为一种文化,礼最初当源于生活饮食、风俗习惯,后来发展为养生送死、祭

①　《尚书·舜典》。我认为,舜是中国历史上第一个有较强政治意识的君王,他维护政治统治的行为相当策略,其言行对后世的影响极大。舜登基时,尧尚在,舜便巡游四方,拉拢诸侯("明试以功,车服以庸"),打击异己("流共工于幽州,放驩兜于崇山,窜三苗于三危,殛鲧于羽山,四罪而天下咸服。"),但只"象以典刑",并以流宥代五刑。尧死后,舜立即以"蛮夷猾夏,寇贼奸宄"为借口,任用皋陶为司法官吏,施用五刑,并规定了五刑的施用方式"五服三就",以威吓众人。所谓"五服三就",据《国语·鲁语》臧文仲云:"大刑用甲兵;其次用斧钺;中刑用刀锯,其次用钻笮;薄刑用鞭扑,以威民也。故大者陈之原野,小者散之市朝,五刑三次,是无隐也。"

②　《尚书·甘誓》:"用命,赏于祖;弗用命,戮于社,予则孥戮汝。"《汤誓》:"尔不从誓言,予则孥戮汝,罔有攸赦。"

③　司马迁曾将"礼之三本"总结为:"故礼,上事天,下事地,尊先祖而隆君师,是礼之三本也。"在他看来,礼乃"治辨之极也,强固之本也,威行之道也,功名之总也。王公由之,所以一天下,臣诸侯也,弗由之,所以捐社稷也。故坚革利兵不足以为胜,高城深池不足以为固,严令繁刑不足以为威。由其道则行,不由其道则废。"(均见《史记·礼书》)这种看法实代表了当时一般人的见解。《左传·襄公十三年》云:"让,礼之主也。"因此,连打仗这样生死攸关的场合,也须讲究"谦让之礼"。宋襄公不击未济之师(《襄公十三年》),庚公差学射于公孙丁,在追赶卫献公时因公孙丁驾车,便有"射为背师,不射为戮,射为礼乎?"的疑问(《襄公十四年》),在今人看来迹近迂腐,但发生在当时却是再正常不过的情形。

祀鬼神的祭礼,再形成为确定名分、讲信修睦的原则。《礼记》云:
"夫礼之初始诸饮食。其燔黍捭豚,汙尊而抔饮,蒉桴而土鼓,犹若
可以至其敬于鬼神。……昔者先王未有宫室,冬则居营窟,夏则居
橧巢。……后圣有作,然后修火之利,范金,合土,以为台榭、宫室、
牖户,以炮,以燔,以亨,以炙,以为醴酪。治其麻丝以为布帛,以养
生送死,以事鬼神上帝:皆从其朔。故玄酒在室,醴、醆在户,粢醍
在堂,澄酒在下。陈其牺牲,备其鼎俎,列其琴、瑟、管、磬、钟、鼓,
修其祝嘏,以降上神与其先祖,以正君臣,以笃父子,以睦兄弟,以
齐上下,夫妇有所,是谓承天之祐。……此礼之大成也。"①

　　儒家认为,礼是先圣缘情而制的。何谓情?孟子曰:"夫物之
不齐,物之情也。"②自然的性情,是阴阳正反,参差不同的,人亦有
上下、贵贱、尊卑、长幼、亲疏、贤遇等等之分。"劳心者治人,劳力
者治于人;治于人者食人,治人者食于人,天下之通义也。"③礼的
实质,正是要辨别和维护这种差序格局。④

　　礼不仅具有别异籍、名等分的功能,更重要的,礼乃国家重器,
是一切行为、道德、律令的总纲。"礼之于正国也,犹衡之于轻重
也,绳墨之于曲直也,规矩之于方圆也。"⑤故孔子有"非礼勿视,非
礼勿听,非礼勿言,非礼勿动"⑥之论。《礼记》中有一段话,可以视

---

　　①　《礼记·礼运》。
　　②　《孟子·滕文公上》。
　　③　同上书。
　　④　礼为定名分、别差异、排序列的表述,在各家文献中所见殊多。仅以《礼记》为
例,即可举以下主要说法:"夫礼者,所以定亲疏、决嫌疑、别同异、明是非也。"(《礼记·
曲礼上》)"乐者为同,礼者为异。""乐者,天地之和也;礼者,天地之序也。""乐统同,礼
辨异。"(《礼记·乐记》))
　　⑤　《礼记·经解》。
　　⑥　《论语·颜渊》。

为对此极为生动的注解：

　　析言破律，乱名改作，执左道以乱政，杀。作淫声、异服、奇技、奇器以疑众，杀。行伪而坚，言伪而辩，学非而博，顺非而泽以疑众，杀。假于鬼神、时日、卜筮以疑众，杀。此四诛者，不以听。凡执禁以齐众，不赦过。[①]

　　有此四杀，可知中国传统社会宥于礼教，绝无求新变异、制度创新之可能，绝无科学思想、科学精神之可能，绝无思想自由、言论自由之可能，绝无法治理念、法治信仰之可能。礼所禁止的，也是法所不赦的。

　　关于礼与法的关系，一般治法律史的学者，多着眼于礼法的互相配合、互相融合的关系，以礼入法的过程。实际上，礼法关系首先应该强调的，是礼的决定作用，法的配合作用。它们之间，是一主一次的配合，一里一表的配合，决不是平等关系之间的配合。它们之间的配合，又是为了一个共同的目的，维护政治权威——王道。"礼节民心，乐和民声，政以行之，刑以防之。礼、乐、刑、政四达而不悖，则王道备矣。"[②]法的作用，只是禁暴和防奸，因此，在各种关系的配合中，它只能居于次要的地位。如果法律居于主要地位，社会就会存在严重问题。故明人吕坤说："圣明之世，情、礼、法三者不相忤也。末世情胜则夺法，法胜则夺礼。"[③]及至清末，反对变法者尚言："刑法之源本乎礼教，中外各国礼教不同，故刑法亦因

----

① 《礼记·王制》。

② 《礼记·乐记》。

③ ［明］吕坤：《呻吟语》。

之而异。"①更是一语道出了礼法关系的真谛。

在论及礼法关系时,我们还需提出一个一般不为学者所注意的现象——俗,并注意到它同礼、法之间的有些难以言说的复杂关系。所谓俗,就是在民间久已成习的风俗习惯。礼本源于俗。正因为礼来源于俗,所以礼的内容大多是得自于生活的经验,根据不同的对象有不同的说法。礼是驳杂的、淆乱的甚至相互矛盾的,只能体悟,不能深究。②俗而成礼,以礼入法,均是一个自然发展的漫长过程,俗、礼、法之间难免发生牴牾,此时社会舆论的褒贬毁誉是相当发人深思的。比如复仇,本为氏族遗留之风俗,由于得到礼的肯定,③便为历代社会舆论所同情乃至赞许。西汉以后,虽有禁止复仇的法令,但民间复仇之风竟然屡禁不绝,一般人皆以手刃仇人以祭亲人为快事,弱则暗伏以伺杀机,强则聚众攻陷城池,公开捉拿、揖杀仇人(往往是国家官吏)。这种行为常常得到社会各界——包括知识分子和司法官吏的广泛同情和赞许,并能最终得到皇帝的宽宥。④ 再如丧葬,历代法律皆规定了不

---

① 《清朝续文献通考》,卷二百四十八,刑七。

② 孔子论礼与仁的关系时说:"克己复礼为仁。一日克己复礼,天下归仁焉。"(《论语·颜渊》)又说:"人而不仁,如礼何?"(《论语·八佾》)似乎强调不礼则不仁,不仁则不礼。但他在评价管仲时,一面批评管仲是不知礼之人(《论语·八佾》),一面却又驳斥子路和子贡对管仲的非难,认为管仲是有仁德的人(《论语·宪问》)。这说明礼的评价标准是相当主观的。

③ 《礼记·曲礼上》云:"父之仇,弗与共戴天。兄弟之仇,不反兵。交游之仇,不同国。"

④ 关于复仇的详细情况及法律规定,参阅瞿同祖:《中国法律与中国社会》,中华书局1981年版,第65—85页。瞿同祖指出:"我们应注意从法律的立场来讲,杀人便应拟抵,法律上原无复仇的规定,复仇而得减免,原是法外施仁,为例外,可是一般人,尤其是读书人,却以例外为正,频加赞叹,反以例内为非,大加抨击,认为防阻教化,不足为训。这可看出礼与律之冲突,法律与人情之冲突,更可看出复仇主义之深入人心,牢不可破。"

同等级之间严格、繁缛的制度,但这些制度往往只是一纸具文,违反规定、僭越礼制之风几成普遍事实。① 个中缘由,就在于礼与法虽然规定了严格的等级制度,但孝亦为礼所大力倡行,并为朝廷尊奉,②因此,孝子僭越礼制、违背法律的行为实难为法律所追究。瞿同祖将这种虽为法律明令禁止,但在社会上却通畅无阻的怪事,归结为"生活自生活,法律自法律"的现象,③是对中国社会常态的生动描述与深刻省察,实为难得的精辟见解。于此,我们可以看出俗对礼、法的制约作用,亦可看出法律规制社会力所不逮的真实状况。

我们似乎还可从更高一个层面来看这问题。上述所言复仇与丧葬的做法,只是社会风俗的具体表现。如果对中国传统社会的风俗做一个概括,我以为,可以将它的实际内容概括为伦常的社会,它的性质则可以概括为诗文的社会或温情的社会。伦常的社会即等级的社会,我将它列为中国传统社会的第三个特征,专门予以讨论。诗文的社会是指中国社会尚诗文而非尚兵、尚武、尚力、

---

① 参阅瞿同祖:《中国法律与中国社会》,中华书局1981年版,第179—192页。同为死,但名称各异。《礼记·曲礼》云:"天子曰崩,诸侯曰薨,大夫曰卒,士曰不禄,庶人曰死。"丧葬的用器、仪式、尸的口含、明器的数量、尺寸、用料、柩饰、抬柩人数、葬的日期、碑碣、碑蚨的尺寸、形状、花样等等,无不依身分而不同。但这些禁令往往成为具文。如按律庶人丧事不得用仪仗,不得立碣。但元时丧家一般均用仪仗送殡,明清时代遗留下来的古塚,虽为庶人无不有碣。

② 《孝经》云:"夫孝,始于事亲,中于事君,终于立身。""孝子之事亲也,居则致其敬,养则致其乐,病则致其忧,丧则致其哀,祭则致其严。"《孟子·离娄上》曰:"事,孰为大,事亲为大";"仁之实,事亲是也;义之实,从兄是也;……礼之实,节文斯二者是也……"由于孝道的背后实为忠君,故《孝经》为历代统治者所尊崇,自西汉文帝始设《孝经》博士后,《孝经》成为历史上最重要的经典文献之一。

③ 瞿同祖:《中国法律与中国社会》,中华书局1981年版,第165页。

尚法。中国第一部诗歌总集《诗经》和第一部文献汇编《尚书》是历史上最受推崇的经典。① 中国语言在文学上的特殊魅力被一代一代继承下去，并发扬光大。从汉赋、晋文、唐诗、宋词、元曲以至于明、清的文学，中国传统社会在艺文上的传承和创新是最值得称道的。科举取士的主要标准亦为诗文。开口尧舜禹汤，写得一笔好字、一手好文章，是官场上相当重要的本领。这套本领既为朝廷所看重和鼓励，又在盟童时即受先生训诲，口眼相传，岂不为士子所倚重？法律、经济这样的经世致用之学，反到成了末流。这种风气至有清一代不仅没有改观，反而愈演愈烈。雍正《钦颁州县事宜》中说："每见少年州县喜恃聪明，或于无事时学书学画，讲弈讲诗，津津然自诩为能，而问之以律令，则呐呐不能出诸口。"② 足见当时社会好诗文、轻律法现象之一斑。诗文社会提倡温、良、恭、俭、让，反对穷兵黩武。卫灵公向孔子请教军事，孔子第二天就离开了他。③ 明代以前，中国是世界上最富强、最文明的国家之一，但除过个别朝代，中国从未有过征伐外族，特别是海外殖民的野心，相反，倒是屡受比自己落后的少数民族的侵扰。周幽王为犬戎所杀，

---

　① 孔子曾对学生言及《诗经》的重要性。子曰："小子何莫学夫诗？诗，可以兴，可以观，可以群，可以怨。迩之事父，远之事君；多识于鸟兽草木之名。"又谓其子伯鱼曰："女为周南、召南矣乎？人而不为周南、召南，其犹正墙面而立也与？"（《论语·阳货》）孔子读《诗经》、《尚书》时，皆使用当时的普通话："子所雅言，诗、书、执礼，皆雅言也。"（《论语·述而》）可见孔子的敬重之情。后儒率皆如此。《史通·六家》引《尚书璇玑钤》云："尚者上也，上天垂文，以布节度，如天行也。"《尚书正义》引郑玄《书赞》曰："尚者上也，尊而重之，若天书然，故曰〈尚书〉》。"

　② 《钦颁州县事宜》，"讲读律令"。

　③ 《论语·卫灵公》："卫灵公问陈于孔子。孔子对曰：'俎豆之事，则尝闻之矣；军旅之事，未之学也。'明日遂行。"《论语·颜渊》：子贡问政于孔子，"足食，足兵，民信之矣"，若"必不得已而去，于斯三者何先？"孔子毫不犹豫地回答："去兵。"

宋徽宗被金人所掳,蒙古族与满族入主中原,这样的事例为一般人所熟知。利玛窦在 16 世纪晚期进入中国,惊奇地看到这样的现象:"在这样一个几乎具有无数人口和无限幅员的国家,而各种物产又极为丰富,虽然他们有装备精良的陆军和海军,很容易征服邻近的国家,但他们的皇上和人民却从未想过要发动侵略战争。""他们宁愿做最低等的哲学家,也不愿做最高的武官。"①利玛窦所看到的明代,正是中国这种诗文社会发展的最佳阶段。诗文社会讲仁爱,是而为温情社会。在温情社会里,父慈、子孝、兄友、弟恭,老有所养,幼有所爱,在这样的社会里,法律确实不大能派得上用场。我们在孔子所极力倡导的主张中,看到的正是这样一个性质的社会。② 温情社会的最高理想,正如孔子所言,是要使"老者安之,朋友信之,少者怀之。"③此等理想也是中国传统社会的理想,要实现这样的理想,自应以诗文为上,以经史为上,以法律为贱,以法律为非。苏轼曾讥讽王安石"以聚敛为仁义,以法律为诗书",④因而有"读书万卷不读律,致君尧舜终无术"之讽,不仅代表儒家对法律的看法,也是当时社会的读书人和士大夫,包括操刑名之术的士大夫对法律的见解。

等级社会。任何社会均有基于社会地位不同而带来的等级差

---

① 利玛窦、金尼阁:《利玛窦中国札记》,何高济等译,中华书局 1983 年版,第 58—59 页。

② 这种温情,正是通过"孝"来体现的。子曰:"父母在,不远游,游必有方。""父母之年,不可不知也。一则以喜,一则以惧。"(《论语·里仁》)宰我反对为父母守孝三年,孔子感慨万端:"予之不仁也! 子生三年,然后免于父母之怀。夫三年之丧,天下之通丧也,予也有三年之爱于其父母乎?"(《论语·阳货》)

③ 《论语·公冶长》。

④ 《苏轼文集》,卷三十九。

异,但中国传统社会的观念,特别是儒家的观念,认为人类的不平等并不是后天形成的,而是先天就存在的。"天叙有典,敕我五典五惇哉! 天秩有礼,自我五礼有庸哉! 同寅协恭和衷哉! 天命有德,五服五章哉! 天讨有罪,五刑五用哉! 政事懋哉! 懋哉!"①把人间社会的不平等,看作命中注定的先天安排,从而推演为天命的观念,是一种值得细加品味的生命态度和感受。西方人认为人世间虽有不平等,但人是生而平等的,因此,应该反抗世间的不平等,追求平等、自由的理想社会。中国传统观念则认为人恰恰是生而不平等的,这种不平等的社会不仅必须承认,而且必须维持,否则必有大乱。墨家主张不分亲疏贵贱的"兼爱"社会,在儒家看来实与禽兽无异。② 社会只有维持住等级差异,才会井然有序。反过来说,一个井然有序的社会,也必是等级鲜明的社会。这个等级鲜明的社会,不独体现为每个人在政治、法律、生活上的差异,连人的举止形象,也有一望而知的差异:"天子穆穆,诸侯皇皇,大夫济济,士跄跄,庶人僬僬。"③等级社会在分工上也体现着明显的差异。有"大人之事",亦有"小人之事";小人不可以为大人之事,大人亦不可以为小人之事。"尧以不得舜为已忧,舜以不得禹、皋陶为已忧。夫以百亩之不易为已忧者,农夫也。"④各个阶层的人,自应各

---

① 《尚书·皋陶谟》。顾颉刚考《皋陶谟》为战国到秦汉间后儒的伪作(《古史辨》第一册,第201—202页),主要根据就是这些话"人治"观念很重。

② 《孟子·滕文公上》:"人之有道也,饱食、暖衣、逸居而无教,则近于禽兽。"杨伯峻先生将此句中的"教"译为"教育",颇可商榷。我认为结合本篇讨论的问题和上下文,此句中的"教"应解为"父义、母慈、兄友、弟恭、子孝"的五常之教或"君臣、父子、夫妇、长幼、朋友"的五品之教。

③ 《礼记·曲礼下》。

④ 《孟子·滕文公上》。

司其职,如果贵为贱业,贱为贵业,必将天下大乱。

　　等级社会的核心是伦常。齐景公与孔子的一段对话,最能体现和揭示中国传统社会的这一特征。齐景公问政于孔子,孔子对曰:"君君,臣臣,父父,子子。"齐景公曰:"善哉! 信如君不君,臣不臣,父不父,子不子,虽有粟,吾得而食诸?"①这是一段相当直率、观点异常鲜明的对话,将伦常作为中国传统社会的基本制度、中国传统政治的最高目标及其道理表露无遗。社会在等级方面的表现虽然无处不在,体现在各个方面,但以君臣、父子、夫妇、兄弟、朋友这五伦最为重要,它们是各种社会关系的总代表。五伦之中,又以君臣、父子、夫妇这三纲最为重要。作为伦常,君臣关系本是从父子和夫妇关系中推出的,但却具备了比父子和夫妇关系更为重要的地位,这种观念的演化,也是中国传统社会一个比较重要的特征。

　　等级社会与礼的关系,不可不辨。礼的核心是等级制度,礼所要全力维护的,正是"君君,臣臣,父父,子子"这样的等级社会。"礼不下庶人",并非庶人无礼,而是各个等级阶层都需遵循自己的礼,不得僭越。"礼,不王不禘。"②"禘"是天子之礼,鲁国国君僭用,所以孔子从第一次献完酒后就不想再看。③ "八佾"也是天子之礼,季氏僭用,孔子愤怒地问:"八佾舞于庭,是可忍也,孰不可忍也?"④"树塞门"、"反坫"是国君之礼,管仲僭用,孔子嘲讽地问:

---

①　《论语·颜渊》。
②　《礼记·大传》。
③　《论语·八佾》。
④　同上书。

"管氏而知礼,孰不知礼?"①这样的"礼",自然是不下庶人的。但庶人也有庶人之礼。"谋于长者,必操几杖以从之",长者问,则应"辞让而对",是幼长之礼。②"冬温而夏清,昏定而晨省,在醜夷不争",是人子之礼。③"见父之执,不谓之进不敢进,不谓之退不敢退,不问不敢对",是孝子之礼。④礼及其所维护的等级制度,不仅表现在政治制度、社会制度上,它实已渗透、融入庶民百姓的日常生活之中,成为人们每日践行的主要生活内容了。

等级制度作为礼的核心内容,它的重要地位是不容动摇的。商不因于夏礼,周亦不因于商礼,但那都是礼的形式随社会的变迁而发生的变化,礼所维护等级制度的实质则是不容更易的。故孔子曰:"麻冕,礼也;今也纯,俭,吾从众。拜下,礼也;今拜乎上,泰也。虽违众,吾从下。"⑤节俭是一种美德,用丝料代替麻料织礼帽,孔子可以随俗随众;但臣见君若免除堂下磕头的礼节,则是居傲的表现。居傲有违等级制,孔子宁愿违众,也不愿改这个礼。

等级社会的法律,自然以维护等级制度为它的主要功能和内容。"明于五刑,以弼五教。"⑥任用五刑的目的,正是为了维护君臣、父子、夫妇、兄弟、朋友这五伦之教。法律对待不同等级的人,差异极为明显。这种差异,自封建解体以后有愈加分明之势。君

---

① 《论语·八佾》。
② 《礼记·曲礼上》。
③ 同上书。
④ 同上书。
⑤ 《论语·子罕》。
⑥ 《尚书·大禹谟》。

要臣死,臣不得不死,而且往往慷慨赴死,原是忠孝节义的道德伦常要求,较之法律的外在强制自又深入一层,但君可以不循法律的规定而处死臣子,甚至不必讲什么道理,则是一个颇为有趣的现象。原来,在我们的传统社会中,君主始终是站在法律之外,不受法律约束的,更不用说受法律制裁了。君主之外,相对于庶人而言,也是"刑不上大夫"的。① 法律更制定了种种限制,以保护等级特权,最为著名的,便是"八议"和"官当"。"八议"之条,著于《周官》,原为"八辟"。《周礼》云:"八辟丽邦法。"以后代有相传,皆入律。"《周礼》以八辟丽邦法,附刑罚,即八议也。自魏、晋、宋、齐、梁、陈、后魏、北齐、后周及隋皆载于律。"② 唐代,即使犯死罪也应先议。③ 明清两代,八议者犯罪,须先将所犯事实实封奏闻取旨,奉旨推问,才许拘问,若奉旨免究,便作罢论。④ 在追究犯罪上,本来已有八议之优免;在刑罚执行上,尚有以官当刑之优免。唐、宋法律,不论公罪、私罪,均可以官抵刑。⑤ 国家中君臣之间和贵族与平民之间在法律上赤裸裸的公然不平等,是建立在以家族主义为中心的社会基础之上的。中国的家族是严格以父权为中心划分

---

① 《礼记·曲礼上》:"礼不下庶人,刑不上大夫。"我们已经讨论过,"礼不下庶人",并非庶人无礼。"刑不上大夫",也并非所有的刑都不上大夫,而是墨、劓、剕、宫、大辟这五刑不上大夫。

② 《唐六典》。

③ 《唐律》,《名例》:"诸八议者,犯死罪,皆条所坐及应议之状,先奏请议,议定奏裁。"

④ 《明律例》一,《名例》上,"应议者犯罪";《清律例》四,《名例律》上,"应议者犯罪"。

⑤ 《唐律》,《名例》,"官当":"诸犯私罪,以官当徒者,五品以上,一官当徒二年;九品以上,一官当徒一年。若犯公罪者,以官当流者,三流同比徒四年。"《宋刑统》,"以官当徒除名免官免所居官。"

的,父亲在家庭中的地位,乃是君主在国家中地位的原始形态。封建解体以后,父亲虽然原则上已没有随意处死子女的权力,但他们仍然拥有随意朴责子女的权力;子女如有违反教令的不孝行为,他可以将子女请官处罚;如果杀死子女,可以以律蠲免。整个家族又是一个基层的司法单位,家族中的家法往往最能获得乡民的心理认可,因为在一个以地缘和血族为纽带的社会中,受到家法的惩治意味着被整个家族所唾弃。族长拥有从调解纠纷争端到处死族内成员的大权,这样的权力,构成国家权力的基础,所以为国家法律所承认。①

道德社会。提倡道德本为一国文明程度之体现,只应有其积极方面的意义,且人类社会的基本美德被国家倡导,当为通例。但将道德视为解决一切问题的万应妙药,相信道德在治理国家上的根本力量,寄希望于以德化人,轻忽其他管理方法,则是中国传统社会的特征。② 正如中国社会尚诗文而非尚力、尚法一样,中国社会亦为尚德而不尚力、尚法的社会。子曰:"骥不称其力,称其德也。"③千里马之为千里马,并不在于它的有力善行,而在于它的品德高尚,这真是相当奇特的观点,这观点实包含着儒家对社会历史的独特理解。

在儒家看来,道德领域的核心问题,可以归结为一个字——

① 关于家族问题的详细讨论,请参阅瞿同祖:《中国法律与中国社会》,中华书局1981年版,第一章。

② 需要说明的是,我所讨论的中国传统社会的情形,不言而喻均是指社会的主要方面和主流观点(往往是儒家的),并不包括社会的所有情形和观点。例如法家就极力反对道德的教化作用,主张严刑峻法,所以法家的主张一直被中国主流社会视为"寡恩少义"。

③ 《论语·宪问》。

仁。仁正是区分人性的根本标准,亦是治理国家的根本准则,行仁政便能使国家收长治久安之效,使天下人心归顺。尧舜之所以被尊为"圣人",使天下人心归顺,就是由于他们行仁政的结果。史书称赞帝尧:"其仁如天,其知如神。就之如日,望之如云。富而不骄,贵而不舒。黄收纯衣,彤车乘白马,能明驯德,以亲九族。九族既睦,便章百姓。百姓昭明,合和万国。"①说的就是这个意思。舜二十岁以孝闻名,三十岁就被大家推荐,得到认可。尧仍不放心,嫁二女以观其内,使九男以观其外,都是对舜道德方面的考察。"舜耕历山,历山之人皆让畔;渔雷泽,雷泽上人皆让居,陶河滨,河滨器皆不苦窳。一年而所居成聚,二年成邑,三年成都。尧乃赐舜絺衣,与琴,为筑仓廪,予牛羊。"②稍后的汤、武也是行仁政的楷模。只有道德教化才能深入人心,弥久而远,从而长治久安;法令规章必致寡恩少义,人心怨毒,从而亡在旦夕。历史经验、社会演变的规律无不说明了这一点。故贾谊曰:

> 秦王之欲尊宗庙而安子孙与汤、武同,然而汤、武广大其德行,六七百岁而弗失,秦王治天下十余岁,则大败,……汤武置天下于仁义礼乐,而德泽洽禽兽,草木广裕,德被蛮貊四夷,累子孙数十世,此天下之所共闻也。秦王置天下于法令刑罚,德泽亡一有,而怨毒盈于世,下憎恶之如仇雠,祸几及身,子孙诛绝,此天下之所共见也……或言礼谊之不如法令,教化之不如刑罚,人主胡不引殷、周、秦事以观之也。③

---

① 《史记·五帝本记》。
② 同上书。
③ 《汉书》卷四八,《贾谊传》,上文帝疏。

孟子素以仁劝谏各国君主,在他看来,社会变迁、国家兴亡、个人生命全系于此:

> 三代之得天下也以仁,其失天下也以不仁。国之所以废与存亡者亦然。天子不仁,不保四海;诸侯不仁,不保社稷;卿大夫不仁,不保宗庙;士庶人不仁,不保四体。今恶死亡而乐不仁,是犹恶醉而强酒。[1]

道德力量既然如此强大,君主亦经常被施以道德上的训导与劝戒。武王既殁,辅政老臣伊尹训导太甲曰:"尔惟德罔小,万邦惟庆;尔惟不德罔大,坠厥宗。"[2]孟子劝梁惠王行仁政,说得更加明白:

> 王如施仁政于民,省刑罚,薄税敛,深耕易耨;壮者以暇日修其孝悌忠信,入以事其父兄,出以事其长上,可使制梃以挞秦楚之坚甲利兵矣。[3]

儒家深信道德教化的力量可以解决根本问题,可以解决一切问题。行仁政,棍棒可以抵御坚甲利兵。提倡道德教化,可使猛虎渡河,蝗虫避境,人断无不能感化之理。黄巾起义,有一位

---

[1] 《孟子·离娄上》。

[2] 《尚书·伊训》。《伊训》虽为伪《孔传古文尚书》,但反映的德治思想正是儒家思想。

[3] 《孟子·梁惠王上》。

叫向栩的人，主张不必出兵镇压，"但遣将于河上，北向读《孝经》，贼自当消灭。"①法律上的纠纷，也是以道德教化为最高准则，按律处置为次。王渐著《孝经义》，"凡乡里有斗讼，渐即诣门高声诵《义》一卷，人为惭谢。"②羊元"凶恶不孝"，其母找仇览诉苦，仇览即与羊元《孝经》一卷，使诵读之。元深改悔，到母床下谢罪。于是，元遂修孝道，后成佳士也。"③因此，道德居于治理国家的核心地位。子曰："为政以德，譬如北辰居其所而众星共之。"④法律只管行为，而道德则能收疗心之效。"道之以政，齐之以刑，民免而无耻；道之以德，齐之以礼，有耻且格。"⑤即使依律处置，刑罚的适用也需处处考虑道德、伦理的作用，以维护、巩固它们在社会和人们心目中的重要地位。"凡听五刑之讼，必原父子之亲，立君臣之义，以权之；意论轻重之序，慎测浅深之量以别之；悉听聪明，致其忠爱，以尽之。"⑥汉儒董仲舒以《春秋》决狱，更确定了德主刑辅、以刑辅教的治国思想和执法思想。此种以德治国、德主刑辅、以刑辅教的思想，上承西周，下迄唐、宋、明、清，⑦对中国传统社会治国观念和执法思想的影响，是相当深远的。

---

①　《后汉书·独行列传》。

②　《孝经集灵》。

③　《后汉书·仇览传》注引《谢承书》。

④　《论语·为政》。

⑤　同上书。

⑥　《礼记·王制》。

⑦　《尚书·康诰》："惟乃丕显考文王，克明德慎罚，不敢侮鳏寡，庸庸，祗祗，威威，显民。"《唐律疏义》，卷第一，"名例"："德礼为政教之本，刑罚为政教之用，犹昏晓阳秋相须而成者也。"《清圣祖实录》，卷一二六，载康熙"力行教化，……终思尚德缓刑，乃为至治之极轨。"

乡土社会。所谓乡土社会,是指中国文化自始至终建立在农业文明的基础之上,中国社会的性质,是乡土性的或与乡土有紧密的联系。①　相传神农氏因教民农耕,故号曰神农。中华始祖黄帝,"时播百谷草木,淳化鸟兽虫蛾,旁罗日月星辰水波土石金玉,劳动心力耳目,节用水火材物。有土德之瑞,故号黄帝。"②后稷也是因教民农耕,天下得其利,被尧举为农师,③为后人所怀念。禹即位后,根据全国的地理状况,划分九州并确定了各自应当承担的贡税。④《诗经·豳风·七月》形象地描述了西周时代一年四季的农业生产和生活情况:

> 九月筑场圃,十月纳禾稼,黍稷重穆,禾麻菽麦,嗟我农夫!我稼既同,上入执宫功。画尔于茅,宵尔索绹,亟其乘屋,其始播百谷。⑤

农业生产以及与农业生产有关的活动,当是中国传统社会的主要生产与生活型态。自神农氏而迄于清,未有变化。对农业的重视和土地的崇敬,已成为传统文化中最重要的内容。天子亲耕,后妃亲蚕,几乎每朝每代,都有重农抑商的诏令和劝民归农的奏

---

①　参阅费孝通:《乡土中国》,北京大学出版社1998年版。

②　《史记·五帝本记》。

③　《史记·周本记》。

④　《尚书·禹贡》载:"禹敷土,随山刊木,奠高山大川。"并记载了划分九州和确定贡赋的详细情况。《文献通考》,卷一,《田赋考一》记载了当时的耕地情况:"九州之地定垦者九百一十万八千二十顷。"

⑤　《诗经·豳风·七月》。豳地尚农,故《汉书·地理志》曰:"其民有先王遗风,好稼穑,务本业,故豳诗言农桑衣食之本甚备。"《诗经》中描写农业生产的诗很多,比较著名的还有:《甫田》、《大田》、《思文》、《臣工》、《丰田》等。

疏。① 在这样一个以农业生产为主要生产类型，以农业人口为主要社会人口，以农业区域为主要生活区域的国家里，加上重农抑商的政策和家族主义的传统生活习惯，绝大多数人口似乎被牢固地束缚在土地上了。

与这种乡土性质的社会紧密相关的，有依次几个值得注意的问题。

第一是乡土社会所产生的"公"的观念和意识。似乎很难理解，在一个小农经济的社会里，何以产生"公"的观念和意识。这可能恰恰和乡土社会的人口构成有直接关系。社会经济史学家魏特夫（Wittvogel）称中国为"二千年官吏与农民的国家"，②无非道出了中国社会历史上的这样一个现实：中国历史上没有产生出这两个阶层以外的第三个阶层。特别是没有产生出商业阶层，使得社会无由产生商业利益观念和为商业利益而结盟的私利集团。由官吏和农民构成的国家只能产生出"小私"和"大公"这两个极端的观念。而在"大公"观念的压迫下，"小私"观念也是无立足之地的。以公去私，公而无私，实是乡土社会产生的重大社会观念和意识。故大同社会的理想，便是天下为公的理想。

第二是乡土社会所产生的无神观念。乡土社会中的人被牢固地束缚在土地之上，常年过着"日出而做，日落而息"的生活，土地的负担太过沉重，使得人们很难把眼光从土地上移开。熟悉的生

---

① 最著名者，当为晁错之"贵粟论"。面对商人兼并农人的状况，晁错感慨道："今法律贱商人，商人已富贵矣；尊农夫，农夫已贫贱矣；故俗之所贵，主之所贱也；吏之所卑，法之所尊也。""是故明君贵五谷而贱金玉。"（《汉书·食货志》）晁错的感慨，是生于乡土社会士大夫真实感情的流露。

② 转引自王亚南：《中国官僚政治研究》，中国社会科学出版社1981年版，第39页。

活所繁衍出的一套礼节早已程式化,一代代承袭下来的乡民变得麻木迟钝,"对于切身生活之外都漠然没有兴趣。"①很难想象,在乡土社会的氛围中会产生我们介绍过的西方对宇宙问题持久关怀与思考而形成的超验宗教。在经历人类社会早期的神权崇拜之后,乡土社会很快便形成了以儒家为代表的近人事、远鬼神的思想传统。"子不语怪,力,乱,神",②显然,怪、力、乱、神与乡土社会的性质不容。乡土社会首先考虑的是现实生活,所以,当子路问孔子何以事鬼神,孔子便说:"未能事人,焉能事鬼?"③又说:"未知生,焉知死?"④孔子对鬼神采取的是一推了之的态度。东汉的王充和南北朝时的范缜则明确提出过无神论的思想。无神论对于中国人世界观和思维方式有很深刻的影响。

第三是乡土社会的重土安迁观念。乡土社会是一个很少流动和变动的社会。老子曰:"小国寡民,使有什伯之器而不用,使民重死而不远徙。虽有舟舆,无所乘之;虽有甲兵,无所陈之。使人复结绳而用之,甘其食,美其服,安其居,乐其俗。邻国相望,鸡犬之声相闻,民至老死不相往来。"⑤老子所描述的小国寡民的社会,正是乡土社会的情景。费孝通说乡土社会的农民聚村而居,乡土社会的生活富于地方性,是一个"熟悉的社会",没有陌生人的社会,"在一个熟悉的社会中,我们会得到从心所欲而不逾规矩的自由。这和法律所保障的自由不同。"⑥费氏对乡土社会特点和本质的理

---

① 费孝通:《乡土中国》,北京大学出版社 1998 年版,第 47 页。
② 《论语·述而》。
③ 《论语·先进》。
④ 同上书。
⑤ 《老子》,第八十章。
⑥ 费孝通:《乡土中国》,北京大学出版社 1998 年版,第 6—11 页。

解是相当深刻和准确的。

所以,乡土社会可以是而且必然是礼俗社会、道德社会、诗文社会,但一定不会是法律社会。费孝通说:"在乡土社会中法律是无从发生的",①大致不差。所谓大致不差,是说这句话中的法律只能理解为现代法律,即西方意义上的法律,这种法律乡土社会是没有的。但乡土社会并非没有法律。乡土社会的法律,必定是符合乡土社会性质的法律。乡土社会以家族主义为中心,法律便以维护家族主义为宗旨。历代法律都规定了大量旨在维护家族主义的条款内容,对犯罪行为的惩处往往不是依据犯罪情节的轻重,而是根据两造之间亲疏、尊卑、长幼的关系来确定的。除此之外,法律还对乡土社会所产生的一些本与法律相违拗的特殊的道德原则予以确认。容隐即为一例。孔子曰:"父为子隐,子为父隐,直在其中矣。"②汉律本孔子所言,亲亲为隐,宣帝夏五月特下诏曰:"父子之亲,夫妇之道,天性也,虽有祸患犹蒙死而存之,诚爱结于心,仁厚之至也,岂能违之哉!自今子首匿父母,妻匿夫,孙匿大父母,皆勿坐;其父母匿子,夫匿妻,大父母匿孙,罪殊死,皆上请廷尉以闻。"③唐承汉律及孔子所言,规定"诸同居,若大功以上亲及外祖父母、外孙,若孙之妇、夫之兄弟及兄弟妻,有罪相为隐"④。明清律例将容隐的范围扩大至妻亲、岳父母和女婿。⑤ 历代多有以容隐为名奏请和断狱的。晋时卫展上书曰:"设子孙犯事,将考祖父

---

① 费孝通:《乡土中国》,北京大学出版社1998年版,第10页。
② 《论语·子路》。
③ 《汉书·宣帝记八》。
④ 《唐律·同居相为隐》。
⑤ 《明律例·亲属相为容隐》,《清律例·亲属相为容隐》。

逃亡,逃亡是子孙,而父祖婴其酷,伤顺破教,如此者众。相隐之道离,则君臣之义废;君臣之义废,则犯上之奸生矣。"①隋时景慈因证其母罪,被法官虞僧虬"流于交州"。②宋时蔡廓为侍中后,上书"以为鞫狱不宜令子孙下辞明言父祖之罪。亏教伤情,莫此为大。自今家人与囚相见,无乞鞫之诉,便足以明伏罪,不须责家人下辞。"为朝廷所允从。③ 孔子之言,本是维护家族制度的道德伦理原则。国家制定法律的目的,是要惩罚犯罪,自应鼓励告发举证。但在两相违拗的情形下,国家宁愿屈法以从,甚至用法律来维护这种原则。我们似乎可以认为,乡土社会所产生的法律,与西方法治社会所产生的法律,名虽同而实则异。

在我看来,我们所讨论的上述五个社会文化条件——史官文化、礼俗文化、等级社会、道德社会以及乡土社会,正是决定和维系中国社会历史特质的五个主要文化要素,它们相互关联,相互渗透,相互影响,乃至融为一体,代表着中国传统文化的真精神,决定着中国传统法律的性质和内容。因此,不了解中国传统法律的社会文化条件,不从整个社会历史文化的层面入手讨论法律问题,就很难谈得上对传统法律的理解。比如,很难理解儒家"无讼"的社会理想和"善人为邦百年,亦可以胜残去杀"④的道德理想及其对法律活动的实际影响,也很难理解"刑为盛世所不能废,而亦盛世所不尚"⑤的治世思想,而且,很可能因忽视或无法理解中国社会

---

① 《晋书·刑法志》。
② 《隋书·刑法志》。
③ 《宋书·蔡廓传》。
④ 《论语·子路》。
⑤ 《四库全书总目》,政书类法令目按语。

文化条件加诸于法律之上的决定性和限制性力量，从而也无法理解中国法律的现代化是在一种什么样的历史背景和文化基础上展开的。

五、法治：理想与现实

如果我们以法治作为理想的法律和追求目标，那么，对于中国社会和中国人来说，特别具有现实意义的是，法治所需要的社会文化条件及其法律秩序能够建构出来吗？或者说，我们能够通过理性的设计和改革方案，将法治理想的蓝图转变为法律现实吗？

依据对人的认识能力和对社会发展的不同看法，哈耶克从理性主义角度区分了两种不同的关于社会制度型构的观念。一种是"进化论的理性主义"（evolutionary rationalism），一种是"建构论的唯理主义"（constructivist rationalism）。建构论的唯理主义是以笛卡尔的唯理主义为基础的，由于理性被笛卡尔界定为根据明确的前提所作的逻辑演绎，所以理性的行动也就仅仅意指那些完全由已知且可证明为真的东西所决定的行动。根据这种立场，人仅凭理性就能够重构社会。这种观念相信人类在实现自己的愿望方面拥有无限的力量，相信只要人类制度是为了实现人的目的而刻意设计出来的，制度就会有助于人的目的的实现，制度的存在也恰恰证明它是为实现某个目的而被创造出来的。这种观点主张，人们应当重新设计社会及其制度，从而使人类的所有行动完全受已知目的的指导。这种观念以下信念为基础：所有有助益的制度都是人之设计的产物，而只有这样的设计才会使或者才能够使这些制度有助益于我们的目的的实现。① 正如我们所知,建构论的唯理主义观念在国家理论和经济理论方面最具代表性的人物是卢梭和凯恩斯,伏尔泰的一句名言则代表了这一观念对法律变迁的明确看法:"如果你想要好的法律,那么就烧掉你现有的法律,并去制定新的法律"。②

在哈耶克看来,建构论的唯理主义关于未来社会的构想是完全错误的。因为这一"完全的行动理性",要求行动者对所有相关的事实拥有完全的知识,对未来进展的每一个细节和环节都能有所预料,而这事实上是不可能的。在一个"大社会"(Great Society)或"开放社会"(Open Society)中,千百万人都在发生互动,这就决定了每个人只能拥有所有社会成员所掌握的知识中的一小部分,而对于社会运行所依凭的大多数事实,对于大多数决定各个社会成员的特定事实,必然处于一种"无从救济的无知"之中。建构论的唯理主义完全看不见这些他们所不知道的事实,他们的计划徒具表面上的明确性。③

哈耶克认为,现代社会进行刻意变革的主要工具乃是立法。"但是,无论我们事先对每一单独的立法法案考虑得多么周全,我们都绝不可能随心所欲地对整个法律系统(legal system as a whole)进行全面的重新设计,或者说,我们绝不可能依照一个自恰一致的设计方案对它做一番彻头彻尾的改造。……即使对于整

---

① ［英］弗里德利希·冯·哈耶克:《法律、立法与自由》,第一卷,邓正来等译,中国大百科全书出版社 2000 年版,第 2—5 页。

② 伏尔泰:《哲学辞典》,"法律篇",上引哈耶克书,第 26 页。

③ ［英］弗里德利希·冯·哈耶克:《法律、立法与自由》,第一卷,邓正来等译,中国大百科全书出版社 2000 年版,第 8—12 页。

体秩序中的一部分（如法律系统）来说，人们也无力证明他们有可能对它做出全面的刻意设计。"①在这一过程中，单个的法律人(lawyer)，无论他是立法者还是法官，他的一般观念框架是给定的，他的任务就是适用一般性的法律原则。

他给自己的研究下了一个最终结论：

> 我们所习得的经验已经足以使我们认识到了这样一个道理，即对于任何想通过把个人互动的自生自发过程置于权力机构控制之下的方式扼杀这种自生自发的过程并摧毁我们的文明的做法，我们都必须予以坚决的制止。但是需要强调指出的是，为了不使我们的文明蒙遭摧毁，我们就必须丢掉这样一种幻想，即我们能够经由刻意的设计而"创造人类的未来"，……以上所述便是我经由四十年的研究而达致的最终结论。……②

运用哈耶克的理论来分析中国近代社会转型及其法律现代化的过程，我们会有一些独特和深刻的体验。如果将法律秩序作为一个整体来看待，那么决定它的性质的社会文化条件，特别是我们在上一节中讨论过的那五个社会文化条件，正是决定法律的那只"看不见的手"。其实，中国近百年的社会转型尚未完成，正在于在原有社会之上经由组织者不断构建出了一个建立在社会之上的新的秩序和规则，而此一秩序与规则却未能与社会真实的生活自恰

---

① ［英]弗里德利希·冯·哈耶克：《法律、立法与自由》，第一卷，邓正来等译，中国大百科全书出版社 2000 年版，第 100—101 页。

② 同上书，第二、三卷，第 492 页。

一致。在法律秩序与规则中,一种是经由立法机关在理性基础上刻意创制出来的理想的法律,另一种则是建立在礼俗和经验基础上的现实的"法律"。立法机关所制定的法律与现实社会之间的巨大反差,需要经由法律适用这一过程将理想的法律转化为现实的法律。如果这一反差是不容调和的,那么我们通常看到的不是立法机关的法律改变了社会现实,而恰恰是社会现实决定了立法机关制定法律的效力。制定法如果仅仅驾临于社会生活之上,而不能深嵌于社会生活之中与礼俗合榫,就不会得到人们的悉心遵守。

因此,我们必须彻底放弃那些不顾社会现实而刻意建构理想法律秩序的做法,哪怕这些做法是出于某些良善的愿望和动机。我之所以用大量篇幅详细讨论产生法治的社会文化条件及其中国法律的社会文化条件,正是为了解释这样一个极其素朴而深刻的洞见:法治非建构之物。法治之不可建构,正在于产生法治的社会文化条件是不可建构的,除非我们能够把产生法治的主要社会文化条件都建构出来,并且把中国法律所依赖的社会文化条件置换为那些滋养法治的社会文化条件,而此种努力已被人类文化史证明是根本不可能的。我曾经赞成抛弃国故和全面引进、移植西方法治文明的做法,但当我对中西社会文化有了全面地、整体地认识,当我将法律作为经验之物,对法律在社会生活中的实际状态有了更加深厚和独特的体验之后,经由审慎思考,我最终所得出的结论是:那种西方意义上的法治在中国是无从发生,也是不可能实现的。

1911 年以后,中国的社会性质和社会形态发生了根本性的变化。如果仅从一般社会学的立场看,我们所讨论过的传统社会——特别是制度层面的东西——也即它的"形",已经不复存在了。从文化的立场看,当初居于主导地位、支配地位的意识形态也已经从国家制度层面消退了。西方文明输入以来,中国社会从器物、制度到观念在20世纪不足一百年的时间内变化是如此巨大,以致我们可以假设:倘若一个秦汉时代的人来到20世纪初的中国,他一定会觉得这是一个他所"熟悉的社会",他很快就会适应这个社会;但如果他来到20世纪末的中国,他可能感觉来到了另外一个世界,一切都是他所不熟悉的、没有听说过的。这种翻天覆地的变化似乎给了我们一种感觉,中国社会几千年来酝酿生成的传统文化业已"死"去,至少对现代人来说已变得非常陌生,我们正处于前所未有的现代化潮流之中,势不可挡。

事情果真如此吗?以法律的情形而论,我们已经建立起了现代的法律制度,"依法治国"成为治国的基本方略,公民的法治观念发生了很大的变化,过去那种"无讼"和"耻于言讼"的观念甚至走到了另外一个极端。从理性主义观念看,应该说,法律现代化的基本内容至此大体都已具备。但如果我们转而从经验主义观念看问题,将法律作为我们生活的一部分内容,作为我们的生活经验来理解和看待,我们便发现了与理性主义眼光大异其趣之处:那些决定中国传统法律的社会文化条件,就隐而不彰地潜藏在我们周围,它们操纵着、牵制着那些外在的社会秩序和法律规则,并且决定它们的性质。如同一个人,他的"皮"和"肉"已经被改变了,但他的"骨骼"、"血脉",特别是他的"精神",却仍然没有改变。因此,并不是建立起了现代的法律制度,具备了现代的法律知识和法律意识,法律现代化就能实现。法律现代化如同其他任何形式的现代化一样,不能单独实现,它们都需要与之相适应的社会文化条件的支持。

第八章 转型期的中国社会与法律

> ……你们开始得很糟糕，因为你们是以鄙视属于你们的一切事物而开始的。……尊敬你们的前人，你们也就学会了尊敬你们自己。
>
> 柏克(Edmund Burke)

一、挑战与回应

历史学家汤因比(Arnold J. Toynbee)曾将人类文明的起源解释为"挑战和应战"模式。在他所列举的主要文明类型中，包括中国文明在内的每一个文明都起源于自然环境的挑战和人类的全力应战。神话为"挑战和应战"模式解释人类文明的起源提供了相当丰富的线索。在《圣经》的《创世记》、《约伯记》和歌德的《浮士德》一剧中，人类作为主角(可以是上帝、约伯、浮士德或者亚当和夏娃)总要接受来自魔鬼的挑战，这种外来因素的侵入被看作是刺激人类最大创造性变化的动力，而人类只有在经受异常痛苦的考验和磨难之后，才有可能——也许不可能——追求到一种新的完满境界。①

在《创世记》中，引诱人类始祖亚当和夏娃犯下"第一个罪"的
"魔鬼"是那条狡猾的蛇：

> 耶和华上帝所造的，惟有蛇比田野一切的活物更狡猾。
> 蛇对女人说："上帝岂是真说不许你们吃园中所有树上的果子
> 吗?"女人对蛇说："园中树上的果子我们可以吃,惟有园当中
> 那棵树上的果子,上帝曾说:'你们不可吃,也不可摸,免得你
> 们死。'"蛇对女人说:"你们不一定死;因为上帝知道,你们吃
> 的日子眼睛就明亮了,你们便如上帝能知道善恶。"于是女人
> 见那棵树的果子好作食物,也悦人的眼目,且是可喜爱的,能
> 使人有智慧,就摘下果子来吃了,又给她丈夫,她丈夫也吃了。
> 他们二人的眼睛就明亮了,才知道自己是赤身露体,便拿无花
> 果的叶子为自己编做裙子。②

这则神话寓言的象征意义在于,人类因经不起引诱吃了智慧
之树的果子而造成的堕落,象征着接受了挑战,放弃了已经取得的
完美境界而甘心于尝试一种新的变化。

1582 年,当意大利传教士利玛窦(Mathew Ricci)携带着世界
地图和三棱镜由澳门登上中国的国土时,或许他自己也不曾意识
到,此举实际上意味着西方文明对古老的中华帝国的最早挑战。

---

① ［英］汤因比:《历史研究》上,曹未风等译,上海人民出版社 1997 年版,第 74—
98 页。

② 《旧约全书·创世记》。

尽管他的前辈马可波罗已先他三百年到华,但那时的中国无论在科学技术还是文化上都使西方人称羡不已。而利玛窦此番来华,虽仍对中国幅员辽阔、物产丰富以及中国人的勤劳、智慧给予高度评价外,他已敏锐地发现,这个古老的帝国在政治、知识以及观念方面存在着诸多落后因素。利玛窦来华,实已具有较为明显的文化侵入性质。因此,我将利玛窦来华至鸦片战争这段历史,作为西方文明对中国传统社会文化的第一个挑战阶段。

这一阶段,虽有徐光启的皈依基督教,其后的汤若望以及更多的传教士来华和渐为频繁的海上贸易,特别是鸦片战争前夕,一些具有忧患意识的士大夫已着手组织翻译和介绍反映西方科学技术及各种知识的书籍,并大声吁请来自清王朝内部的"改革"和"变法",但总的来说,西方文明在这一阶段并未构成对中国传统社会文化富有威胁性的挑战。从鸦片战争前一年林则徐奉道光皇帝旨意照会英国国王的一段公文中,我们仍可清楚地看到帝国以天朝自居、柔远夷邦的倨傲心态:

　　　　为照会事。

　　　　洪惟我大皇帝抚绥中外,一视同仁,利则与天下公之,害则为天下去之,盖以天地之心为心也。

　　　　贵国王累世相传,皆称恭顺,观历次进贡表文,云:"凡本国人到中国贸易,均蒙大皇帝一体公平恩待"等语。窃喜贵国王深明大义,感激天恩,是以天朝柔远绥怀,倍加优礼,贸易之利垂二百年,该国所由以富庶称者,赖有此也。①

---

　　①　林则徐:《林文忠公政书》,《拟颁发檄谕英国国王稿》。

我们可以将此时帝国的心态解释为一个古老的东方大国的国门尚未被西方列强的炮舰打开,美梦仍在继续,亦可将其解释为僵化的官僚体制对外界激变缺乏足够灵活应变的能力。总之,鸦片战争前,尽管巨变已在旦夕,我们看到,上至统治者的制度、观念、政策,下至黎民百姓的生活状况,仍一如从前,未受影响。费正清正确评价道:

> 到 19 世纪三四十年代,当欧洲人正要以新的压倒一切的活力对外扩张时,西方与北京之间的接触不比 17 世纪更多。作为中国帝国传统继承者的清代统治者完善了他们的国内控制制度,⋯⋯中国人的生活方式仍然基本上不受干扰。[①]

从 1840 年鸦片战争到 1898 年戊戌变法,乃是西方文明向古老的中华帝国发起全面的、大规模挑战的阶段。帝国不仅要应对来自外部势力的各种挑战,还要全力对付来自内部的此起彼伏的反叛势力。这半个多世纪的历史,可谓错综复杂,矛盾重重。

这一时期,来自西方列强的挑战首先表现为帝国一系列对外战争的惨败和割地赔款条约的签订。1840 年至 1842 年的中英鸦片战争,1857 年至 1860 年中国和英法联军之战,1881 年的中俄战争,1883 年至 1885 年的中法之战,1894 年 1895 年的甲午中日战争,这五次战争均以清政府的失败和割地赔款条约的签订而告终。

---

① ［美］费正清、赖肖尔:《中国:传统与变革》,陈仲丹等译,江苏人民出版社 1996 年版,第 258 页。

随着每一次战争的失利和国内激愤的上升,昔日帝国的天朝心态渐已不复存在,国内各种势力和思潮则呈此消彼长之势。

来自西方文明的挑战绝不仅仅是战争所造成的双方军事势力的悬殊,它是一场全面的挑战,背后隐藏着更为深刻的变革力量。西方传教士纷纷来华,中西贸易进一步扩大,买办、银行家和企业家阶层开始形成,通商口岸发展为近代城市,日益需要外部的科学技术,总之,当整个世界形成以科学技术为先导的现代化浪潮之时,19世纪晚期的中国也被逐渐裹挟而进,尽管步伐十分缓慢。

面对西方文明的挑战,来自帝国内部的回应是复杂的,它时而强硬,时而柔媚,时而中庸,反应了各种势力的盛衰、新旧观念的碰撞以及局面的复杂。大体而言,受一系列战败屈辱的刺激和对西方列强先进器物的认识,这一阶段的主要反应乃是由"师夷"、"制夷"的观念发展为以洋务运动为核心的"自强"实践。在知识上,则由早期的"西学中源"说演变为"中体西用"说。此一阶段,传统的政治制度、法律制度尚未受到根本冲击。

但是,至1898年戊戌变法,一场根本性的巨大变革终于不可避免地要来临了。这场根本性巨变的潜在原因,可以用西方两位远东国际史专家的描述来解释:

> 在世界历史上,没有一个拥有中国十分之一的领土和人口的国家,曾经遭到过中国1897年11月到1898年5月这六个月中所遭到的那样一连串的屈辱。我们不妨补上一句,也没有一个国家在行政上的那些公认弊病的改革方面,在具有很多优良品质的坚强民族所居住的一块极其富庶的土地上——

切资源的组织方面,曾经表现出这样的无能。①

然而,这场巨变以及随后而来的一系列更加彻底的转变的内在关联,还是梁漱溟事后看得清楚:

> 有西方的根本文化,才产生西洋火炮、铁甲、声、光、化、电这些东西;这些东西对于东方从来的文化是不相容的。他们全然没有留意此点,以为西洋这些东西好像一个瓜,我们仅将瓜蔓截断,就可以搬过来!……他们本来没有见到文化的问题,仅只看见外面的结果,以为将此种结果调换改动,中国就可以富强,而不知道全不成功的!及至甲午之役,海军全体覆没,于是大家始晓得……这些东西后面还有根本的东西。乃提倡废科举,兴学校,建铁路,办实业。此种思想盛行于当时,于是有戊戌之变法不成而继之以庚子的事变,于是变法的声更盛。这种运动的结果,科举废,学校兴,大家又逐渐着意到政治制度上面,以为西方化之所以为西方化,不单在办实业、兴学校,而在西洋的立宪制度、代议制度。于是大家又群趋于政治制度一方面,所以有立宪论与革命论两派。②

实际上,1898 年以后的中国,在对待西方文明挑战的态度上有了一个实质性的转变,这就是变法已成为势不可挡的潮流。它渐次波及各项制度,拉开一场空前的社会转型的序幕。此一巨变

---

① 　马士、宓亨利:《远东国际关系史》下册,商务印书馆 1975 年版,第 412 页。
② 　梁漱溟:《东西文化及其哲学》,商务印书馆 1999 年版,第 13—14 页。

在短短数年内将迁延数百年未决之状态立呈急转之下之势,其意义在于:其一,它将此前半个世纪对西方文明挑战的回应态度,无论是洋务派的自强运动也好,还是中学为体,西学为用的知识观也好,统统予以根本性的否定,而是承认西学亦有本源;要学西学本源和采用西方制度,就必得变祖宗之法。其二,它开启了此后一系列社会变革的先机。颇具讽刺意味的是,戊戌变法竟然失败了,而戊戌变法后的任何一次社会变革,在剧烈程度和对传统的瓦解上都远甚于戊戌变法。

我们可以从两个互为关联的方面来解释 1898 年后中国社会发生巨变的原因。

首先是康梁"新学"登上了历史舞台。康梁之学名之为"新学",实包含有与以往之学在立场和方法上的决然不同。这些不同,我以为主要表现在:一是看待西方文明的方式发生了变化。以前西方文明侵入进来,国人乃是消极地、被动地看,终脱不了"夷人"、"奇技淫巧"的否定之念,所学也多在器用层面。1872 年,第一批官派留学生出国,标志着看待西方文明的态度由消极向积极、由器用向制度方面的转变,评价标准亦逐渐发生了根本性的改变,由否定而至赞美。康有为 1879 年"薄游香港,览西人宫室之瑰丽,道路之整洁,巡捕之严密,乃始知西人治国有法度,不得以古旧之夷狄视之。"[1]梁启超则将西方文明喻为"西方美人",要"张灯置酒,迓轮俟门,三揖三让,以行亲迎之大典。"[2]二是康梁"新学"主张"通世界之知识,采万国之美法",这就要求在知识上"会通中

---

[1] 《康南海自编年谱》,《戊戌变法》(四),第 115 页。
[2] 梁启超:《论中国学术思想变迁之大势》。

西"。因此,康梁之学的"新",体现在最终的政治主张上,就是一反过去"只知变事,不知变法"洋务观念,要仿效日本,变法图强。

康梁"新学"及其政治主张的提出,背后实有一个更为内在的观念做支撑,这是我要提出来的第二个方面的解释。此一内在观念实可用以解释 1898 年以及此后长期决定和影响中国社会变迁的原因。

这就是社会进化论在中国的广泛传播和接受。中国人本无进化之观念,中国社会亦只有治乱之循环。西方文明的入侵打破了中国社会原有的变迁方式,对日战败更使变法图强的呼声陡然高涨。恰逢其时,严复于 1898 年翻译了赫胥黎(Thomas Henry Huxley,1825—1895)的《天演论》。"进化"一词,本为达尔文在《物种起源》一书中描述生物物种由低级到高级不断进化的一种状态,进化的原因就在于自然选择,适者生存,不适者退化、消灭。然而,这一"物竞天择,适者生存"的自然进化论,后来却被英国社会学家斯宾塞引入人类社会,认为人类社会也是依此规律进化,这就为西方列强"弱肉强食"的对外扩张和侵略提供了理论依据,被称之为"社会达尔文主义"。赫胥黎此书原名为《进化论与伦理学》,本为反对其论敌斯宾塞将自然进化演绎为社会进化的"社会达尔文主义"之著。颇堪玩味的是,严复翻译此书,却有意将"伦理学"在书名中隐去,只将"进化论"(旧译"天演论")作为书名译出,不但将书中所反对的斯宾塞的理论作为正文译出,而且在"导论"和"按语"中,处处以斯宾塞的理论反对赫胥黎所强调的"伦理"。这样,一本反对"社会达尔文主义"的书,在严复的翻译"加工"下,却变成了一本宣传"社会达尔文主义"的书。

然而,"社会达尔文主义"的观点却恰恰适应了中国社会当时的语境。《天演论》一经译出，立即风靡一时，成为维新志士手中反传统的利器。康有为早在 1896 年即已读过《天演论》的译稿，不仅对该书大加赞扬，且将进化论的观点融入其今文学中。梁启超对进化论鼓吹尤甚。他以进化论解释国家之存亡：

> 灭国者，天演之公例也。凡人之在世间，必争自存，争自存则有优劣，有优劣则有胜败。劣而败者，其权利必为优而胜者所吞并，是即灭国之理也。自世界初有人类以来，即循此天则，相搏相噬，相嬗相代，以迄今日而国于全地球者，仅百数十焉矣。灭国之有新法也，亦由进化之公例使然也。①

又以进化论解释清朝覆亡的原因和天演淘汰规律的决定作用：

> 前清易为自亡？彼其政治之状态，实以不适而不能自存，天演淘汰之作用，固应如是也。今其既淘汰以去矣，与之代兴者，或状态一如其前，或虽易一新状态，而不于适天演界如故，而非久而旋袭淘汰之辙，此事理之决无可避者也。②

短短数年时间，社会进化论的思想便风行全国。当时一班以进步自居的青年，从谭嗣同到鲁迅、胡适、黄炎培，无不受社会进化论的强烈影响。胡适对此现象有一段颇为耐人寻味的描述：

---

① 梁启超：《灭国新法论》。
② 梁启超：《中国立国大方针》。

　　《天演论》出版之后，不上几年，便风行到全国，竟做了中学生的读物了。读这书的人，很少能了解赫胥黎在科学史和思想史上的贡献。他们能了解的只是那（优胜劣败）的公式在国际政治上的意义。在中国屡次战败之后，在庚子、辛丑大耻辱之后，这个"优胜劣败，适者生存"的公式确是当头棒喝，给了无数人一种绝大的刺激。几年之中，这种思想像野火一样，燃烧着许多少年人的心和血。"天演"、"物竞"、"淘汰"、"天择"等等术语都渐渐成了报纸文章的熟语，渐渐成了一班爱国志士的"口头禅"。①

　　社会进化论在中国的迅速传播和广泛接受起到的是划时代的作用。它在长期争论未果的中西体用之间画上了一个标志性符号，实质上是将中国传统判定为竞争中的"劣者"、"败者"。梁启超在 1896 年就以无比犀利的目光观察到中国传统"存亡绝续，在此数年"。② 特别值得注意的是，中国要变得强大、富强，要文明、现代，就必须彻底摧毁那个已然腐朽不堪的传统，在根本上实行变法，这一进化论式的结论，虽然在文化上、在所谓的精英阶层尚有争议，而在 20 世纪头十年以及此后的中国社会，则已成为不假思索的社会变迁的事实，其作用之大，就连 20 世纪初最保守的统治者也不得不做出勉力向前的姿态。

----

　　① 《胡适自传》，黄山书社 1986 年版，第 46—47 页。胡适本人之名即取"适者生存"之意。
　　② 梁启超：《西学书目表后序》。

二、沈家本的移植西律运动

1898 年,慈禧太后亲手镇压了戊戌变法,光绪皇帝遭囚,六君子被诛,康有为、梁启超流亡国外。然而,短短三年时间,1901 年 1 月 29 日,流亡西安的慈禧太后竟然下诏变法:

> 世有万古不易之常经,无一成罔变之治法。大抵法久则弊,法弊则更。……法令不更,锢习不破,欲求振作,须议更张。①

此后,又有预备立宪之举和《钦定宪法大纲》的颁布,以及沈家本、伍廷芳受命变法,成立修订法律馆,翻译外国法律,延聘日本人冈田朝太郎、松冈义正修订法律,实则为大规模地移植西方法律的运动。这些新的法律有的刚刚实施,有的未及颁布即因清朝的覆亡而告终,但它们不仅为后来的北洋政府所承袭,更为重要的是,在与礼教派的激烈争论之后,它们的颁布和实施意味着确立了如何对待西方法律与本国传统关系的指导思想和原则,它们所创立的新型的法律体系和名词一直延续至今。如果说 20 世纪初的这场法律移植运动影响乃至决定了今日中国法律的基本面貌,这一评价是不怎么过分的。

西方法律、法学对中国的输入和影响始于 1862 年美国传教士丁韪良所译《万国公法》,该书 1864 年由京师同文馆出版。至 19

---

① 《义和团档案材料》下册,第 914—916 页。

世纪末,同文馆组织翻译了一批外国法学著作。但这一时期的译著数量既少,译书的目的是为了适应与西方列强谈判之需,故多为国际公法,对思想、制度影响有限。

中国人受西方法律制度影响的另一个渠道是派遣留学生赴海外学习法科,许多留学日本、法国、德国、英国、美国和比利时的留学生回国后被委以重任。他们在翻译西方法律书籍、传播西方法律观念,以及推动和决定法律制度变迁的方向上起了关键作用。其中,日本明治维新后的强盛和法律制度的变化方式对中国人的刺激和影响最大。杨度在光绪三十一年(1905 年)写给端方的一函信札中称:

> 伏查日本之自强,由于近三十年之维新变法。其所以能维新变法者,则由于全国人民皆有法律政治之思想。究其先,亦与今日之中国无异。当明治初年,遣派学生数百名,分赴欧美各国,学习法律政治,归而纂订法律,改良政治,又于本邦设立法政速成学校,遂使全国风气为之大变。驯至收回其领事裁判权,而泰国诸强国人民居于日本者,莫不俯首服从,其法律而绝不敢违抗。由是而种种外交得无窒碍,种种内政得以备举,可见法政思想不可不普及全国人民也。[①]

日本的变法方式、日本的法学著作、日语法律名词以及日本人对中国法律移植的影响和作用是个值得仔细检讨的大题目。当

---

① 《清代档案史料丛编》,第十四辑,中国第一历史档案馆编,中华书局 1990 年版,第 279 页。

时，翻译日本的法律书籍占到整个翻译法律书籍的 80％以上。
"和文迻译，点串便易成书"。^① 这种仿效日本急欲变法自强的心态，于此亦可见一斑。

对于这场变法和移植西律运动的缘起，我与研究法律制度史的专家的一般观点有异。我认为，这场变法和移植西律运动的发动原因和背景尽管是复杂的，但不容否认的是，满清朝廷的推动仍然是最重要和最主要的因素。清廷的这一举动本意在迎合潮流以保全自己，但结果是加速了它自身的覆亡。^②

修订法律的近因，按照一般解释，是因为英美日葡四国于1902 年允诺，中国若修订法律，即首先收回领事裁判权。但实际上，这只是为急欲变法和不得不变法的各方提供了一个均可以接受的借口。因为早在 1901 年，两江总督刘坤一、湖广总督张之洞即秉承朝廷之命，会衔连上名噪一时的《江楚会奏变法三折》，其中第二折提出了"恤刑狱"、"结民心"，改良法制的九项建议，即禁讼累，省文字，省刑责，重众证，修监羁，教工艺，恤相验，改罚锾，派专官。第三折提出定矿律、路律、商律、交涉刑律。^③ 此折颇受朝廷赞赏，被认为"事多可行，即当按照所陈，随时设法，择要举办"。^④一时之间，朝野上下，争言变法。次年，刘坤一、张之洞与直隶总督袁世凯连名会保时任刑部左侍郎的沈家本和出使美国大臣伍廷芳为修订法律大臣。正是在这种情况下，清廷于 1902 年颁布了名为

---

① 顾燮光：《译书经眼录》。

② 梁启超在 1915 年曾以其颇为独到的眼光指出："清之亡，非亡于其恋旧也，而实亡于其鹜新。使清廷非惟新是鹜，而坚持其旧者以相始终，夫安得有今日？"（梁启超：《复古思潮平议》）

③ 《张文襄公全集》，卷五十四，《奏议》。

④ 同上书。

修订法律的上谕：

> 现在通商交涉，事益烦多，著派沈家本、伍廷芳，将一切见行律例，按照交涉情形，参酌各国法律，悉心考订，妥为拟议，务期中外通行，有裨治理。俟修定呈览，候旨颁行。①

对于沈家本来说，这实际上是一个"中外通行"、"模范列强"的"变法自强之枢纽"。"修订法律"只不过是变法的第一步。沈家本所采取的变法举措，可分为三大步骤：

第一步是改革旧律，要旨在效法西律，改重为轻。沈家本利用清廷授予的权力，大力改革旧律，废除一切武健严苛之法，将原《大清刑律》中的笞、杖、徒、流、死五刑，改为死刑、徒刑、拘留、罚金四种主刑，另设褫夺公权和没收两种从刑。将凌迟、枭首、戮尸、缘坐、刺字等酷刑，"著即永远删除"，"嗣后凡死罪至斩决而止"。所有现行律例内凌迟、斩、枭各条，俱改为斩决，斩决改为绞决，绞决改为绞候，入于秋审。附合刘坤一、张之洞的奏议，赞成禁止刑讯，将笞杖改为罚金。减少死罪条目，将现行律内虚拟死罪数端，分别改为流徒，以省繁重，归简易。同时，沈家本还提出改良狱政、禁革买卖人口、删除奴婢律例等革除旧弊的主张。②

第二步是设立修订法律馆，翻译外国法律。包括调取留学生，大量翻译外国法律；延聘东西各国精通法律之博士、律师，以为修

---

① 《清实录》，卷四百九十八。

② 沈家本：《寄簃文存》，卷一，《删除律例内重法折》、《虚拟死罪改为流徒折》、《禁革买卖人口变通旧例议》、《删除奴婢律例议》。

律之顾问;遴选谙习中西律例司员,分任纂辑;请拨专款,以资办公等等。从 1904 年 4 月 1 日修订法律馆开馆不到一年时间,已译成德意志《刑法》、《裁判法》,俄罗斯《刑法》,日本《现行刑法》、《改正刑法》、《陆军刑法》、《海军刑法》、《刑事诉讼法》、《监狱法》、《裁判所构成法》、《刑法义解》等。①

第三步是依照西方法律体系和法律概念,制定新法。从修订法律馆成立到辛亥革命,清廷在最后的几年中,炮制出了一系列依照西方法律概念和体系制定的法律,其中包括:1. 宪法——1908 年,清廷颁布了由宪政编查馆制定的《钦定宪法大纲》,1911 年又颁布了由资政院起草的《宪法重大信条十九条》;2. 刑法——1910 年 9 月,在删改大清律例的基础上制定和颁布了《大清现行刑律》,同年 10 月,即颁布了完全依照西方刑法原则、体系和概念制定的《大清新刑律》;3. 民法——1911 年完成了由日本法学家松冈义正、修订法律馆和礼学馆共同起草的《大清民律草案》,未及颁行;4. 商法——1908 年,修订法律馆聘请日本法学家志田钾太郎起草了《大清商律草案》,1911 年由农工商部采取各商会所编商法调查案修订为《大清商律草案》,未及颁行;5. 诉讼法——1906 年,由沈家本主持,编成《大清刑事民事诉讼法》,1910 年,修订法律馆又重新编成《刑事诉讼律草案》和《民事诉讼律草案》,但未及颁行;6. 法院组织法——1910 年,颁布了《大理院完善编制法》,1910 年仿效日本《裁判所构成法》,制定颁行了《法院编制法》。

这样,从 1902 年清廷任命沈家本为修订法律大臣,到 1911 年

---

① 沈家本:《寄簃文存》,卷一,《删除律例内重法折》。

辛亥革命,沈家本用不足十年的时间,完成了从传统法律向现代法律过渡的概念转换和体系性建构。它始于修订旧律,终于全面移植西方法律概念和体系的新法的制定或颁行,贯穿于其间的乃是现代与传统两种社会制度和新旧两种文化的全面转换,而法律制度的转型实始于社会转型之先。

因此,围绕新法的制定和颁行,特别是新法所确定的一系列西方法律原则、法律制度与中国传统社会礼教风俗之间的关系,爆发了异常激烈的争论,史称"礼法之争"。

"礼法之争"主要是围绕三个法律草案展开的。

其一是《刑事民事诉讼法》。在这部主要是抄自西方诉讼制度的法律草案中,规定了"罪刑法定"、"公开审判"、"回避制"等西方法律原则和制度,并要求采用"律师制"和"陪审制"。这个法律草案首先遭到了礼教派代表人物张之洞的反对:

> 法律本原与经术相表里,其最著者,亲亲之义,男女之别,天经地义,万古不刊。乃阅诉讼法所纂,父子必异财,兄弟必析产,夫妇必分资。甚至妇人女子责令到堂作证。袭西俗财产之制,坏中国名教之防;启男女平等之风,悖圣贤修齐之教纲。……夫立法贵乎因时,而经国必先布置。值此环球交通,从前旧法不能不量加变更,东西各国政法取其所长,补我所短,揆时度势,诚不可缓。然必须将中国民情、风俗、法令源流通筹熟计,然后量为变通。[1]

---

[1]　《清朝续文献通考》,卷二百四十四,《刑三》。

这一诉讼法草案在交由大臣讨论后,终因反对者众,"各督抚多议其窒碍",[①]而未能颁行。

其二是《大清新刑律》。这个法律草案虽名为"大清"刑律,且保留了不少礼教条款,但从法律体系、概念到法律原则、制度均袭自西律,因此,它所引起的争论也颇为激烈。在这场争论中,礼教派代表的是朝廷和大部分廷臣的立场。宣统元年(1909 年)颁布的一道上谕称:

> 刑法之源,本乎礼教。中外各国礼教不同,故刑法亦因之而异。中国素重纲常,故于干犯名义之条立法特为严重。良以三纲五品阐自唐虞,圣帝明王兢兢保守,实为数千年相传之国粹,立国之大本。今环海大通,国际每多交涉,固不宜墨守故常,致失通变宜民之意,但只可采彼所长,益我所短。凡我旧律义关伦常诸条,不可率行变革。[②]

御史胡思敬的一段话也颇有代表性:

> 中国刑法历代损益,各有不同。率皆以唐律为准。自唐以来行之千余年,上下相安,未尝有弊。今聚三五少年,全行变更,所拟新律,只四百余条,订为一册。揆之民情、风俗,相背而驰,谬妄不胜枚举。[③]

---

① 《清史稿·刑法一》。
② 《清朝续文献通考》,卷二百四十八,《刑七》。
③ 同上书。

这似乎又是一场势力悬殊的论战,其结果,自然是"经宪政编查馆奏交部院及疆臣覈议,签驳者多。"①

三是《修正刑律草案》。1909 年,沈家本汇集各说,奏上《修正刑律草案》,并为此展开了与劳乃宣的一系列争论。争论的焦点,最后集中在"无夫和奸"和"子孙违反教令"两条上。显然,礼教派是将这两条当做坚守和维护道德与礼教风俗的最后阵线,法理派也将这两条当做冲破传统道德与礼教风俗的最后阵线,双方相持不下,各不相让。随后,又爆发了资政院的议场大辩论。杨度与劳乃宣进一步将争论上升为国家主义与家族主义之辨。

我不拟在此详列和讨论双方争论的具体问题与观点,而是试图对双方的争论作如下归纳:其一,双方都赞成"变",但在怎么"变"以及哪些"变"、哪些"不变"上分歧严重。其二,法理派(尤其是沈家本)并非全然反对礼教,他们是要以西方法律原则和制度为立法之根本;礼教派也并非全然反对借鉴西方法律原则和制度,而是要以中国传统道德和礼教为立法之根本。其三,礼教派在当时代表着朝廷和大多数廷臣的观念,在每次论战中都占据优势,但中国社会的实际变迁却走的是法理派的建构之路。其四,沈家本移植西律之日,正是西方实证主义法学盛行之时,故法理派多强调法律与道德的分离。而中国传统社会实为道德与礼俗极盛之社会。因此,在实证主义法学倾向基础上依西方模式建构起来的新的社会和法律制度,势必与中国传统道德和礼俗相脱节,并将长期影响中国社会和文化。而后两个问题正是到我所关注并准备予以讨论的问题。

---

① 《清史稿·刑法一》。

三、建构社会及其法律

19 世纪与 20 世纪之交的中国社会，即使对于这个已经经历了五千年风雨的古老文明来说，其意味也是深长的。因为正是从这个时候开始，在这个悠悠千载的传统社会之上，建构起了一个以不同的文明为标准的、完全不同于传统社会的新的社会。此后百余年中国社会的变迁，实际上是这个新的社会不断变化、成长，并同传统社会互相对立、互相影响、互相侵蚀的过程。费孝通形象地说：

> 从基层上看去，中国社会是乡土性的。我说中国社会的基层是乡土性的，那是因为我考虑到从这基层上曾长出一层比较上和乡土基层不完全相同的社会，而且在近百年来更在东西方接触边缘上发生了一种很特殊的社会。①

可能是这个"东西方接触边缘上"的社会还在继续接触和混融的缘故，费孝通没有进一步解释这个"很特殊的社会"究系一种什么样的社会。今天看来，不仅这两个社会接触、混融的情势未明，而且成分更加复杂，也更难以解释了。因此，我们还是暂且回到当初的社会情形中，对新的法律制度的缘起作一番探究，并初步解释它与传统社会的关系。

费孝通说这个"不完全相同的社会"是从乡土社会的基层上"长"出来的，虽然形象，却未必准确。实际上，这个新的社会完全

---

① 费孝通：《乡土中国》，北京大学出版社 1998 年版，第 6 页。

是人为建构出来的。这一点，从新的法律制度的建构可以得到最好的解释。

沈家本在清末依据西方法律原则和制度制定的新法，虽然有的未及颁行，有的颁行不久即因清亡而废，但它们中的相当一部分则被民国初年的国民政府所沿用。民国三年大理院上字第三零四号判例载：

> 民国民法典尚未颁布，前清之现行律除制裁部分及与国体有抵触者外，当然继续有效。至前清现行律虽名为现行刑律，而除刑事部分外，关于民商事之规定，仍属不少，自不能以名称为刑律之故，即误会其为已废。①

民国后，除继续沿用一部分清末立法外，又经历了一轮新的立法活动，大体是将清末立法中不符合新政权的部分改掉，并制定了一些清末立法未曾涉及的部门法律。但除清末立法未涉及的领域外，在我看来，新的法律制度的建构在沈家本的第一轮移植西律运动中即已奠定基础并基本完成。

我们可以从变法之初一些传统官僚士大夫的反应，清楚地看到新的法律制度在早期是怎样被人为建构起来的：

> 至光绪三十年后，朝命变法。一时新学当道，效外国三权鼎足司法独立之制。特设法院编置，法内则三法司裁去都察院，改刑部为法部，改大理寺为大理院。外则改按察使为提法

---

① 杨鸿烈：《中国法律发达史》下，商务印书馆1930年版，第1057页。

司。内外均设审判厅,分高等地方初级三等。各审判厅外又设检察厅。大理院外设总检察厅。所有诉讼,外则均归审判官审理,州县不得干预。内则归审判厅大理院审理,法部不能干涉。此改革刑官之大概也。其刑法则聘用日本博士冈田,举历代旧律、大清条例,一概废除,全依日本法修订,名曰新刑法。不惟文义名词尽仿外洋,并举历代之服制、名分、礼教一扫而空。草案一出,举国哗然。内则九卿科道,外则各省督抚群相诟病,纷纷奏参。①

不独整个法律体系的构架和中国传统社会原有之刑法是按照西方模式建构起来的,而且,中国传统社会所缺失的民商法典,也多移植照搬西方法典,似乎很少考虑到中国传统社会的生活和原有的行为习惯。杨鸿烈曾引江庸氏对清朝修订法律馆起草的法律草案的批评意见:

> ……前案多继受外国法,于本国固有法源,未甚措意,如《民法》债权篇于通行之"会",物权篇于"老佃"、"典"、"先买",《商法》于"铺底"等全无规定,……旧律中亲属继承之规定,与社会情形悬隔天壤,适用极感困难,……实施新法以前,所应准备之事项极多,如土地登记不行,则物权法之规定,直同虚设;户籍登记不行,则行为能力之有无,无可稽考;法院不遍设,则宣告禁治产等制度,亦成具文;现在此种准备迄未就绪,

---

① 《清朝续文献通考》,卷二百四十二,《刑一》。

则虽先颁民商法典,亦不免徒法不能自行之叹。①

　　这种在制定法律草案时不虑及本土之习惯,而只注重外国之标准的作法,似乎是专习法律的立法者的普遍心态,这已被此后多次法律制定和修改的实践所证明。而对于发生在清末和民国初年的立法活动来说,这一做法所产生的影响实在是太重大、太关键了。如果当初在立法中多考虑一些本土的社会性质和行为习惯,新建构起来的现代法律制度本来是可以同传统相承接的。对于中国这样的文明古国和有着自己传统生活方式的中国人来说,在充分考虑传统生活方式和行为习惯基础上的制度转型,可能是最为合理也最为有效的转型方式。此一转型方式并非没有想到,也并非不可能做到,但却因为某些原因被轻易否定了。民国二年起草、民国十一年修订的《票据法》的起草者曾坦陈:

　　　　鄙人起草中国《票据法》,本拟就中国票据习惯先定大纲,创一总论,求与国际票据之习惯适合;或告鄙人以中国票据习惯太不划一,欲就各地不同一之习惯规定大纲,颇非易事,故本编所草拟不置重中国各地之习惯,专注意国际统一之规定。②

　　中国传统社会虽无民商法典,③但关于财产、债务、婚姻、继承

----

　　① 杨鸿烈:《中国法律发达史》下,商务印书馆1930年版,第1057—1058页。

　　② 同上书,第1062页。

　　③ 需要说明的是,我认为中国传统社会没有"民商法典",并不意味着我否认中国传统社会,特别是清代有民法的存在,这一事实已为黄宗智教授指出。他说:"我们不要以为清代法律只是一个刑法,没有民事内容。它与民事有关的规定,总共有八十多条律,三百多条例。其中关于继承的规定,就有一千一百多字,相当详细。""清律主要是用'户律'中的律和例来处理这类事务的,⋯⋯这些律和例构成了我称之为清代民法的主体。"参阅黄宗智:《清代的法律、社会与文化:民法的表达与实践》,上海书店出版社2001年版,"重版代序"及"导论"。

方面的民事行为以及商业贸易方面的行为,早已形成了许多通用的惯例和习惯法,有些则一直为国家的司法活动所调节。宋格文(Hugh T. Scogin, Jr.)通过对一批汉代契约文书和资料的研究,证明汉代不仅存在土地契约、买卖契约、"合伙"协议,而且这些出自广大地区(既包括京师地区和东部农业地区,也包括西北边塞的偏远郡县)的文书在结构上惊人的一致,具有某些固定的文书要素,这表明一种统一的契约格式曾广为传播。更为重要的是,在今内蒙古额济纳河流域的汉代烽燧遗址所发掘的"居延汉简",证实民事和商业纠纷的当事人曾向地方衙门提起过诉讼,当地司法官员不仅审理和调查了案件,而且做出了处理决定。宋格文甚至认为:"尽管法典中没有契约资料,但在中国法律制度中,对私人契约的强制执行从一开始就存在。"①明清之际,民事、商业活动不仅更加频繁,且日趋复杂,民间已然形成较为成熟、完备的民事和商业惯习,朝廷律、例亦有明文规定,所缺失的,乃是形成一套西方学科意义上的理论,以及依此理论所创设的法典。

因此,中国传统法律向现代法律制度的转型,实际上应该将中国传统社会的行为习惯与现代西方法律理论和国际惯例统合为一体,而转型之初尤当首重中国人之行为习惯。从今天的眼光看,这一主张和做法当时并非不可虑及和做到,而是被放弃了。《票据法》起草者的夫子自道将没能总结、提炼中国票据习惯归结为简单的工作难度,恐不真实。在我看来,中国近代社会转型以来的国家立法几乎始终没有主动考虑过中国人自己的行为习惯,可能主要

---

① 宋格文(Hugh T. Scogin, Jr.):《天人之间:汉代的契约与国家》,载高道蕴、高鸿钧、贺卫方编:《美国学者论中国法律传统》,中国政法大学出版社1994年版,第154—211页。

出于以下三个因素:其一,文化自主性的缺失。中国传统社会向现代社会的转型,中国文化固然有先天缺陷,需要完善。完善的最佳方法,本来只须将有缺陷的一半守住,将另一半从别处拿来即好。但后来的做法,却毋宁是将自己有缺陷的一半扔掉,再去将别人的整个拿来。岂不知此为两失,扔掉了自己的一半,别人的反而更不好拿了,即使拿来也不合用。中国立法不首重中国人自己的习惯,只以国际惯例为准,便是这种文化自主性缺失的反映。其二,中国近代以来的法律转型几乎始终是在中国社会转型的大背景下展开的,而贯穿中国近代社会转型主线的是一系列革命和战争,这使得中国社会一直处于激烈动荡之中。社会剧变,人生浮动,人心浮动,致使无暇虑及对传统的保存,即使有所考虑,也被革命、救亡的呼声与潮流所遮蔽和淹没。而珍惜、尊重传统恰恰需要的是和平宁静的环境和心态。其三,中国移植西方法律之初,正当分析实证主义法学盛行之时,实证主义法学强调法律与道德的分离,而中国学习法律和从事立法者又多为法律专家型人才,于文、史、经、义、哲学、社会博雅通达者少,立法宗旨自当不能从社会文化根源处从长计较。

中国传统社会向现代社会的转型是如此深刻和复杂,期间充满矛盾和痛苦,而选择走一条什么样的变迁之路,不仅需要勇气和胆略,尤其需要一个民族的良好心态和高超智慧。其实,中国社会并不缺乏睿智通达之士,只是他们的睿智和通达在一个激烈变迁的社会中显得太消沉了,而一旦传统社会变迁失去原有的惯性,这样的智慧便会无所依凭,更谈不上能够驾驭一个庞大的、且经常处于盲目状态的社会基层了。

这种状况每每为一些西方学者所发现和认识。曾帮助中国建立现代法律制度的著名法学家庞德(Roscoe Pound)指出,中国在建立现代法律之初,即有两种不同意见,一种主张完全模仿西方法律观念和制度,一种主张设法使中国古代传统能适应现代需要。他认为,这种情形即是 19 世纪分析法学与历史法学之争。庞德本人曾在一本论述西方法律史的著作中,对历史法学派进行了严厉地抨击。他让我们必须记住,"历史法学派对法律学科来说,实际上是一种消极的、压抑性的思想模式,它背离了哲学时代积极的、创造性的法理思想。"①但即使是对历史法学持批评态度的庞德,在中国现代法律制度建立问题上,也强调"中国法典应由中国法学家发展成中国法律,并由中国法官加以解释与适用;并且适用于中国人,以管理中国生活。"②他在 1948 年于中国撰写的著述中强烈主张,处在现代化过程中的国家必须在以下两方面保持平衡:一方面是全盘接受新法律以适应形势,另一方面是维持过时了的法律传统。要做到这一点,就应把每个国家已经经受历史考验的道德体系看作新的立法基石。而"中国具有被接受为伦理习俗的传统的道德哲学体系,这种哲学体系可能被转化为一种据以调整关系和影响行为的公认的理想,这一点可能是一个有利因素。"③

但是,中国近代社会转型的起始,无论在思想、文化、观念、道德还是制度上,都走了一条否定传统的道路。在思想文化领域,虽然精英们一直在进行激烈争论,有的要保存国粹,有的要抛弃国

---

① [美]罗斯科·庞德:《法律史解释》,曹玉堂、杨知译,华夏出版社 1989 年版,第 12 页。

② 马汉宝:《法律与中国社会之变迁》,台湾翰芦图书出版有限公司 1999 年版,第 8 页。

③ 高道蕴、高鸿钧、贺卫方编:《美国学者论中国法律传统》,中国政法大学出版社 1994 年版,"导言",第 4 页。

故,但社会变迁——特别表现在制度的建构上,使这些争论显得失去了意义,社会变迁的实际走向远超出了争论的范畴,它既背离了传统,亦未能西化,而且杂糅进了许多更为复杂的因素。

法律制度的实际变迁也远超出了当初礼教派与法理派的争论范畴。我不可能在此对这种复杂的变迁进行描述,而只关注我所感兴趣的一个倾向,这一倾向从法律制度转型之初一直沿续至今,那就是在法律制度的建构中始终没有将中国社会固有的道德、风俗、习惯作为"新的立法基石",没有将中国社会长期以来形成的各种习惯与现代法律理论和国际惯例结合起来,使之转化为新的法律制度。

这样,新的法律制度基本是依据西方理论和立法模式建构起来的。虽然新的法律制度的建立不可避免地带有若干传统影响的印记,但这并不能改变它的总体特征,因为整个社会制度和文化变迁都走的是一条背离传统的道路。我曾提出"双重社会"的理论模式,按照这一理论模式,任何复杂的社会都是由组织秩序、规则和自发秩序、规则这两重社会构成的,中国传统社会自不例外。只是中国传统社会和任何其他原生型社会一样,其组织秩序、规则也是从它本身的自发秩序、规则中自然建构起来的,它们之间的性质是自洽一致的。这也是为什么哈耶克将整个社会都视为一种"宽泛的自生自发秩序"[①]的缘故。依据"双重社会"的理论模式,我们便能很清晰地认识到,新建构起来的社会制度并不能够代替中国原有的社会,它所取代的,至多只是中国传统社会中的组织秩序和规则,而中国

---

①　[英]弗里德利希·冯·哈耶克:《法律、立法与自由》第一卷,邓正来等译,中国大百科全书出版社 2000 年版,第 68 页。

传统社会中的组织秩序和规则也并没有因为被新建构的社会制度在制度层面的取代而消灭，它们只是被挤压进了原有的自发秩序和规则之中。这一倾向所带来的最大问题，乃是新建构起来的组织秩序、规则与中国社会的自发秩序、规则在性质上不能自洽一致，并且经常处于矛盾和冲突之中，长期不能融合。

按照梁漱溟的见解，"文化并非别的，乃是人类生活的样法。"[①] 若从文化变迁层面看待中国近代社会变迁所形成的"双重社会"，它们之间的差异正是因文化不同而形成的生活方式的差异。中国社会的自发秩序和规则代表着中国传统社会的生活方式，而新建构起来的组织秩序和规则乃是从西方社会的自发秩序和规则中"长"出来的，它们代表着西方社会的生活方式。这两种生活方式的差异有多大？黄宗智教授在他关于中国近代民法的研究中提供了一组有趣的数据：清代后期（1750—1900），平均每县处理的民事案件在 150 件左右，换算为每 10 万人口的民事案件比率数是 50 件；民国时期，由于实施了新的民事诉讼法，法院收费规范化使人们更易于上法庭，平均每县处理的民事案件上升为 270 件左右，每 10 万人口的民事案件比率数是 83 件；1989 年，每 10 万人口的民事案件比率上升为 163 件，比清代后期高出三倍有余。但是，这组反映民事案件在社会中发生比率的数字和美国社会根本无法相比。1980 年，美国每 10 万人口的民事案件比率数是 6356 件。在美国，大量的离婚、车祸以及遗产继承纠纷都通过民事诉讼解决，而当代中国社会因这些问题产生的纠纷少得不成比例。[②] 我们不好说西方社会是一个"健讼"

---

① 梁漱溟：《东西文化及其哲学》，商务印书馆 1999 年版，第 60 页。
② 黄宗智：《清代的法律、社会与文化：民法的表达与实践》，上海书店出版社 2001 年版，第 169—171 页。

的社会,中国社会也早已不以"无讼"为理想社会,并且建立起了西式的制度模式,但它们在生活方式上的差异仍一如从前。

四、社会、人生及对法律的三种不同需要

中国近一百年来的社会变迁历程明白地告诉我们,中国社会并不能够完全地走到西方社会那条路上去。如果我们不至于被那个表面上的建构的制度社会所迷惑,此一问题于今应看得格外分明。而且,在经历了一段文化的迷失和缺失之后,对于我们这一代人和当今中国社会来说,要走出这一盘旋不进的迷局并从根本上解决困扰我们的那些问题,关键是要找回失去的文化自主和文化自信,从内心确信并相信,各个文化并无绝对的优劣短长之分,西方文化只是在解决现代社会问题上显示出了它的某一面的优长,但社会和人生的诸般问题却绝不是现代社会所能包容和解决了的。

我曾在本书的第一章和第二章中对中国社会与西方社会、中国法律与西方法律的不同进行过初步比较,其意图只在解释中西社会、中西法律之间的不同,而没有建立起社会与法律之间的联系。在此,我当回到本书最初预设的那些基础性问题,讨论不同社会和法律之间的关系。

人生的问题,最为复杂。且不说每个人千奇百怪的心理、性格、行为,即对法律的态度,也是各有看法,绝不一律。管子要"任法而治",孔子要"德主刑辅",而老子则要"弃圣绝智",更遑论律法了。人生对法律的需求是不同的。即使同一个人,此一阶段和彼一阶段对法律的看法、需要也会有所不同。

人生的需求,固然千差万别,但聚合而为社会,检视人类历史,大率可得三种不同社会。梁漱溟在其早年所著《东西文化及其哲学》一书中,曾以敏锐的观察力概括出了"向前面要求"、"对于自己的意思变换、调和、持中"以及"转身向后去要求"三种不同的人生路向和社会,并以西方文化、中国文化和印度文化为这三种不同路向的代表。① 我在此要借梁先生关于人生、文化的三路向说,进一步解释这三种社会和人生对法律的不同需要。

构成西方社会的主要文化来源于三个方面:希腊思想、罗马法和日耳曼骑士精神。我曾引用黑格尔之言指出希腊社会源于特殊的地理环境而形成的那种"错综分裂的性质"和"分立的性格",② 这种性质和性格极大地影响了西方人对问题的看法和处理方式。钱穆说西方人不仅常看世界是两体对立的,因此有天国和人世的对立,即看自己个人,也是两体对立的。③ 希腊社会的这一特征无疑也对建立相应的法律提出了要求:

> 只有民主的宪法才能够适合这种"精神"和这种国家。……民主国家并不是大家长制的国家——并不建筑在一种还没有发达的信赖上面——而是具有各种法律、具有在一种公平的和道德的基础上订立法律的意识,并且知道这些法律是积极的。④

但是,我们应该认识到,希腊社会的性质主要体现为由多中心

---

① 梁漱溟:《东西文化及其哲学》,商务印书馆 1999 年版,第 61—63 页。
② 黑格尔:《历史哲学》,王造时译,上海书店出版社 1999 年版,第 233 页。
③ 钱穆:《中国文化史导论》修订本,商务印书馆 1994 年版,第 18—19 页。
④ 黑格尔:《历史哲学》,王造时译,上海书店出版社 1999 年版,第 258—259 页。

所形成的民主,它对法律的要求还只是初步的。用黑格尔形象的说法是:"希腊人据着美的中立地带,还没有达到真的那个更高等的地位。"①真正将西方社会变成纪律和法律社会的是罗马人。罗马社会具有和希腊社会完全不同的性质:

> 罗马国家的建立,必须当做罗马特性的主要基础来看。因为这种情形包含着最严厉的纪律,并且要对于同盟的目的做自我牺牲。一个国家刚刚自己形成,又以武力为基础,必然要靠武力来维持巩固。这不是一种道德的、自由的联系,而是一种强迫服从的状态。②

罗马人对于法律的贡献主要体现在三个方面。一是发展出了马克斯·韦伯所说的"法的形式品质",而这主要依赖于罗马法语言的精确性。梅因早就指出:"能够很精确地用来研究哲学的惟一语言是罗马法的语言,它由于独特的机会,几乎保留了奥古斯多朝代所有的纯洁性,……更重要的,是它同时提供了思想上惟一的正确、精密深邃的媒介。"③二是由国家的性质养成了对纪律和法律的绝对服从,"它的特性就是各个人和国家、法律、命令的统一,森严无比,不能伸缩"。④三是鼓励人们尤其是青年人学习法律,形成了热爱法律的风气,因此,"在像罗马和拉栖代孟这样的共和国

---

①　黑格尔:《历史哲学》,王造时译,上海书店出版社1999年版,第260页。
②　同上书,第293页。
③　[英]梅因:《古代法》,沈景一译,商务印书馆1996年版,第192页。
④　黑格尔:《历史哲学》,王造时译,上海书店出版社1999年版,第296页。

里,人们遵守法律并不是由于恐惧或由于理智,而是由于热爱法律".①

等到日耳曼蛮族登上西方社会的历史舞台,他们不仅通过复活罗马法继受了法律社会的性质,而且赋予了它一些崭新的性质。一是它发展出了教会与国家的区别和对峙。正是在教会与国家的刚性对峙中,产生出了近代国家和近代法律体系,一种真正意义上的西方社会和法律。二是日耳曼蛮族对自由强烈爱好的天性,赋予了西方法律一种区别于单纯服从的以维护自由为目的的性质。三是发展出了与罗马法律社会那种统一和绝对服从性质截然不同的建立在特殊性和个人私权基础上的法律。黑格尔极为正确地指出:

> 虽然这样,日耳曼各国还有那种特殊的东西,就是各种社会关系在相反方面并不具有普通规定和法律的性质,而是完全分裂为各种的私人权利和各种的私人义务。它们虽然或者表现一种社会的方式,但是没有普遍的性质;各种法律是绝对特殊的,各种"权利"乃是"特殊权利"。因为这个原故,国家是许多私权的集合,一种合理的政治生活乃是经过无数艰苦的斗争和冲突才能够实现的产物。②

现在,我们可以回过头来,看看西方社会那种分裂、对峙的性质,西方人那种齐一的、毫无伸缩余地的性格,那种建立在自由和

---

① ［法］孟德斯鸠:《罗马盛衰原因论》,婉玲译,商务印书馆 2001 年版,第 17 页。
② 黑格尔:《历史哲学》,王造时译,上海书店出版社 1999 年版,第 364 页。

私权基础上的法律,这些都使我们不由得相信,西方社会、西方人必须依赖外在的法律,为团体与团体之间,人与人之间划定一个刚性的界线。换言之,西方社会、西方人需要的是法律主治,社会关系要依照法律来界定,个人生活要依照法律来衡量,即使在中国人看来最为亲密无间的家庭关系,也处处要依照法律上的权利、义务关系来对待。

中国社会与西方社会、中国人与西方人是极为不同的。与西方社会那种分裂、对峙的性质不同,中国社会的性质是浑然一体的,所谓身、家、国、天下的序列,就像一石激起的水波纹,后者只是前者的扩大。与西方人那种齐一的、毫无伸缩余地的性格不同,中国人的性格乃是于调和、中庸中讲求圆融自通。中国人所追求的,是一种自然和谐的生活方式。这种自然和谐,从小处体现为自我生活方式,进一层则是社会中人与人之间的关系,至大处体现为与自然天道之间的关系,而这三者之间也是相融相通,共为一体的。

我在本书第一章和七章中对中国社会的性质及特征分别做过讨论。在此,我要特别强调并补充其中的三个方面。

其一,礼乐是规范和协调中国社会关系的基本手段。中国社会的性质和中国人的性格决定了法律不能够成为社会行为的主要规范。中国人所追求的自然和谐的生活方式,本身就与那种外在的、刚性的法律格格不入。在调整社会关系的基本手段的选择上,亦可见到中国人惯常的折中、调和态度。法律虽为调整社会关系非常有效的手段,这一点早为法家所强调,但在中国人看来,法律的方式太过刚强,而中国人追求的最高境界是和谐,法律的方式有违这一目标,故为中国人不取。但社会本来存在种种差别,中国人既采取世俗的入世态度,而非宗教态度,就须承认这种差别,并找到一种有效的调整方式。这种有效的调整方式正是礼。礼的基本功能就是别异,作为一般性规则,它与法律的功能相同,但它又祛除了法律的暴谩。然而,礼的功能毕竟是要维持和分辨社会差别,虽为社会所必须,但与儒家所崇尚的自然和谐的理想境界尚有差异,①故作为一种手段,礼还需要乐的调剂和配合。所谓"乐统同,礼辨异",②"乐和同,礼别异"③,一再为儒家所强调,无非是要在礼别"异"的现实基础上再往"同"与"和"的相反方向上拉一把力,使"异"和"同"、现实与理想之间保持适当的张力。

其二,道德是体现中国社会性质的基本要求。一个社会对于道德的要求固然是多方面的,但中国式的道德,也即儒家所讲的道德,其核心是仁。而仁的核心,用孔子的话来说,无非"忠恕"二字。仁体现于各种社会关系和社会生活的方方面面。君臣之仁是特别重要的。皇帝要行仁政,故要爱民。为臣之仁,则体现为忠,所以历代才会有那么多犯颜直谏的忠臣。可以说,仁是中国式道德的最高境界,一切行为和活动都要讲仁,执法也需讲仁。正因为执法要讲仁,才会有"无讼"的观念和"省刑"的主张。

仁的观念体现在人与人之间的关系中,特别是体现在家庭关

---

① 杨伯峻先生分别对《左传》、《论语》中"礼"和"仁"字的出现次数做过统计,结果是,《左传》中讲到"礼"共有 462 次,但讲"仁"只有 33 次,而《论语》讲到"礼"有 75 次,讲"仁"却有 109 次。这一差别颇耐人寻味。儒家要实现自己的最高理想,虽承认礼胜于法,但礼亦不过达此理想境界的一个主要工具,法律则更据其次。故孔子说:"仁而不仁,如礼何?"(《论语·八佾》)参阅杨伯峻:《论语译注》,中华书局 1980 年版,《试论孔子》,第 16 页。

② 《礼记·乐记》。

③ 《荀子·乐论》。

系中,就是要造成一个温情的社会。在这样一个社会中,君贤臣忠,父慈子孝,兄友弟恭,"老者安之,朋友信之,少者怀之",①一派其乐融融的和谐景象。钱穆曾对中国社会的这一性质做如下描述与评价:

> ……无论父子、兄弟、夫妇,一切家族哀、乐、变、常之情,莫不忠诚恻怛,温柔敦厚。惟有此类内心情感与真实道德,始可以维系中国古代的家族生命,乃至数百年以及一千数百年以上之久……这便是中国民族人道观念之胚胎,这便是中国现实人生和平文化之真源。倪不懂得这些,将永不会懂得中国文化。②

温情社会注重人情,在不违背原则的前提下,为情可以增加许多东西,也可以牺牲许多东西。梁漱溟曾感叹墨子不懂儒家为什么那么注重丧葬,以为对死人的事何必瞎费功夫,岂不知这其中有大道理。节丧短葬所省都是看得见的利益,而人情一薄,其害不可计量。③ 情对法律亦有极大的影响,儒家就公然主张缘情定罪,以无限之情义,补有限之律义。

其三,诗文是寄托中国社会和抒发中国人理想与情怀的基本方式。中国人在诗文上的创造和享受到的乐趣世所罕有,其特殊之处在很大程度上源于中国文字的独特魅力。中国人用这种特殊的文字,不但创造出了举世无双的中国书法,且很早就用它吟咏寄

---

① 《论语·公冶长》。
② 钱穆:《中国文化史导论》修订本,商务印书馆1994年版,第54页。
③ 梁漱溟:《东西文化及其哲学》,商务印书馆1999年版,第145页。

怀,编史记事。故中国诗文之美,不但其美在形,亦其美在情,其美在义。中国社会很早就形成了注重诗书的传统,这一传统一直沿续至清末而不衰,当时稍有文化的家庭给后辈广为流传的格训正是:"忠厚传家久,诗书继世长。"

诗文社会养成的是一种特殊的生活方式和嗜好。它所崇尚的是自然的生活方式。陶渊明"采菊东篱下,悠然见南山"的名句固为一般中国人所熟知,就是甘愿为世俗政治而献身的孔子,所萦绕于胸的又何尝不是这一生活方式呢?他对子路、冉求、公西赤的政治理想皆不置一词,而当曾点说出"莫春者,春服既成,冠者五六人,童子六七人,浴乎沂,风乎舞雩,咏而归"这样自然的生活时,孔子喟然叹曰:"吾与点也!"[①]这种生活方式世俗而不失雅致,浸透于社会生活的各个层面。吟咏寄怀,诗词唱和,不只是文人士大夫惯常的生活方式和雅好。我们看《红楼梦》中那些公子、小姐、丫鬟,动辄就要成立诗社,行酒令亦须出口成章,就连薛蟠那样的"呆霸王"也不得不跟着凑几句歪诗。今人每以为这不过是小说家的演义或王公巨族的生活,岂不知曹雪芹所描述的完全是当时真实且平常的生活方式。这种生活方式与其所产生的百工百艺,在明清之际,随着商业贸易活动的增加和生活的进一步世俗化而繁荣昌盛,遍及社会各个阶层,至民国时尚有部分影响。那时的中国人,完全沉浸在这些生活之中。[②]这种生活方式和情趣对法律有极大

---

① 《论语·先进》。

② 我将中国社会称之为诗文社会,实因这一生活方式和它所包含的百工百艺构成了中国传统社会的基本生活内容。举凡诗词、书画、戏曲、音乐、灯谜、文鱼、秋虫以及陶瓷、玉器、木器、漆器、景泰蓝、印石等,皆为中国传统社会的基本生活方式和必需品。民国时人赵汝珍在述及"斗蟋蟀"活动时说:"斗蟋蟀为中国以前最高尚之娱乐,……其举办宛如今日之运动会,参与者均兴高采烈,即参观者亦各兴致勃勃,……

的影响,它完全贬抑法律的作用,轻贱法律职业。王安石为唐宋八大家之一,在诗文上的造诣非同寻常,且官居宰相之职,只因重经世致用之术,即被苏轼讥为"以聚敛为仁义,以法律为诗书",① 一般以法律为职业者,特别是下层法曹法吏,地位低下,就更遭人轻贱了。

中国社会的性质和中国人的生活态度,决定了维系中国社会和人与人之间关系的是礼俗而非法律,是道德而非宗教,是情义而非权利义务。在这样一个社会中,法律亦为治世不可或缺的工具,但它只能居于次要的、从属的地位。换言之,这是一个法律辅治的社会。法律在社会中的实际地位,并不会因某些需要或口号而有所改变。当前中国社会的真实状况,往往不能够从制度层面建构起来的秩序和规则中进行解释。

最后,我们只略述一下印度的情形。印度人不但与西方人不同,与中国人也有极大的不同。中国人注重具体的、特殊的东西,印度人则无视具体和特殊,而关注一般和抽象。在印度,仿佛一切都是静止的、固定的、柔和的。印度人的行为态度是受动的、忍耐的,同时又是豁达的、冷静的。用黑格尔的描述性语言,那是"一种无力的美,凡是一切粗鲁的、严厉的和矛盾的都已经消失于其中,只有感觉和灵魂呈现出来"。② 印度人缺乏时间观念,对于历史的记忆也是模糊的,他们喜欢作未来的玄想,并且企图超越国家、民

一至白露节即有人设局约斗。大抵设局者亦必为养虫之家,订定日期,向养虫者遍发请柬携虫来斗。……其斗期有定日,自白露节起始,……由是每日不断,历两月有余。……待全部斗毕,主人则大张盛宴,全体痛饮。……今则衰落千丈矣。……现在虽每年照例举行,但与以前有天渊之殊矣。恐再过数年,欲求今日之情形亦不可得矣。"参阅赵汝珍:《古玩指南全编》,北京出版社1992年版,第514—516页。

①　《苏轼文集》,卷三十九。

②　黑格尔:《历史哲学》,王造时译,上海书店出版社1999年版,第145页。

族甚至人类自身。印度思想中有明显的宽容和爱好和平精神。

　　印度社会完全是一个宗教的社会。中国人注重世俗的生活乐趣而无宗教,印度人则专注于精神上的玄思而只有宗教。印度人为此弄出了许多在中国人看来匪夷所思的事情。他们为了追求佛教无生无死的境界,有的光着身子站在雪地里挨冻,有的用火烤自己的身体,有的躺在路上等车轧死,有的则上山找老虎把自己吃掉。中国人弄不懂这些修行方式所包含的佛理,以为这样的人不是白痴就是疯子。其实,这些苦行僧正是受不了人世间的生老病死,才去追求无生无死,而要达此境界,就必须否定自己的生存,彻底消灭一切情感和意志。印度人可能也不会想到,他们的佛教到了中国,居然弄出了一个以武功闻名的少林寺,而且演义出了一段"十三棍僧救唐王"的故事。印度人若知道他们的佛教在中国不但能练出强身健体的武功,还能为现实政治服务,也一定会和中国人看他们的苦行僧行为一样,感到匪夷所思了。文化差异之大,其如斯乎?

　　因此,印度社会可以说是只有宗教,没有法律。我并不是说在印度社会就没有法律规定,而是说在这样一个宗教性质的社会中,即使有法律规定,法律也不成其为法律,因而有法也就等于无法了。我们看一部《摩奴法典》,与其说它是世俗的法典,毋宁说它是宗教的法典。它的许多极端的规定,例如一度生的人若斥责两度生的人,就要被烧红的铁棒贯入口中,一个首陀罗若坐在婆罗门的椅子里休息,就要被烧红的烙铁刺入背部,这样的规定在我们看来不仅不像法律,简直就是反法律的。

　　这三种不同性质的社会,对法律的需要是完全不同的;这三种不同的人生观念,对法律所抱的态度也是完全不同的。这是文化的差异。文化间的差异需要共存和理解,而不是简单地模仿对方以消除差异。其实,我们若换一种方式来理解这种差异,这三种不同性质的社会和人生观念在深处又何尝不是相通的呢? 那西方社会的法律,中国社会的礼,印度社会的宗教戒律,它们维系社会的作用不正是一致的吗? 梁漱溟说:

> 西洋中古社会靠宗教,近代社会靠法律。而中国社会如吾人所见,却是以道德代宗教,以礼俗代法律。此即是说:在文化比较上,西洋走宗教法律之路,中国走道德礼俗之路。……道德之异乎宗教者,在其以自觉自律为本,而非秉受教诫于神。礼俗之异乎法律者,亦在其慢慢由社会自然演成,而非强加制定于国家。其间精神正是一贯的。[①]

目前,这三种社会都处于深刻的变化之中。但无论怎么变,它们注定要保留很多属于自己的传统。文化的积累和变迁非一时之功。文化不同于文明,一个民族绝不能在抛弃或否定自己祖先长期积累的文化经验的前提下学习和借鉴异族文明。我们应该从社会变迁的长期性和文化变迁的复杂性领悟到,并不存在一种长盛不衰的文明,但却存在一种绵延不绝的文化。文明能否顺利转型,其关键正在文化能否延续下去。

五、我 的 态 度

中国文化之绵延不绝,接续千年,端赖往圣先贤汲古纳新,佑

---

① 梁漱溟:《中国文化要义》,学林出版社 1987 年版,第 305 页。

启后人,其特于风雨晦暗之时明灯高悬,乃至以身献殉,令人感佩至深。值此中国社会转型特殊时期,再将我对中国社会、法律的态度,做如下三点交待:

第一点,中国文化为世界上最伟大、高尚文化之一种,它是解决中国社会和法律问题的根本。这一点必须在思想上有明确认识。当前最重要的是重建文化自主,重塑文化自信。中国人失去文化自主和文化自信已经太久、太多了。我们必须承认西方文化在解决现代社会和现代法律问题上有其优长,但我们也必须承认,社会和人生的许多问题并不能都包括在现代之中。近代以来,一些中国人用已然习惯了的西方文化标准看中国文化,未免失之偏颇。中国文化和西方文化只是看问题的方法不同,路向不同,期间真无所谓优劣短长之分。正如钱穆所说:

> 若用西方眼光来看中国,不仅中国没有科学,即哲学、宗教等,亦都像没有完全长成。中国思想好像一片模糊,尚未走上条理分明的境界。但我们若从中国方面回看西欧,则此等壁垒森严,彼此分别隔绝的情形,亦不过是一种不近情理的冷硬而无生趣的强为分割而已。双方的学术思想界,正如双方自然环境般,一边只见破碎分离,一边只见完整凝一,这是中西的大分别所在。①

况且,中国文化于西方文明的种种弊病大有补益,也早已为中西文化的有识之士指出。过去,西方人曾为西方文化所创造出的

---

① 钱穆:《中国文化史导论》修订本,商务印书馆1994年版,第218—219页。

现代化的生活方式和物质文明而骄傲,这一美好理想已然破灭。随之一起破灭的还有法治的理想。古老的东方文化和智慧提供了另外一种选择和可能。梁漱溟早就指出:"中国人以其与自然融洽游乐的态度,有一点就享受一点,而西洋人风驰电掣的向前追求,以致精神沦丧苦闷,所得虽多,实在未曾从容享受。"①他于西方、中国和印度文化中,特别强调中国文化折中的好处,与穆尔(Charles A. Moore)的看法完全相同。穆尔认为,西方人过分看重了活动本身,而丧失了心灵的平静,相反,印度人放弃了人生的哲学,"我们也许可以从中国哲学当中,找到综合东西方哲学的途径。"②

中国文化及其人生哲学不仅为整个人类提供了一种选择和可能,而且我相信,当前中国社会和法律转型中存在的问题,也只能靠中国文化自身来解决。只有中国社会和法律重新找着了属于自己的文化根基,才有可能戒除转型初期的社会性浮躁,中国法律也才能有所本属。

第二点,要将西方文明中的好东西真正地拿来,并且在中国社会中推行开来。物质文明自不用说,法律文明中的好东西也要尽数拿来。我说过,西方文化在解决现代社会问题上确有优长,因此,在现代社会,中国人只有诚心诚意地爱好和接纳西方文明中的优秀成果,才能丰富和完善中国文化。吸收和接纳异族文化本是中国文化的一大特长。钱穆说:"中国人对外族异文化,常抱一种活泼广大的兴趣,常愿接受而消化之,把外面的新

---

① 梁漱溟:《东西文化及其哲学》,商务印书馆1999年版,第156页。

② 转引自[日]中村元:《比较思想论》,吴震译,浙江人民出版社1987年版,第143页。

材料来营养自己的旧传统。"①中国文化本身就是在融合外来文化的基础上形成的。中国社会的近代转型,本因西方文明的侵入而起,因此,要顺利完成这次转型,就必须实心实意地学习和借鉴西方文明。我所反对的,是在失掉文化自主和文化自信的情况下,不加选择地学习和借鉴西方文明。对于西方的法律文明,要区分不同的情况。其一,对于西方法律文明中与中国文化相一致的成分,要尽快地吸收并在中国社会中推行。比如西方法律文明中的人道主义和轻刑化倾向,与儒家"仁政"、"施仁于法"的主张是一致的,且中国历史上的盛世和仁君多有主张刑罚人道主义的,最著名者当为唐太宗。只是中国社会性质中尚有专制主义的一面,因而在刑法的实际执行上,由唐、宋至明、清,实则愈来愈重。这一残余影响至今犹存。此正当借西方法律文明中人道主义之名,行中国文化正本清源之实。其二,对于西方法律文明中有而中国文化中无,抑或在西方法律文明中为佳而在中国文化中为恶的东西,要虚心吸收西方文明之长,以改正和完善中国文化。比如西方法律文明的司法廉洁和司法效率。在西方社会特别是英美社会中,政治家可以有丑闻,但极少听说有法官不廉洁的。而在中国传统社会,政治和司法实际操作中的商业化倾向非常明显。清官和贪官的最大差别是,在清官那里花钱可以买到公道,而贪官则把不公道出售给给价最高者。愈是下层,愈是公然地敲诈勒索。所谓"堂上一点朱,堂下千点血。"②下层俗吏几乎将司法廉洁和司法效率破坏殆尽。此亟待

---

① 钱穆:《中国文化史导论》修订本,商务印书馆1994年版,第205页。
② 〔清〕汪辉祖:《佐治药言》,"省事"。

向西方法律文明诚心学习者。其三,对于虽在西方法律文明中极有价值,但既与中国文化不相一致,亦不能收对中国文化补偏疗恶之效,且与中国文化扞格不入者,可暂缓拿来,从长计议。

第三点,要将中国传统从制度层面上接续下去,这是使中国文化绵延不绝,中国社会与法律实现顺利转型的重要保证。我曾依照"双重社会"理论模式,说明中国传统并未断绝,它只是被从制度层面的社会上挤压到了自发秩序与规则的社会之中。而中国社会和法律的根本问题,正是这两个社会在性质上不相一致造成的。要解决这一问题,关键是重建文化自主和重塑文化自信,而重建文化自主和重塑文化自信最实际的措施,是要将那些从制度层面上被挤压掉的传统重新恢复起来。其核心是要将作为一般性规则的礼的有关内容创造性地转化为现代制度。惟其如此,才能恢复和重建属于中国人自己的生活秩序。① 社会变迁说到底是文化变迁,文化变迁说到底是生活方式的变迁。中国人曾经享有世界上最雅致的生活方式,这种生活方式虽已不可能重新再现,但却可以与现代生活的某些方面结合起来,发扬光大。

在《创世记》、《约伯记》和《浮士德》中,魔鬼打的赌是不会赢的。魔鬼干涉上帝的意旨,反而使上帝的意图更加彰明。上帝始

---

① 加莱格尔(Louis J. Gallagher, S. J.)在《利玛窦中国札记》的英译者序言中指出:"不管文明和文化会发展为什么样的形态,但在建立任何稳定的政权时,必须把中国古代的生活方式估计在内。古老的文明可能走到一定的尽头,但是无论在中国建立什么样的政体,或者强加给它什么样的政体,这个民族的基本特征是不会改变的。""未来的中国生活,在很大程度上将按照他们自己过去独特的原始模型塑造出来。不知道这一点,就不能理解因而也就不能欣赏他们特有的天才。"参阅利玛窦、金尼阁:《利玛窦中国札记》,何高济等译,中华书局1983年版。

终保持着主动,结果是魔鬼作茧自缚。[1] 约伯则蒙上帝加倍的福。[2] 对于转型期的中国社会和中国法律来说,保持主动的上帝,创造性地转化和接续中国文化与文明,并且蒙受其福者,都将是中国人自己。

---

① 〔英〕汤因比:《历史研究》上,曹未风等译,上海人民出版社 1997 年版,第 81 页。

② 《旧约全书·约伯记》。